Dyadic Resourcing

돌봄의 관계
: 트라우마 치유를 위한
기반 마련하기

Philip Manfield, Ph.D. 저
윤서연 · 이혜림 공역

박영story

Preface

그 크기와 성질이 어떠하든, 트라우마라는 것은 우리가 서로 각자의 삶에서 어느 정도는 경험해봤으리라고 가정할 수 있을 것이다. 역자들 역시 자신의 삶에서, 또 임상심리전문가로 임하면서, 그리고 강력범죄를 비롯한 범죄의 피해자 및 그 가족을 대상으로 심리치료를 지원하는 스마일센터에서 근무하면서 삶의 고통스러운 일부로서의 트라우마를 경험해왔다. 그리고 트라우마가 얼마나 삶을 깊이, 또 넓게 뒤흔들어 내가 나 자신으로 오롯이 존재하기 힘들게 만드는지를 체감했다. 특히 다양한 도움의 손길이 내밀어졌을 때조차, 많은 사람들이 그 손을 잡고 회복의 길로 걸어갈 내면의 힘이 부족해 도중에 길 밖으로 이탈하는 모습을 보면 마음의 안타까움이 오랫동안 자리를 찾지 못하고 떠돌곤 했다.

트라우마 현장에서 가능한 더욱 효과적이고도 안전한 개입 방략을 찾기 위해 다각도로 고민해왔으며, 그 일환으로 EMDR을 거쳐, 이 책과 저자를 만나게 되었다. 기존에도 안전한 트라우마 처리를 위해 자원화에 대해 논의하고 안내하는 책들이 여럿 존재했다. 이 책은 그에 힘을 더하면서도, 동시에 트라우마로 어지럽게 얽혀진 것처럼만 보이던 내담자 자신의 삶으로부터 자원을 이끌어내고, 이를 돌봄의 관계—이자관계 자원화로 정립하여 트라우마 처리의 길목에서 의지할 표지판이자 버팀목으로 활용할 수 있게끔 돕는다는 것에 방점을 두고 있다. 더불어 당장 트라우마 처리까지 진행하기 어려운 상황에 있는 내담자와의 작업에서도, 현재의 고통을 견디고 앞으로의 작업에 대비할 내면의 자원을 마련해줄 수 있다. 특히 말과 진행의 흐름을 있는 그대로 기록한 축어록이 여럿 제시되어 있는바, 이론과 실무를 보다 쉬이 연결할 수 있도록 도울 것이다.

이 책에서 다루는 자원화는 EMDR에 대한 기본적인 수련을 받은 임상가들의 경우 보다 많은 도움을 받을 것으로 여겨진다. 그리고 기존에 분명한 합의가 이루어지지 않은 용어와 관련하여서는, 일부는 원문을 그대로 제시하였으며 일부는 적절하다고 여겨지는 용어를 사용하되 원문을 함께 기재하였다.

이 책을 번역하면서 흐름을 이해하고 다양한 사례에 적용해볼 수 있도록 논의를 나눠준 서로에게 감사하며, 특히 번역 감수를 살펴준 김경은 선생님, 그리고 책이 번역 출간될 수 있도록 도운 노현 대표님께 진심으로 감사드린다.

마지막으로 이 책이 안내하는 길을 따라가다 보면, 저자가 트라우마 처리라는 힘든 길을 내담자와 함께 걸어 나가기 위해 얼마나 튼튼하고도 몸에 착 붙는 갑옷을 마련해주고 싶었는지, 그리고 그 갑옷을 찾아내고 만들어낼 수 있다는 믿음에 얼마나 많은 힘을 더해왔는지가 온전히 느껴졌다. 이렇듯 당장은 눈에 보이지 않더라도, 내담자 안에 분명히 힘이 존재하리라 믿고, 또 그를 찾아내기 위해 손을 내밀어온 많은 임상가들의 노력에 의지하고 이를 자신의 것으로 소화하며 지금의 길목에 다다랐다. 역자들 역시 이어질 다음의 길을 닦는 데 힘을 보탤 수 있기를 바란다.

윤서연·이혜림

Acknowledgements

책을 쓰는 6년의 기간 동안, 이 책은 치료 회기 축어록을 통해 내가 어떻게 자원화 작업을 하는지에 대해 보여주기 위한 시도로부터, 내가 어떻게 자원형성을 돕는지를 설명하기 위한 시도로 발전해왔다. 이 프로젝트를 맡게끔 나를 격려해준 사람들에게는 많은 신세를 진 바 있다. 특히, 내 친구이자 동료인 Dr. Lewis Engel은 이 모든 과정에서 귀중한 격려와 소견, 통찰을 나눠주었다. 그는 내가 책을 저술하는 것을 진지하게 고려하기 몇 년 전부터도 이 책을 쓰도록 권유해주었고, 저술 기간 동안에는 든든한 지원을 제공해주었다. 그리고 나의 동생인 오레곤 주 포틀랜드의 심리학자 David Manfield와, 친구이자 동료인 캐나다 퀘벡 시의 Isabelle Avril Pronovost는 각 장에서 다루는 다양한 내용들을 읽고 논평하는 데 많은 시간을 할애해주었다. 더불어 이 책의 초기 버전에서 있었던 문법과 철자 오류 검수를 도맡아준 결혼 및 가족 치료 전문가 Claudia Locsin에게 감사를 표한다. 그리고 전문적으로나 편집적으로나 탁월한 조언을 나누어주었을 뿐만 아니라, 내가 이 책을 순조롭게 마무리 지을 수 있도록 마지막까지 독려해준 Joan lovett, M.D에게 많은 감사를 전한다. 또한, 끝없는 격려와 함께 이 책의 모든 내용과 수많은 비디오테이프들을 검토해준 Dr. Carol Odsess에게도 감사드린다.

아울러 해답이 필요한 질문들을 확인해주고, 이 책에서 제시하는 기법들의 효과를 임상 장면에서 훌륭히 입증해낸 수련생들에게도 감사드리고 싶다.

마지막으로 이 책이 더욱 깊고 풍부해질 수 있도록 논평을 나누어준 모든 분들에게 감사드린다. Isabelle Avril Pronovost, MA, Lewis Engel, PhD, John Hartung, PhD, Jim Knipe, PhD, Deborah Korn, PsyD, Andrew Leeds, PhD, Joan Lovett, MD, FAAP, David Manfield, PhD, and Hattiet Sage, MS.

Contents

DYADIC RESOURCING

part 03 Dyadic Resourcing with Morphing

Introduction

내가 "이자관계 자원화"라고 부르는 것은 널리 이용되었으리라고 생각될 만큼 확실한 임상적, 직관적 의미를 지닌 자원화 절차로서 시작되었다. 애착 장애를 지닌 사례들에서처럼, 내담자가 자신의 양육자와의 생애 초기 관계에서 사랑받지 못했다는 상처를 품고 있는 경우에는, 내면의 아이로서의 자신과 내재화된 부모 사이의 긍정적인 애착이 포함된 자원을 강화시켜야 한다. 이 책의 본래 목적은, 이에 대해 배우거나 관련된 기술을 향상시키고자 하는 임상가들이 이 "평범한" 절차에 좀 더 쉽게 접근할 수 있도록 돕고자 함이었다. 그런데, 나의 동료들이 이 원고를 살펴보며, 이 특정한 양식의 자원화는 기존에 많이 접해보지 않은 것이면서도 이것이 지닌 가능성에 관심을 기울이게 된다고 말해주었는데, 특히 애착 문제를 지니고 있는 더욱 어려운 내담자와의 작업을 향상시켜줄 것이라고 보았다.

나는 다음과 같은 의문을 자연스럽게 품게 되었다. "이자관계 자원화가 다른 치료자들이 흔히 사용하지 않는 것이라면, 왜 그럴까? 무엇이 다를까?" 나는 내가 성공적으로 진행했던 자원화 회기들의 비디오를 연구하면서 이 질문에 대한 답을 찾았다. 살펴보니, 거의 모든 회기들이 특정 양식을 따라 진행되었으며, 그 양식의 일부는 직관에 어긋나는 것처럼 보인다는 것이 느껴졌다. 나는 애정 어린 성인과 사랑스러운 아이의 내적 모델을 개발시키려 하면서도, 방임이나 학대 등의 보다 심각한 개인력을 지닌 내담자와의 작업에서는, 내담자가 이 두 역할에 동일시하지 못하게끔 막았다. 자원화를 여러 해 동안 실패한 이후에야, 나는 다음과 같은 사실을 받아들일 수 있었다. 긍정적이고 애정 어린 내적 모델이 처음 제시됐을 때에는, 내담자가 아이로서의 자신에 대해 지니고 있는 부정적 메시지와 잘 어우러지지 않는다. 이러한 부정적 태도는 결국 모든 긍정적 자원에 투사되며 이를 파괴시킨다. 이렇듯 심각한 트라우마를 경험한 내담자와의 작업에서 이자관계 자원화 절차를 성공시키기 위한 방법은, 내담자 자신을 포함하지 않는 애정 어린 부모와 아이로 이루어진 이자관계로 시작하여, 이러한 애정 어린 이자관계가 충분히 견고해질 때까지 내담자 자신의 경험을 투사하지 않게끔 하는 것이다. 그리고 이 시점에서, 사랑을 받는 아이의 경험에 대해 내담자에게 추측해보도록 하는 것으로부터 내담자 자신이 그 아이의 위치에 있다면 어떻게 느껴질 것 같은지에 대해 물어보는 것까지의 점진적이고 통제된 절차를 진행한다.

나는 본래 이자관계 자원화를 EMDR의 부속물로 보았으며, EMDR 트라우마 처리를 할 준비가 되지 않은 내담자와의 "준비 단계"에서 주로 이용하려 하였다. 여전히 그렇게 생각하고 있기도 하나, EMDR 훈련을 받지 않은 사람을 포함한 많은 임상가들에게 생애 초기의 상처에 대한 효과적인 치료의 기반을 마련해준다는 가치가 있다는 점도 분명해졌다. 이 책에 실린 치료 회기 축어록을 보면 내가 양측성 자극을 이용하고 있기는 하나, 이 회기들이 트라우마 처리에 대한 것은 아니다. 나는 EMDR이 트라우마를 처리하기 위한 강력한 도구라고 생각하며, EMDR 훈련을 받지 않은 임상가가 트라우마 처리를 위해 양측성 자극을 이용하는 것은 권장하지 않는다. 하지만 이자관계 자원화는 많은 임상가들이 자신이 외상을 치료하는 방식에 상관없이 유용하게 여길 만한 임상적 도구이며, 나는 임상가들이 EMDR 훈련 없이도 이자관계 자원화를 활용할 수 있을 것이라 본다.

EMDR은 단일 사건 트라우마 기억을 해결하기 위한 기술로서 20여 년 전에 시작되었다. 이는 수년에 걸쳐 확장되어가면서 현재에 이르러서는 다양한 범위의 문제에 활용되며 하나의 심리 치료적 접근이 되었다. 이러한 확장 과정에서, 다양한 유형의 내담자나 문제들에 따라 EMDR 처리를 진행하는 데 어려움을 겪는 상황이 있었으며 이를 극복하기 위한 해결방안들에 대한 탐색도 이루어져왔다. "인지적 엮음(Cognitive interweave)"은 차단된 처리를 풀어내기 위한 개입으로, 가장 초기에 사용된 해결방안일 것이다.[1] 자원 개발 및 주입(RDI)[2]은, 내담자가 자기 자신에 대해 특정한 트라우마 기억을 다루고 해결하기 위해 필요한 개인적 자질이 부족하다고 여기는 상황에서 치료를 촉진시키기 위한 자원화 기술로서 도입되었다.[3] 이 책에서는 관계−기반의 자원화 양식에 대해 소개하려 한다. 나는 이 방법이 생애 초기의 트라우마를 처리하려 할 때 압도되기 쉬운 내담자들이 그렇게 압도되지 않고도 처리를 향해 나아갈 수 있도록 도울 것이라 본다.

보다 폭넓은 준비가 필요할 때

사례개념화를 통해 보면, 이러한 내담자들의 경우 대개 애착 문제로 귀결되는 삶의 매우 이른 시기의 트라우마 경험으로 인해 어떤 유형의 치료에서도 어려움을 겪게 될 수 있을 것으로 보인다. 성인 양육자로부터의 양육적 지지나 보호가 부족할 경우 아이는 매우 취약한 상태가 되기 때문에, 매우 이른 시기의 트라우마 경험은 어린 아이들에게 특히나 더 견디기 어려워진다. 성인이 되어서도, 생애 초기의 트라우마를 기억해내는 것이 그저 압도적으로 고통스러운 경험의 반복이 된다면 이에 저항하게 될 것이다. 현재의 회상 경험을 본래의 사건과 차별화하려면, 본래의 경험에서는 받지 못했던 성인의 지지가 필요하다. 이 책에서 다루는 이자관계 자원은, 특정한 생애 초기의 트라우마 사건에 정신적으로 접근할 때 촉발되는 "아이" 자아 상태와 돌보아주는 적응적 성인 관점(자원) 사이의 관계를 만들어낸다. 내담자는 이를 자원으로서의 성인이 생애 초기의 트라우마를 경험했던 아이로서의 자기를 사랑하고 수용해주는 애정 어린 관계로 경험하게 된다. 이 자원을 지닌 상태에서는 생애 초기 사건에 대한 회상을 견디며, 트

---

1) Shapiro. 1995, 2001.

2) Resource Development and Installation.

3) Leeds, 1998.

라우마 처리에 반응할 수 있게 된다.

어떤 사례들의 경우에는 직접적인 EMDR 트라우마 처리 작업이 쉽게 이루어지지 않는다. 이것이 본래 고안되었던 것처럼 한 개 이상의 단일 사건 트라우마의 개인력을 지닌 내담자들을 대상으로 하는 경우에는 작업이 순조롭게 이루어질 수 있다. 이보다 복잡한 사례의 경우에는 더욱 정교한 과정이 필요하다. 나는 EMDR 훈련에서의 시연을 통해, 사례개념화 및 트라우마 처리와 더불어 통합된 자원화가 얼마나 도움이 되는지를 깨닫게 되었다. 시연에 참여한 내담자와 함께 사람들로 가득한 방 앞에 앉게 되면, 나는 우선 내담자가 직접적인 트라우마 처리에 준비가 되어있는지에 대해 평가한다. 그리고 내담자의 욕구와 역량을 평가해보고, 준비가 되어있는지를 결정한다. 만약 직접적인 트라우마 처리에 준비되어 있지 않은 상태라면, 준비를 위해 우선적으로 필요한 것에 대해 살펴보는데, 대개 자원화 또는 안정화 등이 있다. 어떤 경우든, 나는 내담자가 다룰 준비가 되어있는 것들에 대해서만 다루고자 한다.

내담자가 특정한 생애 초기 트라우마 기억을 처리할 준비가 되어있는지를 평가하기 위해, 나는 성인 내담자가 아이로서의 자신에 대해 어떻게 느끼는지에 대해 물어본다. 물론, 내담자가 실제 트라우마 사건을 떠올릴 때에는, 그 트라우마를 경험하는 아이에 대한 내담자의 관점이 왜곡될 수 있다. 이 왜곡은 EMDR 평가 단계에서 탐색되는 "부정적 인지[4]"이다. 아이로서의 자기에 대한 내담자의 태도를 평가할 때에는, 그 트라우마 기억에 대해 생각해보게 하는 것이 아니라 그 연령의 아이에 대해 생각해보게 한다. 그리고 그 아이의 이미지를 떠올리고 시각적 세부사항들에 대해 묘사해보도록 한다. 그 이미지에서 성인이 보는 것들을 묘사하게 하는 절차는 내담자가 성인의 관점에 안착하도록 돕는다. 만약 성인이 이 이미지에서 아이에 대한 돌봄과 연민의 마음을 느끼지 못한다면, 나는 이 기억에 대한 EMDR 처리가 순조롭게 진행될 거라고 생각지 않을 것이다. 최종적인 해결을 위해 필요한 부분인 적응적 성인 관점을 내담자가 쉽게 취하지 못하

· ·

4) Shapiro, 1995 & 2001.

고 있기 때문이다. 이러한 상황에서, 내담자에게 아이로서의 자신에 대한 더 많은 돌봄과 공감의 마음이 필요하다고 판단되는 경우, 나는 돌보아주는 성인 관점에 접근하기 위해 이자관계 자원화로 방향을 돌린다. 내담자가 돌보아주는 성인이라는 내적 모델에 충분히 접근할 수 있는지를 살펴보는 것으로 시작하여, 그러할 경우, 아이로서의 자기에 초점을 둘 때에도 그 돌보아주는 성인이 돌봄의 태도를 유지할 수 있는지를 살펴본다. 어떤 내담자들은 일반적인 아이들과 관련해서는 돌보아주는 성인의 부분에 동일시할 수 있으면서도, 아이로서의 자신에 대해 생각하면 비판적이고 판단적인 태도를 취하게 된다. 여기서, EMDR 치료자의 목표는 이러한 내담자들이 다른 아이들에게 느끼는 것과 마찬가지 방식으로 자신에 대해 느끼게끔 돕는 것이다. 아이로서의 자신에 대해서도 돌봄의 관점을 유지할 수 있는 내담자들은 작업이 비교적 수월하게 이루어진다. 그렇지 않은 경우에는 돌보아주는 성인으로서의 자신이라는 내적 모델을 찾는 것이 힘들 뿐만 아니라, 돌보아주는 성인 인물을 탐색하는 것 자체가 매우 어렵다. 이들은 작업을 진행하기가 상당히 까다롭다. 이 책에서 설명하는 이자관계 자원화 절차는, 내담자들이 돌보아주는 성인의 예시들을 살펴보게 하며, 돌보아주는 성인으로서의 자기를 내면에 자리 잡게 하는데, 이는 외상화된 아이로서의 자기에게 연민과 돌봄의 마음을 느낄 수 있는 인물이다. 간략하게 말하면, 이자관계 자원화는 이러한 내담자들이 자기 내면으로부터의 지지를 이끌어낼 수 있게 도우며, 이것이 내면의 외상화된 아이에 대한 EMDR 트라우마 처리를 가능케 한다. EMDR 처리는 이러한 자원을 중심으로 구성된 인지적 엮음의 도움을 받아, 아이로서의 자기 및 자신의 전체적인 자아에 대한 시각을 결함이 있고, 사랑스럽지 않고, 가치 없고, 약하고, 나쁜 인물로부터 사랑스럽고, 무고하고, 선한 의도를 지니고 있고, 좋은 인물로 변화시킬 수 있게 한다.

연습이 항상 완벽을 만들어내지는 않는다

내가 이 책을 쓰기 시작했을 때, 한 친구와 동료는 내게 다음과 같은 격언을 말해주었다. "연습이 완벽을 만들어내지는 않는다. 완벽한 연습이 완벽을 만들어 낸다." 임상적 자문이 보다 완벽한 연습을 가능케 하는 것처럼, 나는 이 책과 자매편인 '가까이에서 본 EMDR[5)]'을 통해 독자들이 각자의 EMDR 훈련을 보다 정확하고 효과적으로 해내도록 도울 수 있기를 바란다. 또한, 이것이 더 다양한 사례에서 EMDR을 효과적으로 사용할 가능성을 열어줄 수도 있다.

거의 처음에서부터, EMDR은 치료적 처리가 적절히 기능할 때에 어떤 모습이 나타나는지와, 적절히 기능하지 않을 때에는 기능할 때와 무엇이 달랐는지에 대해 탐색해보는 원칙에 따라 개발되어 왔다. 인지적 엮음[6)]은 처리가 멈추었을 때 다시 시동을 걸기 위한 방법으로 개발되어왔다. EMDR의 창시자인 Francine Shapiro 박사는, EMDR 처리가 성공적으로 진행되는 동안 책임, 안전, 선택과 관련된 왜곡이 순서대로 다루어지는 것처럼 보인다는 것에 주목했다. 그녀는 이러한 왜곡 중 하나가 해결되지 않는다면, 다른 왜곡들이 차례로 해결되기 전에 그 왜곡의 해결을 촉진할 필요가 있을 것이라고 여겼다.

이 책과 '가까이에서 본 EMDR'에서는 효과적으로 진행된 임상적 처리 회기의 예시를 보여준다. 대부분은, 매우 성공적으로 진행된 치료 회기의 축어록이 함께 제시된다. 그리고 가장 기본적인 수준의 임상적 주제와, 내담자가 언급한 것에 대해 치료자가 이해하는 방식, 치료자가 사용하는 특정한 단어들이 갖는 효과, 내담자가 앞으로 나아가지 못하게 방해하는 것들에 대한 분석, 각 상황에서 치료자가 사용 가능한 해결책에 대한 논의 등을 다룰 것이다. 한편, 이 책은 EMDR의 기초를 숙지하였으며 앞으로 더 많은 정보나 훈련이 필요한 영역에 대해 충분히 인식하고 있는 치료자들을 위해 고안되었다. 그러면서도, 불완전하게 훈련받고 나서 실무에 임하고 있는 경우를 비롯하여 여러 해 전에 훈련을 받아 이후에 개발된 부분에 대해서는 훈련받지 못한 EMDR 임상가들을 위해서도 계발되었다.

경험과 훌륭한 임상 자문을 대체할 수 있는 것은 없다. 하지만, 이 책과 '가

---

5) EMDR Up Close.
6) cognitive interweave.

까이에서 본 EMDR'이 도움이 될 수 있다. 이 책들에서, 나는 임상 사례 자문 그룹에서 반복적으로 제기되었던 많은 문제들에 대해 논의할 것이다. 치료자들은 자신의 기술을 향상시키기 위해 실제 임상 실무에서 자신이 경험했던 성공과 실패 모두를 이용한다. 나는 이 책에서 다루는 회기들을 보거나 읽음으로써 임상 경험에서와 같은 수준의 도움을 받기를 바란다. 또한, 이 회기들은 특히나 유익한 내용을 담고 있기 때문에 포함된 것이라는 장점을 지니고 있다. 아울러 이것이 실시간으로 진행되고 있는 것이 아니기 때문에, 필요할 때마다 진행을 멈출 수도 있었고, 축어록에서 나타나는 세부적 사항들 및 임상적 주제에 대한 논의를 나누어볼 수 있었다.

훈련이 중단된 곳에서부터 다시 시작하기

이 책은 EMDR의 매뉴얼로서 고안되지 않았으며, Shapiro의 「안구운동 민감소실 및 재처리: 기본 원칙과 프로토콜」[7]을 대체하지는 않는다. 이 책과 '가까이에서 본 EMDR'은 치료자가 EMDR을 진행할 때 발생하는 다양한 임상 실무 상황에 대해 심층적으로 다룸으로써 해당 저서들을 보완하려 한다.

EMDR을 처음 훈련받은 임상가들은 흔히 EMDR을 사용하기 시작하는 것과 이를 자신의 실무에 통합시키는 것을 어려워한다. 그 이유 중 하나는, 단일 사건 트라우마의 영향으로 인해 치료 장면을 찾는 내담자가 많지 않기 때문일 수 있다. 당연한 이야기지만, 임상가들은 상대적으로 쉬운 내담자와 작업을 시작해보고 싶을 것인데, 실무 장면에서는 그런 내담자를 만나지 못할 수도 있다. 또한 많은 이들이 전문가로서의 감각에 익숙해져 있는 상태에서 EMDR에는 자기 자신이 초심자라고 느끼게 되며, 내담자 역시 그들이 전문가일 것으로 여기는 상황에서는 치료자가 EMDR을 진행하는 것을 주저하게 된다. 더불어, 이미 다년간 사용해오면서 전문성을 쌓아온 치료적 접근을 갖고 있기도 하다. 실무에서 쌓아

....

7) Eye Movement Desensitization and Reprocessing: Basic Principles and Protocols (1995, 2001)

온 경험만큼, 이러한 접근이 EMDR보다 더욱 매력적으로 느껴질 수 있다. 다만, 격언이 말해주는 것처럼, 이러한 수련 방식은 보다 짧은 시간 동안 우수한 결과를 안정적으로 이끌어 낼 수 있는 임상적 접근과 비교하면 완벽하지는 않다.

그렇다면, 임상가들은 어떻게 해야 그저 훈련받은 상태에 있는 것으로부터 전문가가 되는 것까지 나아갈 수 있을까? EMDR 교육자들은 EMDR 훈련을 받은 사람들이 실무에 적용하는 것을 어려워하는 문제를 해결하기 위해 이 주제에 관심을 기울이고 있다. 최근에 EMDR 기본 훈련의 일부로 10시간의 자문을 추가했던 것은, 훈련을 마친 교육생들이 EMDR을 좀 더 활용해볼 수 있도록 돕기 위한 조치였다. 이와 더불어 이 책은 임상가들, 심지어는 EMDR을 실무에서 적극적으로 사용하기를 보류하고 있는 이들을 위해서도 고안된 것으로, EMDR 사용에서의 전문성과 자신감을 보강하도록 돕고자 한다.

훈련에서, 나는 EMDR을 사용하기 시작할 때 치료의 우선순위/방향을 정하기 위한 분류 접근법을 이용해보도록 한다. 임상가는 적어도 외상에 대한 빈틈없는 개인력을 얻어내야 한다. Shapiro[8]와 마찬가지로, 내담자에게 가장 고통스러웠던 최악의 10개 기억 목록에 대해 물어보는 것을 통해 이 절차를 시작해볼 수 있다. 나는 이에 덧붙여, 임상가들이 내담자에게 최고의 10개 기억 목록에 대해 물어보도록 한다. 내담자와 EMDR을 실제로 진행을 하든 않든간에, 이 정보를 얻음으로써 치료가 촉진될 것이라고 교육생들에게 일러 준다. 어떤 임상가든, 또 EMDR을 활용하는 데 얼마나 조심스럽든 간에, 이 최소한이면서도 첫 걸음이 되는 단계를 해낼 수 있다. EMDR 8단계 중 1단계가 되는 부분인 개인력 청취 이후에는, 임상가에게 보다 전통적인 방식의 심리치료적 접근으로 돌아갈 것인지, 혹은 EMDR 2단계(준비)로 넘어갈 것인지의 선택권이 생긴다. 개인력 청취는 치료에서 EMDR을 활용하는지 하지 않는지의 여부와 상관없이 도움이 된다. 이 책의 1부에서는 개인력 청취 및 사례 개념화에 초점을 둘 것이다. 이 책의 자매편인 '가까이에서 본 EMDR'은 3단계 및 4단계에 초점을 두고 있다.

· ·

8) 1995, 2001.

다양한 내담자들에게서 트라우마 초점화 된 개인력을 청취하고 나면, 어떤 내담자들은 단일 사건 트라우마를 지니고 있어 비교적 복잡하지 않게 EMDR을 이용해 트라우마 처리를 진행할 수 있다는 것과, 자원화에 도움이 될 만한 긍정적인 기억들도 지니고 있다는 것을 알 수 있다. 나는 이것을 낮게 매달린 과일이라고 부르며, 이는 적은 노력으로도 수확할 수 있다. 자신이 없다고 느끼는 임상가들은 이와 같이 낮게 매달린 과일에서 시작해보는 것이 좋다. Shapiro의 책에는 부적절하게 사용된 EMDR이 얼마나 내담자를 상처 입힐 수 있는지에 대한 많은 경고들이 실려 있고, 나 역시 이 책을 읽는 많은 임상가들이 초심자인 자신이 내담자를 상처 입히게 될까봐 EMDR을 사용하기 불안해하는 것에 대해 알고 있다. 이러한 임상가들의 경우, 자원화 절차에서부터 시작해보길 바란다. 자원화는 EMDR 트라우마 처리에 유용할 대부분의 임상적 기술을 포함하고 있지만, 초심자인 임상가들이 자원화가 성공적이지 않아 해로운 결과를 낳게 될 거라고 염려할 필요가 없다. 자원화는 EMDR 2단계(준비)에서 이루어지며, 이자관계라는 특정한 양식을 갖추고 있고, 이 책의 2부에서 주로 다루어질 것이다.

임상 실무에서의 예시들

자매편인 '가까이에서 본 EMDR'과 함께, 이 책은 간단한 사례 및 복잡한 사례 모두를 다루기 위해 EMDR을 이용하는 임상적, 개념적 내용들을 보여준다. 나는 내가 훈련했던, 그리고 나와 자문을 나눈 임상가들의 권유에 따라 이 책을 쓰게 되었다. 책에 실린 내용의 대부분은 훈련 및 자문 회기를 그대로 수록한 것이다. 대부분의 노련한 임상가들은 이 책에 기술된 기술 중 상당수를 이미 사용하고 있을 것이다. 이러한 경우, 이 책이 그들이 이미 하고 있는 것의 효과를 확인해줄 수 있기를 바라며, 때로는 오래된 개념을 새로운 방식으로 보도록 하거나 기존에 검증된 바 있는 기술을 새롭게 적용해보는 방법을 제안할 수도 있을 것이다. 나는 이 책이 임상가들이 이미 직관적으로 해오던 것을 보다 정확한 용어로 설명해주길 바라며, 혹은 가용한 도구들을 보다 다양하게 더해줄 수 있기를 바란다. 이외의 독자들도 이 책이 훈련에서 배웠던 개념들의 구체적인 임상적 예시들을 보여주고 있으며, 다양한 범주의 내담자들에게 EMDR을 적용하기 위한 실제적인 방법을 설명하고 있음을 알게 될 것이다. 1991년에 내가 EMDR을 사용하기 시작할 무렵에는, 여러 해 동안 분석 치료자로 임해왔으며, 그 전에는 절충적 정신분석 치료자로 다년간 일한 바 있다. 나의 첫 번째 책이었던, 「분열된 자아, 분열된 대상: 경계선, 자기애성, 그리고 분열성 장애의 이해와 치료」[9]도 출판되었다(새로운 판본이 다시 출판되고 있다). 나는 학습하는 사람으로서의 역할에 강하게 동일시하고 있었다. 그 책을 쓴 이유도, 대상관계, 자기 심리학, 그리고 성격장애 치료에 대한 James Masterson의 접근을 배우고 그 개념들을 통합하는 것이 내게 복잡하고 어렵게 느껴졌기 때문이었다. 이 내용들을 구체적인 임상적 맥락을 통해 제시하면 다른 임상의들이 더 쉽게 접근할 수 있을 것이라고 생각했다. 그리고 이러한 교육이 필요하다는 점을 독자들로부터 받은 피드백이 확인시켜주었다. 그 책이 처음 출판된 지 거의 20년이 지난 오늘날에도, 그 책이 얼마나 유용했는지에 대해 내게 알려주고 싶어하는 임상가들이 학회의 엘리베이터와 복도에서 나를 막아서곤 한다.

내가 이번 권의 자매편인 '가까이에서 본 EMDR'을 집필하고 출판한 것도 이런 마음에서였다. 나는 다시 임상 장면에서의 축어록과 그에 대한 논평에 기반하여 책을 만들었는데, 개요를 살펴볼 수 있도록 돕기 위해 상대적으로 적은 양의 교육 자료를 수록하였다. 책에 대한 임상가들의 반응은 이곳과 북미, 그리고 세계 어느 곳에서나 압도적이었다. 그리고 예시를 통한 교육이 배움을 더욱 깊게 해준다는 점도 확인할 수 있었다. 이 점을 고려하여, John F. Kennedy 대학은 EMDR 외상 처리 및 자원화의 비디오 자료를 제공해주는 웹사이트[10]를 만들었다. 현재 이 사이트에는 '가까이에서 본 EMDR'에 실린 축어록 및 '이자 관계 자원화'의 축어록 4개를 포함해 25개 이상의 비디오가 게재되어 있다. 이

---

9) Split Self Split Object: Understanding and Treating Borderline, Narcissistic and Schizoid Disorders (Manfield, 1992).

10) www.emdrclinicalvideos.com

비디오 자료실은 면허를 취득한 심리치료사라면 누구나 접근이 가능하며, 소정의 관리비를 지불하면 3개월간 무제한으로 이용할 수 있다. 사이트는 www.emdrclinicalvideos.com을 통해 접속할 수 있다. 본 책자 각 장 시작 부분에 있는 숫자(예: "비디오 #16")는 온라인의 JFKU 비디오 자료실에 수록된 비디오 번호이다.

내게 다양한 임상적 배경이 있었음에도, EMDR을 연마하는 과정에서의 몇 가지 필수 개념들은 낯선 것들이었다. 특히 EMDR의 인지적 부분이 내게 생소하게 느껴졌는데, 시간이 흐른 이후에야 점차 익숙해졌다. 한편으로는, 대상관계, 라이히 치료,[11] 게슈탈트, 교류분석,[12] 자기 수용 훈련,[13] 가족 체계,[14] NLP, 최면, 직관적 심리치료,[15] 동양적 사상(Eastern religion) 등에서 내가 배웠던 것들이 결국에는 EMDR을 활용하는 나의 능력을 더욱 풍부하게 해주었다.

적절한 출처를 기록하는 것과 관련된 문제

이 책을 읽는 동안, 다양한 기술들에 익숙해지게 될 것이다. 어떤 경우에는 이러한 기법이 어디서 유래되었는지가 분명할 수 있지만, 대다수는 다양한 치료적 접근법에 공통적으로 존재하는 것들이다. 기술을 창시한 분들에게 그 공을 돌리고 싶지만, 실제로는 그저 그 기술을 누구로부터 배웠는지에 대해서만 기재할 수 있을 것이다. 마찬가지로, 나는 다른 EMDR 치료자들로부터도 아이디어들을 빌려왔다. 이러한 아이디어 및 기술의 대부분은 한 명 이상의 치료자에 의해 개발된 것이다. 어떤 사람들은 그 중 한 명의 임상가에게 공을 돌리고, 또 어떤 이들은 또 다른 임상가에게 공을 돌리기도 한다. 그런데, 내가 한 일의 대부분은 내게 그게 마치 내 것인 것처럼 느껴진다. 그것이 빌려온 것일 가능성이 높다는

---

11) Reichian therapy(somatic).
12) Transactional Analysis.
13) Self Acceptance Training.
14) Family Systems.
15) Eidetic psychotherapy.

것을 내가 알고 있음에도, 그것을 나 자신의 것으로 완성해냈다는 뜻이다. 그리고 이 책이 갖는 새롭고도 독특한 면은 자료들을 통합하고 제시했다는 부분이다. 나는 가능한 많은 임상가들이 이러한 개념과, 개념의 실제 적용에 접근할 수 있기를 바란다. 예로, "자원화"라는 기술의 창시자를 밝히는 것은 불가능하다. 아주 오래전 일이기 때문이다. 다만, 내가 아는 바를 따라가다 보면, Milton Erickson에 다다르게 된다. 그는 자신의 최면 작업에서 상상적이고 혁신적인 방법을 통해 방대한 자원을 이용했다. 그가 개발한 "2월의 남자"16)가 대표적이다. 그리고 EMDR에서는, 내가 아는 바에 따르면, 첫 번째로 자원화를 제안한 것은 Landry Wildwind였다. 90년대 초, 그녀는 자신이 개발한 "채택17)"이라는 기술을 홍보했는데, 이를 통해 고통스러운 기억을 다루는 과정에서 내담자들을 지원해줄 수 있는 내적 자원 인물들의 풍부한 보고를 탐색하게끔 도왔다. 같은 시기에, 다른 임상가들도 이미 EMDR과 더불어 다양한 자원화 접근을 활용하고 있었다. 그럼에도, 자원화가 대중화된 것의 공은 Andrew Leeds에게 돌아가야 한다. EMDR에서의 첫 자원화는 아니더라도, 그는 "자원 개발 및 주입(RDI)"이라는 용어를 만들어냈고, 이를 구체적이고 이용하기 수월한 자원화 기술로서 제안하였다. 그리고 Deborah Korn과 함께 첫 RDI 연구를 진행했다.18) 내가 처음 편집했던 EMDR 사례집인 'EMDR: 새로운 적용 사례집19)'의 초안에서, 그는 RDI 개발에 기여한 아이디어를 가진 사람들의 공을 인정하는데 많은 부분을 할애했다. 하지만, 이 부분을 줄여야 한다고 내가 주장한 바에 따라, 그는 대부분을 삭제하게 되었다. 그럼에도, RDI가 수많은 곳으로부터 아이디어와 영감을 얻었다는 것은 분명했다. 그렇기에 나 역시 내가 자원화를 하는 방법에 대해 말해야 할 때면, 여기까지 오는데 영향을 주었던 개발자들 중 어디서부터 어디까지 공을 돌려야 할지를 알기 어렵다. 내가 생략해버린 기여들에 대해, 독자들과, 공로를 인정받을 자격

16) February Man. (Erickson and Rossi, 1980)
17) adoption. (1992)
18) (Korn & Leeds, 2002)
19) EMDR: A Casebook of Innovative Applications.

이 있으면서도 받지 못하게 된 임상가들이 이해해주기를 바란다.

임상적 기술의 실무

　1년 전 즈음, 나는 내가 진행하던 EMDR Part I 훈련의 일부로 개인력 청취의 시연을 진행하기 시작했다. 초반에는, 1주일 정도 걸리는 훈련의 틀을 갖추고 있었다. 나는 수강생 중 한 명이 우연히 내담자를 위해 가지고 있었던 상위 10개 목록을 공유해줄 수 있는지 물은 후, 그것을 칠판에 적고, 수강생들과 사례에 대해 논의했다. 참가자들은 이러한 논의가 매우 유용했다고 말하며, 내게 개인력 정보를 이끌어내는 방법에 대해 시연해줄 수 있겠느냐고 물었다. 나는 그렇게 해주었고, 그들은 이 역시 유용하게 받아들였다. 이때 이후로, 나는 트라우마 초점화된 개인력 청취 및 개인력 정보를 이용한 사례개념화의 시연을 훈련의 일부로 포함시켰다. 그 과정에서, 개인력 청취와 사례 개념화라는 것이 보다 자세히 들여다보기에는 시간이 충분하지 않다는 이유로 그저 설명이나 간략한 시연 정도를 통해 교육되는 다양한 훈련 중 하나라는 것을 깨닫게 되었다. 교육을 듣는 사람들이 수행 방법을 좀 더 쉽게 떠올리려면, 실제로 수행되는 것을 볼 필요가 있다는 것이 점차 분명해져갔다.

　이 책은 그러한 필요에 부응한다. 여기엔 트라우마 초점화된 개인력 청취 및 사례개념화 시연 회기 전체의 축어록이 담겨있으며, 자원화 과정에서 겪을 수 있는 다양한 문제들을 보여주는 다양한 내담자들과의 전체 자원화 회기 예시들을 다루고 있다. 또한, 이러한 회기들 내에서 EMDR의 성공을 돕는 다양한 임상 기법들이 있으며, 이에 대한 시연과 논의도 보게 될 것이다. 그리고 자매편인 '가까이에서 본 EMDR'에서도, 마찬가지로 다양한 종류의 임상 기법들을 필요로 하는 갖가지 종류의 문제를 겪고 있는 내담자들과의 평가(타겟팅) 및 트라우마 처리에 대한 많은 예시들을 살펴볼 수 있다. 특히, 첫 번째 장의 내용에서 개발되었던 자원들이 두 번째 장에 이르러서는 트라우마 처리를 촉진시키기 위해 어떤 방식으로 활용될 수 있는지에 대해 볼 수 있게 된다. 실제 훈련 장면에서는 기껏해야

EMDR의 기본적인 원칙들에 대해 교육할 수 있을 뿐이다. 보다 섬세한 임상 기법에 대해 가르칠 만한 시간이 충분하지 않기 때문이다.

임상 축어록

이 책에는 두 가지 유형의 축어록이 실려 있다. 하나는 녹음 또는 녹화된 회기로부터 가져온, 말을 있는 그대로 풀어놓은 축어록이고, 이외의 일부는 회기가 진행되는 동안이나 끝난 직후에 기록한 노트로부터 가져와 재구성한 것이다. 재구성된 것이라는 설명이 없는 것들은 회기에서 했던 말을 있는 그대로 기록한 축어록이다. "< > < >"라는 기호는 양측성 자극을 의미하는데 ─ 안구 운동, 소리 또는 두드리기(대개 진동기를 이용한) 등을 포함한다. 자원화의 경우, 양측성 자극은 느리고 짧게 진행되며, 5회 이상 왕복하는 경우는 드물다. 축어록에 분명하게 적혀있지 않은 경우에도, 보통 BLS는 "그것에 집중해보세요(Focus on that)."라는 말에 이어 진행되며, "지금은 무엇이 떠오르나요(What's coming up now)?"라는 말로 끝맺는다.

당연한 얘기지만, 나는 보통 내담자의 회기를 비디오로 녹화해주겠다고 제안한다. 비디오는 표준 VHS 테이프나 SDHC 카드에 녹화하며, 이를 내담자에게 주고, 회기가 끝난 후에 집으로 가져가 다음 회기 이전에 여러 번 살펴보도록 한다. 덧붙여, 이 비디오를 만드는 절차는 내담자들에게 많은 도움이 되었는데, 일부 내담자들의 경우 치료 과정에도 상당한 보탬이 되어, 회기를 녹화한 비디오를 만드는 걸 표준적인 절차로 두어야겠다고 고려했다. 하지만, 그 비디오들은 내담자의 것이며, 나는 이를 보관하거나 보여주는 것에 대한 허락을 구하지는 않는다. 이 책에 실린 축어록의 기반이 된 비디오들은 내가 훈련 및 워크숍에서 했던 시연으로부터 만들어진 것이다. 강의 내에서 이미 개인적인 정보에 대해 나누어주었던 내담자들은 가명처리를 하여 그 회기의 축어록을 출판하는 것에 대해 대개 수용적이다. 그리고, 내가 사무실에서 보았던 개인 상담에서의 치료 결과는 이러한 시연 회기에서의 결과와 유사한 편이다.

논평

이 책에 실린 각각의 축어록들을 살펴볼 때, 독자들이 처음에는 논평 부분을 제외하고 전체 회기를 읽어 보기를 바란다. 그래야 회기 전반에 대한 감각을 얻을 수 있다. 중간에 방해받지 않고 전체를 보아야 그 감동을 느낄 수 있다. 어떤 것은 고무적이고, 어떤 것은 즐겁기도 하다. 논평을 읽고 관련된 과정을 분석하기 이전에, 이 회기들의 감정적 분위기와 구조에 대한 감을 잡는 것이 도움이 되리라 생각한다. 대부분의 축어록들이 처음 읽어보았을 때에는 단순해 보인다고 한다. 그러나, 논평에서 분석한 바를 따라가다 보면, 그 과정에 수반된 교묘한 문제와 결정들이 보다 명백하게 드러난다.

여기에는 미국 및 해외 EMDR 전문가들의 짧은 논평도 실려 있다. 논평을 제공한 이의 이름과 함께 별도의 칸에 제시될 것이다. 대부분의 경우에는 나 역시 그 논평에 동의하지만, 경우에 따라 그러지 않기도 한다. 특히 내가 동의하지 않을 때에는, 논평에 대한 나의 답변을 보류하는 등 최대한 자제하고자 하였으며, 논평이 논쟁이 되지 않도록 하였다. 대부분의 경우, 나의 논평이라는 것이 연구를 통해 타당화되지 않은 나의 의견일 뿐인 것처럼, 다른 전문가들의 것 역시 대부분의 경우 그러하다. 이 책은 임상 기법에 관한 책이다. 임상적 기법이 우리의 치료 목표를 달성하는 데 성공적으로 기능했을 때, 우리는 이를 활용하게 된다. 그리고 그러지 못한다면, 이를 사용하지 않을 것이다. 대부분의 상황에서 그 기술이 어느 정도 효과적인지는 쉽게 알 수 있게 된다.

그/그녀, 그의/그녀의

간단히 말해, 내담자의 성별이 축어록에서 분명하게 드러나지 않는 한, 나는 이 책에 나오는 내담자들을 여성으로 언급하였다. 인칭 대명사를 명확하게 구분하기 위해, 치료자는 남성으로 언급하였다. 나 자신을 3인칭 남성으로 언급하기도 한다.

적응적 정보처리 모델

적응적 정보 처리(AIP) 모델은 EMDR의 기초가 된다. 본래의 명칭은 "가속화된 정보 처리 모델[20]"로, EMDR이 신경학적으로 어떻게 기능하는지에 대한 설명을 제공해준다. 기본적인 내용은, 신경학적으로 트라우마 기억이 이외의 통합된 기억망(광범위한 정보 체계[21])으로부터 상대적으로 분리된 "신경망"에 저장된다는 것이다. 즉, 트라우마를 의미하는 "고립된 신경망"과 이외의 체계는 비교적 연관성이 적다. EMDR은 고립된 신경망을 더 넓은 범위의 정보 체계에 연결하는 새로운 신경 회로를 구축하여, 이 두 신경 체계가 통합되도록 하며 둘 사이에 적응적 정보의 자유로운 흐름이 일어날 수 있도록 하는 목표를 지니고 있다.

AIP 모델에 대해 설명할 때면, 다음과 같이 약간의 재미있는 이야기를 덧붙인 나만의 해석을 사용하기도 하고, 일반적인 용어를 이용하여 예시를 들곤 한다. 중증의 트라우마와 같은 기억을 광범위한 정보 체계로부터 분리해 놓는 것의 이점은, 이를 통해 그러한 경험을 잘 떠올리지 않게 되는 것이다. (사실, 이것을 생각하기를 적극적으로 회피한다) 이어서, 이 모델에 따르면, 이렇게 고립된 기억들은 본토와의 교류가 잘 이루어지지 않거나 아예 연결되어 있지도 않은 신경학적 섬과도 같으며, 그 시간에 얼어붙은 채로 존재한다. 이것들은 마차가 딸린 고풍스러운 휴양지가 아니라, 쥐라기 공원에 가깝다. 본토와의 연결고리가 끊겨 있기 때문에 뇌는 수상한 낌새를 전혀 눈치채지 못하며, 자신이 티라노사우르스 렉스로부터 쫓기고 있다는 사실을 실수로라도 알아차리기 어렵다. 다만 우연히라도 이 섬에 떨어지게 된다면, 즉시 빠져나올 수 있는 길조차 뚫려있지 않다는 단점도 있다. 이로 인해 이 경험이 두렵거나 고통스러워질 수 있다. 섬에 일단 도착하면, 무슨 일이 일어나고 있는지를 전혀 알지 못하는 상태의 여행자는 마치 시간여행에 휩쓸린 것처럼 시간을 거슬러 올라가며, 여태까지 살아온 시간들이 마치 없었던 것과 같은 세상을 경험하게 된다.

....

20) Accelerated Information Processing Model.
21) large information system.

예를 들어보자면, 일곱 살 때 학교 운동장에서 괴롭힘을 당하고 이에 맞서 싸우지 못했던 중년의 소방관은, 자기 자신을 겁쟁이라고 여기는 경험으로부터 도망치며 살아온 것일 수 있다. 일곱 살 난 그의 세상에서는 일어나 싸우며 코를 피로 적시는 것만이 적절하게 여겨지는 대처라고 믿었다. 그리고 이제 성인이 된 후, 누군가가 우연히 그의 발을 밟는 순간을 마주하게 되면, 불쾌하게 만드는 이에게 맞서지 못한 자기 자신을 책망하던 학창 시절로 내던져진 채로, 또다시 겁쟁이가 된 느낌을 겪게 될 수 있다. 번번이 불타는 건물에서 사람들을 구해낸 용감한 삶을 살아온 온전한 어른이지만, 그 세계로 다시 내던져질 때면, 그는 다시 겁에 질린 채로 모욕감을 느끼고 있는 7살 난 아이의 흑백논리에 빠져들게 된다.

이 모델은 처음 제시된 이래로, 보다 재미를 덜어낸 상태이긴 하지만, EMDR 훈련에서 교육되어온 바 있다. 하지만, 이 모델이 어떻게 EMDR 치료를 설명하는지에 대한 질문을 최근에 EMDR 훈련을 받지 않은 임상가가 받게 된다면, 이에 답하기 어려워할 수 있다. 그 모델이 무엇이었는지를 기억하는 것은 물론, "적응적 정보 처리"라는 용어를 알아보는 것도 쉽지 않을 수 있다. 이 모델이 필요한 만큼의 주목을 받게 된 것은 최근의 일이기 때문이다. 이를 통해 임상가가 EMDR 치료 중의 임상적 결정에 필요한 정보들을 얻어내기 위해 이 모델을 어떻게 활용해야 하는지에 대해 배울 수 있게 되었다.

모델에 따르면, 기존 기억은 고립되어 있기 때문에 새로운 정보를 마주하거나 시간이 흐름에 따라 성장해나가기 어려워진다. 즉, 그 기억이 지닌 의미가 이후 성인으로서의 경험과 관점에 의해 변화되지 못한다. 위에서 기술된 사건을 목격하는 대부분의 어른들은 피해를 입은 아이를 안타깝게 여길 것이다. "반격하려고 들지 않았으면 좋겠네. 그러지 않으면 코가 부러진 채로 끝나게 될 테니."라고 생각할 수 있다. 하지만 피해를 입은 당사자는 이제 다 자란 성인이 되어서도 그 경험을 떠올릴 때면 다시금 수치심을 느끼게 된다. 촉발이 되면, 심지어는 최근의 사건들에 대해서도 7살 난 아이의 마음가짐으로 바라보게 된다. 이것은 사실상 시간 여행과 다름없다. 어린 시절에 있었던 이 사건에 대해 떠올릴 때면, 그가 한 명의 어른으로서 이외의 다른 삶의 사건들에 대해 살펴볼 때 사용하는 성숙한 관점은 이용할 수 없게 된다. 그러나 EMDR 처리가 이루어지는 동안, 새로운 길이 놓이게 되며, 고립된 기억의 섬과 본토 사이에 새로운 연결이 만들어지는 것이다. 보통은 내담자가 자연스럽게 이러한 연결을 만들어내지만, 때로는 이러한 자원을 찾아내는 데 치료자의 도움이 필요할 수 있다.

내담자가 적응적 성인 관점으로 향하는 새로운 연결을 만들어낼 수 있도록 돕기 위해, 임상가는 내담자와 자신이 어디 쯤에 있는지를 알아야 한다. 즉, 임상가에게는 목적지가 표시된 지도가 필요하다. 그리고 성인 자원의 기억이 명확하거나 강력할수록, 보다 쉽게 찾아낼 수 있다. 예를 들어, 내담자가 자신의 아들에게 지지적이고 양육적인 부모라면, 7살 무렵 기억에 대한 EMDR 처리를 진행하는 동안 그의 적응적 성인-부모 관점이 대개 수월히 이용될 수 있을 것이다. 어린 시절 경험했던 기억을 부모로서 접하게 되면, 7살 때의 자신에 대한 안타까움을 느낄 가능성이 높다. EMDR의 양측성 자극은 내담자가 이러한 양상의 보다 지혜로운 성인의 관점에 접근하는 것을 용이하게 만드는 것으로 보인다. 이 과정에서, 내담자는 어떻게 지금껏 자신이 그렇게까지 자기-비난적일 수 있었는지를 당혹스러워할 수도 있다. 내담자가 적응적 성인 관점에 자연스럽게 연결되지 않을 때도 있다. 이러한 상황은 특히 성인으로서의 양육적 경험이 효과적이지 않거나 충분하지 않았을 때 발생한다. 치료자는 내담자의 건강한 성인으로서의 경험을 포함한 개인력을 청취하는 동안 만들어진 지도를 이용해 내담자가 자신에게 필요한 연결들을 만들어가도록 도울 수 있다. 신경생물학에서는 "함께 활성화되는 뉴런은, 서로 연결된다."고 말한다. (Donald Hebb의 이름을 따서 보통 "Hebb의 법칙"이라고 부른다) 내담자가 특정한 신경 경로 결합을 더 많이 이용할수록, 향후에도 이 경로를 사용할 가능성이 높아진다. 자원화를 통해 다시 활성화되는 기억과 관점 역시, 앞으로 내담자가 점점 더 쉽게 접근할 수 있게 될 것이다.

양측성 자극의 역할

Shapiro는 자신의 책(1995, 2001)에서 EMDR의 효과에 기여하는 기제를 비롯하여, 타겟 기억과 적응적 성인 관점 사이의 연결을 만들어내는 EMDR의 면모에 대한 다양한 이론에 대해 논하고 있다. 실무적 관점에서 보기에 내가 가장 유용하다고 생각하는 점은, EMDR은 다양한 측면에서 내담자가 현재의 경험과 과거의 기억 사이에서 이중 주의를 유지하도록 만든다는 것이다. 내담자는 기억을 떠올리는 동시에, 막대를 따라 눈을 움직이거나 양측에 번갈아 제시되는 소리 및 촉각에 주의를 기울이도록 하는 현재의 "이중 주의 과제"를 수행하게 된다.

Andrew Leads

이중 주의가 효과적인 재처리를 촉진시키는 중요한 요소라는 점은 나 역시 강력히 동의하나, 양측성 안구 운동만이 효과적인 것으로 나타나고 있다. 대안적 형태의 양측성 자극에 대한 EMDR 연구가 부족하며, 양측성 자극을 이용하지 않는 이중 주의 과제의 경우와 양측성 자극을 이용한 경우의 치료 결과 비교 연구 역시 없는 상황이다. 비-임상장면에서의 연구에 따르면 주의를 분산(예: 기억의 시각적 잡기장 또는 음운 고리 부분에 대한 방해)시키는 것이 요인이 될 수 있다고 하나, 이러한 예비 연구가 실제 임상 시험으로 확장되지는 못했다. 따라서 치료 결과 연구 기준에 근거해, 이중 주의 자극[22]을 양측성 자극과 동일한 것으로 간주할 수는 없다.

주기적으로 양쪽에서 번갈아 제시되는 자극을 중단하고, 내담자에게 몇 분간 현재에 주의를 기울이며 치료자와 이야기를 나누도록 한다. 그리고 나서 과거와 관련된 내용에 다시 주의를 기울여보도록 한다. 내담자가 그 기억과 더 강하게 연결되기 시작하면, 치료자는 양측성 자극이 진행되는 동안 "그저 알아차려 보세요." 또는 "잘하고 있습니다."와 같은 보조적 언급을 짧게 건넬 수 있으며, 이는 내담자가 현재에서 치료자와의 연결을 유지할 수 있도록 돕는다.

내담자의 주의를 과거와 현재 사이에서 균형감 있게 유지시키는 EMDR의 다양한 측면이 지닌 종합적인 효과는 과거와 현재 사이, 그리고 타겟 기억과 적응적 성인 관점 사이의 신경학적 연결 형성을 촉진시키는 것이다. 이 때문에, 일

---

22) Dual Attention Stimulation(DAS).

부 저자들은 번갈아 주어지는 양측성 자극을 "BLS"라고 부르지 않고 '이중 주의 자극'이라는 의미의 "DAS"라고 부르기도 했다.

> **Andrew Leads**
>
> 첫 번째 군집을 완료하지 않고 다른 군집으로 이동하는 경우, 첫 번째 군집이 증상과 기타 문제들을 악화시킬 수 있기 때문에 이를 피해야 한다는 데 동의한다. 그러나 증상 정보 기반 접근에서는, 때로 그 증상이 우리에게 접근 방식을 수정하도록 말을 걸고 지시를 내리기도 한다. 이따금은 초반의 사례 개념화가 초반의 타겟 선정(그리고 연관된 군집)을 잘못 이끌기도 하기에, 이 경우에는 다른 군집으로 옮겨가야 할 것이다. 또한, 첫 번째 타겟 기억망(군집)이 온전히 해결되기 이전에 다루어야만 하는, 다른 기억망에 연결된 방어를 발견하게 될 수도 있다.

AIP 모델을 이용해 타겟을 정하기

이 모델은 임상적 결정을 내리는 데 매우 유용하게 쓰인다. AIP 모델이 가장 먼저 역할을 해내는 곳은 개인력 청취와 사례 개념화이다. 트라우마 기반 개인력 청취에서는, 한 개인이 자신 또는 세상을 바라보는 관점에 왜곡을 만들어낼 만한, 경험하고, 목격하고, 제3자와 관련되고, 상상된 모든 사건들에 관심을 기울인다. 이는 EMDR 처리를 진행하기 이전에 자원 기억을 재활성화하고, 동일시하고, 혹은 되살려야 할지를 임상가가 결정하는 데 도움을 준다. 또한 내담자로 하여금 과거와 현재 사이에서 적절한 균형을 유지시키기 위해 치료자가 어떤 기법을 사용해야 하는지를 결정하는 것 역시 돕는다. 특히, 어떤 트라우마가 처리될지와 그 트라우마의 특성에 대해 치료자가 알고 있는 상태라면, 처리가 성공적으로 진행되기 위해 내담자가 필요로 하는 자원에 대해 정보에 입각한 추측을 할 수 있게 된다. 치료자는 이를 통해 특정한 타겟에 유용한 자원을 선택할 수 있게 된다. 이 추측에 기반하여, 치료자는 필요한 자원이 이용 가능하고 충분히 강력한지, 또는 이것을 좀 더 발달시킬 필요가 있을지에 대해 계산할 수 있다.

AIP 모델을 이용하는 것은 이 책 전체와 자매편에서의 지도 방침이 될 것이다. 이는 1단계의 개인력 및 사례개념화에 대해 설명해준다. 주어진 타겟에 필요할 것으로 여겨지는 자원들을 보여주며, 2단계(준비)에서 유용하게 사용될 수 있는 자원의 유형을 안내한다. 그리고 3단계(평가/타겟팅)에서, 치료자는 타겟과 관련해 수집되었던 모든 이질적인 정보들을 살펴보고 이를 연결되고 초점화된 전체로서 구성해내야 한다. AIP 모델은 이 과정 역시 훌륭히 안내해준다. 그 후 4단계(민감소실 및 재처리)에서, 처리가 임상적으로 적절한지를 확인하고, 필요한 경우 인지적 엮음을 준비하기 위해 치료자는 AIP 모델의 맥락에서 지속적으로 처리를 추적해야 한다. 자매편인 '가까이에서 본 EMDR'은 3, 4단계에 초점을 둔다.

****

나는 예시를 통해 가장 잘 배우는 편이며, 많은 다른 사람들도 그럴 것이라 생각한다. 자신의 작업이 왜 효과적이었는지에 대한 설명을 듣는 것도 유용하긴 하나, 임상가들이 본 효과의 적어도 일부 정도는 그들이 자기 자신도 모르는 사이에 직감적으로 해낸 일들로부터 얻어진 결과라는 것 역시 사실이라 본다. 나는 그 기쁨을 10여 년 전에 맛보았는데, 나의 친구이자 동료인 Jim Knipe와 함께 터키의 치료자들에게 EMDR을 훈련시키는 인도주의적 지원 프로그램23) 계획 차 터키에 방문했을 때로, 1999년 9월 그곳의 Marmara 해역에 지진이 있은 이후였 다. 그 여행에서 가장 기억에 남는 것은, 우리가 훈련을 시작하기 전에 통역을 통해 터키의 지진 피해자와 EMDR을 수행하는 것을 서로 관찰하며 보낸 일주일 이었다.

　나는 그의 작업을 보면서 많은 것들을 배웠는데, 흥미로운 점은 내가 보기 에 혁신적이고 유용했던 그의 작업의 많은 면모들이 그 자신에게는 창조적이거 나 특별하게 여겨지는 것이 아니었다는 점이다. 이는 임상가가 다른 임상가의 작 업을 직접적으로 관찰하는 것이나, 비디오 녹화 또는 이 책에 실린 것과 같은 축 어록을 통해 살펴보는 것의 가치를 보여준다. 책에 실린 나와 다른 이들의 논평 이 독자들에게 유용하게 쓰이기를 바라며, 이에 덧붙여, 실제로 말해지고 행해졌 던 것을 담은 축어록 또한 더 많은 도움이 되기를 바란다.

　아울러, 이 책에 있는 4개 회기를 비롯해 '가까이에서 본 EMDR'에 있는 모든 회기의 비디오들은 John F.의 www.emdrclinicalvideos.com 사이트에서 볼 수 있다. Kennedy 대학은 면허를 지닌 심리치료자 및 인턴들이 이용할 수 있는 임 상 EMDR 비디오들이 수록된 온라인 자료실로서 자리매김하고 있다.

---

23) Humanitarian Assistance Program(HAP).

part

01

Case
Conceptualization

개인력과 사례개념화

EMDR 기본교육과정에서는 개인력 면담과 사례 개념화를 하는 방법에 대해서 길게 설명하지 않는다. 중요하지 않기 때문이 아니다. 시간이 제한적일 뿐만 아니라 트라우마 초점화된 개인력을 다루는 사례 개념화를 교육하는 것이 매우 까다롭기 때문이다. 하지만, 적응적 정보처리 모델(AIP)에 기반하여 트라우마에 초점을 둔 사례 개념화는 EMDR을 그저 다른 맥락에서 사용되는 기술이 아닌 치료적 접근으로 만들어준다. 그렇기에 치료자들이 비교적 복잡한 사례에 대해서도 EMDR을 이용할 수 있는 것이다. 흔한 예시로, 어린 시절 자신의 부모가 서로 다툴 뿐만 아니라 때로는 서로에게 폭력을 휘두르는 것을 경험한 내담자를 들어보자. 이 내담자는 현재 대인관계에서의 어려움을 호소하고 있다. 그녀는 대립하는 것을 두려워하고, 자신을 학대하는 남자와의 관계를 반복한다. 짧은 개인력 탐색을 통해 그녀가 12살에 삼촌으로부터 성추행을 당했으며, 이후 2번의 강간 피해 – 한 번은 남자친구로부터, 다른 한 번은 낯선 사람으로부터 – 를 입은 바 있다는 것이 확인되었다. 이와 더불어, 5살에서 7살 무렵에 아버지가 어머니를 폭력적으로 대하는 몇 번의 두려운 상황을 기억하고 있다. 이 경우, 현재의 주호소가 대립에 대한 공포이기 때문에, 치료자는 그 공포의 근원으로서 어린 시절에 경험한 부모 사이의 폭력을 치료목표로 잡으려 할 수 있다. 이 목표가 적절할 수도 있으나, 고통감 점수(SUDS)가 9점에서 7점 정도로는 내려가지만 그 이하로는 떨어지지 않을 수도 있다. 내담자는 "그냥 정말로 무서워요. 정말로 두려워요."라는 말을 반복할 수도 있다. 이러한 상황은 어떻게 해결할 수 있을까?

　　내담자가 5세가 되기 이전에도 부모의 다툼이 여러 번 발생했을 수 있으며, 내담자가 듣거나 목격한 것을 충분히 기억하지 못할 수 있기 때문에 5세경의 기억을 치료목표로 삼는 것은 문제가 될 수 있다. 그녀는 어머니의 고통스러운 경험을 보거나 들었을 것이다. 어머니가 자신의 생명줄이나 마찬가지이기 때문에, 자신의 안전에 대한 공포 역시 직·간접적으로 경험했을 것이다. 5세경의 폭력적인 기억을 치료목표로 정하는 것은 아버지가 어머니를 신체적으로 공격하는 걸 목격한 기억과 연관된 공포감을 불러일으킬 수 있다. 이 사건은 내담자가 이전에 보다 더 취약하고 겁에 질려있었던 때의 유사한 사건들을 자극하게 되며, 다섯 살 난 아이의 반응은 그러한 암묵적 기억들에 의해 증폭될 것이다. 내담자가 "그냥 정말로 무서워요. 정말로 두려워요."라고 말하며 처리가 멈추는 경우, 이 공포는 대개 더 어린 시기의, 심지어는 전언어기[1]의 경험에서 오는 것이다. 해결이 되지 않은 채 고통감 점수가 4~7에 머물러 있게 된다면, 5세라기보다는 2세 무렵에 느낀 극도의 취약감과 공포감으로 인한 것이다.

Andrew Leads

생애 초기, 전언어기의 조건화된 연합들은 비효율적인 재처리의 원인이 된다. 또한 적절한 반응을 충분히 경험해보지 못하고, 그로 인해 관련된 적응적 기억 네트워크("자원" 또는 "자원기억"이라 불림)가 부재하게 되는 것 역시 원인이 될 수 있다.

---

1) pre-verval.

까다로운 사례에 대한 EMDR 적용

이제는 앞서 본 예시와 같은 복잡한 사례에도 EMDR을 적용할 수 있으나, EMDR이 처음 도입된 1990년대 초에는 그렇지 않았다. 이와 같은 기억을 어떻게 해결할 수 있을까? 내담자는 자신이 경험하고 있는 강렬한 공포가 생애 초기의 기억으로부터 영향을 받고 있다는 것을 알지 못한다. 때로는 이러한 기억들이 확실히 인지되지 않은 채로 해결되기도 한다. 내담자는 가슴의 압박감과 호흡곤란과 같은 강한 신체적인 감각을 경험하는데, 이것들이 무엇을 나타내거나 무엇과 연결되어 있는지를 인지적으로 이해하지 못한 채 신체감각에 주의를 쏟는다. 양측성 자극을 통한 조력이 해결을 도울 수도 있다. 하지만 때로는 기억들이 해결되지 못하고, 상당한 고통감을 경험하며 처리가 막히게 될 수 있다. Shapiro가 말한 적응적 정보처리 모델(AIP)에 따르면, 기억은 이를 해결하기 위한 자원인 적응적인 성인 관점과 연결되어야 한다. 이러한 연결이 자연스럽게 일어나지 않을 때에는, 치료자들은 의도적으로 연결을 촉진하는 인지적 엮음(cognitive interweave)을 진행한다.

Andrew Leads

혹은 타겟의 재처리를 시도하기 이전에 놓친 자원이 있는지를 확인해보고, 그것을 발달시키고 주입해야 한다. 이것은 Arne Hoffmann가 설명한 "긍정적 채널 조각[2]"의 구성과 연관되어 있다.

인지적 엮음을 진행하기 위해 치료자들은 먼저 필요한 자원을 확인해야 한다. 덜 복잡한 사례의 경우에는 자원을 확인하는 것이 그리 어렵지 않다. 내담자들이 쉽게 자신의 자원에 대해 설명하고 접근할 수 있다. 예를 들어 조카와 연결

---

2) positive channel ends.

되어 있는 느낌을 경험하는 내담자의 경우, 그의 자원은 조카를 향한 보살핌의 양육적 느낌일 것이다. 여기서의 인지적 엮음은 "만약 당신의 조카에게 이런 일이 일어났다면, 당신은 이것이 그 아이의 잘못이라고 생각할 건가요?"가 될 것이다(다만, 이는 처리가 어떤 방식으로 막혀있는지에 따라 달라질 수 있다). 하지만 복잡한 사례의 경우, 내담자가 자원화된 상태에 접근하는 것이 매우 어렵다. 따라서, 접근 가능한 자원을 강화시켜야 한다. 추가적인 자원들을 탐색하고, 이에 대한 내담자의 접근을 강화하는 과정은 도전적이고 어려울 수 있는데, 이 책의 2부에서 상세하게 논의할 것이다.

> **Andrew Leads**
> 이는 "wreathing protocol"로 유럽에서 널리 받아들여지고 있으며, 현재의 기능을 비롯하여 근원적인 생애 초기의 타겟 재처리의 준비를 향상시키기 위한 자원을 확인하는 것이다.

비교적 단순한 사례만 보아온 EMDR 임상가와 비교적 까다로운 사례를 다룰 수 있는 EMDR 치료자 간의 차이는 타겟 기억을 해결하기 위해 추가적인 자원이 언제 필요할지를 예측하는 능력에 있다. 트라우마 초점화된 개인력 탐색을 기반으로 한 사례개념화는 EMDR 임상가로 하여금 다양한 타겟의 상대적인 난이도를 예상하고 성공적으로 해결할 수 있는 타겟을 선택할 수 있도록 도와준다. 또한 임상가가 처리를 시작하기 이전에, 타겟을 성공적으로 처리하기 위해 필요한 자원에 내담자가 충분히 접근할 수 있을지를 예측하도록 돕는다.

이 장에서는 임상적 사례들을 통해, 트라우마 초점화된 개인력 탐색을 기반으로 한 사례개념화의 규칙과 어려움에 대해서 논의할 것이다.

특히,

* 개인력을 구체화하는 방법
* 적절한 타겟의 선택

＊ 타겟을 해결하는 데 추가적인 자원이 필요하다는 것을 알려주는 지표

상위 10개 목록

　　Shapiro는 EMDR의 기본원칙과 프로토콜에서, 개인력 탐색을 위해 최악의 기억 "상위 10개 목록"을 이용하도록 하였다. 나는 EMDR 치료 시행 여부와는 상관없이 상위 10개 목록을 강력한 도구로 여긴다. 나는 일반적으로 첫 번째 혹은 두 번째 회기에서 내담자에게 상위 10개 목록을 물어본다. 심지어 때로 초기 전화 상담에서 내담자가 첫 번째 회기 이전에 자신이 할 수 있는 게 있는지를 물어보며, 나 역시 내담자의 정서조절 기술이 충분히 견고하다고 느껴지는 경우에는 이것을 해보도록 한다. 다만 제목만을 적어보도록 하는데, 이야기의 세부적인 내용은 그 기억을 활성화시키고 불쾌감을 증가시킬 수 있기 때문에 이야기의 전부를 원하는 것이 아님을 설명해준다. 이것이 내담자에게 괴롭다면, 작성하는 것을 멈추고 우리가 함께 진행할 수 있다는 것도 알려준다. 그리고 보통 자신과 치료자가 볼 수 있도록 2장을 만들어오도록 한다. 더불어 최고의 기억 상위 10개 목록도 작성해보도록 한다. 물론 늘 내담자가 만들어온 목록에 대해 질문하고 논의해야 하지만, 목록을 작성해오는 것은 적어도 30분의 회기 시간을 절약해준다.

　　긍정적 기억과 부정적 기억 목록을 작성하는 것이 내담자의 개인력을 모두 설명해주지는 않지만, 실제 장면에서 엄청난 양의 정보를 제공해 줄 수는 있다. 강도를 당하거나 사고를 겪고, 현재 심각한 증상을 경험하고 있기 때문에 EMDR 치료자를 찾아온 경우, 임상가는 내담자의 증상을 가능한 빠르게 완화시키는 개입을 하고자 할 것이다. EMDR은 이와 같은 단일 사건 트라우마에는 마법 같은 효과를 낼 수 있다. 그러나, 강도 사건이 생애 초기에 있었던 고통스러운 신체적 경험에 대한 암묵적 기억을 다시 자극할 가능성도 있다. 예를 들어, 내담자는 계부나 오빠에게 신체적이거나 성적인 학대를 당했을 수 있다. 이런 경우 단일 사건 트라우마로 보였던 것이 치료하기에 상당히 복잡하고 어려워진다. 그럼에도 불구하고, 내담자가 짧은 기간의 개입을 원하여 치료자가 개인력 탐색에 많은 시

간을 투자하지 않으려 하기도 한다. 이러한 경우 치료자는 현재의 트라우마에 영향을 주는 보다 복잡한 트라우마 사건들이 있는지를 확인해야 하며, 보다 세심한 개인력 탐색이 필요한지를 알기 위해 상위 10개 목록이 도움이 될 수 있다.

개인력 탐색은 다양한 방식으로 구조화할 수 있다.

- 어린 시절부터 시간 순서대로 탐색
- 가계도를 기반으로 한 관계에 따라 탐색
- 정서, 도식 또는 인지 왜곡의 유형에 따라 탐색
- 트라우마의 유형에 따라 탐색, 상위 10개 목록을 토대로 한 직접적인 탐색

개인력을 더 철저히 탐색해볼 계획이 있는지와 상관없이, 나는 상위 10개 목록을 뼈대로서, 그리고 개인력을 구체화하기 위한 토대로서 이용한다. 내담자가 충분히 안정적인 상태라면, 상위 10개 목록을 몇 분 내로 작성할 수 있다. 만약, 내담자가 단일 사건 트라우마를 경험하였다면, 이 간단한 목록만으로도 개인력 탐색이 더 필요할지를 충분히 확인할 수 있다. 만약 내담자가 목록을 작성할 만큼 충분히 안정되지 않을 경우, 최근의 트라우마 사건에 대한 내담자의 반응에 영향을 주는 이전의 사건이 있을 가능성이 높다. 이러한 경우 개인력을 더 탐색해보는 것이 중요하다.

목록에서 누락된 것들

상위 10개 목록에서 중요한 것이 누락되었음을 보여주는 여러 지표들이 있다. 누락이 되는 이유는 내담자가 떠올리지 못했거나, 내담자에게 너무 부끄러운 일이거나, 내담자가 그것을 중요하게 생각하지 않았기 때문이다. 첫 번째 지표는 내담자가 아동기 후반이나 이른 청소년기에 있었던 사건에 대해서 보고할 때 비합리적이거나 과장된 반응을 보이는 것인데, 이는 그 사건이 더 이른 시기에 있었던 미해결된 고통스러운 경험에 대한 촉발요인(trigger)이 되고 있음을 의미한다. 그 경험이 목록에 없는 경우, 치료자는 반드시 이에 대해 내담자와 논의해야

한다. "상사가 당신에게 소리 지르는 기억이 여전히 당신을 매우 괴롭게 하는 게 느껴지네요. 무엇이 그것을 그렇게까지 괴롭게 만드는지를 알고 있나요?" 내담자는 종종 무엇이 그렇게 괴롭게 만드는지를 정확하게 알고 있으며 이와 관련된 생애 초기의 기억을 금방 생각해낸다. 만약 내담자가 떠올려내지 못한다면, 치료자는 이것이 차후 감정 다리[3]를 적용해야 할 부분임을 설명해줄 수 있다.

주로 10대 중반 이후에 발생한 사건들로만 상위 10개 목록을 작성하는 것이 드문 일은 아니다. 따라서, 어떤 임상가들은 상위 10개 목록을 설명할 때 "가능한 기억을 되짚어서 8세 이전의 기억을 적어도 3개, 8세부터 15세 사이의 것을 적어도 3개, 그리고 15세 이후의 것을 적어도 3개 적어보세요."라고 말하기도 한다. 이를 언급하지 않으면, 목록의 시간대에 큰 간격이 생길 수 있다. 이 간격이 아무것도 기억이 나지 않는 기간을 의미하는지, 아니면 어떤 트라우마 사건도 생각나지 않는 기간인지는 알 수 없다. 내담자가 중요하게 생각하지 않은 사건이 있을 수도 있고, 너무 고통스럽기 때문에 생각하기를 회피하는 사건이 있을 수도 있다.

예를 들어, 내담자가 10대일 때 술에 취한 부모와 관련된 사건을 경험했다면, 치료자는 내담자가 그 당시와 아동기 동안 경험한 부모의 음주 습관을 탐색해야 하며, 마찬가지로 내담자 본인의 알코올 문제도 확인해보아야 한다. 만약에 내담자의 어린 시절 동안 부모가 늘 술을 마시고 있었음에도 불구하고 "알코올 중독은 아니었어요"라고 표현된다면, 다음으로 "더 이전에 부모님이 술을 마시면서 발생했던 사건들을 기억할 수 있나요?"라고 물어보아야 한다. "아니요"라고 답변하는 경우, 나는 "어린 시절에 그들이 술을 마시고 있는지를 어떻게 알았나요? 그들이 술을 마셨다는 걸 뭘 통해서 알았는지 기억이 나나요?"라고 질문한다. "어떻게 알아요?"는 내가 좋아하는 질문으로, 내담자가 모호하게 알고 있는 것을 외현적 기억으로 전환시키도록 돕는다.

. . . .

3) affect bridge. 역자 주: 감정적 다리(affective bridge)라고도 하는 이 기법은 최면치료에서 문제의 근원이 되는 과거 사건에서 현재 사건으로 마치 다리를 건너듯 옮겨 오면서 정신분석적 연상을 사용하여 무의식적 연관성을 탐색해서 개인의 무의식적 청사진을 바꾸는 기법임.

선행 사건의 중요성

상위 10개 목록은 상세한 개인력을 얻는 데 매우 유용하다. 타겟이 생애 초기의 사건 기억으로부터 영향을 받고 있는 경우, 항상 그렇지는 않지만 이후의 사건을 타겟으로 잡아도 내담자가 자연스럽게 더 이른 시기에 있었던 사건을 떠올리게 된다. 더 이른 시기의 사건이 자연스럽게 기억나지 않으면 처리가 멈출 수 있다. 일반적으로 중간 정도의 SUDS에서 처리가 멈추는 경우, 처리되지 않은 상태로 현재의 사건에 영향을 미치고 있는 생애 초기의 기억이 존재한다. 타겟을 잡는 동안에 내담자의 개인력을 충분히 살피지 않는다면, 비교적 안정적인 내담자의 경우에도 EMDR 회기가 초반부터 잘 진행되지 않아 생애 초기의 기억을 좀 더 확인해보아야 할 수 있다. 치료자가 작업을 포기하며 관련이 없는 다른 타겟으로 넘어가지만 않는다면, 문제는 발생하지 않을 것이다. 처리가 잘 진행되지 않는 회기를 겪으며 내담자가 좌절하게 될 위험을 지기보다는, 처음부터 충분히 개인력을 탐색하는 것이 좋다. 상세한 개인력조차도 완벽하지는 않기 때문에, 특정 증상이나 촉발요인에 대한 이전의 기억 역시 분명하지 않을 수 있고, 타겟을 잡을 때에도 감정 다리가 필요할 수 있다(3부 참고). 다만, 근원이 되는 사건을 확인하기 위해 감정 다리만을 사용하는 것은 효율적이지 않으며, 보통의 경우에는 개인력 탐색을 이용한다.

10개 목록을 얻는 방법

내담자에게 상위 10개 목록 작성방법을 설명할 때, 각 사건이 발생했을 때의 나이와 SUDS를 적도록 한다. 목록을 살펴보았을 때, 이러한 것들이 명확하지 않은 경우에는 각 기억에서의 주된 감정이 무엇인지를 알고자 한다. 이러한 정보는 목록에 기재된 사건을 이해하도록 돕는다. 더욱이, 사건의 중요성이 전반적으로 명확하지 않다면, 내담자가 갖게 된 왜곡(부정적 인지)과 사건에 대한 최근의 느낌에 대해 간략하게 물어본다. 만약, 내담자가 이러한 왜곡을 확인하기 어려워한다면, 이를 건너뛰었다가 나중에 다시 확인하기도 한다.

　자문 중에 문제가 되는 사례가 보고되는 경우, 나는 항상 치료를 시작할 때 상담자가 상위 10개 목록을 받았는지에 대해서 질문한다. 만약 타겟으로 선택할 만한 것이 부족한 게 문제라면, 내담자로부터 트라우마와 관련된 개인력을 최소한으로도 받지 않았을 확률이 높다. 상위 10개 목록은 특정 타겟이나 치료가 만족스럽게 진행되지 않는 이유를 이해할 수 있도록 돕는 중요한 정보를 준다. 치료자는 이를 통해 분명하지 않은 관련 선행사건에 대해 추측해 볼 수 있게 된다.

　물론, 상위 10개 목록은 단지 치료자가 내담자의 개인력에서 몇 가지의 중요한 사건들을 구체화하는 뼈대일 뿐이다. 이는 시작점에 불과하다. 치료자는 수년간의 임상 수련을 통해 쌓아온 치료적 기술을 지니고 있어야 한다. 혹여 목록에 아무런 사건도 보고되지 않은 특정한 기간이 있다면, 치료자는 그 기간 동안에 무슨 일이 있었는지를 확인해보아야 한다. 내담자는 그 시기의 기억을 가지고 있지만 고통스러운 일이 없었을 수도 있고, 그 시기가 전혀 기억나지 않는 것일 수도 있다. 후자의 경우에는, 그 시기에 학대를 받았거나 지속된 트라우마가 있었는지를 확인해야 한다. 내담자가 목록에 있는 항목과 관련하여 기억해낸 반응들이 발달적으로 적절한지도 고려해보아야 한다. 그렇지 않은 경우, 목록에 기재되지 않은 더 이른 시기의 사건이 있는 경우가 많다. 치료자는 특정 사건들이 내담자가 보고하는 만큼 고통스러울 만한 것인지와, 내담자가 보고하는 연령에서 처음으로 발생하는 경향이 있는 사건인지를 가늠해보아야 한다. 둘 다 아니라면, 치료자는 보다 이전의 기억을 탐색해보아야 한다.

　때로, 내담자들은 시간이 지남에 따라 점점 더 악화되는 양상을 보일 수 있음을 암시하는 생애 초기의 사건을 보고한다. 예를 들어 내담자가 5살 때 아버지가 자신에게 발기된 성기를 보여준 일에 대해 보고했으나, 이외에는 아버지의 성적으로 부적절한 행동을 목록에 기재하지 않을 수 있다. 그것이 내담자가 5살 때 발생한 일이라면, 이런 일이 발생하지 않도록 어머니가 막아주거나 아버지가 아이에게 접근할 수 없게 되는 등의 일이 일어나지 않는 한, 내담자가 성숙해가며 더욱 심각하거나 부적절한 성적 행동이 일어날 것이라 예상할 수 있다. 따라서,

치료자는 더욱 고통스러울 수도 있는 후속사건이 발생했었는지를 탐색해보아야 한다.

개인력을 탐색하는 동안 내담자의 활성화 수준을 낮게 유지하기

일반적으로, 치료자들은 이러한 탐색이 진행되는 동안 협력적이고 호기심 많은 태도를 지니고 있어야 하며, 내담자 역시 이해되지 않는 것처럼 보이는 자신의 경험들에 대해 호기심을 갖고 궁금해 하게 될 것이라는 희망을 지니고 있어야 한다. 개인력 탐색 단계에서 생애 초기의 기억을 탐색하기 위해 감정 다리 기술을 사용하는 것은 바람직하지 않다. 감정 다리 기술을 효과적으로 진행하기 위해서는 생애 초기의 기억으로 거슬러 올라가는 동안 내담자가 그 고통감을 느껴보는 것이 필요하기 때문이다. 하지만 개인력을 탐색하는 동안에 기억이 활성화되는 것은 좋지 않다.

감정 다리와 기타 활성화 기술들은 EMDR의 "평가" 또는 고통스러운 내용이 떠오르는 것을 처리할 수 있는 "민감소실 및 재처리" 단계에서 사용된다. 내담자가 개인력 탐색 도중에 활성화되면, 정서를 지탱하고, 스스로를 안정시키며, 평정심을 되찾고 통제감을 느낄 수 있도록 도와야 한다. 이때 활성화가 되는 것은 내담자가 기억을 지나치게 상세히 묘사하고 있거나 자신의 정서를 지탱하고 조절하기 위한 능력이 빈약함을 나타낸다. 활성화를 줄이는 한 가지 방법은 내담자의 좌뇌 인지기능을 이용하는 것이다. 예를 들면 "그 당시에 당신의 어머니에게 무슨 일이 일어났는지에 대해 어떻게 이해하고 있나요?"라는 질문을 사용하는 것과 같이 내담자에게 분석하고 추측해보도록 할 수 있다. 다른 하나는 치료자가 단지 주제를 바꾸는 것인데, 현재의 주제를 나중에 다시 다루어볼 것임을 알려준다. "이건 물론 우리가 살펴보아야 할 매우 중요한 기억인 것 같아요. 하지만 지금은, 당신이 최악의 상위 10개 목록 중 다른 기억에 대해서 말해 보았으면 해요."

생애 초기의 관련 기억을 확인하는 동안
감정적 활성화를 최소화하는 기술

활성화를 덜 일어나게 하는 다른 기술들이 내담자의 개인력 구체화에 더 적절하며, 특히 초기의 기억과 연결된 것으로 의심될 때에는 더욱 그렇다.

예시:

1. 정보를 얻는 가장 간단한 방법은 내담자에게 이전에 유사한 기억이 있는지를 물어보는 것이다.

2. 이 질문을 통해 유용한 결과를 얻지 못할 경우, 치료자는 특정 사건이 일어났을 당시에 내담자가 충격을 받았거나 놀랐는지를 탐색해볼 수 있다. 내담자가 그렇지 않다고 답한다면, 치료자는 이러한 행동이 이전에도 발생하였으며, 보다 이른 시기에 이 유형의 고통스러운 기억이 있을 것이라고 추측할 수 있다.

3. 관련하여 생애 초기에 발생한 근원 기억을 탐색하는 다른 방법은, 다시금 내담자의 호기심을 이끌어내면서, 왜 특정한 사건에 대한 자신의 반응이 예상되는 것보다 더 강렬하거나 덜하다고 생각하는지에 대해 물어보는 것이다. 예를 들면, 내담자가 아버지의 부적절한 성적 행동에 대해서 말하면서도 고통감은 거의 보고하지 않는 경우, 치료자는 "당신은 분명 당신의 아버지의 부적절한 행동에 익숙해져 있군요."라고 말할 수 있다. 생애 초기의 사건이 상위 10개 목록에 보고된 것과 동일하더라도, 그 사건이 일어났을 때 내담자가 더 어렸을 것이기 때문에 부모의 위협이나 폭력적인 행동 등의 생애 초기 사건은 더 많은 영향력을 가질 가능성이 크며, 궁극적으로 이후에 발생한 사건보다 더 좋은 타겟이 될 수 있다. 일반적으로, 더 어린 나이에는 트라우마에 더욱 무력하고 취약한 상태이며, 정신적 처리가 덜 정교하고, 내담자가 활용할 수 있는 감정적 자원이 부족하다.

4. 또 다른 기술은 내담자로 하여금 특정 연령의 기억이 목록에 없는 이유를 생각해 보도록 하고, 누락된 것들이 있을 수 있는지를 탐색해보는 것이다.

5. 치료자가 기재되지는 않았으나 목록에 있는 사건들을 통해 시사되는 개인력을 탐색해볼 수 있다. 예를 들어, "부모님이 이혼한 후에, 아빠는 내가 좋아하지 않는 여자와 재혼했다."라는 문장이 있을 수 있다. 치료자는 이혼이 목록에 없다는 것을 발견하고, 이혼과 관련하여 고통스러운 사건이 있었는지와 그것이 어떤 일이었는지를 물어볼 수 있다.

6. 기억에 대한 정서적 반응이 있을 때, 퇴행된 느낌이 수반되는 경우가 많다. 치료자가 "그렇게 눈물이 날 것 같은 느낌이 들 때, 당신이 몇 살처럼 느껴지나요?"와 같이 묻고, 내담자가 나이를 알려주면, 치료자는 내담자에게 그 나이의 아이를 떠올려보도록 할 수 있다. 내담자에게 보통 아이를 생각해보라고 해도, 경험적으로 보면, 내담자는 대개 실제 자신의 어린 시절 모습을 떠올린다.

7. 만약 인지적 왜곡(부정적 인지)이 나타난다면, 치료자는 내담자에게 그러한 왜곡이 처음 나타난 때를 기억하느냐고 물어볼 수 있다.

관련된 생애 초기의 기억을 처리하기. 다음을 제외하고…

최근 Shapiro는 "공급 기억(feeder memory)" 또는 "시금석 사건(touchstone event)"이라 불리는 생애 초기의 선행 사건을 탐색하는데 "되짚어가기(floatback)"

기술을 사용하는 것을 강조해왔다. 이는 특별한 문제가 없는 한 특정 증상과 관련된 가장 초기의 사건이나 관련된 사건의 군집 중 가장 초기의 것으로부터 시작하는, 본래 EMDR 수련의 일부였던 프로토콜과 일치한다. 가장 초기의 사건이 너무 어린 시절이라서 효과적으로 처리되기 어려운 경우에는 이후에 발생한 사건을 선택할 만한 사유가 된다. "나는 사랑스럽지 않다," 또는 "나는 가치가 없다,"와 같은 왜곡은 보통 유아기 시절부터 뿌리 깊게 자리 잡아 온 것이며 어린 시절 동안에 구석구석 스며들어온 메시지이다. 이것들은 단일 기억, 특히 초기 청소년기의 기억을 처리한 후에도 사라지지 않는 경향이 있다.

<u>David Manfield</u>

후반에 발생한 사건을 처리해도 현재 나타나는 문제가 해결되지 않는다면, 초기의 애착 문제가 있을 수 있다. 시금석 혹은 공급 기억이 전언어기에 발생했거나, 억압되거나 해리되었을 수 있다. 때로, 되짚어가기가 처리에 필요한 영향력을 가지고 있는 기억이나 경험을 이끌어내지 못한다. 이러한 경우 가정환경과 양육자의 성격에 대한 내담자의 설명과 같이 현재 문제의 원인이 될 수 있는 "가능성 있는" 시나리오를 타겟으로 잡는 것이 매우 유용할 수 있다. 이는 프로토콜에서 상당히 벗어난 방법이며, 최후의 방안으로 이용한다.

Shapiro는 자신의 책에서 트라우마를 처리하기 위한 타겟 선택의 두 가지 접근법을 설명하였다. 그녀는 전반적인 치료와 달리 증상에 초점을 맞춘 "세 방향 프로토콜"에 대해 논하였다. 이는 증상과 관련된 초기 기억을 보통 먼저 처리하고, 가장 최근 혹은 가장 나쁜 기억을 다음으로 다루고 나서, 미래 템플릿을 진행하는 것이다. 이 책에 실린 구체적인 프로토콜은 이 주제의 변형안들을 제공한다. 보다 전반적인 치료의 경우, "증상의 축이 되는 것을 다루기 이전에, 내담자를 통해 확인된 가장 고통스러운 10가지 기억을 일반적으로 처음에 다룬다."고 기술하였다. 또한 그녀는 Maureen Kitchur가 논한 타겟을 잡는 방법인, 현재의 증상과 상관 없이 가장 고통스러운 사건을 시간 순서대로 타겟으로 삼는 것에 대해서도 언급하였다. Shapiro는 자신의 연구 논문 출판 이후의 EMDRIA 발표에서는 현재의 증상에 주의를 기울이지 않고 타겟을 다루는 경우 내담자들이 EMDR 치료에 몹시 불만족스러워한다는 보고를 받았음을 지적하였으며, 이러한 방법을 지양하도록 권고하였다.

Leeds와 Korns은 주로 증상 중심으로 구성된 전반적인 치료에 대한 타겟의 배열을 독자적으로 제안하였다. 그들이 개념화 한 것을 살펴보면, 단일 증상을 치료 초기에 확인하며, 이 증상과 관련된 모든 타겟들을 다른 증상으로 넘어가기 전에 처리한다. 이 개념은 Korn이 임상 자문으로서의 연구에서 이용한 것으로, 효과성에 대한 근거가 있다.

나는 다음 증상으로 넘어가기 전에 타겟과 관련된 증상을 완벽하게 처리한다는 그들의 의견에 기본적으로 동의하지만, 처음에는 쉽게 해결할 수 있는 타겟을 선택하라고 권유하고 싶다.

Andrew Leads

나는 이것이 환자가 EMDR에 대한 신뢰와 숙달감을 얻는데 도움이 되는 유용한 전략이라고 생각한다. 다른 한편으로는, 더 복잡한 증상을 겪는 환자의 경우 처음 선택한 타겟은 잘 처리가 되지만 이후의 타겟을 처리하는 데에는 흔히 어려움을 겪는다. 따라서 초반에 쉬운 타겟을 선택할지, 아니면 더 어려운 것을 선택할지를 고려해야 하는 다양한 요소들이 존재할 수 있다.

특정 증상과 관련된 중요한 타겟을 처리하기가 어렵다면, 단일 사건 또는 한 회기 내에서 성공적으로 처리될 것으로 여겨지는 또 다른 고통스러운 기억을 선택해볼 수 있으며, 혹은 둘 다 진행해볼 수 있다. 2009년 EMDRIA 컨퍼런스에서 진행된 EMDRIA 인증 훈련자들과의 회의에서 이 전략을 설명하자, 반대의 목소리 없이 모두의 동의하는 표정을 만날 수 있었다. 하지만, 내가 알기로는, "적절한 안정화 작업이 우선적으로 이루어져야 하고, 첫 처리목표로 4~5세 이전의

기억을 선택해서는 안 된다"는 Shapiro의 입장이 보편적으로 지지되고 있다.

흥미로운 질문은, 특히 왜곡의 근원이 수년 전, 심지어 4~5세 이전에 발생했다고 여겨질 때, 현재 기억의 고통감에 영향을 미치는 초기 기억(공급 기억)을 타겟으로 삼는 것이 유용한지에 대한 것이다. 4세 이전에 발생한 사건을 초기 타겟으로 삼지 않는다면, 초기 기억으로부터 영향을 받고 있는 것을 알면서도 이후의 기억을 타겟으로 삼고 진행해야 하는가? 나는 가장 초기의 기억을 EMDR 첫 타겟으로 선택하지 않아야 한다는 Shapiro의 의견에 동의하지만, 이 책에서 설명하고자 하는 관련 자원이 생애 초기의 기억을 처리할 수 있도록 만든다고 믿는다.

내담자가 대학교 시절에 겪었던 데이트 강간을 다루기를 원하는 상황을 예로 들어보자. 내담자의 개인력을 살펴보니, 매우 어렸을 때 오빠로부터 신체적인 학대를 당한 적이 있으며, 그것이 데이트 강간에 적절히 반응하기 어렵게 만들었음이 명백했다. 오빠와의 경험은 강간을 당하는 동안에 내담자가 두려움과 무력감을 느끼게끔 했으며 저항을 해봤자 아무런 소용이 없을 거라고 여기게 하였다. 이러한 시나리오에서, 데이트 강간을 처리하는 것만으로는 완벽히 해결하지 못할 것이다.

앞서 있었던 예시에서, 치료자들이 데이트 강간을 타겟으로 삼게 되면 내담자가 부분적인 안도감을 얻을 수도 있고, 고통감의 수준 역시 8점에서 4점 정도로 떨어질 수 있다. 치료자들이 관련된 더 초기의 기억이 있음을 인지하고 있으며 그것을 놓치지 않고 결국에는 처리할 것이라는 전제를 둔다면, 보다 이후에 발생한 사건을 먼저 타겟으로 삼을 수 있다. 5세 이후에 발생한 일이라면, 그것을 먼저 타겟으로 삼고, 표준 프로토콜을 따르며 생애 초기의 사건으로 진행하는 것이 대개 더 효과적이다. 나의 경험에 따르면, 관련된 나중의 사건을 처리한 후에 초기 사건을 처리하는 것이 때로는 더 수월하다. 따라서, 치료자들은 처음에 가장 초기의 사건을 처리하는 것이 성공적일지에 대한 것을 고려해 보아야 한다.

독일의 EMDR 트레이너인 Arne Hofmann은 수정된 EMDR 프로토콜을 제안하였는데, EMDR의 처리가 제대로 되지 않을 정도로 감정이 넘쳐흐를 수 있는 까다로운 내담자의 경우, 관련된 초기 사건이 처리되지 않았기 때문에 충분히 진행되지 않을 것을 고려하며 미래 템플릿을 개발하고 그것을 먼저 타겟으로 삼는 것이 유용할 것이라고 보았다. 다른 여러 장점들을 비롯하여, 미래의 사건을 먼저 처리하는 것은 본래의 트라우마 사건보다 덜 고통스러울 것으로 여겨지는 타겟을 제공하며, 초기 트라우마에서 시작된 이야기가 행복한 결말을 맺었다는 것을 내담자에게 상기시켜주는 효과도 있다. Hofmann은 미래 템플릿의 부분적인 해결 후에, 관련된 가장 최근의 사건을 타겟으로 삼으며 그 이후에 가장 초기의 기억을 타겟으로 정한다. 그는 이러한 순서가 내담자가 보다 쉽게 초기의 기억을 타겟으로 삼도록 돕는다는 것을 확인했다.

Joan Lovett

아동의 경우, 부모를 통해 긍정적인 개인적 특성과 경험의 목록을 정리해보는 것이 도움이 된다. 이것은 아이가 적극적으로 참여하거나 놀며 "아이에게 귀기울여보는" 동안 작성될 수 있다. 나는 종종 아이와 성인 모두에게 "어렵거나 불가능하게 느껴졌지만 지금은 쉽게 할 수 있는 일은 무엇이 있나요?"와 같이, 겪어본 적이 있는 긍정적 학습 경험에 대해 물어본다. 보통은 자전거 타기, 수동 기어 운전, 메일 사용, 악기 연주, 학술적 주제 이해, 컴퓨터 사용, 대중 앞 연설 등을 이야기한다. 그러면 나는 배우고, 보고, 듣고, 질문하고, 연습하는 등의 단계에 대해 물어보고, 내담자가 그것을 정말로 배우고 싶었을 것임을 언급해준다. 그리고 동기가 유발되었을 때 신체의 어디에서 그것이 느껴지는지에 대해서 물어본다. 이후에는 내담자가 그걸 배우기 이전에 느꼈던 어려움과, 배우고자 하는 강한 욕구와, 배워가는 단계와, 성취의 감각을 상기해보는 동안 BLS를 실시한다. 이 활동은 어려움을 극복하고 기술과 자부심을 느끼며 정리하는 과정을 우리가 함께 다루어보았음을 의미한다.

　　나중의 기억을 타겟으로 삼는 것의 이점은, 관련된 초기 기억을 구체적으로 확인하기 어렵거나 초기 기억이 지나치게 어린 나이에 발생하였으며 그 내용이 매우 고통스러워서 추가적인 준비나 지지 없이는 효과적으로 타겟으로 삼기 어려울 경우에도 명백하다. 매우 어린 나이의 경험을 첫 타겟으로 정하는 경우, 우리는 그것을 처리하는 것이 상당히 정교하고 광범위할 것으로 예상하며, 내담자가 준비되기 전까지는 이를 시작하지 않으려 한다. 너무 어린 나이에 발병한 사례의 경우, 고통감이 0이 되기는 어렵다는 것을 유념하며 보다 최근의 일을 타겟을 삼는 것이 유용하다. 이러한 방식으로 타겟을 잡는 경우, 치료자는 내담자가 생애 초기에 경험한 고통스러운 내용에 지나치게 빠져들며 처리가 중단되지 않도록 잘 조정해야 한다. 예를 들면, 내담자가 쉽게 해결하기 어려운 내용으로 들어가려고 하는 것처럼 보이면, 치료자가 본래의 타겟으로 돌아오도록 할 수 있다.

하지만, 나는 이것이 매우 중요하다고 보는데, 관련된 사건의 군집 중 하나가 처리되면, 그 안에 남아있는 사건들이 다른 군집으로 넘어가기 전에 처리된다. 다른 군집으로 너무 빨리 이동하는 것은 내담자의 불쾌한 정서를 증강시켜 불쾌감이나 불안 및 우울을 경험하고, 이후의 EMDR 처리를 피하게끔 만들 수 있다.

긍정적인 기억의 상위 10개 목록

Shapiro가 언급한 최악의 기억 상위 10개 목록과 더불어, 나는 내담자에게 가장 긍정적인 기억 상위 10개 목록도 작성해보도록 한다. 이는 초기 기억을 처리하는 데 도움이 될 만한 자원을 탐색하는 데 매우 유용하다. 나는 이 목록에서, 지지적이고, 돌봐주거나 보호해주던 것으로 보이는 중요한 사람들을 찾아본다. 동시에 자기 자신과, 자신의 힘과, 스스로를 돌보기 위한 능력과 관련된 긍정적인 경험을 살펴본다. 또한, 내담자가 이런 긍정적인 기억을 설명하는 동안 내담자의 NLP,[4] 즉 시각적 접근 단서(12장 참고)와 생리적 변화를 관찰한다. 만약 긍정적인 정서 반응의 징후를 발견하게 된다면, 치료자들은 이를 자원화된 상태에 접근하기 위한 좋은 통로로서 기억해둘 것이다. 이는 "당신이 Julie 숙모를 생각할 때, 미소 지으면서 무언가를 떠올리는 것처럼 보였어요. 무엇을 생각했는지 기억하나요?"와 같이 사용할 수 있다. 타당한 정서가를 지닌 긍정적 기억에 접근

---

4) Neuro linguistic programming.

할 수 있는 정도는 내담자가 고통스러운 정서에 접근하고 이를 조율할 수 있는 능력을 예측한다.

Andrew Leads

처음의 것을 마무리하지 않고 다음의 군집으로 넘어가는 것은 증상과 다른 문제들을 악화시킬 수 있기에 지양해야 한다는 것에 동의한다. 다만, 증상에 초점을 두고 접근할 때, 때로는 그 증상이 우리가 접근을 수정해야 한다고 일러주기도 한다. 이따금 초기의 사례 개념화로 인해 타겟(더불어 관련된 군집) 선택을 잘못 진행했을 경우에는 다른 군집으로 넘어가볼 필요도 있다. 또한 우리는 초기에 타겟으로 삼은 기억 네트워크(군집)가 충분히 해결되기 이전에 다루어야만 하는 다른 기억 네트워크와 연관된 방어를 찾을 수도 있다.

긍정적인 상위 10개 목록을 쉽게 작성할 수 있고, 적절히 즐거워하는 등 정서적으로 타당한 방식으로 이를 논의해볼 수 있는 내담자들은 EMDR이 빨리 진행될 가능성이 높다. 마찬가지로, 내담자가 풍부하고 상세한 긍정적인 상위 10개 목록을 작성한다면, 충분한 자원을 지니고 있으며 EMDR 처리 역시 비교적 수월하게 진행될 것으로 여겨진다. 혹여 긍정적인 상위 10개 목록에서 강력한 긍정적 관계가 부족할 경우, 이것이 내담자의 자원이 빈약하다는 것을 알려주는 깃발이 될 수 있으며, 이 영역에 대한 추가적인 탐색이 필요하다.

Andrew Leads

좋은 지적이다. 회피 불안정 애착 유형의 내담자들은 때로 긍정적 기억들을 쉽게 떠올리지만, 그 안에 지지적인 타인을 거의 혹은 전혀 포함하지 않는다. 지지적인 타인과 관련된 적응적 기억의 부재는 EMDR 재처리 과정에서 일어나는 혼재되어 있거나 빈약한 반응과 연관이 있다.

최종적인 타겟 선택은 치료자의 몫이다

자원 기억 목록과 더불어 비교적 정리된 고통스러운 기억 목록이 완성되었을 때, 초기 사건들의 맥락을 살펴보며 증상이 어떻게 진행되어왔는지를 알 수 있도록 내담자가 이 목록을 이해하게끔 돕는 보다 복잡하고 어려운 과제를 진행해야 한다. 그리고 나면, 보다 협력적인 방식으로 치료자와 내담자가 EMDR을 진행할 첫 번째 타겟을 정하게 되는데, 최종적인 결정은 치료자가 내려야 한다는 것을 유념해야 한다. 훈련된 전문가는 치료자이기 때문이다. 치료자는 어떤 타겟이 현재의 증상과 관련이 있는지, 혹은 추가적인 준비가 필요할지, 그리고 처리가 잘 이루어질 것으로 보이는지를 예측하는 훈련을 받은 바 있다.

2006년 후반까지도, 나는 새로 EMDR 훈련을 받은 치료자 자문 집단에 참가한 사람들로부터, 내담자에게 "오늘은 어떤 문제나 사건을 처리하고 싶은가요?"라고 물어보며 회기를 시작한다는 보고를 받았다. 이 질문은 오직 실습 과정에서 사용되던 것이며, 치료자들이 상담실에서 내담자에게 이용하도록 고안된 것이 아니다. 치료자가 내담자에게 처리할 타겟을 선택하도록 하며 회기를 시작한다면, 치료자가 사례 개념화 과정에서 역할을 하지 않는 것과 마찬가지다. 치료자는 이 결정을 내릴 근거가 거의 없는 내담자에게 중요한 작업을 맡기고 있는 것이다.

전형적인 어린 시절 트라우마

- 아빠, 엄마, 형제자매 등과의 최악의 기억
- 부모의 이혼과 그 이전의 싸움
- 내담자가 가장 싫어하는 친척(이유까지)
- 학교에서의 최악의 경험
- 최악의 생일이나 휴일(최악의 크리스마스 등)
- 최악의 성경험 / "당신이나 혹은 당신이 아는 사람이 추행을 당한 적이

있나요?”

- 죽을지도 모른다고 여겼던 순간

- 자신 혹은 타인이 약물 및 알코올과 관련하여 겪었던 최악의 경험

- 최악의 병이나 부상

- 최악의 관계 / 이별

- 가장 당황스럽거나, 수치스럽거나, 모욕적이었던 기억

- 거절 또는 외상적인 상실 경험

- 고통스러운 가족의 비밀

- 가장 고통스러웠던 책이나 영화

- 경험하거나 목격했던 폭력 사건

- 다치거나 죽을지도 모른다고 생각했던 두려운 순간

- 자연재해

David Manfied

개인력을 탐색하는 동안, 내담자들이 종종 현재의 문제와 직접적으로 관련이 있는 중요한 트라우마 사건을 언급하지 않는 것은 놀라운 일이다. 예를 들어, 난기류에 심한 반응을 보이는 비행공포증을 겪는 내담자를 치료한 적이 있었는데, 그는 개인력을 탐색하는 동안 비행 중 처음으로 이런 반응을 보이기 얼마 전에 심각한 지진을 겪은 적이 있다는 것을 말하지 않았다. 나는 질문 목록에 자연재해를 추가하였다.

내담자의 개인력을 탐색할 때, 나는 주로 그 일의 제목을 얻고자 하며, 상세한 이야기는 나중을 위해 아껴두려 한다. 이와 동시에, 서로 다른 조각들이 어떻게 결합되는지를 이해할 수 있도록 돕는 충분한 정보 역시 필요하다. 특히 내담자가 고통스러웠던 경험을 보고한다면, 그것이 어떤 고통이었는지와 어떤 왜곡이 수반되었는지를 확인하기 위한 충분한 정보가 필요하다. 개인력을 탐색하는 도중에 내담자가 활성화되어 치료자가 이를 완화시키고자 할 때에는, 질문이나

개념적 언급을 통해 내담자의 인지 부분을 활용시켜 내담자의 주의를 흩뜨리거나 개인력과 관련된 다른 주제로 건너뛸 수 있다. 예를 들면, "당신이 왜 그렇게 화난 사람에게 끌리는지에 대해 이해하고 있나요?" 또는 "몇 분 전에 당신이 당신과 오빠에 대해 이야기했는데, 오빠는 똑똑한 아이였고 부모님의 관심을 독차지했다고 했어요. 그 일과 관련된 구체적인 기억이 있나요?"

가용한 타겟을 확인하고 내담자의 증상을 이해하는 것과 더불어, 치료자들은 내담자의 심리적 건강수준에 주의를 기울여야한다. 치료자들은 회피, 해리, 그리고 차단 믿음이나 2차적 이득 문제 등의 EMDR을 방해할 수 있는 요인을 탐색해보아야 한다. 또한 긍정적인 자기감 경험, 양육하고 지지하거나 보호해준 사람과의 관계 등의 내담자가 가진 자원을 평가해야 한다. 개인력 탐색 동안의 정서 반응을 관찰한 바에 따르면, 내담자가 정서에 대해 지니고 있는 내성은 얼마나 되는가? 불쾌한 내용에 대해 내담자가 얼마나 기꺼이 논의하려 하는가? 치료자는 내담자와 얼마나 함께 참여하고 있다고 느껴지는가? 일반적으로, 부정적이거나 긍정적인 정서에 대한 내성과, 치료자와 감정적으로 연결되는 능력 등은 EMDR 처리에 대한 매우 긍정적인 지표가 된다.

상위 10개 목록에 대한 구체적 지침

"두 개의 목록을 만들어보세요. 하나는 당신의 가장 최악의 기억 상위 10개이고, 다른 하나는 최고의 기억 상위 10개예요. 고통스러운 기억에 대해 생각해보는 것이 괴로울 수 있는데, 나는 당신이 이 목록을 만들면서 지나치게 괴롭지는 않았으면 해요. 그러니, 그 어떤 사건에 대해서도 너무 광범위하게 생각하거나 자세하게 기억해내려 하지 말고 단지 제목만 적어보세요. 각 기억에, 그 사건이 일어났던 때의 나이와, 그걸 지금 떠올렸을 때 얼마나 고통스러운지를 0점부터 10점까지로 기록해보세요. 0점은 전혀 고통스럽지 않은 것이고, 10점은 상상할 수 있는 가장 최악의 고통이에요. 깊게 고민하지 말고 감이 오는 대로 적어보세요. 나중에 우리가 이 기억들에 대해 좀 더 얘기해보면서 숫자를 바꿀 수도 있어요."

상위 10개 목록 평가

상위 10개 목록은 단지 내담자의 개인력에 대한 토대일 뿐이며, 좀 더 구체화되어야 한다. 다음을 살펴보도록 하라.
- 큰 시간의 간격
- 초기 기억의 부재
- 기재된 사건에서의 부모의 부재
- 이혼 이전이나 이혼이 진행되는 동안에 있었던 사건들의 생략
- 사건에 대한 예상 밖의 반응(관련된 생애 초기의 사건과 관련이 있을 것으로 여겨지는)
- 초기 사건이 있을 가능성을 시사하는 지표들

상위 10개 목록을 살펴보는 것은 치료자와 내담자 간의 협업 과정이다. 치료자는 내담자 역시 그리할 것이라고 바라며 관심과 호기심을 갖는 역할을 한다. 누락되거나, 모호한 기억 또는 말이 되지 않는 것처럼 보이는 세부사항은 논의와 추측의 대상이 되며, 내담자의 기억을 자극하게 된다. 이른 활성화를 일으킬 수 있는 세부사항을 탐색하는 것은 권장되지 않는다. 다음 장에서는 상위 10개 목록을 사용한 협력적인 개인력 탐색을 다루어볼 것이다.

상위 10개 목록을 통한 사례개념화

다음 50분간의 회기는 초기 EMDR 회기에 대한 수업에서 시연된 것으로, 이를 진행하기 전에 학생들로 하여금 그들 자신의 최악의 기억이나, 혹은 내담자의 최악의 기억 목록을 준비해두도록 하였다. 시연을 위해 나선 사람은 35세의 매력적인 여성이었으며, 그녀가 말하는 정보가 혹여 내담자의 것일지라도 자신의 이야기인 것처럼 말해달라고 하였다.

서론에서 언급했던 것처럼, 전체 회기를 먼저 읽어보며 회기의 전반적인 느낌을 경험해본 후에, 논평과 함께 회기의 내용을 읽어보기를 권장한다.

상담자: 자, 현재의 문제가 무언가요? 얘기할 현재의 문제가 있나요?

내담자: 제가 하나를 고르길 바라세요?

상담자: 그렇지는 않아요. 난 '목표가 무엇인지'에 대해 생각하고 있어요.

내담자: 알겠어요. 제가 준비가 안 돼서, 한 번 생각해볼게요. 그러니까, 힘이 없고, 가끔 피곤하거나 슬프기도 해요.

상담자: 네, 좋습니다. 그리고 아마 우리가 전화로 얘기했을 때, 제가 당신에게 상위 10개 목록을 만들어보라고 했을 거예요.

내담자: 해왔어요.

상담자: 좋아요. 그럼 그걸 읽어줄래요?

내담자: 최악의 상위 10개 목록부터요?

상담자: 네.

내담자: 알겠어요. 그러니까, 제가 자라는 동안 저희 가족들 사이에 갈등이 많 았어요. 언쟁도 잦았고요. 제가 7살일 때부터 17살이 될 때까지 저희 집은 늘 그랬어요.

　　　내담자가 성장과정에서 있었던 가정 내 갈등에 대해 이야기할 때, 나는 그 갈등의 정도를 비롯하여, 그것이 각기 다른 연령에서의 내담자에게 얼마나 외상 적이었는지, 그 중에서도 특히 외상적인 사건이 있었는지, 갈등에는 누가 포함되 어 있었는지, 누가 그 갈등을 보거나 들었는지에 대해 탐색해보려 한다.

상담자: 신체적인 다툼도 있었나요, 아니면 말로만 다퉜나요?

내담자: 가끔은 새아빠가 폭력을 휘두르고 학대하기도 했어요.

상담자: 그랬군요.

내담자: 대부분은 말로 그러긴 했어요.

상담자: 그렇군요, 그러면 그 갈등이 대부분 새아빠와 엄마 사이에서 있었나요, 아니면 당신의 자매나 혹은 당신과 있었나요?

내담자: 주로 엄마랑 그랬어요. 그렇지만 자매들을 때리기도 했고, 저한테는 딱 한 번 그랬어요. 저는 자매들을 보호해보려 했었죠.

상담자: 자매가 몇 명이었어요?

내담자: 둘이요.

상담자: 둘. 언니인가요, 동생인가요?

내담자: 하나는 언니고, 하나는 동생이에요.

상담자: 그럼 나이 차가 어떻게 되나요?

내담자: 언니는 저보다 6살 많고, 동생은 1살 반 정도 어려요.

상담자: 그러면, 목록의 다음 항목은 무엇인가요?

내담자: 제가 9살이나 10살쯤 되었을 때, 엄마의 유방 촬영술 결과에 어두운 부분이 나왔는데 의사는 그걸 암이라고 생각했어요. 엄마는 놀랐고, 저는 엄마가 죽을지도 모른다고 걱정했었죠.

상담자: 어머니가 돌아가시진 않았나요?

내담자: 네. 살아 계세요.

    심각한 질병에 대한 두려움, 그리고 부모를 잃는 것에 대한 두려움은 매우 외상적일 수 있는데, 내담자는 이를 묘사하는 동안 정서를 드러내지 않고 있었다.

상담자: 다음 항목은요?

내담자: 제가 11살쯤 되었을 때, 납치될 뻔한 적이 있었어요. 저는 그 상황에서 벗어나서 집으로 달려가 엄마에게 말했는데, 믿어주질 않더라고요. 별일 아닌 것처럼 치부됐어요. 이웃들도 같은 일을 겪는 바람에 제 친구들의 부모님들이 걱정하면서 저희 엄마에게 전화할 때까지 말이에요.

    나는 항상 부모들이 추행 혹은 거의 추행에 가까운 일이 발생했을 때 어떻게 반응하는지에 대해 관심을 기울인다. 만일 부모가 그 일을 별일이 아닌 것처럼 대하거나 심지어는 아이가 거짓말을 한다고 비난한다면, 이는 아이에게 갑절로 외상적인 일이 된다. 아이가 가해자로부터 취약하다는 느낌을 받을 뿐만 아니라 보호자로서의 부모를 잃은 것처럼 느끼기 때문이다. 부모의 반응은 우리에게 관계의 특성과 더불어 부모자식 간 의사소통의 특성에 대한 정보를 제공한다. 예를 들면, 한쪽 부모는 지지적이지만 다른 한쪽은 무시하는 반응을 보이는 경우가 잦다. 나는 여기서 이 내담자가 아버지의 반응에 대해서는 전혀 언급하지 않았다는 것에 주목했다.

상담자: 그래요. 다른 건 어떤 것이 있나요?

내담자: 제가 5살이었을 때, 다른 사람에게 떠밀려서 수영장에 빠져가지고 거의

죽을 뻔 했던 적이 있어요. 파티 중이었는데, 어른들이 많았는데도 제가 익사하지 않기 위해 발버둥치고 있다는 걸 아무도 눈치 채지 못했어요. 제 언니가 마침내 저를 발견하고 뛰어들어 구해줬어요.

상담자: 그럼, 그 일에는 다행인 부분도 같이 있었군요.

고통스러운 기억에 대해 듣고 있을 때에도, 나는 언제나 자원을 탐색하고 있다. 목록에서의 마지막 두 사건 중, 하나는 엄마로부터의 보호가 부족했다는 것을 나타내고 있고, 다른 하나는 언니로부터 보호받았다는 것을 보여주고 있다.

내담자: 맞아요. 그리고, 18세 때부터 전 남편으로부터 언어폭력을 당했어요. 이젠 더 이상 연락을 주고받지도 않아요.

상담자: 18세부터 몇 살까지였나요? 언제 이혼을 하셨죠?

내담자: 제가 28살 때 이혼했어요. 이혼에 다다라서도 언어폭력이 계속됐고, 마지막 1년 정도에나 남편이 언어적으로 저를 학대하지 못하게 했던 것 같네요. 저는 그냥 그와 대화하지 않으려 해요. 하지만 그가 저를 괴롭히려고 법률 체계를 이용하고 있어요.

상담자: 그럼, 언어폭력은 기분 나쁜 별명을 붙이거나 폄하하는 내용이었나요?

내담자: 그는 매우 화가 많은 사람인데다가 충동을 통제하기 어려워했는데, 아마도 ADHD인 것 같아요. 그리고 좌절할 때마다 마치 말이 토하듯이 터져 나오면서 그러더라고요.

상담자: 악담을 하던가요?

내담자가 배우자로부터의 언어폭력이나 신체적 학대에 대해 말하는 경우, 나는 그 자세한 내용과 정확한 정도를 확인하고자 한다. 공격에 대해 나누게 될 때, 우리는 내담자가 PTSD를 겪고 있을 가능성과, 어떤 종류의 공격도 어린 시절에 경험한 가정폭력의 플래시백을 일으키는 촉발요인이 될 수 있다는 사실과, 이로 인해 현재의 사건이 폭력으로 묘사될 수 있다는 것을 고려해야만 한다. 내담자가 어린 시절에 경험한 가정폭력의 개인력은 어떤 방향으로든 왜곡을 초래할 수 있다. 현재의 사건을 묘사하는 데 있어, 내담자는 폭력적인 공격을 최소화할 수도, 과장할 수도 있다.

내담자:	맞아요. 내 얼굴에 대고 소리 지르고, 괴롭히고, 위협했어요.
상담자	면전에 대고요? 신체적으로 위협을 하기도 했나요?
내담자:	그랬어요. 그가 날 공격할 거라고 생각했던 순간들도 있었어요.
상담자:	그럼, 밀치는 경우도 있었나요?
내담자:	이혼한 후에 밀치는 일이 있었고, 제 딸이 그 장면을 봤어요.
상담자:	그랬군요. 이혼하기 전에는 그런 일이 없었나요?
내담자:	밀치지는 않았어요. 다만 방에서 저를 막고 있었던 적은 있어요. 그땐 제가 그를 밀쳤어요. (빙긋 웃으며) 밖으로 나가기 위해서 방 끝까지 갔다가 황소처럼 그를 들이받았어요.

이것 역시, 필요하다면 좋은 자원이 될 것이다.

상담자:	좋아요, 다음은요?
내담자:	딸에 대한 양육권 다툼이요. 제가 28살 때부터 법적 양육권 문제가 해결되던 34살 때까지 계속 이어졌어요.
상담자:	그럼, 딸이 결혼할 때까지 그 일이 지속됐나요?

가능하다면, 나는 유머를 적당히 사용해서 내담자와의 라포를 증강시키고, 긴장을 풀도록 하며, 자연스럽게 작업할 수 있는 분위기를 조성한다.

내담자:	(웃음) 아뇨, 딸은 10살 정도예요. 그리고 제가 방금 "8년 정도"라고 했잖아요. 음, 그는 저를 계속해서 법정에 세우고, 중재에 가게하고, 원하는 걸 얻어내려고 해요. 저를 괴롭히기 위해 할 수 있는 모든 걸 하는

것 같아요.

상담자: 그렇군요. 다음은요?

내담자: 최근에 현재의 남편과 싸웠던 일이요. 말다툼 하던 중에 그가 이혼 애기를 꺼냈는데, 그게 날 무너뜨려 버렸죠.

상담자: 그럼, 이제 목록에 다른 것들이 더 있나요?

내담자: 없어요.

상담자: 그럼, 긍정적인 목록으로 넘어가기 전에, 당신이 이 일곱 가지 기억 목록을 훑어보고 각각의 고통스러운 수준을 0점부터 10점까지로 평가해 볼 수 있을까요.

10개 목록의 문항 각각에서, 해당 사건이 일어났을 때의 내담자의 나이와 SUDS 수준을 확인한다.

내담자: 지금 사건들에 대해 얘기하다보니까, 이 목록을 썼을 때보다 점수가 더 높아진 것 같네요.

상담자: 그렇군요.

내담자: 말하자면, 가정 내 갈등은 8점, 엄마가 죽을까봐 걱정했던 것은 6점, 유괴당할 뻔 했던 일도 6점, 수영장에 떠밀렸던 것도 6점, 전남편의 언어적 학대는 9점, 전남편과의 법적 공방과 양육권 문제들은 8점이예요. 그리고 지금의 남편이 이혼 얘기를 했던 건 점수가 꽤 높아요. 그렇지만 이걸 우리가 어제 작업했기 때문에 오늘은 비교적 점수가 낮아요.

상담자: 그럼, 4점인가요?

내담자: 맞아요.

상담자: 사실 전 다른 사람들의 고통감 점수가 몇 점인지 말해주는 고약한 버릇이 있답니다.

내담자: 꽤 잘 하는 것 같은데요, 안 그런가요?

상담자: 거의 그런 편이죠. 좋아요. 그럼 이제 긍정적인 기억 목록에는 뭐가 있

는지 알려줄 수 있겠어요?

교육생과 수련생들에게 내담자의 SUDS 수준에 대해 갑자기 툭 내뱉으라고 하지는 않지만, 내적으로는 가늠해보도록 한다. 이 과정에서 내담자의 정서에 주의를 기울이는 것을 배울 수 있기 때문이다. 내담자의 비언어적 단서를 알아차리는 것은 EMDR을 효과적으로 실행하는 데 큰 도움이 된다.

내담자: 딸이 태어난 것, 현재 남편과의 결혼식 날, 친아빠와 여행 갔던 일, 내 17세 생일파티, 작년에 할아버지와 보냈던 시간이에요.
상담자: 어렸을 때부터 할아버지에게 좋은 감정을 갖고 있었나요?
내담자: 별로 안 그랬어요. 할아버지 곁에 잘 있으려고 하지 않았어요.
상담자: 어떤 때 그랬나요?
내담자: 대부분은 좋았는데, 독실한 침례교도인 데다가 제 목구멍에다가 종교를 쑤셔 박고 싶어 하는 분위기가 있었어요. 그래서 그 기억들엔 부정적인 감정도 같이 있어요.

자원에 대한 양가적인 감정이 항상 심각한 문제가 되는 것은 아니다. 자원이 완벽한 경우는 거의 없다. 다만 내담자가 자원에 대해 생각할 때, 내면의 적응적 성인 관점과 닿을 수 있어야 한다는 것이 중요하다. 자원으로 등장하는 사람이 때로 화를 내거나 내담자의 말에서처럼 침습적이었던 순간이 있었다고 해도, 내담자가 그를 자신을 지지하고 보호해주며 진심어린 관심을 쏟아준 사람으로 생각할 수 없는 것은 아니다.

상담자: 그래요, 다음은요?
내담자: 제가 면허를 통과했다는 편지를 받은 일이요. (크게 미소 지음)
상담자: 다들 그 기분 공감하죠.
내담자: 저는 큰 봉투가 와서 떨어졌다고 확신했어요.

상담자: 좋은 일이에요. 다른 것은 무엇이 있나요?

내담자: 제가 7살 때 아빠랑 같이 디즈니랜드에 갔던 일이요.

상담자: 당신이 응원하는 팀이 슈퍼볼에서 우승하고 난 다음의 일인가요?

내담자: 맞아요.

상담자: 그렇군요.

내담자: 이게 다예요.

상담자: 훌륭해요. 어디 보자, 아까 친아빠라고 했었는데, 좀 더 설명해줄 수 있나요?

　　　종종 내담자들은 자신이 겪었던 일들에 대해 대수롭지 않게 여기며 상담자에게 말하려는 생각조차도 하지 않는다. 예를 들어, 어떤 내담자는 엄마가 이혼 후 데이트를 한다고는 말하지만, 이혼에 대해서는 얘기하지도 않고 목록에도 기록하지 않는다.

내담자: 아빠가 저를 키우지는 않았어요. 부모님은 제가 3살 때 이혼했고요. 아빠는 전부터 지금까지도 터키에서 살고 있어요. 아빠를 1년에 딱 1번 볼 수 있었는데, 아빠는 말 그대로 디즈니랜드 아빠[5]였어요. 하지만 11살 때 아빠, 그리고 자매들과 중동으로 여행을 갔었고, 우리가 아빠를 독차지하는 특별한 시간을 보냈어요. 이게 목록에 있는 "아빠와 여행 갔던 일"이에요.

상담자: 좋아요. 그럼, 세 살 때라고 했는데, 부모님이 이혼하던 것에 대한 기억은 없나요?

내담자: 부모님이 이혼한 것과 관련된 기억은 없어요. 그보다 이른 시기인 페루에 살고 있었던 때의 기억은 나요. 제가 두 살 반에서 세 살 정도였고, 부모님이 말다툼하는 부분은 기억이 나는데 다른 건 정말 생각이 안 나

---

5) disneyland dad: 자녀와 좀처럼 못 만나는 이혼한[별거한] 아버지

요. 그리고 나서 4살 때 샌 루이스 오비스포에 살던 때가 기억이 나요. 제가 아파트 밖에서 놀고 있는데, 이 남자가 와서 저를 데리고 가는 거예요. 누군지를 몰라서 겁을 먹고 있다가 그 옆에 서 있던 이 남자의 어머니가 제 할머니라는 걸 알아봤어요. 그제야 이 사람이 "내 아빠다"라는 걸 깨달았죠.

상담자: 이 일에 대해 생각할 때 즐거워 보이네요. 이게 당신에게 즐거움을 주는 것 같아요.

내담자: (끄덕이며) 맞아요. 제가 듣기로는 – 언니가 젖먹이였을 때에는 아빠가 여행을 많이 다녀서 언니와 유대감을 많이 쌓지 못했는데, 제가 아주 어렸을 때에는 아빠가 항상 집에 있었고 저와의 관계가 각별했다고 했어요. 그래서 제 생각엔 아빠 없이 있었던 것이 제게 꽤나 큰 충격이었을 것 같아요.

상담자: 그리고 엄마는 재혼을 얼마 지나지 않아서 하셨나요?

내담자: 엄마는 제가 기억하는 몇 명의 남자들이랑 데이트를 했었는데, 그들이 우리에게는 관심이 없었어요.

상담자: 그랬군요.

내담자: 그래서 그 사람들하고는 유대감 같은 게 없었어요. 그리고 나서 엄마는 새아빠와 결혼했어요. 제가 아마 5살 무렵에 그가 제 삶으로 들어왔고, 저는 그를 제 원래 아빠보다도 더욱 아빠처럼 여겼어요. 하지만 제가 나이가 들면서 새아빠와의 관계가 변해갔고, 부모를 존경하는 것처럼 그를 바라보지는 않게 됐어요.

상담자: 음, 그러면, 긍정적인 것들 중에서 – 4살 때 아빠가 당신을 데리러 아파트 앞으로 온 것, 딸의 탄생, 두 번째 남편과의 결혼식 날, 친아빠와의 여행, 17살 생일파티, 작년에 할아버지와 보냈던 시간, 자격증 시험에 통과했다는 편지, 7살 때 디즈니랜드에 갔던 것 – 중에서 어떤 게 가장 강력한 기억인가요?

내담자: 아빠랑 디즈니랜드에 갔던 일, 아빠랑 여행 갔던 일, 딸이 태어난 것,

그리고 결혼식 날인 것 같아요.

상담자: 좋아요. 그럼 부정적인 목록으로 다시 돌아와서, 실제 이혼과 관련해서 보면 부모님이 헤어지기 6개월 전에 다툼이 있었고, 당신은 그때 2살 반 무렵이었는데, 이에 대한 기억이나 감각이 남아있는 것이 있나요?

특히 아이가 아주 어린 나이였을 경우에, 부모들이 이혼하기 전에 있었던 갈등이 매우 중요하다는 것을 발견하였다. 이러한 갈등은 아이의 삶의 과정에 지속적인 영향을 미칠 수 있다. 그런데도 이런 일들은 내담자의 보고에서 자주 생략되거나 축소되는데, 내담자가 어린 나이에 발생한 일일수록 더욱 그렇다. 이혼에 대해 들을 때마다 나는 항상 이혼 전에 일어났던 일들에 대해 물어본다.

내담자: 재밌네요. 제가 이걸 기억할 거라고 생각하지 않았었는데. 제가 방에 있었고, 부모님이 다투고 있었는데, 제가 가서 그들의 다리 중 하나를 잡았던 게 기억나요. 엄마의 다리라고 생각했고, 실제로 그랬어요.

상담자: 그 일에 대해 생각하면 0점부터 10점까지의 척도로 볼 때 지금 얼마나 고통스러운가요?

내담자: 지금은 심하게 괴롭진 않아요. 6점 정도 될 것 같네요.

상담자: 그 일이 6점이라면, 다른 목록들과 견줄 만 한 것처럼 들리는데요. 이 게 심하게 괴로운 것은 아니라고 한다면, 이 일이 더 고통스러울 수도 있다고 생각하는 건가요?

내담자: 그 고통감은 무슨 일이 일어나고 있는 건지도 이해하지도 못하고 있던 저의 작은 부분에 대한 슬픔이에요. 하지만 제 전남편에 대해 얘기할 때만큼의 무게가 느껴지지는 않아요.

상담자: 글쎄요, 당신도 알다시피 두려움이나 홀로 남겨진 느낌 같은 것이 있잖 아요. 그 두 살 반 나이의 아이가 그 틈바구니에서 길을 잃은 느낌을 받거나 혹은 겁을 먹었을 가능성이 있을 것처럼 들려요. 그게 그저 큰 일처럼 느껴졌나요, 아니면 상실감 같은 것이 있었나요?

내담자: 확실히는 모르겠지만, 겁을 먹었던 것 같아요. 겁을 먹었다는 게 좀 더 진짜처럼 들리네요.

나는 내담자의 경험을 묘사할만한 단어를 내담자에게 제시하는 경향이 있다. 이 경우 내담자의 느낌을 반영하지 못하는 단어를 내담자의 입에 집어넣을 위험이 있기 때문에, 그 가능성을 세심하게 고려하려 한다. 또 다른 단점은 내담자가 너무 복잡한 감정을 경험할 가능성이 있다는 것이어서, 이 역시 세심하게 지켜보고자 한다. 하지만 이 접근이 갖고 있는 장점은, 내담자들이 종종 자신의 경험을 표현할 만한 단어를 갖고 있지 않을 때 내가 제안한 단어를 유용하게 사용할 수 있다는 것이다. 또한 이 사례에서처럼, 단지 단어를 듣는 것만으로 내담자가 자각하지 못하는 정서적 반응을 이끌어낼 수 있다는 장점도 있다.

상담자: 그리고 그 이혼과 관련해서는, 지금 얘기한 것들이 고통스러운 기억의 전부인가요, 아니면 이혼 후로부터 있었던 갈등에 대한 다른 고통스러운 기억들도 있나요?

내담자: 아빠는 집을 얻기 위해 우리보다 먼저 터키로 가 있었고, 우리가 따라갈 예정이었어요. 강아지를 보내놓고, 나머지 가족들이 떠나기 전 몇 달 동안은 외할머니댁에서 지내기로 해서 엄마가 페루에서 샌 루이스 오비스포로 우리를 데리고 갔어요. 그 몇 달 사이에, 엄마가 아빠를 따라가지 않기로 결정한데다가 이혼을 원했고, 아빠에게 그걸 전화로 전했어요. 아빠가 다시 전화를 걸었는데, 그 전화 한 통에 거의 2,000달러는 들었어요. 아빠가 엄마를 설득하려고 하다가, 이미 결정을 내린 엄마를 설득할 수가 없다는 걸 깨달았던 걸 기억해요. 그 후로는 매우 원만하게 진행됐어요. 전반적으로 부모님이 원만한 관계를 맺긴 하셨는데, 상대할 필요가 없는 사람과 1년에 한 번 정도 어울리는 건 그렇게 어렵지 않았을 거예요. 제게는 그냥 더 이상 아빠가 없다는 것뿐이었죠.

상담자: 힘들어했던 것은 기억나지 않나요?

내담자: 네. 너무 어렸기 때문인지, 그런 기억은 안 나요.

상담자: 그래요. 우리가 당신이 17살이었을 때에 대해서도 얘기를 나눴는데, 전 남편과의 법적분쟁을 제외하면 그때를 가장 힘들었던 때라고 점수 매겼네요. 꽤 높은 점수인데, 딱 17살 때 시작된 건가요?

내담자: 아뇨. 제가 5살 때 엄마가 결혼을 해서 7살 무렵부터 시작됐어요. 처음에는 힘든 기억이 딱히 없는데, 2학년 때 즈음부터는 경제적 문제 때문에 부모님 사이에 갈등이 있었던 게 확실히 기억나요.

상담자: 그럼, 그때의 당신이 주로 어떤 느낌을 받았을까요?

내담자: 글쎄요, 주로 받은 느낌은 슬픔일 거예요.

상담자: 대부분 슬픔이었나요?

내담자: 네.

상담자: 그리고 ─ 이 이야기들을 함께 살펴보려고 하는데 ─ 당신의 어머니가 의학적인 문제로 놀라는 바람에, 당신도 엄마를 걱정했던 시기가 있었잖아요. 나는 이때에도 당신이 걱정하고 있었을 수 있다는 생각이 들었어요.

내담자: 맞아요.

상담자: 그래서 나는 이 갈등이 지속되는 동안에 당신이 엄마를 걱정하기도 했는지, 아니면 대부분 슬퍼했던 것 같은지가 궁금했어요.

내담자: 엄마를 걱정했던 것 같지는 않아요. 제가 더 걱정했던 건 ─ 우리가 이사를 많이 했다는 것이었어요. 새아빠는 부동산 공인중개사였어요. 그래서, 사업이 잘 될 때에는 사정이 좋았고, 상황이 좋지 않으면 사정도 마찬가지였어요. 게다가 새아빠는 유능한 사업가가 아니어서 잘못된 선택을 하는 경우가 많았고, 저희는 이사를 많이 다니게 됐죠. 제가 18살이 될 때까지 저희 집은 거의 같은 동네에서 14번은 이사를 했어요. 많은 우여곡절이 부모님의 싸움에 영향을 미쳤고, 제가 나이가 들어가면서는 다툼이 일상이 됐어요.

상담자: 당신에게 있었던 정서적 충격이 당신이 느끼기에는…?

내담자: 스트레스였어요. 그 일로 스트레스 받고 짜증이 났어요. 그리고는 잘 모르겠어요.

상담자: 그러면 그 스트레스는 두려움이었나요, 아니면 무엇이었나요?

내담자: 이렇게 말했던 게 기억나요. "또 시작이네. 이건 그냥 끝없는 싸움이잖아."

상담자: 이런 얘기 같네요, "이보셔들, 철 좀 들어라."

내담자: "그만 좀 해라."

상담자: 그렇다면, 이게 성장하는 데 방해가 되었나요?

내담자: 맞아요. 그리고 저는 우리가 탄 배를 흔들고 싶지 않았어요. 전 언제나 평화를 지키려고 애쓰고 있었어요. 제가 가족의 평화유지군이었죠. 그 래서, 계속 상황을 좋게 만들려고 노력했어요. 갈등이 일어나지 않도록 말이에요.

상담자: 거기에 알코올이 영향을 미친 부분이 있나요?

언급이 되든 되지 않든, 나는 항상 개인력을 탐색할 때 알코올에 대해 물어 볼 수 있는 적절한 부분을 찾아본다. 갈등이나 충동적인 행동에 대해 들을 때면 약물이나 알코올이 연관되어 있는지를 물어본다. 이러한 행동에 영향을 미칠만 한 심리적 상태나 혹은 의학적 문제가 있었는지도 고려해본다.

내담자: 알코올은 아니에요. 하지만 아빠는 엄마를 알기 전에 약물을 사용한 적 이 있었고, 저는 심지어 아마 지금도 그의 냉장고에 대마가 있을 거라 고 생각해요. 약물이 어떤 역할을 했는지는 모르겠는데, 만약 역할을 했다고 해도 제가 알지는 못 했어요. 하지만 그가 감정기복이 좀 있긴 했어요. 한 번은 아빠가 뇌종양이 있었는데, 그게 감정 기복에 영향을 주는 요인 중 하나가 되었을 수도 있겠네요. 그리고 그는 거짓말쟁이였 는데, 사람들 면전에 대고 거짓말을 했어요. 솔직하지가 않았죠.

상담자: 그러면 당신이 납치될 뻔 했던 일에 대해 말할 때, 납치 자체에 대해

힘이 더 실리나요, 아니면 엄마의 반응에 대해 더 힘이 들어가나요?

내담자를 감정적으로 활성화시킬 수 있기 때문에, 나는 개인력을 탐색하는 과정에서 너무 많은 정보를 묻는 것을 원하지 않지만, 이 부분에서는 패턴과 주제를 확고히 함으로써 어떤 타겟이 주제와 연결되어 있는지를 보고자 하였다. 외상 경험의 어떤 측면이 특히 고통스러운지나, 그 사건과 연관된 인지적 왜곡이 무엇인지가 불명확한 경우에는 보통 이에 대해 질문해본다. 인지적 왜곡(부정적 인지들)은 늘 타겟들 사이의 강력한 연결을 만들어낸다. 나는 사건이 처음 보고된 뒤 10분이나 15분 쯤 후에 추가적인 정보를 물어보는 것이 내담자가 지나치게 감정적으로 활성화될 가능성을 줄여준다는 것을 발견했다.

내담자: 글쎄요. 납치될 뻔 했던 게 무섭긴 했지만, 제가 잘 대처했어요. 이 남자들과 같이 차를 타지 말아야 한다는 것을 알고 있었고, 차 바로 앞에서 뛰지 않아야 한다는 것도 알고 있었어요. 저는 차 뒤로 뛰어서, 바로 달아났어요. 그래서, 저는 제가 스스로를 보호했다는 것을 알고 있어요. 다만 엄마가 그 일을 심각하게 받아들이지 않은 데 실망하긴 했어요. 엄마가 경찰을 부를 거라고 생각했거든요.

상담자: 그럼, 6살 때 있었던 이 일은, 그 남자들과 마주친 것보다는 엄마와의 관계와 더 관련이 있는 건가요?

내담자: 네.

상담자: 그리고 어떤 의미에서는, 당신이 그 남자들과의 상황에서 어떻게 대처했는지에 대한 자원이기도 하네요.

내담자: 하지만 그게 잘 풀리지 않을 수도 있었고, 저도 어느 정도는 그걸 알고 있었어요. 게다가 그 사람이 분명히 뭘 하고 있는 바람에 제가 나올 수 있었던 거예요. 왜냐면 그가 문을 열려고 더듬거리고 있을 때 제가 도망친 거거든요. 그래서, 그 사건은 엄마가 그 일을 심각하게 받아들이지 않아서 엄마에게 실망한 일에 가까워요.

상담자: 그러면, 여기에 특정 상황에서 엄마가 당신에게 충분히 관심을 기울이지 않은 것과 관련된 엄마와의 관계에 대한 주제가 있네요. 저는 거의 익사할 뻔 했던 일과 납치 시도에 대한 엄마의 반응에 대해 생각해보고 있어요. 게다가, 당신의 어린 시절 내내 당신의 부모님은 늘 싸우고 있었고, 당신이 집에 있다는 것과 당신이 필요로 하는 것들에 대해 충분한 관심을 기울이지 않은 것 같아요.

내담자: 새아빠가 저를 쫓아오고 있었을 때, 저는 제 동생을 보호하러 가는 중이었어요. 새아빠가 제 동생이 자신에게 달려들어 부딪혔다는 이유로 동생의 손을 문틈에 넣고 찧어버리겠다고 위협하고 있었거든요. 저는 엄마에게 가서 도와달라고 했는데, 엄마는 말 그대로 차고에서 돌아다니면서 반응을 않더라고요. 엄마가 뭐라고 했는지는 모르겠는데, 기본적으로 반응을 안 했어요. 그래서 저는 다시 돌아가서 온 힘을 다해 동생을 내버려두라고 소리를 질렀고, 그러자 새아빠가 돌아섰는데, 그의 목에서 핏줄이 튀어나와있는 게 보였고, 얼굴이 붉고, 붉은데다가, 몹시 화나 있었어요.

"그의 목에서 핏줄이 튀어나와있는 게 보였고, 얼굴이 붉고, 붉은데다가, 몹시 화나 있었어요."는 내가 "팁으로 주어지는 정보[6]"라고 부르는 것의 한 예시이다. 이는 마치 내담자가 괴로웠던 일에 대해 내게 말하는 것에서 기어를 바꾸어 그 사건에 완전히 빠져드는 것과 같다. 내담자가 말하는 세부 사항들이 당시의 강렬한 감각을 촉발시킬 것이다. 이는 "직관"이 되는 기억의 예시이며, EMDR을 진행하기 위한 훌륭한 타겟이 될 것이다.

내담자: 저는 바로 "아, 젠장."하는 느낌이 들었어요. 새아빠가 동생을 놔주고 저를 쫓아오기에 저는 그냥 달아났고, 계단의 꺾인 부분에 다다랐을

. . . .

6) gratuitous information.

때, 그가 제 쪽으로 뛰어내렸어요. 이어서 제가 계단의 두 번째 꺾인 부분에 와서 보니 윗층 계단에 갇힌 상태가 되어버렸더라고요. 바지에 오줌을 싸버렸죠. 겁에 질려있었어요. 그가 제게 뭘 하려는지도 알 수 없었고요. 그가 엉덩이를 때렸는데 그게 아프지도 않았어요. 제 말은, 저는 엉덩이를 맞기엔 나이가 좀 들어있었어요. 11살, 아마 11살이었을 거예요. 심지어 아프지도 않았는데, 그런 느낌의 두려움이 있었어요. "여기 내 언니를 벽에 밀쳐놓은 격분한 남자가 있는데, 통제 불능의 상태이고, 이제 나를 쫓아오고 있네. 게다가 엄마는 이런 상황에서 아무것도 하지 않고 있어."

상담자: 그래요, 다시 말하지만, 이 경우는 — 제게는 9점 정도로 생각되네요.

내담자: 그렇군요.

상담자: 그게 적절한가요?

내담자: 아마도요.

상담자: 그리고 이 일은 당신의 어머니가 당신을 보호하지 못한 또 다른 상황인 것 같아요. 엄마가 당신에게 관심을 기울이거나 보호해주지 못한 순간이 많은 것처럼 보이네요. 그리고 동시에, 이 일화들에서 당신과 자매들 간에는 서로 돌보아주는 참되고 훌륭한 유대감이 있었던 것처럼 들려요. 이게 당신에게 정말 튼튼한 자원이 될 것 같네요.

여기서 애착이 중요한 문제라고 여기지는 않았으나, 나는 항상 그 문제에 대해 살피고자 한다. 문제가 되지 않는다는 지표는 내담자가 나와 관계를 맺는 방식에서의 섬세한 정보들을 통해 알 수 있다. 또한, 내담자는 자신과 친아빠 사이에 단단한 유대가 있었음에 대한 확고한 감각을 지니고 있었다. 내담자의 가장 긍정적인 기억들 4개 중 2개가 아빠와의 일화를 포함하고 있다. 그렇기에, 나는 스스로에게 "이건 좋은 애착 대상이네."라고 일러주었다. 게다가 내담자는 많은 힘과 좋은 자원들을 갖고 있었다. 따라서 나는 우리가 어떤 문제에 먼저 초점을 맞추든 그녀가 잘 처리해낼 것이라고 기대했다. 자원이 부족하고 정서 조절 능력이 빈약한 내담자와는 어떤 타겟을 처음 다룰 것인지를 고르는 일이 매우 중요한데, 나는 우리가 목록의 어떤 타겟이든 고를 수 있으며 예상컨대 큰 어려움 없이 해결해낼 것이라고 생각했다.

상담자: 그럼, 엄마가 당신을 보호하지 않는다는 주제가 있고, 반응해주지 않는 엄마에 대한 일종의 분노가 있네요. 엄마가 당신에게 애착을 갖지 않았다는 증거는 없지만요.

내담자: 네, 그랬어요. 그리고 당신이 이걸 얘기하기 전까지는 엄마가 나를 보호하지 않았다고 생각하지 않았어요. 하지만 얘기를 듣고 나니 그게 사실인 것 같네요. 심지어 오늘까지도, 나는 엄마와 가까이 지내면서 동시에 엄마에 대한 분노와 씨름해요.

내담자의 개인력에서 드러나는 주제는 엄마로부터의 보호가 부족했다는 것이었고, 우리가 엄마로부터 보호받지 못한 기억을 좀 더 찾아낼 수 있을 것으로 보인다. 그리고 그 중 가장 초기의 것을 처리함으로써 이를 다루어갈 것이다. 타겟을 정하기 위해, 이 기억들 중 하나를 고른 후 감정 다리를 진행하여 어떤 초기 기억이 떠오르는지를 살펴보게 된다. 다만, 보호가 부족했다는 것을 처리할 첫 번째 타겟으로 삼지는 않을 것이다. 내가 타겟으로 고를 첫 번째 대상은 내담자의 계부가 그녀를 쫓아온 일인데, 내담자가 이에 대해 말하기 시작할 때 매우 고양되고 활성화되었기 때문이다. 내담자는 "그의 목에서 핏줄이 보였고"라고 말하며 자신의 핏줄에 손을 갖다 댔다. 이는 매우 생생한 기억이다. 더불어 보다 이른 시절의 기억 중 내담자의 친아버지가 매우 화를 냈던 일이 있다고 하더라도, 그 기억 속에서의 아버지의 분노는 어머니를 향한 것이지 내담자 자신을 향한 것이 아니다. 내담자의 계부는 그녀가 5살일 무렵 그녀의 삶에 들어왔기 때문에, 이 타겟에 힘을 공급하는 더 초기의 기억이 있을 것 같지는 않다. 달리 말하면, 나는 더 초기의 시절의 것으로 돌아가 보지 않고도 이 기억을 처리할 수 있으리라고 본다. 이는 이 내담자와 처리하기로 결정한 첫 번째 타겟이 될 것이다.

첫 번째 타겟을 선택하며, 꽤 쉽게 해결할 수 있는 대상을 찾으려 할 때, SUDS 수준이 낮은 것으로 선택해야만 하는 것은 아니다. 이는 꽤 높은 SUDS 수준을 갖고 있으면서도 상당히 쉽게 처리할 수 있는 대상의 좋은 예시이다. 특정 내담자와 첫 번째 타겟을 함께 진행할 때, 나는 내담자에게 EMDR 과정에서 자신감을 경험하게끔 해주고 싶다. 이를 통해 내담자가 "와, 이게 해낼 수 있는 걸 봐!" 라고 말할 수 있도록 말이다. 계부의 핏줄이 튀어나오던 기억을 다루려 한다면, 나는 내담자가 자신의 두려움과 연결되고 난 이후에 그것을 해결해낼 것이라고 생각한다. 실제 민감소실과 재처리에 대략 15분에서 20분가량이 소요되며, 내담자가 심각한 심리적 장벽이 해결되었다고 생각할 것이라 예상한다. 계부의 기억이 보호해주지 않는 엄마와의 주제와 연결되어있다고 하더라도, 이 기억에서의 주된 문제는 내담자가 계부의 붉어진 얼굴과 그의 목에서 튀어나와 있는 혈관을 봤을 때 느꼈던 두려움이기에, 이를 처리하는 데 내담자를 보호해주지 않는 어머니와 연결된 생애 초기의 기억이 방해가 되지 않을 것이라고 보았다.

상담자: 지금으로서는, 핏줄이 불거진 모습의 새아빠에 대한 기억이 작업을 시작하기에 가장 좋을 거라고 생각해요. 아마 이 다음으로는, 제 생각에는, 우리에게 충분한 시간이 있다면, 거의 익사할 뻔 했던 기억이 좋을 것 같네요. 제 말은, 작업하기에 얼마나 괜찮은지에 대한 얘기예요.

내담자: 그렇게 말할 수 있죠.

상담자: 좋아요, 당신도 알다시피 그건 복합적인 경험이에요. 당신의 언니가 당신을 지켜보고 있었죠.

내담자: 그 이후로 제가 익사할 뻔 했던 일에서 그녀가 저를 구해주기도 했어요.

상담자: 그건 그 일 안에 내재된 자원이예요. 그리고 동시에 확실히 외상적이기도 하죠. 난 당신이 정말로 두려워했음을 기억할 거라고 생각해요. 그러니, 그 일은 좋은 타겟이 될 겁니다.

내담자: 네.

거의 익사할 뻔한 경험은 흔히 훌륭한 첫 번째 타겟이 되는데, 다른 기억들과 잘 연결되지 않는 편이기 때문이며, 이와 관련된 두려움을 매우 자주 경험하기 때문에 작업을 통해 엄청난 안도감을 얻을 수 있기 때문이다. 사람들은 보통 이러한 사건에 대해 상당히 생생한 기억을 갖고 있다. 일반적으로, 이러한 기억들은 내담자가 이를 처리하기 시작할 때 좀 더 고통스러워진다.

상담자: 우리가 대화를 나누는 동안 제가 하고 있는 일들 중 하나는 붉은 깃발을 찾는 거예요. 그때의 경험으로 빠져 들어가는 걸 피하기 위한 것들 말이에요. 그런 것들이 딱히 보이지는 않지만, 분노에 대한 실마리가 아직 제게는 명확하게 와 닿지 않네요. 당신은 이 통제 불능의 새아빠를 비롯해서 일종의 통제 불능의 전남편을 갖고 있잖아요.

내담자: 확실히 전남편이 통제 불능이긴 해요.

상담자: 그래요, 유사한 점이 있어요.

내담자: 오, 묵직한 한 방이네요. 게다가 저는 그런 환경에서 자란 데 대한 분노와, 전남편과 결혼하기로 결정한 데 대한 분노를 가지고 있어요. 제가 저의 새아빠랑 결혼을 한 거죠. 분명히 제가 그렇게 행동했고, 그게 화가 나요. 제가 그런 상황에서 제 새아빠에게 노출되지 않았더라면 그런 결정은 하지 않았을 거라고요.

상담자: 당신이 그런 실수를 하지 않았겠군요.

내담자: 절대 그 남자를 고르지 않았을 거예요. 제게 결코 좋은 사람이 아니었어요. 그래서, 그게 화가 나요.

상담자: 그럼, 당신이 한 치료자의 사무실에 가서 말하기를, "저는 제 전남편에 대해 다뤄보고 싶어요, 그가 절 돌아버리게 할 뿐만 아니라 또 다른 법적 소송을 걸었기 때문이에요."라고 한다고 생각해봅시다. 그럼 저는 그걸 당장 다루는 것은 좋은 생각이 아니라고 여길 거예요. 그 일이 당신의 새아빠가 통제 불능 상태가 되는 일과 밀접하게 묶여있기 때문이죠. 유념해야 하는 부분이에요. 제 말은, 치료자가 "좋아요, 우리가 그

일에 착수할 수는 있지만, 그걸 바로 시작할 수는 없어요."라고 말할 수 있다는 거예요. 당신은 새아빠에 대한 작업을 하게 될 거고, 당신이 같은 상황의 내담자를 만나는 상황이라면 "우리는 남편과의 관계에 대해 작업하고 있지만, 이 일이 처음 연관된 좀 더 초반의 기억 조각을 작업해볼 거예요"라고 설명해줄 거예요.

내담자: 하지만, 6개월 전에 약간의 EMDR을 했었어요. 처음에 제가 EMDR을 할 때에는, 제 전남편이 저를 밀치고 제 딸이 그 일을 목격했던 시기 즈음이었는데, 딸이 어쩔 줄을 몰라 했어요. 저는 많은 두려움을 느꼈고, 그게 아직도 제게 영향을 미치고 있어요. 그게 몇 년 전 일인데도 불구하고 여전히 제게 영향을 줘요. 그건 제가 얼어붙어있던 제 삶에서의 한 부분이에요. 마치 자동차 헤드라이트를 맞닥뜨린 사슴 같았죠. 삶의 모든 다른 영역에서는 제 능력과 자신감을 지니고 있지만, 전남편과 그의 부인과 관련해서는 어려워요. 그녀 역시 제게 매우 폭력적으로 대했고, 제가 그저 얼어붙게 되네요.

상담자: 당신이 그 일을 처리할 때, 새아빠와의 일로 돌아가 보았나요?

내담자: 아뇨. 그러지 않았어요.

상담자: 스스로 그 부분으로 돌아가게 되지 않던가요?

내담자: 아니요. 스스로 돌아가지도 않았어요.

상담자: 그럼 완전히 해결이 되었나요?

내담자: 완전히 해결은 되어서, 제가 달라졌어요. 이전과는 완전히 달라졌죠. 전에는, 이메일 답장을 보내지 않겠다거나 전화에 응하지 않겠다고 말하는 일이 굉장히 어려웠어요.

상담자: 그렇군요. 그럼 차이점은, 당신의 새아빠와 관련해서 당신이 학대적인 환경에 있었지만, 근본적으로 그게 당신을 향한 것은 아니었다는 거네요. 반면에 전남편과의 일은 당신을 향한 것이었고요. 이게 당신이 새아빠와의 일로 되돌아가지 않고서도 그 일을 해결해낼 수 있었던 이유가 될 수 있겠네요.

내담자: 그렇군요.

지나치게 잘못 짚는 것은 당혹스러운 일이다. 다행히도, 이 경우에는 EMDR
을 진행할 필요가 없었으며, 적절한 회복에 대해서도 다뤄볼 수 있었다.

David Manfied

회복이 잘 이루어진 것으로 보이며, 이것이 환자에게 어떤 임상적인 영향을 미칠지 궁금
해진다. 이것이 그녀에게 장점이자 단점일 수 있지만, 분명 훌륭한 구획화7) 능력을 지
니고 있을 것이다. 트라우마의 내용을 효과적으로 처리하면서도, 유사한 외상 사건들에
이를 적응적으로 일반화하지 못할 수 있다. 이에 대한 관찰이 필요하다.

Andrew Leads

이러한 구획화 능력이 희귀한 것은 아니며, 최근의 스트레스 요인을 재처리하는 것이 기
존의 일들과 항상 연관되지는 않는다. 축어록의 시연 회기에서 자신의 추측이 이치에
맞게 느껴졌다면, 그렇다고 가정하기보다는 "전남편이 당신을 떠미는 것을 딸이 목격했
던 사건을 처리할 때, 그것이 새아빠와의 일과 연관이 되었나요?"와 같이 내담자에게
물어볼 수 있다.

상담자: 반면에, 새아빠와의 일에서는, 공격성이 당신을 향해 있었어요. 적어도
       한 번은요.
내담자: 하지만 작업에서 가장 크게 느껴진 부분은 제 딸에 관한 것이었어요.
       왜냐하면 저는 애쓰고 있었거든요 ― 제게 가장 큰 부분은 딸을 돌보는
       것이었기 때문에, 전남편이 저를 밀친 것은 별 일이 아니었어요. 어쩔
       줄 몰라 하는 딸을 보며 뭘 해야 할지를 몰랐지만, 딸에게 "괜찮아, 괜

7) compartmentalize.

찮아"라고 말하려 노력했어요.

상담자: 그럼, 이 일이 일어나고, 딸이 충격을 받는 것을 보며, 당신은 딸을 보호해야 한다고 느꼈군요. 당신은 엄마로부터 보호받지 못했지만요.

내담자: 맞아요, 그리고 제가 엉망이었다는 생각에 죄책감을 느꼈어요.

상담자: 딸과의 일에서 그렇게 느끼게 되면서 매우 고통스러웠겠군요. 더불어 말하자면, 당신이 새아빠와 함께 그런 환경에서 살았던 것이 얼마나 괴로웠는지에 대해 말할 때면, 그 속상함이 엄마를 향하는 것처럼도 들려요. 당신을 그런 상황에 노출시킨 게 어머니이기 때문에요.

내담자: 그녀는 그게 얼마나 나쁜지를 알고 있었어요.

상담자: 그렇다면, 그것도 당신이 보호받지 못하고 분노하게 되는 또 다른 예시가 되는군요.

내담자: 엄마는 정말로 우리를 그런 상황에 노출시킨 사람이었어요.

이전의 대화에서, 나는 남편이 그녀를 밀었던 문제가 폭력 그 자체보다는 그 일이 내담자의 딸에게 미친 영향에 대한 것이었다는 사실을 이해하지 못한 상태였다. 그렇기에, 그녀가 겁에 질려있었고 자신의 딸에게 그렇게 대하기를 원치 않는다는 점을 제외하면, 이 일은 그녀가 부모님 사이에서 목격한 폭력과는 그렇게 밀접하게 관련되어 있지 않았다. 어린 시절 기억에서의 공포감의 정서 반응은 최근 사건에서 나타난 주된 감정인 죄책감과는 달랐다.

상담자: 그럼, 그것에 대해 좀 더 얘기해봅시다. 어떤 타겟이 그걸 다룰 수 있을까요? 당신이 슬픔이나 힘이 없는 것 같은 현재의 문제를 말할 때, 분노에 대한 것도 같이 얘기되어야 할 것 같아요.

내담자: 제 분노감은 잘 드러나지 않아요, 거의 평생 그랬어요.

상담자: 그럼, 지금 보고한 문제들과 관련된 타겟으로 진행해볼 거라면, 이것들을 살펴보고 뭘 타겟으로 잡을지 정해봅시다. 우선 핏줄이 튀어나와 있는 모습의 새아빠나, 수영장에서 있었던 일 같은 첫 번째 타겟을 처리

한 후에 말이에요. 둘 다 명확한 타겟이에요.

내담자: 저는 절 밀친 아이에게 화가 났어요. 나쁜 놈! 여전히 이런 느낌이에요. 못된 자식 같으니라고.

상담자: 그런데, 당신의 증상에 대한 EMDR을 진행하려는 관점에서 보면, 힘이 없는 느낌은, (잠시 쉬고) 제 생각에는 그게 당신의 어머니와 새아빠 간의 갈등이나 부모님이 싸우던 2세 반의 경험으로 향할 것 같아요.

　나는 수영장에 대한 기억을 건너뛰었는데, 그녀의 다른 분노 근원들과는 주제 상 연관되지 않은 것처럼 보였기 때문이다.

내담자: 제가 보기에, 엄마와 새아빠 사이의 갈등에 대해 작업할 게 더 많은 것 같아요.

상담자: 그렇군요.

내담자: 게다가 더 많은 감정을 느끼고 있고요.

상담자: 당신이 느끼는 감정이 무엇인가요?

내담자: 슬픔이요. 분노와 좌절감도 기억나요. 그들을 향해 "그만 좀 해!"하고 말했던 기억이 있어요.

상담자: 그렇다면, 당신이 집 안에서 어른 역할을 한 건가요?

내담자: 그렇죠.

상담자: 그렇다면 그건, 제가 생각하기로는, 그 부분에 초점을 두어야 할 것 같아요. 그건 일종의 유기예요. 당신은 엄마와 새아빠로부터 버림받았고, 이 일로 인해 화나고 슬펐지만, 어느 순간에서는 분명 두 살 반의 경험을 처리하고 싶었을 거예요. 그래서 당신은 알고 있는 것들로부터 어떤 이야기를 만들어봄으로써 이것을 처리하려 할 수 있어요.

　나는 이 시간을 강의 내에서 요점을 가르치기 위한 기회로 사용하는 중이었다. 실제 내담자와는 이런 방식으로 이야기하지 않는다. 내담자가 실제로 일어났다고 상상하는 것에 가까운 이야기를 만들어낼 때, 그 이야기는 일반적으로 그것을 탐색하며 느낀 정서를 싣고 있게 되며, 우리가 이에 대해 기억과 마찬가지로 직접적인 트라우마 처리를 할 수 있다. 암묵적 기억이 일상적으로 일어나는 사건들에 의해 끊임없이 촉발되는 것처럼, 추측성 기억[8]에서의 사건들이 관련된 암묵적 기억을 촉발할 수 있다. 이는 과거의 일이 기억 속에서 살고 있는 것이거나 혹은 트라우마를 만들고 있는 것과 다름없다.

내담자: 그렇군요.

상담자: 왜냐하면 ― 저는 당신이 지금 당장 지나치게 활성화되는 건 원하지 않아요 ― 다만 그 기억을 처리하는 방법은 단지 그걸 당신의 딸로서 생각해보는 거예요. 그래서, 만약 당신의 2살 반 된 딸 앞에서 계속 싸워대고, 딸이 길을 잃고 겁먹은 상태로 무슨 일이 일어나고 있는 것인지에 대해 궁금해 하는 모습을 상상해보면, 당신은 고통스러워 할 거예요. 제가 이에 대해 말하는 것조차도 당신이 느끼는 고통감을 증가시킬 수 있을 거란 생각이 드는데, 당신은 실습을 하는 동안에 이걸 처리해볼 수도 있어요. 당신도 알듯이, 타겟을 처리하는 방법은 타겟이 되는 기억에 정서적으로 공감해보는 것이니까요. 이따금 나 자신에게 일어났던 일보다도 나의 딸에게 일어난 일이라고 볼 때 좀 더 쉽게 감정적으로 이입할 수 있는데, 그 일이 사실 아주 잘 기억나지는 않을 때 그래요. 좋아요, 그러면 우리가 아직 다뤄보지 않은 생각 같은 것들이 또 있나요?

내담자: 이게 도움이 된 것 같아요. 당신이 이것들에 대해 살펴보고 탐색해보면서, 연결을 했던 게요. 예를 들면, 제가 엄마로부터 보호받지 못한다고 느꼈던 것을 연결해보지 못했었는데, 이제는 명확하게 보이네요.

상담자: 그럼, 이제 사람들이 궁금해할 만한 것 중 하나는, 당신이 이야기한 것

---

8) speculative memory.

들을 치료 과정에서 어떻게 활성화시킬지에 대한 걸 거예요. 나는 당신과 정말 많은 세부적인 내용들을 탐색해보았어요. 그저 누군가가 제 사무실로 걸어 들어온 상황에서의 작업이나, 당신이 활성화를 감당할 수 있을지에 대해 제가 자신을 갖지 못한 상황에서 할 수 있는 것보다 더 많이요. 당신은 어떤가요?

내담자: 우리가 얘기하기 시작했던 것처럼, 제가 점점 활성화되는 게 느껴지네요.

상담자: 그렇게 말했었죠. 그럼 이제, 당신은 실습을 해볼 수 있어요. 이 중 일부를 작업할 수 있는데, 만약 실습을 해보지 않는다고 하면, 당신이 집에 돌아간 후에 수면에 어려움이 생기거나, 악몽을 꾸거나, 해결되지 않은 것들이 떠오르는 문제가 있거나, 더 우울해지거나, 무력감을 느낄 것 같은가요?

내담자: 음, 그러니까, 잘 모르겠어요. 제 생각에는 제가 꽤 좋은 자원들을 가지고 있고, 그래서 여기서 나갈 수 있을 것 같기도 하고, 그래도 괜찮을 것 같아요. 하지만 당신이 작업했던 세부사항들을 제가 다루게 된다면, 아마 그걸 그냥 갖고 있고 싶어 할 것 같아요.

상담자: 그래요, 맞아요. 당신은 분명 갖고 있고 싶을 거예요. 그리고 제가 언급하고 싶은 또 한 가지가 있어요. 제가 보통 이걸 얘기하지는 않지만, 자주 사용하는 거예요. 두 밧줄로 묶여있는 한 쌍의 PVC 파이프예요. 저는 이 아이디어를 Shirley jean schmidt로부터 얻었어요. 그 사람은 이걸 TASPERS[9]라고 불러요. 무슨 뜻인지는 묻지 마세요. 각 파이프는 3피트 정도씩 떨어져 있고, 밧줄로 고정되어 있어요. 당신의 문제는 억압되고 표현되지 못한 분노와 관련이 있잖아요. 나는 이 도구를 여러 상황에서 사용하는데, 당신의 상황이 이걸 사용하기에 적합해요. 사용하는 방법은, 분노가 올라올 때, 양 손으로 한쪽 파이프를 잡고 있는 동

---

9) Therapist Aid for Sensorimotor Processing for Emotional Release.

안 다른 한쪽 파이프를 밟는 거예요. 그리고 손바닥이 위를 향하게 한 상태로 그걸 당기면, 이것이 주요 근군[10]을 활성화시키게 돼요. 이것과 동시에 양측성 자극을 진행합니다. 제 경험에 따르면, 이것이 내담자의 분노 감정을 매우 빨리 처리하도록 도와줍니다. 어찌됐든, 이건 복합 이중주의 과제[11]예요. 그리고 나면 다음으로 다뤄야 할 것으로 넘어가게 되죠. 저는 이걸 직접 만들었지만, 당신은 Shirley jean schmidt의 웹 사이트에서 구매할 수도 있어요.

내담자: 맞아요. 분노 관련해서 바이오에너제틱[12]을 해본 적이 있는데, 정말 놀라운 경험이었어요. 마치 "나는 화나지 않아" 같으면서도, 분노가 치밀어 오르더라고요.

상담자: 바이오에너제틱에서는 내담자가 분노를 끌어올리고 이를 크게 표출하게 되지만, 양측성 자극에서 하는 방식과는 달라요. 양측성 자극을 내담자가 한 번 내지 두 번 정도 하고 나면 "이제는 슬픔이 느껴져요."라고 하거나… 그냥 그대로 그걸 지나가게 돼요. 이런 일이 자주 일어나지요.

이 내담자의 경우에는, 개인력 탐색과 이에 대한 사례개념화를 통해 과거에 경험했던 사건과 감정들을 더 이해할 수 있도록 도왔다. 또한 감정 다리를 진행하는 동안에도 막연하고 떠올릴 수 없었던 매우 어린 시절의 기억을 탐색하고, 내담자가 당시에 경험한 실제 정서가 외현적 기억은 아니었음을 확인하도록 했다. 내담자가 현재 경험하는 주된 고통감은 어린 자녀에 대한 어른으로서의 연민이었다. 내담자가 자신의 딸이 그 상황에 있다고 상상해보는 것을 통해 그 어린 아이의 정서적 경험에 간접적으로 연결됨으로써, 그 기억이 적절히 처리될 뿐만 아니라 이것이 치료 작업의 중요한 일부가 될 것으로 여겨진다.

....

10) major muscle group.
11) complex dual attention task.
12) Bioenergetics.

아마도, 이 내담자는 심리적으로 꽤 잘 기능하고 있으며 비교적 온전하기 때문에, 어느 타겟이 첫 번째 타겟으로 선택되든 큰 문제가 되지 않을 것이다. 이 내담자는 평가와 민감소실 및 재처리 과정에서 자연스럽게 어린 시절의 연결된 기억을 상기해낼 수 있었다. 이미 선택된 타겟이 있었다 한들, 무얼 첫 번째 타겟으로 선택할지가 그렇게 중요하지는 않았을 것이다.

상위 10개 목록을 통한 복합 PTSD의 사례개념화

다음의 상위 10개 목록은 자문 집단에서 사용된 것과 거의 같으며, EMDR 사례개념화에서의 몇 가지 주제들을 보여준다. 우울증의 과거력이 있는 35세 여성 내담자에 대한 것으로, 오래 지속된 약물중독 문제로 인해 최근에 1달간 입원 치료를 받은 바 있다. 그녀는 부모가 모두 알코올 중독인 원가족에서 자랐다. 그녀의 주호소는 우울이었으며, 비용이 많이 들지 않는 외래 환자로 치료에 의뢰되었는데, 자녀의 양육권을 되찾기 위한 수단으로 EMDR 치료에 참가하는 데 더 관심이 있을 가능성이 있었다. 그녀는 입원 치료 이후로 4주간 알코올을 입에 대지 않은 상태였다.

Andrew Leads

초기의 부정적인 기억이나 트라우마 경험 재처리를 고려하기에는 너무 이른 상황으로 보인다. 그녀는 여전히 약물사용에 대한 충동과 싸우고 있을 것이다. 내적·외적 촉발요인을 다루기 위해서는 더 많은 자원이 필요하며, 촉발요인 둔감화 및 재처리 촉구(DETUR[1])를 통해 지속적인 재발의 충동을 관리하도록 도울 수도 있다.

---

1) Desensitizing Triggers and Urge Reprocessing

그녀는 상담시간을 잘 지켰고, 깔끔하고 적절한 옷차림을 하였으며, 항상 미소를 띠고 있었고 낙천적인 것처럼 보였다. 말투는 어린아이 같았다.

이 사례는 심각한 트라우마를 입은 내담자의 것으로, 다루게 될 EMDR의 타겟이나 그 순서를 정하는 것이 매우 중요하다. 다양한 이유로 인해, 치료자가 단순하게 현재의 문제로 시작해 그것으로 타겟을 삼거나, 타겟이 될 만한 초기 기억을 탐색하기 위해 감정 다리를 사용하기에는 적절하지 않다. 잠재적인 타겟 대부분이 쉽게 해결되지 않을 매우 초기의 트라우마 경험과 연결되어 있다. 이 기억조차도 결국에는 성공적인 타겟이 되어야 하지만, 처리의 어려움과 복잡성으로 인해 첫 번째 타겟으로는 적절하지 않다. 특히나 이 경우와 같이 최근에 중독적인 약물 남용이 있었고 깨지기 쉬운 수준의 자제를 이어나가고 있을 때에는, 치료로 인해 내담자가 굴러 떨어지지 않도록 전반적인 불쾌감의 정도를 조절하는 것을 치료자가 도와주어야 한다. EMDR 치료자가 쉽게 해결되지 않을 것으로 보이는 타겟을 선택하는 것은, 내담자의 감정적 고통 수준을 증가시키고 행동화, 특히 약물사용에 대한 충동을 유발할 가능성이 높다.

따라서, 내담자에게 상대적으로 안전한 자원화의 시기가 언제인지, 또 트라우마를 처리할 준비가 된 때는 언제인지에 대한 치료자의 결정이 매우 중요하다. 덧붙여, 만약 내담자가 트라우마를 처리할 준비가 되어 있다면, 수월하게 민감소실 및 재처리를 한 회기 내에 진행하여 내담자가 회기 사이에 미해결된 고통스러운 내용을 품고 있지 않도록 할 수 있을 것이다. 고로, 안정화 기술 훈련, 적절한 자원에 대한 접근, 그리고 타겟의 선택과 타이밍이 부수적인 문제없이 EMDR 트라우마 처리를 진행하는 데 주요한 역할을 할 것이다.

Andrew Leads

금욕에 대한 과거의 노력과, 재발에 대한 현재 충동의 빈도 및 심각성에 대해 더 많은 정보를 얻을 때까지 개인력 탐색을 연기할 수 있다. 나는 환자가 금욕과 관련하여 충분히 안정적인지를 확인한 이후에야 개인력 탐색을 진행한다.

최악의 10개 상위 목록

#	나이	SUDS	사건 설명
1	10	9	거의 본적이 없던 삼촌이 애무한 일. (5세 때 이웃 어른으로부터의 또 다른 추행 경험이 있었는데, 내담자가 평점을 매우 낮게 여김)
2	14	7	아빠의 뇌졸중. 심각한 비만이었음.
3	16	10	아빠가 심장마비로 사망함.
4	16	8	임신 이후 부모와 상의하지 않은 상태로 중절함.
5	16	8	데이트 강간 미수. 유산 이후에 발생함.
6	16	0	자살 시도. 만취한 상태로 운전하여 전신주를 들이받음. 에어백 덕분에 영구적인 신체 손상은 없었음. 아빠가 사망한 이후에 발생한 일임. 내담자가 이를 0점으로 평가함. 이는 명백히 심각한 시도였으며, 며칠 간 병원에 입원하였음.
7	20대	5	만나던 사람으로부터 군용 총검으로 위협 당함. 더불어 이 사람으로부터 신체적 학대와 폭행을 당한 바 있음.
8	23	2	오빠의 사망. (알코올 문제 관련)
9	24	7	첫 아이의 사산.
10	24	10	후두암으로 인한 엄마의 사망.
11	30	8	췌장암으로 인한 남동생의 사망.
12	31	10	내담자의 약물 사용으로 인해 아동보호서비스에서 아이들을 분리시켰으며, 현재까지 2년간 떨어져 지내고 있음. 내담자는 20대부터 중독문제를 갖고 있었음. 아이들은 위탁 돌봄에 맡겨져 있음.
13	32	10	6살 난 아들이 위탁 돌봄 중 추행을 당함. 내담자는 그 일을 한 남자를 죽이고 싶어함.

최고의 상위 10개 목록

#	나이	강도	사건 설명
1	6-13	8	다양한 연령에 아빠와 했던 다양한 활동들. 공놀이, 게임.
2	8	5	엄마와의 활동. 사실 엄마가 술에 취해 있었으나 재미있었음.
3	생애 전반	6	어릴 때부터 16세 때까지 사촌과 함께 놀았던 것, 그리고 자신의 자녀들과 놀았던 것.
4	14	8	아빠와의 여행. 그리고 바다에 갔던 것.
5	31	8	현재 중요한 사람을 만나고 있다는 것과, 그와 함께 공원을 걷는 것, 내담자에게 의미 있는 관계임. 현재의 남자친구는 재활원에 있음.
6	27	6	이전에 있었던 관계는 만나던 남자가 사라지며 끝났으며, 그와의 사이에 아이가 하나 있었다. 그는 총검을 들고 있던 그 남자는 아니다. 내담자는 그를 좋은 배우자로 여긴다.

#	나이	강도	사건 설명
7	29-35	7	내담자는 명상을 통해 의미 있는 영적 경험을 했으며, 매우 좋은 경험이었다.
8	30	9	남동생이 죽었을 때 그의 영혼이 떠오르는 것을 보았으며, 이것이 의미 있는 경험이 되었다.
9	다양한 시기	9	내담자에게 아이의 탄생이 매우 의미 있는 일이 되었다.

놓친 정보

상위 10개 목록을 볼 때 내가 첫 번째로 고려해보는 것은 얼마나 완전한지에 대한 것이다. 어느 정도의 초기 기억과, 10대 시절의 것, 그리고 성인기의 것이 들어가 있는가? 빠져 있는 부분은 무엇인가? 빠진 정보에 대해 바로 물어보지 않는 경우도 있지만, 나는 이를 기록해 두었다가 적절한 시기가 되었다고 느껴질 때 물어본다. 상위 10개 목록에서, 9세 이전의 일들만이 최소화되어 있는데, 이는 여기에 포함되지 않은 생애 초기의 고통스러운 기억이 분명히 존재한다는 것을 의미한다. 학교에 대한 언급 역시 존재하지 않는데, 상처 없이 학창시절을 지나오기는 어렵다. 가정 내 갈등에 대한 언급도 없다. 이 내담자는 성인이 되었을 때에도 남자로부터 신체적으로 학대당한 바 있기 때문에, 어린 시절에 폭력에 노출되었을 가능성이 높다. 부모는 둘 다 알코올 중독이었다. 중독과 관련된 갈등을 비롯하여 이에 수반되는 학대들 외에도, 약속을 어기거나, 결근, 재정적인 곤란이나 붕괴, 방임, 빈약한 양육, 빈약한 보호, 학대적인 비난 등의 다양한 트라우마가 존재할 수 있다. 일이 있었으나 기록하지 않았을 것으로 생각되는 것에 대해서는 직접 물어본다. 내담자의 아이는 약물 사용으로 인해 분리되었다. 약물과 관련된 더 많은 내용이 목록에 있어야 할 것으로 생각되며, 그 예로는 자동차 사고, 이외의 다른 사고들, 다양한 유형의 모욕, 재정적 곤란, 의학적 문제, 법적 문제, 수감, 또는 부모 형제 및 친구들과의 갈등 등이 있다. 나는 이런 것들에 대해 물어갈 것이다.

군집들(Clusters)

잦은 상실

상위 10개 목록을 15~20개 정도의 항목을 수록하여 얼추 완성하면, 그 다음으로는 유사한 주제를 지닌 트라우마 경험을 한 군집씩 묶어 확인해야 한다. 이 사례에서의 분명한 군집은 상실이다. 이 여성은 많은 상실을 경험했다. 첫 번째 상실은 16세 때 아버지가 사망한 일인데, 그의 사망과 관련된 높은 SUDS와 더불어 긍정적인 상위 10개 목록에서 그가 여러 번 등장하는 것 등으로 볼 때 내담자가 그와의 연결감을 느끼는 것으로 보인다. 그 상실 이후로 중절, 강간 미수, 심각한 자살 시도 등의 일련의 트라우마 사건들이 발생했음을 알 수 있다. 이 모든 것들은 아버지의 사망 이후 행동화가 확대되는 패턴과, SUDS 10점을 준 것 등을 통해 알 수 있듯이 이 상실이 그녀에게 매우 중요한 일이었을 가능성을 보여준다. 그녀의 자살 결정이 어떻게 이루어졌는지에 대한 추가적인 정보를 통해 아버지를 상실한 데 대한 반응을 이해할 수 있을 것이다. 상위 10개 목록에 수록된 가족의 죽음들 외에도, 수록되지 않은 친구들의 죽음 역시 꽤 있었다.

추행

상위 10개 목록의 트라우마 사건 중 다른 군집은 추행, 강간 미수, 그리고 학대하는 남자친구와 관련된 것이어야 한다. 상위 10개 목록 중 추행이 있는 경우, 나는 그 추행이 발생했을 때 누군가에게 알렸었는지를 알고자 한다. 먼저 그 추행이 지속적으로 일어났었는지를 물어보는데, 그랬다고 한다면 이는 내담자가 누군가에게 말을 하지 않았거나 혹은 그 말을 들은 사람이 상황을 심각하게 여기지 않았음을 알 수 있는 지표가 된다. 어느 쪽이든, 더 탐색해볼 가치가 있다. 만약 그 일이 한 번, 혹은 몇 번만 발생한 일이라면, 누군가에게 그 일을 말해본 적이 있는지를 물어본다. 그렇지 않을 경우에는 무엇이 그 일이 지속되지 않게끔 했겠는가? 내담자가 아이일 때 그 추행에 대해 말하지 않았다고 한다면, 공포, 수치심, 비난받을지 모른다는 생각, 추행을 가한 사람—관심과 접촉의 주된 원천일 수 있음—과의 관계가 깨지는 것에 대한 두려움 등이 이유가 될 수 있다. 나는 왜 내담자가 그 추행에 대해 누구에게도 말하지 않았는지, 그리고 그녀가 그 이야기를 나누지 않은 양육자와의 관계와 관련해서는 어떤 의미가 있는 것인지를 알고자 한다. EMDR 처리의 관점에서, 트라우마가 더 일찍 발생할수록, 내담자가 더 취약해질 수 있으며, 가용했을 내적 자원들은 더 적어진다. 취약성이 높을 타겟을 다루는 것은 종종 내담자에게 압도적인 고통감을 겪게 하며 결과적으로 처리를 어렵게 한다. 내담자가 부모와 신뢰감 있는 관계를 맺지 못했다면, 초기의 애착 문제로 인해 EMDR(또는 다른 치료적인 접근)의 진행이 더 어려워지며, 트라우마 작업이 이루어지기 전에 자원화가 우선적으로 필요할 것이다.

이 내담자의 사례에서, 긍정적인 요인은 가까이 신뢰하는 가족 구성원으로부터는 추행을 당하지 않았다는 점이다. 다만 삼촌에게 애무를 당한 것이 더 이른 시기에 있었던 두 건의 추행보다 점수가 더 높다는 점에 대해 좀 더 알아보고 싶다. 가까운 가족구성원에 의해 발생한 추행은, 아이들에게 배신의 괴로움과 신뢰할 수 있는 능력의 상실 등의 심각한 영향을 준다. 자신을 보호해줄 사람을 믿을 수 없다면, 누구를 믿을 수 있겠는가? 일반적으로 아버지가 가해자인 경우, 부모 양측과의 관계에 대한 암시가 포함되어 있다. 그 일이 아버지로부터의 공격과 배신임이 명확하나, 보통 어머니도 충분히 경계하지 않는다거나, 방임적이거나, 연관이 있는 등 직접적인 학대는 아니어도 간접적으로는 역할을 하기 때문이다. 부모 양측에 의한 추행은 대개 가장 파괴적이다.

만약 추행에 대해 누군가에게 말하지 않았다면, 무엇이 이 아이로 하여금 말하지 않도록 했는지를 늘 확인하고자 한다. 추행을 당했을 때 아이가 도움을 받으려 하지 않게끔 만든 환경은 무엇이었을까? 이 사례의 경우, 부모 모두가 알코올 중독이었다. 이를 통해 아이가 방임되었다는 걸 알 수 있다. 추행에 대해 부모에게 말하지 않은 것은 16세의 임신과 중절을 포함한 많은 것들을 부모에게 말하지 않는 패턴의 일부로 여겨진다. 이 패턴은 추행으로부터 유래되었을 수도 있으나, 그 이전에 생겨난 것일 가능성이 높다.

내담자들이 원치 않은 청소년기 임신에 대해 처리하는 경우, 걸리게 되는 지점은 대개 자기 자신에 대한 죄책감과 자기 비난이다. 그 중 다수는 더 이른 시기에 추행을 당한 적이 있는 피해자들이다. 이들에게 유용한 인지적 엮음은, "추행을 당한 적이 있는 아이는 이른 나이에 성적으로 개방적인 태도를 취하며, 그로 인해 어린 나이에 성적으로 활발하게 행동할 수 있다. 추행은 그들의 천진함을 파괴한다. 너무 일찍 성적으로 활발하게 되는 것으로부터 아이들을 보호하는 장벽을 깨뜨린다"가 있다. 이 설명은 내담자들에게 아이로서의 자신에 대한 연민을 갖도록 돕는다. 이는 추행으로 인해 이르거나 부적절한 성적 활동이 나타날 수 있다는 것을 이해시킴으로써 죄책감을 완화시킨다.

인지적 엮음은 타이밍이 중요하다. 방금 설명한 정보적인 인지적 엮음은 중절을 처리할 때 사용되곤 하였다. 16세 때의 임신과 중절과 연관된 수치심, 죄책감, "잘못"이 양측성 자극을 진행하는 동안에 자연스럽게 해결되지 않고, 내담자가 그 기억에 감정적으로 연결되어 있다면, 치료자가 이 엮음을 설명해주어야 한다. 임신에 대한 것을 처리하기 이전에 내담자가 겪었던 추행을 처리해야 하는데, 이들이 연관되어 있으며 추행이 더 먼저 발생한 일이기 때문이다. 마찬가지로, 중절에 대한 것을 처리하기 전에 내담자가 추행에 대한 적절한 책임의 귀인을 확립해야 한다. 내담자는 추행을 당한 것이기 때문에 그녀의 잘못이 아니며, 그녀에게는 무엇도 잘못된 점이 없다는 것이 분명하다. 그렇기에, 이 부분에서, 치료자가 위와 같은 정보적인 인지적 개입을 제공하는 것이 내담자로 하여금 임신에 대한 수치심을 놓아줄 수 있도록 도울 것이다.

해리

내담자를 탐구하기 위해서 이해해야 할 한 가지 주제는 해리로, 해리경험척도(DES[2])를 통해 알아볼 수 있다. DES는 실패할 우려가 적다. 경험적으로 보면, 때로는 부정 오류[3]가 발생하나, 유의한 수준을 변별해내는 정도는 신뢰할 만하다. 그녀가 멍하게 있는 것은 해리의 일환이다. 생애 초기의 추행은 특별히 고통스럽지 않다고 보고되었으며, 내담자가 그것을 상위 10개 목록의 항목으로도 올리지 않았다. 자신의 심각한 자살 시도에 대해서도 0점으로 평가하였다. 그녀가 이를 다시 시도할 가능성을 반드시 탐색해보아야 할 것이다. 긍정적인 측면은, 그때보다는 지금이 더 지지적인 상황이라는 것이다. 아울러 상위 10개 목록에 8, 9, 10점이 이렇게 많이 등장하는 것은 일반적이지 않은데, 나의 경험으로 미루어 볼 때 이는 해리가 있을 가능성을 시사한다.

David Manfield

이는 확실히 특이한 반응이긴 하다. 해리가 아니라면, 이러한 사건들과 관련된 고통감을 부인하고 있는 것일 수도 있다. 나는 여기에서, 더 많은 관심을 끌기 위해 도움을 요청하거나 과장하려 하는 등의 전이적 주제들[4]에 대해서도 탐색해보고자 한다. 그렇지 않을 경우, 그녀는 단지 작업해야 할 것을 많이 가지고 있는 것이다. 훨씬 더 포괄적인 내용의 목록이 도움이 될 것이다.

---

2) Dissociative Experience Scale.
3) 실제로는 참(true)인 것이 거짓(false)으로 잘못 판정되는 검사 결과의 오류.
4) transference issues.

이와 같은 목록을 살펴볼 때에는, 내담자가 사건에 대해 말하는 동안의 정서에 주의를 기울이는 것이 중요하다. 내담자가 10점 정도의 수준의 고통감을 보고할 때, 그것이 정말 10점처럼 보이는가? 당신, 즉 치료자가 그 고통감을 볼 수 있는가? 이 내담자의 경우, 그녀의 정서와 신체적 언어상으로는 그녀가 보고했던 높은 수준의 고통감이 나타나지 않았다. 또한 이는 그녀가 정서로부터 해리되어 있을 가능성을 시사한다. 그녀가 기록하려 하지 않은 두 건의 추행을 제외하고는, 생애 초기의 트라우마를 전혀 기록하지 않았다는 점도 주목할 가치가 있다. 특히, 그녀의 최악의 상위 10개 목록에는 가족과 관련된 사건이 없다. 더군다나 그녀의 부모가 모두 알코올 중독이었고, 그녀가 성인기에 자신을 신체적으로 학대한 남자를 선택했던 점을 고려하면, 억압되었거나 혹은 단지 보고되지 않은 다른 초기 트라우마 기억이 존재한다고 가정해볼 수 있다.

. . . .

5) International Society for the Study of Trauma and Dissocation.
6) Dissociative Experiences Scale Taxon.
7) The Multidimensional Inventory of Dissociation.
8) Disorders of Extreme Stress Not Otherwise Specified.
9) Dissociative Disorder Not Otherwise Specified.
10) Dissociative identity disorder.
11) Trauma Symptom Inventory.
12) the Inventory of Altered Self−Capacities.

최적의 첫 번째 타겟: 상실인가, 학대인가?

일반적으로, EMDR 전문가로서 가장 어렵게 느껴지는 것 중 하나는 최적의 첫 번째 타겟을 선택하는 것이다. 이는 새로 훈련받은 EMDR 전문가들이 EMDR 을 사용하기 위해 필요한 자신감을 쌓는 데 가장 강력한 방해물이 될 것임이 분명하며, 실제로 실무에 EMDR을 통합시키려 하지 않는 이유가 될 수 있다. 최적의 첫 번째 타겟은 내담자의 증상의 원인이 되는 단일 사건 트라우마이다. 이런 종류의 증상을 지닌 내담자들은 작업하기에 수월한 편이다. 이런 트라우마를 찾아내는 것이 어렵긴 하지만, 시작하기에 가장 좋은 대상은 단일 사건 트라우마로, 내담자의 증상에 영향을 미치는 것처럼 보이지 않을 뿐만 아니라 처리하는 것이 쉬운 것이어야 한다. 첫 번째 처리를 성공하고 나면, 치료자가 현재의 증상과 관련된 타겟을 처리하는 데 주의를 기울일 수 있게 된다.

이 사례에는 많은 상실이 있으며, 수치심에 기반한 것이 아닌 상실 그 자체의 고통감이 나타나고 있다. 이와 더불어 추행, 신체적이거나 성적인 학대, 그리고 우리가 예상하는 방치도 함께 실려 있다. 아마도 학대 및 방임의 주제가 죄책감 혹은 수치심이 될 것이다. 그리고 아들이 추행을 당한 일은, 그녀가 아이들을 돌보고 보호하지 못했다는 수치심의 근원이 될 것이다. 그들은 그녀의 약물 문제로 인해 분리되었다. 그녀가 그들이 태어난 것에 대해 자랑스럽게 여기고 나면 그 일에 대한 죄책감을 느낄 것이다. 나는 추행이 수치심과 더불어 "나는 가치가 없어. 좋은 것들을 받을 자격이 없어."와 연결되어 있을 것이라 본다. 그리고 이 것은 자신의 부모로부터 방임되었던 것과 연결되어있을 것이다.

따라서, 상실과 수치심이라는 두 가지 주제에서 수치심이 깊어지는 것으로 보인다. 아마 어린 시절에 망신이나 비난을 당한 경험이 있었을 것이고, 그로 인해 자격이 부족하다는 느낌을 경험하며 자신이 추행을 당했다는 것을 아무에게도 말하지 않았을 것이다(망신 및 비난에 대한 예시는 최악의 상위 10개 목록에 기록되지 않았지만, 가능하다면 이에 대해 탐색하고 채워나가야 할 것이다). 첫 번째 추행이 그녀가 5살 때 있었기에, 추행에 대해 그녀가 부모에게 말할 수 없게끔 한 이전의 개인력에 대해 가정해보아야 한다.

그녀의 삶에서 어느 정도의 상실이 있었음에도, 그 대부분을 상당한 고통감이 있는 것으로 평가하였으며, 나는 여러 이유에서 그 상실을 먼저 처리해야겠다고 생각했다. 첫째 이유로는, 처음 경험한 상실이 16세 때이기 때문이다. 아버지의 뇌졸중과 관련하여서는 상당히 이른 시기에 시작된 일이지만, 그렇게까지 초기의 일은 아니다. 상실과 관련된 초기의 경험이 12세나 16세 무렵부터 있었던 거라면, 아주 초반의 나이로 거슬러 올라가야 하는 수치심보다는 훨씬 처리하기 쉬울 것이다. 일반적으로, 군집의 첫 번째 트라우마가 성장과정의 더 늦은 시기에 발생할수록 처리하기가 보다 수월하다. 아빠의 사망은 첫 번째 타겟으로 적절하며, 이전에 있었던 다른 어떤 트라우마 사건과도 연관되지 않은 것으로 보인다. 뿐만 아니라, 상실을 처리하는 것은 그녀의 현재의 우울 문제에도 영향을 미칠 수 있다.

Joan Lovett

나는 우산 인지13)의 형식으로 생각해보는 것을 좋아한다. "나는 사랑받을 만해," "나는 안전하고, 충분히 괜찮고, 안심할 수 있고 나 스스로일 수 있으며, 자신과 세상을 믿어야 할 때를 알 수 있다는 자신감이 있어"라는 전체적인 인지가 이루어지기 이전에, 각 우산살마다 "나는 괜찮아," "나는 이해할 수 있어," "그건 내 잘못이 아니야"와 같은 특정한 긍정적 인지들이 획득되어야 한다. 따라서 방임, 학대 등에 의해 반복적으로 외상을 입은 어린 아이나, 어린 시절에 외상을 입은 성인의 경우 경험의 각 측면을 개별적으로 처리해야 한다.

---

13) umbrella cognition.

성공적으로 시작하기

내담자와 처음으로 EMDR 트라우마 처리를 할 때, 나는 항상 한 번 혹은 두 번의 회기 내에서 처리할 수 있다고 여겨지는 타겟으로 시작한다. 초반의 성공 경험은 내담자에게 다른 타겟들도 성공적으로 처리해낼 수 있을 거라는 자신감을 안겨준다. 또한 양측성 자극에 익숙해지도록 도우며, 이를 효과적으로 사용할 수 있는 능력을 발달시킨다. 하지만 비교적 쉽게 처리할 수 있을 것으로 보이는 타겟부터 시작하려 한다는 것이, 고통감 수준이 낮은 타겟을 찾아야만 한다는 말은 아니다. 나는 특정 타겟을 처리하기 위해 내담자가 얼마나 자원화되어 있는지, 타겟이 다른 타겟들과 얼마나 연결되어 있는지, 생애 초기의 근원으로서의 기억이 존재할 가능성이 있는지, 내담자가 타겟에 얼마나 충분히 접근할 수 있는지, 타겟이 변화에 저항하는 전반적인 부정적 신념과 연결되어 있는지, 타겟과 관련된 정서에 압도될 가능성이 있는지 등의 다양한 의미 있는 변수들을 고려한다. 내담자는 수치심을 처리할 좋은 자원은 있지만 상실과 관련해서는 그렇지 않을 수 있으며, 그 반대도 가능하다.

긍정적인 상위 10개 목록: 이 내담자를 어떻게 자원화할 수 있을까?

내담자의 최고의 기억 상위 10개 목록을 살펴보면, 양가적인 인물인 엄마와 아빠를 제외하고는 자원으로 이용할만한 인물이 목록에 없다는 중요한 사실을 알 수 있다. 나는 일반적으로 부모가 알코올 중독이 아니라고 하더라도, 부모와의 관계는 매우 복잡하고 항상 어느 정도는 양가적이기 때문에 그들을 자원으로 삼는 것을 권장하지 않는다. 부모가 예비자원이 될 수는 있으나, 그들이 확인 가능한 유일한 자원 인물일 경우, 다른 자원 인물을 탐색하고 개발하기 전에는 심도 있는 트라우마 처리를 시도할 때 문제가 될 가능성이 있다. 물론, 당신은 부모와의 즐겁고 행복한, 의미 있는 경험 몇 가지를 확인할 수 있으며, 내담자가 어느 정도 자원화된 상태로 들어갈 수 있도록 그러한 것들을 강화시킬 수도 있다. 하지만 이 사례에서는, 부모와의 경험이 상실과 분함으로 스며들어갈 가능성이 높다. 당신은 잠재적인 자원으로서 그녀의 사촌을 알고 있다. 그녀가 현재 그들과 갖는 관계의 특성에 대해 알아갈 필요가 있다. 그리고 그녀가 가진 명백한 긍정적 자원은 명상 경험과 영적인 연결이다.

자원들

명상과 영적 연결은 자원으로써 사용될 수 있었다. 그녀는 영성과 명상을 자신이 살아있도록 하는 주된 것들 중 하나라고 보고하였다. 그녀는 남동생이 죽었을 때 말 그대로 남동생의 영혼이 떠오르는 것을 경험했다. 이 경험은 그녀에게 깊은 의미를 갖는다. 자원을 찾아내는 또 다른 방법은, 그녀가 자살시도를 했을 때와 비교하면 지금은 무엇이 다른지를 물어보는 것이다. 긍정적인 상위 10개 목록에서 언급된 경험들로부터 시작해서, 자원과 관련된 일련의 유용한 질문들을 끌어낼 수 있다. 그녀가 자신의 아이들과 현재 관계를 맺고 있나? 최근에 병원에 입원했을 때, 누가 병문안을 왔고 그 일이 그녀에게는 어떻게 느껴졌는가? 그리고 입원하기 전에는, 아이들과 관계를 맺고 있었는가? 실제로는, 내담자는 길거리에서 약물을 하고 있었기에, 아이들을 돌볼 수 없었다.

성공적인 육아 경험을 가지고 있고 스스로를 좋은 부모였다고 여기는 내담자들은, 보통 매우 어린 시절에 있었던 고통과 관련해서 자원을 얻기가 쉬운 편이다. 복잡한 사례의 경우 자원화는 좋은 시작점이 되는데, 특히 EMDR을 시작하는 치료자들에게는 더욱 그렇다. 자원화는 치료자들이 기본적인 EMDR 기술을 연마하고 환자가 어떻게 반응하는지를 살펴볼 수 있는 기회가 된다. 예를 들어 이 내담자의 경우에는, 명상 경험이나, 동생의 영혼이 떠오르는 것을 본 경험에 대해 생각해보도록 하는 것에서 시작하여, 나타나는 정서를 살펴볼 수도 있다(2부 및 3부에서 다양한 자원화의 예시를 다룰 것이다). 그녀 또는 내가 그것에 대해 이야기하게 되면, 그 일을 떠올리며 긍정적인 경험을 하는 것이 관찰될 때까지 기다릴 것이며, 그 후에는 그것에 초점을 두거나 강화시키기 위해 짧은 양측성 자극을 진행할 것이다. 그리고 나면 "지금은 무엇이 떠오르나요?"라고 묻고 이에 대해 작업하며, 이 긍정적인 기억들을 강화시킬 수 있을지를 살펴볼 것이다. 그녀가 미소를 짓는 걸 보게 된다면, 무엇이 그 미소를 떠올렸는지를 물을 수 있게 된다. 그녀가 내게 무엇을 주든지, 자연스럽게 떠오르는 것이라면 뭐든지 사용할 것이다. 나는 그녀가 초반에 준 것을 통해 작업할 것인데, 예를 들면 사촌과 놀던 것, 아빠와 놀던 것, 동생으로부터 영혼이 떠오르는 것을 본 일, 그리고 명상 등이 있다. 자원화는 심지어 "안전한 인물" 활동을 하지 않고도 기초를 다지는 데 좋은 도구이다. 자원화는 그녀를 위한 토대를 세우고 긍정적인 경험을 만들어 낼 것이다. 양측성 자극을 이용하여 긍정적인 연합을 만들어내고, 트라우마 처리를 하는 동안 그녀가 자발적으로 참여하도록 도울 것이다. 그리고 나면, 안전한 인물 자원 작업을 시작할 때, 내담자가 그것을 처리하고 성공적인 경험을 해내는 것이 보다 수월해질 것이다.

상실에서 시작하기

상실과 수치심의 두 주제를 살펴보면서, 나는 상실에서 시작해보는 쪽에 마음이 기울었다. 첫 번째 상실은 아버지의 죽음이다. 그녀가 이 일의 SUDS를 10점으로 평가했지만, 나는 자원화를 진행한 후에 그것을 첫 번째 타겟으로 선택하기로 마음먹었다. 단지 술에 취한 순간으로만 최고의 상위 10개 목록에 등장한 어머니보다는, 아버지와 더 연결되어 있을 것으로 여겨졌다. 내담자는 아버지와 공을 던지거나 여행을 갔던 긍정적인 기억들을 갖고 있다. 그녀의 아버지가 강력한 자원은 아니나, 그럼에도 불구하고 긍정적인 것이며, 긍정적 자원을 대표한다.

종종 내담자들은 이미 사망한 인물인 자원을 갖고 있으며, 그 죽음이 자원에 접근하는 데 장애물이 된다. 다만 보통은, 그 상실을 성공적으로 처리할 수 있다면, 애도된 인물이 강력한 자원이 될 수 있다. 제시된 사례에서는, 작업을 시작하기에 적절한 차 사고나 단일 사건 트라우마가 없는데 이런 것들이 있을 경우에는 첫 번째 타겟으로 삼기 좋다. 수치심과 관련한 기억들은 각기 다른 기억들과 연결되어 있는 것으로 보이며, 좋은 타겟이 되기에는 너무 어린 나이에 시작된 일이며 쉽게 해결되지 않을 것으로 여겨진다. 그렇기에, 트라우마 작업의 첫 번째 부분으로서 아빠의 죽음에 대한 처리를 목표로 삼기로 했다. 이 상실을 처리하는 긍정적인 경험을 할 수 있을 뿐만 아니라, EMDR을 해낼 수 있다는 안도감과 희망을 줄 수 있을 것으로 생각된다.

　　당신이 이를 성공적으로 해낸다면, 매우 동기부여된 내담자를 얻게 될 것이다. 이 내담자는 남동생이 영혼이 떠오르는 경험과 명상 등의 영적인 기반을 지니고 있으며, 이것들이 아빠의 죽음을 처리하는 과정에서 좋은 자원을 만들어낼 것으로 여겨진다. 내담자가 죽음 이후에도 무언가가 있다는 느낌을 갖고 있다면, 죽음을 처리하는 것이 훨씬 순조롭게 진행될 것이다. 흔히 사용되는 인지적 엮음은, 내담자로 하여금 상담실 내에서 상실한 사람을 상상해보고 그들과 이야기를 나눠보도록 하는 것이다. 이 내담자의 사례에서는 아빠의 죽음을 비극적으로 여기지 않도록 하는 것이 어려운 부분이다. 이 일은 그녀의 마음과 내적인 삶에 커다란 구멍을 남길 것이다. 따라서 이를 처리하기 전에, 2부에서 다뤄지는 내용인 그녀와 그녀 내면의 양육 인물을 연결하는 자원화를 진행할 것이다. 그리고 그녀에게 동생이나 부모님의 영혼이 그녀의 삶에 함께 한다는 느낌이 있는지를 물어볼 것인데, 이것이 내면의 구멍을 채우는 데 도움이 될 것이다. 나는 트라우마를 처리하기 전에 이와 같은 토대 작업을 진행한다.

다음으로 넘어가기 전에 각 타겟의 연쇄를 완전히 처리하기

　　연결된 트라우마 기억의 연쇄 중 가장 초기의 것이 처리되면, 남은 것들도 다음의 연쇄로 넘어가기 이전에 처리해야 한다는 것을 유념해야 한다. Shapiro의 책에서 설명된 EMDR 모델에 따르면, 연쇄 중 처음이거나 가장 최악의 것, 가장 최근의 것, 그리고 미래의 사건을 처리하도록 한다. 때로 실무에서는 첫 번째 사건을 해결하는 것만으로 충분하여 나머지의 고통감이 사라지기도 한다. 어떤 경우에는 연쇄 중 하나 이상의 사건을 처리해야 할 수도 있다. 기본적으로는, 트라우마 사건의 연쇄 혹은 군집 중의 타겟을 작업하기 시작하면 그 군집에 포함되어있는 나머지 부분들도 더 활성화되며, 다른 군집으로 넘어가기 전에 이것들을 처리하고 해결해야만 한다. 이 내담자의 경우, 아버지의 죽음을 처리한 이후에는, 다른 타겟을 탐색하기 전에 남은 상실들을 타겟으로 다룰 것이다. 만일 타겟이 완전히 처리되지 않는다면, 문제의 원인을 탐색해볼 것이며, 다음으로 넘어가기 전에 해당 타겟을 충분히 해결할 것이다. 활성화된 채로 충분히 처리되지 않은 사건 연쇄의 일부는 내담자에게 불쾌한 정서를 불러일으킨다. 이러한 불안감이나 우울감은 열린 상태의 연쇄가 하나 이상이거나 부분적으로만 처리되었을 때 증폭되며, 결국 내담자가 고통스러운 정서에 접근하는데 저항하거나, 충동적인 행동을 보이거나, 약물 남용, 또는 치료를 중단하는 등 불쾌감에 대한 다양한 행동화를 통해 반응할 수 있다.

요약

EMDR 1단계에서는 내담자의 증상을 이해하기 위해 치료자와 내담자가 정보를 수집하고, 치료자가 내담자와 협력하여 타겟의 선정과 순서를 결정하도록 한다. 물론 치료가 진행되며 이러한 선택에 영향을 미칠 수 있는 새로운 정보가 나타날 수도 있다. 최고의/최악의 상위 10개 목록이 이 과정에서의 용이성과 효율성을 증대시킬 수 있다. 치료자가 의미 있는 기억을 찾아내는 데 능숙할수록, 치료자가 타겟을 결정하는 데 더 많은 정보를 얻을 수 있다. 관련된 초기의 트라우마 기억을 흔히 찾아내는, 강력한 우뇌적 탐색 기법인 감정 다리(또는 되짚어가기)는 매우 효과적일 수 있지만, EMDR 치료의 개인력 탐색 단계에서는 대개 사용되지 않는데, 내담자를 정서적으로 지나치게 활성화시킬 가능성이 있기 때문이다. 대신. 중요한 트라우마 기억을 탐색하면서도 덜 활성화되는 기술들을 이용하길 권장한다.

part

02

Dyadic
Resourcing

EMDR 준비 단계에서의 자원화

단계 2: 준비

EMDR의 준비 단계는 치료자로 하여금 내담자와 라포를 형성하고, 내담자가 EMDR 과정에 익숙해지도록 하며, 트라우마 처리의 시작을 준비할 수 있도록 돕기 위해 고안되었다. 치료자는 신체적 상태를 살피고, EMDR에 대한 설명, 정지 신호의 안내, 기본적인 은유에 대한 설명, 그리고 처리하는 동안에 기대되는 것들에 대한 설명을 제공한다. 또한, 치료자는 내담자에게 EMDR의 변화 모델인 적응적 정보 처리 모델(AIP)에 대해 간략히 설명할 수 있다.

1단계에서와 마찬가지로, 2단계(준비 단계)가 진행되는 동안, 치료자는 내담자가 트라우마 처리를 시작할 준비가 되었는지를 평가하는데, 정서 지탱 기술, 해리의 유형과 수준, 광범성, 발병 연령, 유년기 트라우마 및 방임의 심각성, 변화에 대한 동기, 차단 믿음(blocking beliefs), 안정적이고 건강한 성인 관점(내적 성인 자원)에 대한 접근 용이성을 알아본다. 일반적으로, 성격장애가 있는 내담자들은 자원에 대한 접근성이 떨어진다. 생애 초기의 트라우마로 인해 보호자에 대한 초기 애착 형성에 어려움을 겪은 내담자들의 경우, 내적 성인 자원에 대한 접근 역시 제한적일 수 있다. EMDR 준비 단계는 내담자들로 하여금 내적 성인 자원에 접근할 수 있도록 돕는 것으로, 일반적으로 "자원화"라고 불리는 과정이다.

자원화

"자원화"라는 용어는, 적응적 성인 관점이나 자기-확인적[1] 성인 경험을 의도적으로 강화하여 EMDR 트라우마 처리 과정에서 이에 보다 쉽게 접근하도록 하며, 궁극적으로 내담자가 고통스러운 기억을 처리하는 것을 돕는 것이다. Shapiro가 본래 고안한 형태의 EMDR 8단계에서는, 트라우마 처리를 내담자가 준비할 수 있도록 돕기 위해 준비 단계에서 지지적인 개입을 진행하는 것도 가능하다고 보았다. Shapiro가 "사전 과제"라고 부른, 이러한 자원화 절차 중에는 이완 방법, 호흡 기술, 그리고 유도된 심상을 교육하는 것이 있다. 그 이후로는 자원화가 더 넓은 역할을 맡게 되었으며, 현재는 흔히 2단계인 준비 과정에서 다양한 형태로 수행되고 있다.

그러나 최근 몇 년 들어, Shapiro는 자원화가 과도하게 활용되고 있다는 점을 강조해왔다. 트라우마 처리를 시작하는 데 아무 제약이 없는 상황에서도 트라우마 처리를 제외하고 오로지 자원화만을 진행한 치료자의 사례가 보고되기도 하였다. 이런 사례들 중 일부는 끝내 어떤 트라우마 처리도 이루어지지 않은 채로 종결되었다. 이는 치료자가 내담자의 외상적 기억을 활성화시키는 데 불안감을 경험한 결과인 것으로 보인다. 자원화가 내담자와 함께 진행하기에 비교적 안전한 활동이며, 이것이 트라우마 처리를 보다 수월하게 할 수 있다는 점은 사실이나, Shapiro는 이것이 지나치게 이용되는 점을 지적하고자 했다.

---

1) self-affirming.

EMDR이 불안정해질 수 있는 상황

"부정적 인지"는 특정 사건이나 일련의 사건들과 관련된 인지 왜곡이다. 이는 내담자가 자신과 관련하여 사실이 아님을 알고는 있지만, 마치 사실인 것처럼 느끼는 문장이다. 적응적 정보 처리 모델에 따르면, 부정적 인지를 해결하기 위해서는 내담자가 왜곡과 적응적 성인 관점을 연결해야 한다. 이것이 자연스럽게 이루어지지 않는 경우에는, "인지적 엮음"이 연결을 촉진시킬 수 있다. 인지적 엮음을 진행하였음에도 불구하고 내담자가 적응적 성인 관점에 접근할 수 없을 때에는 EMDR이 잘 진행되지 않을 수 있다. 특히 내담자가 진실처럼 느낄 뿐만 아니라 논리적으로도 진실이라고 믿고 있는 부정적 인지는, 적응적 성인 관점의 부재로 인해 더욱 처리하기 어려울 수 있다.

어떤 특정 사건이나 일련의 사건들과 연결되지 않은 채로 광범위하게 존재하는 자신에 대한 도식, 신념, 혹은 태도가 "합리적"이라고 믿고 있는 것은, EMDR에서의 도전적인 과제가 될 수 있다. 이는 종종 암묵적인 전언어기적 기억[2]에서 기원한다. 이자관계 자원화는 내면의 건강한 아이와 보살피는 성인을 자리 잡게 하는 자원화 절차이다. 돌보아주는 성인은 트라우마 처리의 전범위에 적응적 성인 관점을 즉각적으로 공급해주며, 여기에는 은유적으로 처리될 수 있는 전언어기적 기억도 포함된다.

---

2) implicit preverbal memories.

일반적인 자원들

인지적 엮음은 Shapiro에 의해 개념화된 것으로, 처리가 막혔을 때, 만일 처리가 막히지 않았더라면 자연스럽게 나타났을 적응적 정보의 조각들을 끌어올리기 위해 사용되는 것이다. 나는 이러한 적응적 정보가, 내가 대개 자원이라고 여기는 건강한 성인 관점이나 잃어버린 정보의 어떤 측면을 반영한다는 것을 알게 되었다. (아동의 경우 "성인" 관점은 적절한 발달 수준에서 있을 법한 정도이다) 일반적으로, 인지적 엮음은 외상적 기억과 연결된 인지적 왜곡을 치유하게 된다. 원래의 인지적 엮음은 상당히 단순했다. 본래는 책임, 안전, 선택에서의 왜곡을 다루었다. 경험상, 보통 이러한 왜곡들은 약간의 일반적인 자원들로도 치유될 수 있었다. 책임에서의 왜곡은 행위가 발생한 맥락을 인식함으로써 치유되는 경향이 있다. 예로, 한 아동이 추행을 당하고 나서 그 일에 대해 어떤 책임감을 느꼈다고 할 때, 이에 대한 치유는 대개 큰 그림을 파악하고 자신이 겨우 어린아이였음을 인식하며 건강한 성인 관점에서 이 상황을 살펴보는 데서 이루어질 수 있다. 이 사례에서의 일반적 자원은 "연민"이 된다. 대표적인 인지적 엮음으로는, "만약 그 일이 당신의 조카에게 일어났다면, 당신은 조카를 혐오스럽다고(혹은 나쁘다고, 해롭다고, 사랑스럽지 않다고 등) 여길 건가요?"가 있다.

안전 관련 인지 왜곡에 대한 일반적 자원은 보통 그 사건이 과거에 일어났으며 이제는 지나간 일이라는 것에 대한 인식이다. 대표적인 인지적 엮음으로는 "그가 여전히 당신을 해치고 있나요?"가 있다. 나는 이를 "지나간 일이다."라는 자원이라고 생각한다. 마지막으로, 선택과 관련된 왜곡에 대한 일반적 자원으로는 "나는 성인이다."라는 자원이 있다. 내담자는 자신이 더 이상 다섯 살이 아니라는 것과, 당시에 갖지 못한 많은 선택권들을 지금은 갖고 있다는 것을 인식하게 된다. 대표적인 인지적 엮음으로는, "만약 성인인 지금의 당신에게 그 일이 발생한다면, 그때에는 할 수 없었던 어떤 일을 할 건가요?"가 있다.

이자관계 자원화의 필요성

일반적인 자원들은 내담자가 EMDR 처리를 진행하는 동안 자연스럽게 떠오른다. 만일 그렇지 않다면, 때로는 내담자가 이를 인지할 수 있도록 치료자가 인지적 엮음을 사용해야 한다. 대부분의 사례에서는 자원을 미리 끌어낼 필요가 없지만, 일반적인 자원들이 타겟 기억을 해결하는데 효과적이지 않은 경우에는 이를 자원화에서 다루어보게 된다. 예를 들면, 성인인 내담자가 아이인 자신에게 "연민"을 느낄 수 없다면 이를 통해 책임에서의 왜곡을 해결할 수 없다. 내담자가 아이인 자신과 스스로를 동일시할 뿐만 아니라 그 아이를 나쁘거나 사랑스럽지 않게끔 하는 어린 시절의 왜곡을 수용하고 있기 때문이다. "지나간 일이다."의 자원 역시 내담자가 사실은 그 일이 끝나지 않았다고 믿고 있다면 유용하지 않을 것이다. 다시 말하지만, 이러한 상황은 보통 성인 내담자가 아이였던 자신과 지나치게 동일시되고, 과거에 일어났던 일로 인해 현재의 사건들이 특히 고통스럽게 경험된다는 것을 인식하지 못할 때 일어난다. 그들은 본래의 사건이 현재까지도 고통감을 일으키기 때문에 사건이 실제로 끝나지 않았다고 믿는다. "나는 성인이다."의 자원의 경우 내담자가 여전히 아이처럼 느끼고 반응하고 있다면 효과적이지 못하며, 성인으로서의 자신과 결함이 있는 아이가 과잉 동일시되거나 결합되는 문제로 되돌아오게 된다. 내담자는 "제게 선택권이 있는 것 같지 않아요, 그와 관련된 게 떠오르면 여전히 얼어붙는 걸요."라고 말할 수 있다.

각 사례에서처럼, 성인인 내담자가 아이로서의 자신과 지나치게 동일시되어 있을 때에는 일반적인 자원들을 자연스럽게 사용하기가 어려워진다. 내담자가 충분히 돌보아주는 성인을 겪어보지 못하여 튼튼한 내적 모델을 갖고 있지 않을 경우 더욱 그러하다. 내적 모델이 없다면, 내담자의 내적 성인 관점은 어린 시절 내면화된 역기능적 메시지에 의해 오염될 가능성이 있다. 일반적으로 이러한 트라우마를 해결하기 위한 열쇠는, 내담자로 하여금 아이로서의 자신으로부터 성인으로서의 자신을 분리하여 "평범한" 적응적 성인 관점을 경험해볼 수 있도록 돕는 것이다. 이 책에 수록된 대부분의 예시들은 내담자가 성인의 관점을 회복하고 유지할 수 있도록 돕는 것을 포함하고 있다.

"이자관계 자원화"는 내담자가 내면의 건강한 부모−자녀 간의 양육 상호작용에 접근할 수 있도록 돕는 체계이며, 그 상호작용이 보다 현실적이고, 안전하며, 즐겁게 느껴지는 과정을 촉진한다. 내면의 부모와 아이를 양육하는 자원화는 성인의 관점이 아이의 관점으로부터 명확히 분리되고, 한 번 확립이 되면 내담자가 내면의 건강한 성인으로서의 자기뿐만 아니라 사랑스러운 아이로서의 자기와 안정적으로 다시 연결될 수 있다는 이점을 갖는다.

> **David Manfield**
>
> 때로는 양육해주는 성인 자원이 자리 잡은 후에도, 치료자가 인지적 엮음의 맥락에서 그 자원을 활용하려 하면 내담자가 여전히 혼란스러워하거나 오염된 성인 관점에서 생각하려 할 수 있다. 이러한 경우 우리가 이끌어내려 하는 적응적 성인 관점의 본질에 대해 내담자에게 간단히 상기시키는 것만으로도 상당한 도움이 된다.

자원화의 다양성

자원화는 매우 다양한 방식으로 이루어질 수 있다. 가장 간단한 것은 Leeds와 Korn이 설계한 자원 개발 및 주입 모델(RDI)이다. 또 다른 접근은 이후의 인지적 엮음을 위한 자원을 직접적으로 만들어내는 것으로, 내담자에게 자원이 되는 사람을 생각해보게 한 후, BLS가 진행되는 동안 그들을 각기 떠올려보도록 함으로써 각 인물의 긍정적인 특성을 다루어본다. 이와 더불어 다양한 EMDR 임상가들이 개발한 구조화된 자원화 기술들도 있다. Krystyna Kinowsky에 의해 개발된 '최선의 프로토콜[3])'은 세심하게 구조화된 신체−지향적 체계로, 매우 효과적인 자원을 만들어낼 수 있다. April Steele은 내담자들이 유아로서의 자신을 양육하는 것을 상상해보는 과정을 포함한 프로토콜을 개발했다. Shirley Jean

----

3) The Best Foot Forward protocol.

Schmidt의 "발달적 욕구에 대한 접촉 프로토콜4)"은 정교하게 구성된 17단계로 이루어져 있으며, 자아의 일부로서 인지되는 양육, 보호, 영적 성인 자아와 같은 세 가지 자원 인물에서의 "치유의 순환"을 이용하는 과정이 포함되어 있다. Laurel Parnell 역시 이 세 종류의 자원 인물을 탐색하는 방법을 지지한다. 나는 이 책에서 내담자의 특정한 외상 이력에 맞춰진 자원화 절차를 제안하고자 한다. 여기에서는, 치료자가 내담자의 외상 처리에서 유용하게 사용되는 적응적 성인 관점을 대표하는 긍정적 내적 자원 인물(실제 혹은 허구의)을 끌어내고, 이 인물에 대한 내담자의 긍정적 경험을 강화하기 위해 BLS를 사용한다.

　　나는 내담자의 내면 아이를 지지해주는 양육 성인이라는 강력한 내적 구조를 확립시키는 이 절차를 "이자관계 자원화"라고 부른다. 이것이 지금까지 언급했던 다른 자원화 절차에 비해 덜 구조화되어 있고, 어떤 면에서는 트라우마 처리에서보다 치료자의 민감성과 기술을 더 필요로 하기 때문에, 많은 EMDR 임상가들이 편리하고 자신 있게 사용하는 데 어려움을 겪는다. 하지만, 이 절차는 자연스럽게 이루어지고, 부분적인 결과만 성취되어도 매우 강력한 효과를 갖는다. 이것의 목적은 내면화된 양육 성인과 내면의 상처 입은 아이 사이에서 이루어지는 애정 어리고 깊게 경험된 관계로서의 궁극적인 자원을 얻는 것이다. 이는 내담자가 실제처럼 느낄 수 있는 내적 돌봄에 연결되는 것이다.

　　이 내적 이자관계는 보다 간략한 형태의 인지적 엮음이 충분하지 않은 경우 트라우마를 처리하는 데 매우 유용하게 사용될 수 있다. 인지적 엮음이 실패하게 되는 이유는 보통 내담자가 충분히 적응적인 성인의 관점을 찾아내지 못하기 때문이다. 이때 이자관계 자원을 이용할 수 있도록 돕는 것이 문제를 해결할 수 있다. 상처 입은 아이와 성인으로서의 정체성 사이의 경계가 모호해지는 경향이 있는 내담자여도, 이러한 돌봄을 제공하는 성인의 관점을 따로 유지할 수 있게 된다. 이자관계에서의 양육 성인 관점은 필수적인 일반 자원들을 포함한다. 성인으로서의 연민, 과거의 일들을 역사로서 인식하는 것, 성인으로서의 선택을 포함하

---

4) Developmental Needs Meeting Protocol.

는 성인의 관점.

이러한 자원을 개발하는 것이 2부에서의 주요한 초점이 되며, 5장인 "이자 관계 자원을 개발하기 위한 단계"에서 유용하게 사용할 수 있는 구체적인 지침을 다루어볼 것이다. 이 작업은 섬세할 뿐만 아니라 실제 회기 내에서 그 진가를 명확히 드러낼 것이다. 5장은 독자로 하여금 회기의 내용을 따를 수 있는 구조를 제공해 주는 것을 목적으로 두고 있지만, 회기의 구조는 내담자의 자원과 방어에 따라 달라질 수 있다. 2부에서 제시되는 자원화 회기들에 morphing 절차 등의 전체 프로토콜이 포함되어 있지는 않은데, 그것이 꼭 필요하지는 않았거나, 진행할 만한 시간이 부족했기 때문이다. 3부에 실린 두 회기는 전체 프로토콜을 포함한다. 전체 프로토콜이 포함된 9회기의 비디오는 www.emdrclinicalvideos.com에 연결된 JFKU의 on-line video library에서 이용할 수 있다.

2부에서 소개되는 각 회기는 다양한 유형의 내담자 및 다양한 자원화에서의 과제에 대해 다룬다. 우리는 이자관계 자원화에서의 "입문" 단계에 대한 설명에서부터 시작하려 한다. 그리고, 초반의 두 회기는 자원화가 쉽게 진행될 것으로 보이는 내담자를 선정하여 진행된 것이나, 이후의 것들은 자원 탐색에 어려움을 겪는 내담자를 선정하여 진행한 것이다. 나는 다양한 자원화 회기 축어록을 통해, 자원화 절차의 가능성을 비롯하여 이것이 "까다로운" 내담자와도 진행될 수 있음을 보여줄 수 있기를 바란다. 회기 내에서 절차가 마무리가 될 즈음에는 내담자들이 보다 안전하고 안정된 느낌을 경험한다. 그들은 탐색하고 개발한 자원과 감정적으로 강력하게 연결되어 있다고 느낀다.

회기가 진행되는 동안, 내담자들은 자신의 자원에 연결되면서, 글로 쓰인 기록에서는 명확하게 드러나지 않을 수 있는 기쁨과 행복의 빛을 느낄 수 있었다. 이 빛은 애정 어린 양육자와 연결되는 기쁨에 빠져 있는 어린아이의 모습에도 비유될 수 있다. 달리 말하면, 어린 시절에서의 즐거운 기억들에 접근하는 것이 더욱 어려운 "까다로운" 내담자들도, 이 책에서 소개하는 절차를 통해 다가가기 어려웠던 경험에 연결될 수 있었다. 내담자들은 다음과 같이 말했다: "이런 생각이 스쳐 지나갔어요, '내 평생을 찾아 헤맨 이가 바로 이 사람이다', '힘이 솟는 게 느껴진다', '내가 그저 나 자신으로 있는 것이 행복하다', '이 사람의 지지가 있기에, 내가 무엇을 하더라도 괜찮을 것이다', '이것이야말로 내 가장 어린 아들이 항상 나와 함께 있기를 바라는 이유일 것이다.'" 이러한 예시들은 긍정적인 무언가를 생각하는 것을 넘어, 긍정적인 경험을 실제로 살아보는 것에 이르고 있다. 단지 자원에 대해 생각해보는 것이 아니라, 그 자원을 실제로 경험하는 것이다. 이는 이자관계 자원화의 목표와 막대한 힘을 보여준다.

2003년에, 나는 누구에게도 전혀 사랑받지 못한다고 느끼는 내담자에 대해 저술했다. 그는 누구도 자신에게 관심을 가질 수 없기 때문에, 아무도 자신이 하는 말에 관심을 기울이지 않을 거라고 믿었다. 누군가로부터 사랑스럽게 여겨지는 것에 대해 상상해볼 수도 없었다. 나는 그와 함께 삶을 되돌아보며 애정 어린 상호작용을 상상해볼 만한 누군가를 찾아보려 했으며, 부모, 친척들, 선생님들, 코치들, 종교적 인물들, 직장 동료들, 슈퍼바이저들, 그리고 그가 알던 다른 어른들을 철저하게 검증해보았다. 하지만 그는 심지어 신조차도 어떤 이유에서든 자신에게 화가 났을 거라고 여겼다. 실제 삶에서의 인물들로부터, 우리는 공인, 영화 속 인물, 책 속의 인물, 그리고 매체에 나오는 인물들로 옮겨갔다. 결국, 그는 Leo Buscaglia라는 사람에 대한 생각에 다다랐다. 그는 이 사람이 TV에서 사랑과 가족에 대해 말하는 것을 본 적이 있었고, 그를 매우 존경했다. Buscaglia 씨와 함께 있는 자신을 상상해보도록 돕는 점진적인 과정을 통해, 내담자는 마침내 Leo Buscaglia가 사랑스러운 부모님을 갖고 있었고, 자신의 아내와 아이들을 사랑했으며, 상상컨대 그가 내담자를 알고 지냈다면, 내담자에게도 다정한 마음을 가질 수 있었을 애정 어린 사람이라고 여기게 되었다. 이 시간은 우리 모두에게 감동적인 회기였다. 2회기 후에, 그는 수면제 한 병을 삼켜 자살하려 했던 한 여자가 쓴 책을 알게 된 것에 대해 말하였다. 그녀는 다음 날 아침 약간의 숙취와 함께 여전히 살아있는 채로 깨어났을 때, 자신의 삶이 어떤 이유로 인해 남겨졌다고 생각했고, 삶에서의 투쟁을 글로 써보기로 마음먹었다고 한다. 내담자는 이 책을 처음부터 끝까지 두 번을 읽었다고 말했다. 회기 중간에, 그는 약간 눈물 어린 채 나를 올려다보더니, "난 신이 나를 사랑한다고 생각해요."라고 말했다.

내가 저술해온 것들을 다시 살펴보다 보니, 나는 EMDR 자원화를 진행하는 것을 당연하게 여겨왔으나 사실은 이것이 비교적 새로운 발상이라는 것을 알게 되었다. 전통적인 심리치료에서는 치료자가 주요한 자원이다. 다년간의 치료를 통해 치료자와의 연결과 신뢰가 깊어지면서, 내담자는 고통스럽거나 두려운 기억과 자신의 상태를 점차 탐구해갈 수 있는 충분한 지지를 느끼게 된다. 이러한 자원 인물이 직접적으로, 그리고 목적을 지니고 내담자 안에 자리할 수 있으며, 전통적 치료에서 종종 사용되어온 치료자−내담자 관계에서와 같은 방식으로 이용될 수 있다는 발상은 전통적 심리치료에서 맞이하기에 실로 새로운 것이다. 이는 매우 복잡하고 까다로운 사례들에서의 치료를 상당히 가속화시킬 수 있다.

그 이후로, 이러한 유형의 자원화를 EMDR에 통합시키는 것은 전통적 심리치료로부터 상당히 벗어난 것임을 확신하게 되었다. 치료자−내담자 간 관계가 충분히 깊어질 때까지 여러 해를 기다리기보다, EMDR 치료자들은 내담자가 매우 고통스러운 기억을 회상하기 위해 이용할 수 있는 자원이 형성된 상태를 찾아갈 수 있게 된다. 특히, 이러한 기억들이 흔히 견딜 수 없을 정도의 외로움, 불쾌감, 무가치감 혹은 사랑받지 못한다는 느낌 등의 극도로 미성숙한 상태를 수반하고 있는 경우, 내면화된 애정 어린 성인을 비롯한 자원이 기억 처리를 견딜 수 있게끔 도우며, 적응적 기억 처리에 필요한 건강한 성인 관점이 고통스러운 기억망에 연결되는 것을 촉진시킬 수 있다.

갓 훈련받은 EMDR 임상가

훈련을 받은지 얼마 되지 않은 치료자들이 내담자들과 EMDR 트라우마 처리를 시작하는 것을 불안해하는 경우, 나는 대개 트라우마 기억의 상위 10개 목록을 탐색하는 것으로 시작하여 이를 완전한 개인력까지로 구체화해보도록 한다. 만약 그 목록에서 상대적으로 쉽게 처리할 수 있을 것 같은 타겟을 찾지 못한다면, 자원화를 하는 것으로 시작하기를 권유한다. 이 과정은 트라우마 처리를 하도록 강요하지 않으면서도, 치료자들로 하여금 트라우마 처리에 대한 내담자의 준비가 증진되는 것을 볼 수 있도록 함으로써 트라우마 처리에 자신감을 느낄 수 있도록 도울 것이다.

새로 훈련된 치료자들 중 대다수는 고통감의 수준이 낮은 것과 상대적으로 쉽게 처리할 수 있을 가능성을 혼동하기도 한다. 더 복잡한 초기 기억과 연결되지 않은 기억은 SUDS가 낮을 때에도 처리하기 쉬울 수 있지만, SUDS가 높더라도 마찬가지다. 기억을 처리하기 어렵게 만드는 것들은 그와 유사한 초기 기억들과의 관계이거나, 혹은 기억 처리를 가능케 하는 건강한 성인 자원의 결핍이다. SUDS 수준이 극도로 높은 것이 아니라면, 상대적으로 얼마나 처리하기 용이할지를 예측하는 변수가 되지 않는다.

양측성 자극

EMDR 전문가들은 자원 강화 절차에서 양측성 자극을 사용하는 편이다. 나의 경우에는, 자원화를 진행할 때 매우 느리고 짧은 양측성 자극을 사용하며, 4회에서 5회 정도 왕복한다. 자원화에서의 기본적 기술들은 트라우마 처리에서의 것과 매우 유사하다. 치료자는 피부 톤, 근육의 긴장도, 호흡, 눈가의 물기 등을 통해 내담자를 정서적으로 살펴야 하며, 자원이 되는 기억 및 적응적 성인 관점의 긍정적 정서를 강화시키기 위해 BLS를 제공해 주어야 한다. 트라우마 처리에서와 마찬가지로 타이밍이 매우 중요하다. 원칙적으로는, 내담자가 최대한의 정서를 경험하고 있는 순간에 치료자가 양측성 자극을 시작해야 한다. 양측성 자극은 내담자로 하여금 연상된 연결을 만들 수 있도록 자극하는 것으로 보인다. 트라우마 처리에서와는 달리, 연상된 연결은 긍정적 기억을 강화하는 경향이 있기 때문에, 기억의 긍정적 요소를 비롯하여 그 기억과 관련된 자신에 대한 긍정적 감각 역시 강화되는 경향이 있다. 다만, 대부분의 경우 자원화 중 양측성 자극 세트가 너무 길어지면 결국 부정적 연상이 일어날 가능성이 높아진다. 따라서 자원화 절차에서는 일반적으로 느리고 짧은 세트로 유지하고, 2번에서 12번 사이로 왕복하며, 내담자가 긍정적 정서를 수용하는 정도를 고려하며 진행하도록 권유한다. 자원화에서는 안구 운동보다 촉각 자극이 더 효과적일 수도 있다.

역사적 관점

　여기서 다루는 역사에 대한 이해가 도움이 될 것이다. EMDR이 처음으로 도입된 것은 1989년으로(당시에는 "EMD"였다), 단일 사건 트라우마 PTSD에 대한 치료 기법으로 제안되었다. 1주간의 교육을 통해 진행되었고, 사례개념화에 거의 관심을 쏟지 않았으며, 사례 역시 상대적으로 단순하였다. 이후 거의 즉각적으로, EMDR을 적용할 수 있는 범위가 확장되며 2단계 훈련이 개설되었다. 수많은 EMDR 교육 기관에서 진행된 2단계 훈련에서, 나는 성격장애에서 EMDR을 진행하는 것에 대한 전문화된 교육을 진행하곤 했다. 주로 왜 EMDR이 이러한 유형의 내담자들과는 잘 작업되지 않는지에 대해 교육하였는데, 당시에는 그 대안으로서 자원화가 제시되지 않았다.

　Andrew Leeds가 자원 개발과 주입(RDI)의 형태로 자원화에 대해 처음 저술했을 때, 내 첫 EMDR 사례집인 'EMDR의 확장: 혁신적 적용에 대한 사례집'에서는 긍정적 정서 상태를 만들고 자원챙김(resourcefulness)에 대한 내담자의 감각을 강화하는데 중점을 두고 있었다. 당시, 다양한 EMDR 임상가들이 EMDR을 자아 상태 작업[5])에서 사용해보는 것에 대해 논하고 있었다. 성격장애, 애착장애, 그리고 생애 초기의 결핍 및 학대 문제가 있는 내담자들과 작업하는 EMDR 치료자들에게 애정 어린 내적 성인 자아 상태를 개발시키는 것의 필요성이 점점 더 명백해지고 있었다.

　Van der Kolk, Korn 등은 2007년에 발표한 연구에서 다수의 트라우마를 경험한 도심지의 내담자들을 대상으로 한 EMDR에 초점을 두었다. 88명의 피험자들은 3개의 집단으로 나누어졌다. 한 집단에게는 Prozac이 주어졌고, 다른 한 집단은 위약 집단, 그리고 나머지 집단에게는 매뉴얼화되고 주의 깊게 감독된

---

5) Ego state work. (Ego state therapy)

EMDR 치료 8회기가 배정되었다. 또한 모든 집단은 2번의 사전 회기를 가졌다. 연구 결과는 몇 가지의 매우 흥미로운 현상을 짚어냈다. 자원화와 관련해서는, EMDR을 받은 28명의 피험자들 중 단 2명에게만 자원화 절차가 사용되었다. 결과 분석을 통해, 8회기의 EMDR 치료가 대부분 성공적이면서도, 트라우마를 보다 늦게(18세 이후) 경험했던 피험자들에게 더 효과적인 경향이 있었음을 알 수 있었다. 하지만 트라우마가 "아동기 발병"했던 피험자들의 경우 8회기의 치료에 잘 반응하지 않았을 뿐만 아니라, 6개월간의 추적 관찰에서 오직 33%만이 증상이 없다고 보고하였는데, 이는 "성인기 발병"한 피험자들의 경우 75%로 나타난 것과 비교되는 결과이다. 매우 어린 나이에 PTSD가 발병할 경우에는 성공적인 EMDR 치료를 위해 일반적으로 자원화 절차가 필요하며, 또한 8번 이상의 회기가 필요하다는 것이 부분적인 설명이 되리라고 생각한다. 아동기 발병 피험자들 중 어느 정도가 매우 어린 나이에 증상이 시작되었는지는 분명하지 않으나, 모두가 가정 내에서 일어난 신체적/성적 학대의 피해자였다. 나는 매우 어린 나이에 발병한 피험자들의 경우 이자관계 자원화를 통해 도움을 받을 수 있었을 것이라 생각한다.

EMDR은 PTSD에 대한 치료 기법으로 시작하였지만, 전반적인 치료적 접근으로 발전해왔으며, 점진적으로 다양한 상태에 대한 치료로 적용되어가고 있다. EMDR의 적용이 확장되어감에 따라, 세심한 개인력 청취, 특정한 내담자와 진행되는 광범위한 자원화 회기, 변덕스러운 내담자를 위한 정서적 자극의 섬세한 관리, 주의 깊은 사례개념화, 신중한 타겟 선정 등에 대한 필요성이 더욱 커지고 있다. EMDR 기본 훈련은 현재 40시간과 더불어 10시간의 필수 자문으로 구성되어 있는데, 이는 앞에서 기술해온 더욱 복잡한 사례들을 치료하는 데 필요한 기술력과 정교함을 충분히 다루지 못하고 있다. 이 장에서는 자원화 절차에 대해 다룸으로써, 심층적이거나 초기의 트라우마를 처리하는 데 필요한 내담자의 내적 성인 관점을 개발해가는 과정에서 EMDR 임상가의 기술을 강화할 수 있도록 돕는 견본을 제공하고자 한다.

이 책에 실린 회기 대부분은 강의에서 진행된 시연을 녹화한 것의 축어록이다. 시연에 참가한 내담자들은 35명에서 50명의 관찰자 앞에서 진행하는 회기에 참가하여 의미 있고 감동적인 경험을 하였으며, 내가 이 내용을 익명으로 기록하고 출판하도록 기꺼이 허가해주었다. 어떤 내담자들은 회기 내용을 비디오로 보고 싶어 하는 치료자들만을 위해 고안된 웹사이트에 그들의 비디오를 올릴 수 있도록 관대하게 허용해주기도 하였다. 이 책에는 비디오의 축어록이 수록되어 있으며, 해당 장의 시작 부분에 숫자로 표기되어 있다(예: "비디오 #7"). 이 번호들은 JFK 대학이 만든 웹사이트의 비디오 번호에 맞춰져 있으며, www.emdrclinicalvideos.com에서 확인할 수 있다.

나 역시 개인 치료실에서 진행하는 대부분의 회기를 녹화하지만, 이는 내담자들이 녹화테이프를 집으로 가져가서 다음 회기 이전에 살펴보도록 하기 위한 것이다. 나는 개인 상담에서의 내담자들에게는 내가 시연 대상 내담자들에게 문의했던 것처럼 상담 회기를 다른 전문가들과 공유해도 되는지에 대해 물어보지 않는다. 이 책에 실린 사례들이 개인 회기보다는 강의 중에 진행된 시연 회기에 편중되어 있는 것은, 단지 출판을 위한 임상적 자료들을 얻기가 보다 용이했기 때문이며, 회기 진행 방식이나 결과에서의 차이를 반영하지는 않는다. 더불어, 개인 상담 내담자와의 작업 절차나 결과는 이 장에서 다뤄지는 것과 유사하다.

05
DYADIC RESOURCING
자원 이자관계를 개발하는 단계

이자관계 자원화는 정서적으로 결핍된 어린 시절로 인한 빈약한 자원과, 인생 초기의 트라우마를 재외상화 없이 처리하기 위해 필요한 최소한도의 자원 사이의 간극을 좁히기 위해 고안되었다. 만일 성인인 내담자가 어린 시절에 내면화된 심각한 비난 메시지로 인해 압도되어 있다면, 보다 적응적인 성인 관점이 주어지기 전까지는 어린 시절의 기억들을 연민 어리고 이해심 있는 방식으로 바라볼 수 없을 것이다. 아이로서의 자신이 나쁘고 사랑스럽지 않다고 여기는 완고한 믿음은, 그 아이로서의 자아를 향한 적응적인 성인 관점을 일으키기 위한 일반적인 개입에 저항하게 할 것이다. 내담자는 이렇게 말할 수 있다. "아뇨, 그 상황에 있는 게 제 조카라면 저는 비난하지 않을 거예요. 하지만 제게는 여전히 비난하게 돼요. 그 아이가 혐오스럽게 보여요." 또는 이렇게 말할 수 있다. "유감이에요. 당신이 무슨 말을 하려고 하는지는 알겠지만, 전 모든 애들이 쓸모없다고 생각해요. 저는 애들 곁에 있는 걸 좋아한 적이 없어요." 덜 극단적인 말이 있다면, "전 그 애를 좋아하지 않아요. 그 애는 항상 징징거렸어요"일 것이다. 이것들은 성인의 말로 가장한 아이의 관점이다. 이자관계 자원화는 돌보아주는 내적 성인 관점을 세워서 사랑스러운 내면의 아이가 등장하도록 한다.

발달 초기에서, 아이는 애정 어린 성인과의 상호작용에서 사랑스러운 존재로서의 느낌을 받게 된다. 성인을 통해 가치 있고 사랑스러운 감각을 배우는 것이다. 이러한 메시지를 성장 과정에서 충분히 받지 못했던 성인이 내면의, 천진한, 사랑스러운 아이를 향해 다가가기 위해서는 내면의 애정 어린 양육 성인을 찾아내야 한다. 내담자가 연민과 애정 어린 성인 관점에 접근하게 되면, 인지적 엮음이 작업을 진행할 수 있게 된다.

이자관계 자원화의 필요성에 대한 평가

이 정교한 자원화 작업은 내담자가 자기 내면의 아이를 사랑스러운 존재로서 바라볼 수 없을 때에만 필요하다. 내담자가 자신에 대한 긍정적 지각을 할 수 있는지를 알아보기 위해, 타겟 기억이 발생했던 연령의 자기 모습을 떠올려보도록 하고, 다음과 같은 질문을 나누어볼 수 있다. "그 아이에 대해 어떻게 느끼나요?", "그 아이를 좋아하나요?", "그 아이를 안고 있으면 기분이 어떨 것 같나요?" 내담자가 아이에 대한 양가적 감정을 보고할 경우, 아이를 위한 자원으로서의 역할을 맡을 준비가 되어 있지 않은 것이다. 여기서, 타겟인 학대 상황에서의 자신의 모습을 생각해보도록 하는 것이 아님을 유의해야 한다. 우리는 일반적인 질문을 나누어보는 것이다.

나는 보통 "그 나이의 당신 모습을 떠올려볼 수 있겠어요?"라고 묻는 것으로 시작한다. 아이의 모습을 그려보도록 하는 것은 상대적으로 성인으로서의 반응을 끌어내게 되며, 우리는 이 성인이 적응적인 성인 관점이 될 수 있기를 바란다. 그리고 내담자가 그 아이를 좋아하는지에 대한 질문을 통해, 외상적 타겟 사건에 관여되어 왜곡(부정적 인지)이 예상되는 특정 아이가 아닌, 아이로서의 자신에 대한 보편적인 태도를 이끌어낸다.

내담자는 아이로서의 자신에 대한 보편적인 인식을 담아 다음과 같이 말할 수 있다. "이게 다른 아이였다면, 제가 그 아이를 안아 드는 걸 편안하게 느꼈을 거예요. 하지만 나 자신인 아이에게는 그렇지 않네요." 만일 성인 내담자가 그 아이를 부정적으로 판단한다면, 예를 들어 그 아이가 너무 요구적이라거나 징징

댄다고 여길 경우, 이러한 내담자의 태도는 어린 시절에 내면화된 부정적 메시지를 반영하는 것이다. 나는 이를 "오염된" 성인 관점이라고 보는데, 외상적 사건 기억이 떠오르고 있지 않을 때에도 왜곡이 입혀져 있기 때문이다. 따라서 보다 적응적인 관점에 접근할 필요가 있으며, 이자관계 자원화가 이를 도울 수 있다. 반면, 내담자가 아이로서의 자신에 대한 보편적인 연민과 돌봄을 지니고 있다면, 대부분의 경우 성인 내담자 자신이 적절한 자원으로서의 역할을 할 것이기에 이자관계 자원화가 필요하지 않을 수 있다.

이자관계 자원화의 복잡성

이자관계 자원화의 3가지 형태는 다음과 같다: 내담자가 자신이 건강한 양육 성인이었던 실제 시간, 내담자가 아이였을 때 실제로 돌봄 받았던 것, 그리고 내담자가 실제로 역할을 맡아보지는 않았지만 관찰은 해보았던 것에 대해 생각해보는 것이다. 내담자가 역할을 맡아보지 않은 이자관계는 현실 세상이나 영화, 책, TV 프로그램 등을 통해 접해보았을 수 있다. 상대적으로 단순한 형태의 이자관계 자원화는 자신의 자녀에 대한 보호자로서는 잘 기능했지만 아이로서의 자신에게는 왜곡을 품고 있는 내담자에게 적용할 수 있다. 이러한 경우, 내담자 자신과 치료자가 작업하고자 하는 나이의 내담자 자녀로 구성된 이자관계를 구성하여 시작하는 것이 적절할 수 있다. 이때 이자관계가 비교적 쉽게 강화될 수 있는데, 양육에 대한 강렬한 느낌이 이미 존재하고 있기 때문이다. 이후의 자원화는 내담자가 이 "사랑스러운" 아이에 내면의 아이를 비유해볼 수 있도록 돕는 것만이 남는다. 또 다른 단순한 이자관계 자원화 절차에서는, 어렸을 적에 자신을 실제로 돌보아주었던 성인과의 관계에서 있었던 아이로서의 내담자에 대해 작업한다. 이 경우, 실제로 있었던 긍정적 기억으로부터 사랑받는 아이로서의 느낌을 받기 쉬울 것이다. 이는 부분적으로 내담자로 하여금 이러한 이자관계에서의 성인이 되는 것이 어떤 것인지를 상상해보도록 한다.

내담자가 실제로 있었던 양육 성인을 생각해낼 수 없을 때에는, 자원으로서의 성인이 된다는 것이 어떤 것인지에 대해 상상해보는 것이 필요하다. 따라서 치료자는 책, TV나 영화에 나오는 인물과의 가상적 이자관계를 통해 자원화를 진행하게 된다. 이자관계 자원화를 진행하는 동안, 내담자는 우선 그 성인에게 양육되는 아이에게 동일시해보고, 이후 그 아이와 연결된 성인에게 동일시해보도록 도움을 받는다. 내담자에게 이 이자관계 경험을 강화시키기 시작한 후에는, 내담자가 이전에 떠올리지 못했던 비슷한 특징을 지닌 실제로 존재했던 성인을 생각해낼 수도 있다. 이러한 경우, 때로는 초점을 실제 성인으로 전환하는 것이 유용하기도 하다. 다만 실제 성인을 사용하면 내담자가 이자관계에서의 아이 역할에게 "나쁜" 자신을 투사하여 자원을 오염시킬 가능성이 증가한다는 것 역시 유념해야 한다. 내담자의 부정적인 자기 지각이 결국에는 초기 경험에서의 기억을 오염시킬 가능성이 있다면, 내담자가 아닌 아이를 대상으로 작업을 시작하기를 권유한다. 이런 때에도 내담자가 실제 성인에게 지니고 있던 긍정적인 느낌을 활용하는 것이 가능하나, 처음에는 그 성인과 또 다른 아이의 관계를 떠올려보도록 하는 것이 보다 안전하다.

내담자의 트라우마가 더 초기에 발생하고 더 만연해있을수록, 자원의 필요성은 더 커지지만 자원에 접근하기는 더욱 어려워진다. 유아용 침대에 있는 아기 또는 놀이 울타리에 있는 유아와, 바로 옆방 혹은 같은 방 안에서 그 아이의 부모가 육체적 폭력까지는 아니더라도 큰 목소리로 언쟁하고 있는 상황을 떠올려보라. 이 어린아이는 무슨 일이 일어나고 있는지를 이해할 방법이 없고 겁에 질려 있다. 공포를 증폭시키는 것은, 아이에게 안전과 위로의 원천으로서 평범하게 기능하는 어른이 없다는 사실이다. 아이에게는 오히려 그들이 옆방에서 서로를 해치고 있는 것처럼 들릴 수 있다. 오직 원초적인 자기 위안 능력만을 지닌 채로, 아이는 홀로, 내버려지고, 압도되며, 안도할 수 있는 어떤 원천도 주어지지 않는다. 아이는 이런 느낌을 갖고 있거나 견뎌볼 방법이 없다. 이런 경험과 함께 자라온 성인 내담자와의 작업에서, 이를 회상할 때 재외상화 되는 것을 막아줄 구조를 미리 세우지 않고 트라우마 처리를 시도할 수는 없다. 또한 재외상화 외에도, 내담자들은 흔히 이러한 느낌에 접근하는 것을 회피하려 할 수 있다. 혹은 내담자가 의도치 않게 이에 접근했을 경우에는 너무 넘쳐버리거나 해리될 가능성이 있다.

요약하자면, 이러한 내담자들에게 이자관계 자원화는 매우 유용하기도, 또 매우 복잡하기도 하다. 이들은 자신에 대한 왜곡을 이자관계에서의 아이("자원으로서의 아이")에게 투사할 가능성이 있고, 자신과는 달리 자원으로서의 아이가 긍정적인 경험을 하는 것을 바라보는 데 어려움을 경험한다. 그 아이와 섞여들며 궁극적으로는 자원의 유용성을 약화시킨다. 자원으로서의 아이와 내담자 사이의 분리를 유지하는 데 도움이 되는 한 가지 방법은, 내담자가 실제로 상호작용을 해본 적이 없고, 특히 어떤 형식으로든 부정적인 경험을 주고받은 적이 없는 가상의 성인과 아이의 이자관계에서 시작하는 것이다.

Lewis Engel

트라우마 처리 중, 나는 부모의 방임이나 학대와 관련해 불합리하게 자신을 비난하는 상태에 갇혀있는 내담자를 여러 번 만나보았다. 인지적 엮음과 다른 표준적 접근들이 효과가 없다는 것을 알게 된 후, 나는 트라우마 처리로부터 벗어나 자원 이자관계를 개발하기 위한 회기를 가졌다. 그리고 난 후에 트라우마 처리로 돌아가자 작업이 순조롭게 진행되며 완전히 해결될 수 있었다. 더불어, 이자관계 자원이 준비되자 다른 트라우마들 역시 상대적으로 수월하고 신속하게 처리되었다.

자원 이자관계가 오염되는 것을 예방하기

이자관계 자원화는 오염 없이 긍정적 자원 경험을 개발할 수 있도록 고안되었다. 오염을 예방하기 위해 사용하는 방법은 다음과 같다.

❖ 초기에 자원을 강화하는 동안 내담자가 관찰자로서의 역할을 유지하기
❖ 과거의 기억 속으로 빠져 들어가지 않도록 내담자를 현재에 머무르게끔 하는 다양한 기법

❖ 결핍된 자기와 연결된 것으로 여겨지는 익숙한 감정보다는 신체 감각에 초점을 두도록 돕기

❖ 내담자를 관찰자 역할로부터 자원 이자관계에서의 두 역할에 대한 충분한 동일시로 안내하는 점진적이고 구조화된 절차(이를 "morphing"이라 하며, 긍정적 이자관계가 안정적으로 확립된 후에야 시작할 수 있다)

트라우마 처리에서와 달리, 치료자는 내담자가 가야할 방향에 대한 지도를 가지고 있으며, 다루기 힘든 우회로로 향하지 않도록 내담자의 경험을 능동적으로 구조화하고 필요할 경우에는 재구성한다.

이자관계 자원화 단계의 요약

이 장에서는 이자관계 자원화 절차의 단계를 요약해보고, 이어서 각 단계를 상세히 살펴볼 것이다.

자원화는 매우 결핍된 어린 시절을 경험하고 아이로서의 자신에 대해 부정적 시각을 지니고 있는 내담자를 위해 가장 필요하다. 동시에 이들은 자원화되기에 가장 어려운 내담자들인데, 사랑받을 수 없다는 신념이 매우 깊고 넓게 퍼져 있기 때문이다. 이자관계 자원화를 시도할 때, 이들은 사랑스러운 아이를 생각하는 동안 부정적인 **투사**를 떠올리는 경향이 있다. 이자관계 자원화 절차는 이를 고려하여 세심하게 구조화되었다.

치료자는 실제나 혹은 가상의 양육 성인 자원을 탐색하는 것으로부터 시작하며, 이 자원을 내담자의 내면에서 강화시킨다. 목표는 내담자가 성인 자원에 대해 떠올리며 "불빛"을 느끼게끔 돕는 것이다.

Lewis Engel

물론 문자 그대로 내담자가 그들의 방구석에 실제로 불을 붙이게 한다는 말은 아니다. 환자의 입가에 미소가 나타날 수도 있고, 눈가가 이완되고 생기가 돌거나 꿈꾸는 듯한 표정을 짓기도 하며, 뺨이 물들고, 얼굴과 어깨의 근육들이 이완될 수도 있다. 이러한 즐거움, 안전, 그리고 때로는 기쁨의 태도들이 "불빛"을 구성한다.

그 이후에는 성인을 그 아이와 연결하고, 또 그 아이를 사랑하고 양육하는 시나리오나 장면에 연결한다. 어떤 성인을 선택하느냐에 따라 아이를 선택하게 되는데, 때로는 치료자가 내담자로 하여금 성인 자원을 아이와 연결할 수 있도록 도와주어야 한다. 치료자는 내담자의 긍정적인 느낌(불빛)을 증폭시키는데, 이때 성인/아이의 이자관계에 초점을 두도록 한다.

아이였을 때 사랑받은 기억에 쉽게 접근할 수 있는 내담자들은 자원화가 필요하지 않을 수도 있고, 자원화 작업을 진행할 경우에도 사랑받고 돌봄 받았던 자신의 실제 경험을 떠올릴 수 있기 때문에 상대적으로 수월하다. 사랑받는 느낌을 기억하지 못하는 보다 까다로운 내담자의 경우, 자원화 관계에서의 아이와 내담자 자신을 혼동하지 않는 것이 중요한데, 그 아이는 내담자와는 달리 사랑받는 감각을 느끼는 존재이기 때문이다. 우리는 아이로서의 자신에 내재화된 부정적 메시지가 자원으로서의 아이에 투사되기를 바라지 않는다. 그렇기에, 사랑받는 아이가 오염되는 것을 피하기 위해, 보다 결핍된 유년기를 보낸 내담자들은 아이로서의 자신을 포함하지 않는 이자관계를 선택하도록 권장된다.

이 부분이 이자관계 자원화에서 매우 중심적이기 때문에 이 장에서 여러 번 반복하여 살펴보고 요약해볼 것이다. 이자관계 자원화의 핵심은 자원이 오염되는 것을 예방할 길을 마련해준다는 것이다. 이는 내담자로 하여금 애정 어린 성인과 순수하게 사랑스러운 아이를 생각해보도록 돕는 것으로 시작한다. 치료자는 내담자가 양육 성인을 상상하며 불빛을 발하는 것을 볼 수 있어야 하고, 또한 이자관계를 떠올리면서 불빛을 발하는 것을 보아야 한다. 그 불빛 없이는 자원화가 유용해지지 않는다. 자원화 절차의 중심적 역할은 내담자와 사랑스러운 아이 사이의 경계가 흐려지는 것을 방지하며 불빛을 강화하는 것이다. 우리는 이 관계를 떠올리는 것과 관련된 내담자의 즐거움, 안전, 행복에 대한 감각을 강화하고자 한다. 사랑스러운 아이가 내담자의 마음에 확고히 자리 잡고, 그 아이가 사랑스럽지 못한 특성을 지녔을 가능성이 최소화된 이후에야, 사랑스러운 아이의 자리에 내담자가 자신을 집어넣고 더 나아가 성인의 자리에 서 보도록 할 수 있다. 보다 복잡한 자원화 절차의 경우, 위험을 최소화하기 위해 6개의 (때로는 8개의) 소단계에 따라 진행된다. 나는 이 절차를 "morphing"이라 부른다. 덜 어려운 내담자들은 morphing 단계의 대부분을 건너뛸 수 있다.

morphing

morphing은 자원 이자관계에 대한 내담자의 연결을 강화시키는 한 가지 방법일 뿐이다. 2부에 포함된 내용들은 상대적으로 작업이 수월하여 주의 깊은 morphing이 필요하지 않은 내담자들과의 자원화 회기에 관한 것이다. 오염이 발생할 확률이 높을 경우 이 책의 마지막 장에 실려 있는 회기에서처럼 모든 morphing 단계를 사용하기를 권고하는데, 이것이 오염이 덜 발생하도록 돕는 소단계들을 제시해주기 때문이다. 이전에 언급한 바와 같이, 사랑스러운 아이에 대한 내담자의 감각이 강해지고 충분히 안정이 되어 자신의 결핍된 느낌을 투사하지 않고 그 아이와 동일시 할 수 있을 정도의 지점에 다다랐을 때 morphing이 시작되어야 한다. 하지만 여기서도, 사랑스러운 아이가 오염되는 것을 방지하기 위해 아슬아슬한 줄타기를 하는 것이 필요할 수 있다. 나는 내담자에게 아이의 내적 경험에 대해 추측해보도록 하며 morphing 절차를 시작한다. "이 경험이 그 아이에게는 어떨 거라고 **생각**하나요?" 여기서 특히 중요한 것은, "이 아이"라고 한 것처럼 3인칭으로 언급하는 것과 첫 번째 morphing 질문의 특징인 **생각**이라는 단어이다. 그리고 나면, 두 번째 질문을 통해 내담자로 하여금 **상상**해보도록 한다. "이 경험이 그 아이에게는 어떨 거라고 **상상**하나요?"

morphing 절차의 초기 단계 과정에서, 치료자는 이자관계에서의 아이와의 관계에 대한 내담자의 동일시가 일어나는 것을 어느 정도 기대해야 하면서도, 긍정적인 동일시가 일어나는 것조차 최소화하도록 노력해야 한다. 동일시가 시작되면 결국에는 오염될 가능성이 있기 때문이다. 아이와의 동일시가 일어난다는 일반적인 지표는 아이의 경험을 반영하는 신체적 움직임이나, 또는 이자관계의 아이의 것이라기보다는 내담자 자신의 어린 시절 경험과 연관되어 있는 자세한 정보가 나타나는 것이다. 예를 들면, "그 아이는 이제 더 이상 위험하지 않기 때문에 안심할 수 있어요." 등이 있다. 내담자의 불빛을 유지시키거나 강화하는 범위 내에서는 이러한 동일시가 수용될 수 있지만, 이것이 추가적인 경고 없이 부정적으로 돌아설 수도 있다. 이 단계가 진행되는 동안, 치료자는 이후에 설명될 다양한 방법들을 통해 내담자의 경계를 보다 명확하게 유지할 수 있도록 도울 수 있다.

morphing 진행에서의 6개 문항 중 3, 4번째 질문은 아이의 신체적 경험과 관련되어 있고, 양육 성인과의 신체적 접촉과 관련된 감각을 포함한다. 이 질문들은 내담자가 자신의 오염된 어린 시절의 감정과 태도를 이자관계에 있는 아이에게 투사하기 어렵게 만든다. 치료자는 내담자가 혼란스러워할 때마다 내담자를 다시 신체적 감각들로 데려옴으로써 이를 공고히 한다. "당신이 Atticus Finch('앵무새 죽이기'라는 책과 영화에서 애정 어린 아버지로 등장하는 인물)가 Scout을 자기 무릎에 올려놓고 있는 걸 생각할 때, 그가 느낄 수 있는 다른 신체적 감각은 무엇이라고 생각하나요? 그가 그녀를 팔로 감싸고 있나요? 자신의 뺨에 닿는 그녀의 머리칼을 그가 느낄 수 있나요?" 그리고 마지막으로 5, 6번째 질문에서는, 내담자로 하여금 그 사랑받는 아이가 되어보면 무엇을 느낄 것 같은지를 생각해보고, 그리고 난 후 상상해보도록 한다. 이 질문이 나올 즈음에는 내담자가 이미 그 아이의 신체적 감각을 상상하기 위해 그 아이의 자리에 자신을 놓아둔 상태이기 때문에, 그 아이가 되어보기를 상상해보는 것은 쉬운 일이다. 이 마지막 단계는 말하기 이전에 내담자가 이미 실행했기 때문에 진행하는 것이 불필요할 때가 많다. 하지만 까다로운 내담자에게는 그 아이가 되어본다면 어떨 것 같은지를 생각해보도록 하는 것이 매우 큰 일일 수 있기에, 이러한 경우 그 사랑받는 아이의 자리에 있는 것이 어떻게 느껴질지에 대해 생각해보고, 상상해보도록 한다.

자원 이자관계를 조성하는 단계

I. 양육 성인 자원 탐색하기
II. 자원 강화, 현실로 만들기
III. 이자관계 완성하기: 성인과 아이
IV. 자원 이자관계 강화하기: 불길을 돋우기
V. 이자관계 "morphing": 내담자가 양육자와 아이 모두에 동일시하도록 돕기

Morphing: 생각하라, 그리고 상상하라

morphing 진행 순서에서의 질문 세 쌍은 "어떻게 생각하는지"와, 뒤를 이은 "상상해보는" 질문으로 구성되어 있다. "상상" 질문은 "생각" 질문에 비해 덜 인지적이고, 사랑스러운 아이에 대한 내담자의 강한 감각을 불러일으킨다. 첫 번째 질문 쌍은 그 경험이 아이에게 어떨지에 대해 생각해본 것과, 그 후에 상상해본 것을 묻는다. 중간의 질문 쌍은 그 아이가 신체적으로는 어떻게 느낄지에 대해 생각해본 것과, 그 후에 상상해본 것을 보고하도록 한다. 마지막 질문 쌍에서는 내담자가 그 아이가 되어보면 무엇을 느낄 것 같은지에 대해 생각해본 것과, 상상해본 것을 묻는다.

그 아이의 신체적 감각에 대한 질문은 더욱 내담자를 현재의 경험으로 데리고 오는데, 아이의 신체적 감각을 상상해보기 위해서는 내담자가 자신을 그 아이의 자리에 있어 보도록 해야 하기 때문이다. 나는 이를 좀 더 구체화한다. 아이가 성인의 몸에 닿아있는 부위를 내담자가 언급하지 않는다면, 그러한 특정 감각에 대해 물어본다. 이러한 관찰은 아이의 평범한 신체 경험에 기반하고 있기 때문에, 그 사랑스러운 아이에게 내담자가 자세한 부정적 경험이나 특성을 투사하는 경향을 억제하는 데 도움이 된다.

이자관계 morphing의 단계

1. "이것이 그 아이에게는 어떨 것 같다고 생각하나요?"
2. "이것이 그 아이에게는 어떨 것 같은지를 상상해보세요."
3. "그 아이가 자신의 몸에서 무엇을 느낄 거라고 생각하나요?"
4. "그 아이가 자신의 몸에서 무엇을 느낄지에 대해 상상해보세요."
   대안: "당신이 그 아이의 입장에 있게 된다면 어떨 것 같다고 생각하나요?"
   대안: "당신이 그 아이의 입장에 있다면 어떨 것 같은지를 상상해보세요."
5. "당신이 이 아이가 된다면 어떨 것 같다고 생각하나요?"
6. "그 아이가 되는 것을 상상해보세요."

"당신이 이 모든 사랑을 받을만했다는 것에 대해 어떻게 생각하나요?"
"그 성인이 당신을 사랑하는 게 어려울 거라고 생각하나요?"

1. "이것이 그 성인에게는 어떨 것 같다고 생각하나요?"
2. "이것이 그 성인에게는 어떨 것 같은지를 상상해보세요."
3. "그 성인이 자신의 몸에서 무엇을 느낄 거라고 생각하나요?"
4. "그 성인이 자신의 몸에서 무엇을 느낄지에 대해 상상해보세요."
5. "당신이 이 성인이 된다면 어떨 것 같다고 생각하나요?"
6. "그 성인이 되는 것을 상상해보세요."

"이제 당신의 속도에 맞추어, 주의가 아이로서의 경험과 성인으로서의 경험 사이를 오가도록 하세요."

우리는 부차적으로 발생하는 부정적 사고들로 내담자가 빠져드는 것을 막기 위해 현재의 경험에 초점을 유지하도록 한다. 즉, 자원과 관련된 불빛을 증폭시키는 동안 명백한 현재의 정서에 내담자의 주의를 환기시킨다. 이자관계를 개발하는 과정에서, 내담자가 기억하는 것보다는 보고 있는 것을 보고하도록 하며, 현재 관찰에 임하고 있는 동안 실제로 본 것에 대해서만 보고하는 관찰자로서의 역할을 유지하도록 한다. morphing이 진행되는 동안 내담자가 현재에 주의를 두도록 하고, 사랑스러운 아이의 구체적인 신체적 경험과 접촉하도록 격려하며, 내담자 자신과는 구분된 성인-아이의 장면을 보고 있음을 상기시킨다.

그럼에도 불구하고, 내담자가 자신의 어린 시절에 이러한 애정 어린 경험을 많이 겪어보지 못했음을 깨달으면서 슬픔과 갈망을 느끼게 되는 것은 정상적인 반응이다. 이는 이 장의 후반부에서 논의될 다양한 방법을 통해 다루어질 수 있다. 이것이 나타나자마자 치료자가 다루지 않는다면, 자원화 회기는 본래 의도된 효과를 잃을 수 있다. 슬픔이 심화될 뿐만 아니라 심지어 방출6)되기 시작할 수 있다. 그런 경우에는 자원화 회기라기보다는 트라우마 처리 회기에 가까워지는데, 적응적 해결을 이룰 수 있는 방식의 처리는 아니다. 만약 내담자가 방치나 자기가치감 부족 등의 핵심 감정을 처리할 만큼 충분한 자원을 제공받았더라면, 애초에 이자관계 자원화가 필요하지 않았을 것이다. 자원화가 충분히 개발되기 전에 내담자가 정서와 감정을 방출하기 시작한다면, 이러한 고통스러운 기억들을 해결하기 위한 자원이 충분하지 않을 것이라고 가정할 수 있다. 트라우마 처리 과정에서, 내담자들은 현재 나타나고 있는 더 깊은 수준의 외상적 문제들을 견디는 데 도움을 얻기 위해 종종 자원으로서의 긍정적인 기억으로 자연스럽게 다가가게 된다. 같은 이유로, 우리가 내담자를 자원에 접근하도록 도울 때, 그들은 매우 고통스러운 문제를 다룰 준비가 되어있다고 느끼며 자원이 충분히 개발되기 전에 문제의 한가운데로 자연스럽게 들어가려 할 수 있는데, 이는 회기를 지배할 정도의 부정적인 정서를 일으킬 수도 있다. 우리가 치료자로서 해야 할 일은 자원이 안정되고 강해질 때까지 내담자들이 자원화에 초점을 두도록 돕는 것이다!

이자관계에서의 아이의 경험에 대한 morphing 진행 순서 첫 6단계 이후에, 치료자는 같은 질문 6개를 반복하는데, 이번에는 성인 양육자의 경험에 초점을 둔다. 다시 말해, 사랑받는 아이와 양육 성인 모두에 대한 강한 동일시를 발전시킨다. 두 번째로 진행되는 6개 질문에서는, 그 아이를 2인칭으로 언급하며 다음과 같은 질문으로 시작한다. "그 사람(자원 성인)이 **당신을** 사랑하는 게 어려울 거라고 생각하나요?" 양육 성인과 동일시하는 것은 그 아이를 사랑스럽게 보는 관점을 강화하고, 2인칭을 사용하는 것은 그 아이와 내담자가 동일시되는 감각을 강화한다.

- -

6) abreaction.

이자관계 자원화 단계에 대한 구체적 설명

양육 성인 자원 탐색하기

기존에 간략히 설명되었던 이자관계 자원화 절차의 첫 번째 단계는 긍정적인 양육 성인 인물을 찾아내는 것이다. 내담자 자신이 내면의 아이를 위한 양육 성인의 역할을 맡을 수 있다면, 이를 이자관계로서 가장 먼저 선택할 것이다. 그렇지 않을 경우, 이자관계 자원화의 첫 단계는 우선 양육 성인을 찾아보며 돌봄의 이자관계를 탐색하는 것이 될 것이다. 내담자 자신을 제외하면, 가장 좋은 양육자는 내담자가 어린 시절 개인적으로 알고 있었던 누군가일 것이다. 나는 내담자에게 다음과 같이 묻는 것으로 시작한다. "살면서 당신에게 진심으로 관심을 가졌던 사람은 누구인가요? 누가 당신을 돌봐주었나요?" 또한 내담자를 포함하지 않더라도, 내담자가 본 적이 있는 양육 관계에 대해서도 살펴본다. 내담자가 누군가를 떠올릴 수 없는 경우, 다음과 같은 제안들을 살펴보도록 한다.

- ❖ 조부모
- ❖ 고모/이모/숙모 등
- ❖ 선생님
- ❖ 목사
- ❖ 친구
- ❖ 친구의 부모(특히 어린 시절의 친구)
- ❖ 상사
- ❖ 공인
- ❖ 성인 친구들

내담자가 자신이 알고 있던 실제 인물을 떠올릴 수 없다면, 차선책은 내담자가 실제 혹은 가상의 상황에서 양육 역할로서 본 적이 있는 누군가가 될 것이다. 문학 혹은 영화에서 양육하는 역할로 나오는 인물, 혹은 내담자가 만난 적이 있으나 알지 못하고 있던 인물들을 찾아볼 수 있다. 자원이 매우 빈약한 내담자들에게는 대개 자신이 아닌 다른 아이를 돌보아주는 인물상으로부터 시작하는 것이 보다 수월하다. 다음과 같은 대안들이 있다.

- ❖ 동물(반드시 의인화되어야 한다)
- ❖ 공인
- ❖ 문학적 인물/문학적 관계
- ❖ 신화적 인물/신화적 관계
- ❖ 역사적 인물
- ❖ 책, 이야기, 영화 또는 TV의 등장인물 또는 관계

    (개인 또는 여러 명이 될 수 있음)

Shirley Jean Schmidt는 자신의 발달적 욕구에 대한 접촉 책략(DNMS7))에서 상대적으로 복합적인 프로토콜을 개발하였는데, 내담자로 하여금 자신의 부분들을 함께 엮어 긍정적인 양육 성인을 만들어내도록 하는 것이다. Schmidt는 자신이 목록으로 만든 17개의 칭찬할 만한 특징 각각을 보여주었던 일화들을 내담자가 생각해보게 한다. 그리고 나면 다양한 특성들을 보여주는 자신의 모든 부분들을 하나로 통일된 전체로서 모아보도록 하고, 이 혼합물의 시각적 표상을 떠올려보도록 한다.

매체에 나오는 가상의 자원 인물을 탐색할 때, 나는 다음과 같이 묻는 것으로 시작한다. "책, TV, 영화 중 무엇과 가장 친숙한가요?" 내담자가 이 질문에 답변하면, "당신이 제일 좋아하는 책/프로그램/영화는 무엇인가요?"라고 묻는다. 이후 작품의 어떤 점에 마음이 끌리는지를 묻고, 가장 좋아하는 인물이나 장면이 무엇인지를 물어본다. 보통 이를 통해 자원으로서의 인물을 찾을 수 있다. 내담자가 이 인물을 존경하는지를 확인하기 위해, 내담자가 매료되는 그 인물의 특징이 무엇인지를 물어보기도 한다. 혹은, 때로 "여러 번 읽거나 보았던 책이나 영화는 무엇인가요?"라고 묻기도 한다.

・・

7) Developmental Needs Meeting Strategy.

이자관계 자원화 초반에는 내담자가 복잡한 관계를 선택하지 않도록 한다. 만약 그들이 부모, 배우자, 형제자매, 자녀, 예수 또는 신을 선택할 경우, 나는 "좋습니다. 이번에는 당신이 가장 관심을 갖고 있는 다른 사람을 생각해볼게요." 라고 말한다. 예를 들면 부모는 강력한 자원이 될 수 있으나, 내담자들은 부모에게 양가적인 감정을 갖고 있는 경향이 있다. 나는 매우 고통스럽고 힘든 처리 과정에서 내담자를 돕기 위해 이 자원에 의지하고 있을 때 내담자가 갖고 있는 부모에 대한 부정적인 관점이 떠오르는 것을 원치 않는다. 마찬가지로 내담자의 유일한 자원 인물이 예수나 신일 경우, 나는 그가 왜 다른 자원을 갖고 있지 않은지에 대해 자문해보고, 보다 평범한 다른 자원을 탐색해본다. 신이 자신의 자원 인물이라고 보고하는 내담자들의 경우, 연결과 행복의 감정적 경험보다는 주지화된 개념이나 소망을 보고하기도 한다. 현실에 존재하는 자원 인물을 찾을 수 없다면, 나는 내담자의 자원 기반이 매우 빈약하며 초기 트라우마를 처리하기 위한 내담자의 능력이 적절하다고 여겨질 때까지 상당한 양의 자원화 작업이 필요할 거라고 가정한다. 견고한 첫 번째 자원은 충분히 변별된 인물이어야 내담자가 쉽게 접근할 수 있다. 두 번째 혹은 세 번째 자원으로는 신, 예수, 부모, 배우자, 그리고 내담자가 떠올리는 그 어떤 이도 적절할 수 있지만, 우리가 개발하는 첫 번째 자원으로는 적절하지 않다.

치료자는 내담자가 **긍정적인** 반응을 보일 때마다 **짧은** 양측성 자극 세트(BLS)를 이용하여 자원 인물과의 연결을 강화시켜야 한다. 내담자가 이러한 자원화 세트가 진행되는 동안 지속적으로 부정적인 요소를 떠올리는 경향이 있다면, 대개 세트가 너무 길게 지속되었음을 의미하는 것일 수 있다. 일반적으로는 매우 짧은 세트의 경우 4번에서 5번의 왕복으로 구성되며, 가장 짧게는 2번의 왕복으로까지 줄여질 수 있다.

자원 강화, 현실로 만들기

우리는 내담자가 자원 인물을 떠올릴 때 "불빛"을 경험하기를 바란다. 그 불빛 없이는 자원에 대한 경험이 실제처럼 느껴지지 않을 것이고, 이것이 가진 치유의 가치 역시 경미할 것이다. 어떤 내담자들은 자원에 대해 생각하자마자 즉각적으로 좋은 느낌을 경험하며, 이 좋은 느낌이 쉽게 불빛으로 번질 수 있다. 다른 이들은 자원으로부터 상당히 주지화되거나 거리감 있는 관계에서 시작하게 되며, 이것이 더욱 깊고 자연스럽게 일어나게 되기 위해 정교한 치료적 작업이 필요하다. 어떤 내담자들은 주지화된 연결마저 점진적으로 깊어지는 상황에서도 긍정적 정서를 일으키는 자원에 접촉하는 것을 매우 어려워한다. 드문 경우이긴 하나, 자원 인물을 찾아내고 이에 정서적으로 접촉하도록 여러 회기 동안 거듭해서 시도해보아야 하는 어려움을 겪을 수도 있다.

"불빛"을 피워내기 위해, 자원으로서의 성인이나 부모-아이의 이자관계가 확인이 되면, 나의 경우 Ahsen의 직관적 심리치료[8]를 포함한 다양한 원천에서 배운 기술들을 이용한다. 직관적 심리치료의 기반이 되는 원리에 따르면, 기억은 정적인 경향이 있는 반면에, 내담자가 현재 탐험하고 있는 이미지는 살아있는 것이다. Ahsen은 후자의 것을 **직관적 이미지**, 혹은 단순히 **직관**이라고 칭하였다. 내담자에게 어떤 기억이나 사람을 회상해보도록 요청하기보다는, 시각적 세부사항이 정확한지의 여부와 상관없이 내담자로 하여금 이미지를 떠올려보고 단지 그것을 시각적으로 살펴보도록 한다. 내담자가 "그 남자가 어떻게 생겼는지 기억이 나지 않아요."라고 말할 경우, 나는 "괜찮아요, 저는 당신에게 기억해보라고 하는 게 아니에요. 단지 그걸 살펴보고, 무엇을 보고 있는지를 말해주길 바라요. 그것이 당신이 알고 있던 사실과 맞지 않는다고 하더라도요."라고 말할 것이다. 내담자가 이것을 어려워하는 것처럼 보이면, 나는 "예를 들어, 그 남자가 무얼 입고 있나요?"하고 묻는다. 내담자가 "아마 슬랙스와 옷깃이 있는 셔츠를 입고 있는 것 같아요," 혹은 "그는 항상 청바지를 입었어요"라고 말한다면, 나는 "당신이 지금 그 이미지를 떠올리는 동안 보이는 것인가요?"라고 묻는다. 이를 통해, 내담자는 이미지를 올바르게 만들기 위해 노력하는 것으로부터 자신의 주의를 끄는 그

---

8) Eidetic Psychotherapy.

어떤 것이든 알아차리도록 허용되는 곳으로 옮겨가게 된다. 내담자는 자신이 보는 무엇이든 평가 없이 보고할 수 있다. 이런 방법을 통해 내담자는 충실히 현재에 존재할 수 있게 된다.

직관은 이미지, 신체적 요소, 의미적 요소로 구성되며, 이는 EMDR에서의 장면, 신체 감각, 인지에 해당한다. 이것이 형성되면, 해당 초점에서의 주제에 대한 내담자의 정서적 접촉을 크게 강화한다. 내담자가 사진이나 장면을 기억하려고 한다면 성공적으로 해낼지 혹은 실패할지에 대한 문제가 항상 나타나게 된다. 여기서 제안하는 절차에서는 내담자가 실패할 수 없다. 나는 그들이 떠올릴 때 보게 되는 모든 것에 관심을 기울인다. 이것은 내담자가 **현재**에서 하고 있는 활동이다. 만일 내담자가 "아무것도 보이지 않아요."라고 말한다면, 나는 "그렇군요, 그럼 지금 보도록 해요. 당신의 시각적 초점이 그 장면을 돌아다녀 보도록 하고, 이것을 하는 동안 당신이 무엇을 보는지를 그저 알아차려 보세요. 여기엔 정답이 없어요. 나는 당신이 보는 모든 것에 관심이 있어요."라고 말한다.

직관적 이미지를 조성하는 단계

이어지는 단계는 직관적 이미지를 개발하고 강화시키기 위한 개요로서 활용할 수 있다. 이는 일반적으로 직관이 갖춰질 때까지 BLS 없이 진행된다. BLS 처리는 오로지 긍정적 느낌을 강화하기 위해 계획되며, 짧은 세트로 사용한다.

1. 긍정적인 감정적 내용을 담고 있는 것으로 여겨지는 관련 이미지나 기억을 탐색한다.
2. 내담자가 그 이미지를 보거나, 경험을 회상할 수 있는지에 대해 묻는다.
3. 내담자가 이미지를 볼 수 있다면, 알아차릴 수 있는 것들에 대해 간략하게 물어본다. **짧은** 양측성 자극 세트를 통해 긍정적 정서를 지지할 수 있다. 만약 내담자가 선명한 이미지로 기억을 회상해낼 수 없다면, 그것을 살펴보고 눈에 들어오는 모든 것을 보고하여 빠진 정보들을 채워 넣을 수 있도록 하라. 우리가 이것이 갖는 사실 여부와 정확성에 관심이 있는 게

아니라, 내담자의 감정적 상태와 행복에 영향을 미치는지에 관심이 있음을 말해주도록 하라. "그 이미지를 살펴보면, 지금은 무엇이 보이나요?" 혹은 "그 기억에 대해 생각할 때, 어떤 시각적 세부사항들이 눈에 띄나요?"

4. 내담자가 실제로 그 이미지를 살펴보거나 그 기억을 반영할 만한 것에 접근하고 있는지에 대해 임상가가 확신할 수 없을 경우, 간략한 세부사항을 물어볼 수 있다. "그 여자가 어떤 방에 있었나요?" "지금 살펴보면, 그녀가 어떤 옷을 입고 있는 것처럼 보이나요?" "그게 어떤 색인가요?" 등이 있다. "모르겠어요."라는 답변은 "기억이 안 나요"와 같은 의미로, 내담자가 정확하게 기억해내려고 하고 있다는 걸 알려주는 말이다. 단순히 살펴보고 그 순간에 보이는 걸 뭐든지 보고하는 것이 아니라, 실제 있었던 일과 정확하게 들어맞는지 아닌지를 생각하고 있는 것이다. 우리의 목표는 내담자를 "기억해내려 노력하는 것"으로부터, 현존하며 지금—여기에서 떠오르는 것을 알아차리는 것으로 옮겨가게끔 하는 것이다. 접근하고자 하는 이미지와 이외의 정보들을 알아차릴 수 있도록, NLP 접근 단서(12장 참조)를 이용하여 내담자를 도울 수 있다. 직관이 이루어지고 있음을 보여주는 "주어지는 정보" 혹은 몸짓에 기민해져야 한다. 내담자가 그 이미지를 꺼내보도록 한 적이 없다면, 주어지는 정보들은 미리 알고 있던 것이 아니다. 이는 치료자에 의해 특별히 생겨난 것이 아니라 자발적인 관찰에 따른 것이다. 모든 긍정적인 신체적 반응이나 정서를 짧은 BLS를 사용해 강화하라. (여기서, "주어지는"이란 부정적인 의미가 아니라, 기대 혹은 예상되었던 것 이상의 추가적인 것을 뜻한다)

5. 소리와 냄새에 대해 물어보라. 이것들은 연상을 활성화시킬 수 있다. 확인이 되면, 그것을 현재로 가져오도록 한다. "그걸 지금 들을 수 있나요?" 냄새나 소리 등의 모든 긍정적 회상을 짧은 양측성 자극 세트를 이용해 강화하라.

6. 내담자가 그 이미지를 볼 때 어떤 느낌을 받는지 물어보라. "그 이미지/

기억을 회상할 때, 지금 무엇이 느껴지나요?" "그걸 어디에서 느끼나요?" 다음과 같이 물을 수도 있다. "그걸 보는 것이 당신에게는 어떤가요?" 나는 이 질문을 좋아하는데, 내담자로 하여금 자신이 관찰되는 인물이 아니라 관찰하는 인물임을 상기시켜주고, 그러면서도 인물 자신의 경험을 내담자가 알아차릴 수 있도록 유도하기 때문이다. 이러한 관점에서, 그 이미지에 대해 작업하는 것은 내담자의 정서에 대해 작업하는 것과 유사하다. 내담자가 보고하고 있는 것을 현재에서 실제로 느끼고 있는지를 확신할 수 없는 경우, "그게 지금 느껴지나요?"라고 물어보라. 만일 내담자가 "아뇨"라고 답한다면, 그 이미지나 기억 회상을 살펴보는 동안 무엇이 느껴지는지를 질문하라. 내담자가 느끼는 것을 알아차리도록 돕기 위해 몸짓, 피부 톤, 목소리의 톤, 눈가가 누그러지는 정도 등을 포함한 신체적 단서들을 이용하라. 모든 긍정적인 감정적·신체적 반응들을 짧은 양측성 자극 세트를 통해 강화하라.

7. 내담자에게 이미지를 보고 그러한 느낌을 경험할 때 자기 자신에 대해서는 어떤 생각들이 떠오르는지를 물어봄으로써 직관을 마무리한다.

8. 내담자가 보고하는 신체적 반응이 치료자에게 분명하게 전달되지 않을 경우, 치료자는 "그 감각에 대해 설명해볼 수 있겠어요?"라고 질문할 수 있다. 모든 긍정적 신체 감각, 혹은 정서를 짧은 양측성 자극 세트를 이용해 강화하라.

9. 다음과 같은 질문을 지속하라. "그 이미지/기억을 떠올리고 그 감각을 느끼면서, 지금 또 어떤 것들이 알아차려지나요?"

이자관계 완성하기: 성인과 아이

자원으로서의 성인을 확인한 후에는, 내담자가 그 성인을 아이와의 양육 관계 안에서의 인물로 떠올려 보아야 한다. 내담자가 돌봄을 제공하는 성인을 처음 떠올릴 때에는, 내담자 자신으로서든 혹은 다른 아이로서든 대개 자동적으로 한 아이를 포함하여 생각하게 된다. 혹여 그렇지 않을 경우, 치료자는 내담자가 양육 성인과 아동으로 구성된 관계인 이자관계를 완성할 수 있도록 돕는다. 그리고, 성인이 내담자의 삶에서 실제로 존재했던 사람일 경우, 내담자가 성인이 된 이후보다는 어린 시절에 관계를 형성했던 인물과 작업을 시작하기를 권유한다. 내담자가 비교적 삶의 후반부에 알게 된 양육 성인을 떠올린다면, 어린아이와의 이자관계로 전환될 수 있도록 개량하는 것이 필요한데, 그 형태가 보통 가장 효과적이기 때문이다. 떠올린 것이 성인 대 성인의 관계일 경우에는, 이 성인이 아이와는 어떤 관계를 갖는지에 대해 내담자가 관찰한 바를 물어보고, 관찰된 아이를 자원 이자관계에서의 아이로 두고 작업을 시작한다. 내담자가 이러한 관계를 실제로 경험해본 적이 없는 경우, 내담자에게 이를 상상해볼 수 있는지를 물어본다. 질문의 예시는 다음과 같다.

❖ 이 사람에게 아이가 있나요? 그녀가 어떤 엄마라고 생각하나요?
❖ 아이와 관련된 이 사람의 모습을 본 적이 있나요?
❖ 그 사람이 좋은 아빠가 될 거라고 상상하나요?
❖ 그녀의 아이들이 어렸을 때에는 그녀가 어땠을지 상상해볼 수 있나요?

자원 이자관계 강화하기: 불길을 돋우기

우리는 양육 성인을 찾아내고, 그 성인이 아이를 양육하는 이자관계를 떠올린다. 그리고, 이자관계를 강화하며 내담자에게 보다 생생하고 실제처럼 느껴지도록 만드는 절차를 시작한다. 나는 이를 "불빛"을 만드는 것이라고 부른다. 긍정적 감정에 닿을 수 없고 현재에서 경험되지도 않는다면, 내담자는 자원화 절차에 충분히 참여할 수 없을 것이다.

책에 실린 대부분의 축어록에서, 치료자는 내담자의 정서를 따라가고, 그것이 가라앉으면 긍정적 감정을 강화시키기 위한 새로운 요소들을 추가한다. 이는 마치 불씨를 돌보는 과정과 유사할 수 있다. 불의 빛과 온기는 즐겁고 반가운 것이며, 불길이 시들어갈 때 이 즐거움을 유지하기 위해서는 새로운 연료가 더해져야 한다.

내담자가 자원에 정서적으로 연결되면(불이 붙으면), 바로 나아가기만 하면 된다. 치료자는 내담자로 하여금 방금 보고한 긍정적 경험 혹은 연상에 주의를 기울이도록 하고, 상대적으로 **짧은** 양측성 자극(BLS)을 시작하며, 그 다음에 "지금은 무엇이 떠오르나요?"라고 물어본다. 내담자가 새로운 긍정적 요소를 보고한다면, 치료자는 "거기에 집중해보세요"라고 말하고 BLS를 주며, 그 다음에 다시 "지금은 무엇이 떠오르나요?"하고 묻는다. 이 순서는 표준적인 EMDR 트라우마 처리와 동일하며, 내담자가 긍정적인 경험이나 연상을 계속 보고하는 동안 지속한다. 그 불빛을 관찰하고 즐기는 절차는 불이 타오르는 것을 바라보는 즐거운 경험과 일치한다.

하지만, 어떤 지점에서는 대개 어려움이 발생한다. 내담자는 이자관계에서와 같은 보호자를 가져본 적이 없다는 이유로 슬픔을 보고할 수 있다. 혹은 의식되지 않은 슬픔을 치료자가 관찰하게 된다면, 내담자에게 이에 대해 물어볼 필요가 있을 것이다. 때로는 내담자가 이자관계에서의 아이에게 질투나 분노를 느낀다고 말할 때도 있다. 이러한 상황에서의 치료적 반응은 이 장 후반의 "자원화에서의 일반적인 문제에 대한 해결책" 하단에 기재되어 있다.

더욱 흔하게는 내담자가 이자관계의 아이에게 자신을 투사하기 시작할 수 있는데, 이러한 활동을 치료자가 확인하고 멈추도록 해야 한다. 내담자가 그 아이의 내적 경험을 보고할 때, 투사가 일어나고 있음을 쉽게 알 수 있다. 예로, "그 아이는 매우 안전하다고 느껴요." 등이 있다. 그 아이가 무엇을 느끼거나 생각하는지를 내담자가 알 수 있는 유일한 방법은 자신이 그 아이에 입장에 들어가 보는 것이며, 다른 말로는 투사이다. 내담자가 별 어려움 없이 투사하게끔 허용된다면, 자신이 갖고 있는 관계에 대한 공포, 불안정감 또는 왜곡을 이자관계의 아이에게 빠르게 투사하기 시작할 것이다. 이렇게 되면 이자관계는 더 이상 본래 계획했던 이상적인 양육 관계를 반영하지 않게 되며, 그 대신에 조건적으로 사랑받거나 결핍되었던 자신과 같은 또 다른 아이를 의미하게 된다.

불길을 돋우는 방법

내담자가 보고할 긍정적인 요소가 더 이상 없다면, "지금은 무엇이 떠오르나요?"의 질문에 "새로운 건 없어요," 혹은 "거의 똑같아요,"라고 답하거나 즐거운 경험이 줄어든다고 보고할 것이다. 내담자의 연상이 실제로 방해받게 되는 것이 아니라면, 치료자는 더 많은 연료를 넣음으로써 자원의 불길이 더욱 밝고 강해지도록 지필 필요가 있다. 이러한 상황에서 불길을 돋우는 몇 가지 방법은 다음과 같다:

연령을 조정하기

이자관계의 아이를 더 어린 나이나 내담자의 타겟 트라우마가 발생했던 시점의 나이로 지정해보는 것은 이자관계를 강화시킬 수 있다.

다른 감각을 자극하기

내담자에게 각 감각에 접촉해보도록 한다. 예를 들어, "당신이 알아차린 긍정적인 시각적 세부사항들은 무엇인가요?" "당신은 그녀가 어떤 소리를 들을 거라고 상상하나요?" 또는 "당신이 생각하기에, 몸을 기대고 쉬는 것을 그녀가 따뜻하게 느낄 것 같나요?" 등의 질문이 있다.

거리 줄이기

그 사람과 같은 방에 있는 것을 상상해보도록 한다. 내담자가 이자관계 파트너로부터 얼마나 멀리 떨어져 있는지를 살펴보고, 좀 더 가까워지는 것을 상상해보라고 제안한다. 그리고 좀 더 다가가서 닿아보도록 한다. 내담자가 망원렌즈로 이자관계 파트너를 클로즈업하여 보는 상상을 해보게 하는 방법으로도 같은 효과를 얻을 수 있다. 자신과 그 사람이 있는 것이나, 혹은 둘이 하나가 되는 것을 상상해보도록 하라. (자신이 그 사람 안에 있거나, 그 사람이 자신의 안에 있다고 상상해보라)

신체적 접촉

신체적 접촉의 모든 양상을 살펴보도록 한다. 그 사람이 내담자를 안고 있거나, 내담자의 몸을 팔로 감싸고 있는 것을 상상해보도록 한다. "당신의 몸의 어떤 부위가 닿아있나요?" "이 접촉의 느낌이 어떤가요?" "온기가 느껴지나요?" "그 사람에게 몸을 기대는 것을 상상해보세요." "당신이 그 사람에게 긴장을 푸는 것을 상상해보세요." "어떤 신체적 감각이 알아차려지나요?"

눈맞춤

"그 사람의 눈을 바라본다고 상상해보세요. 무엇이 보이나요? 이것이 어떻게 느껴지나요?"

주어지는 보살핌

"이런 보살핌을 받기 위해 그 아이가 무엇을 했을까요?" 이 질문에 대한 반응으로, 보통 "아무것도요. 그 아이는 이것을 애써 구하지 않아도 돼요."와 같은 반응이 즉각적으로 나타나며, 어떤 종류의 정서가 뒤따르게 된다. "그것에 대해 생각해보세요."라고 말할 수 있다.

"이것이 어려운가요?"

이는 morphing 절차에 포함되어있는 표준적인 질문으로, 아이의 경험으로부터 성인 양육자의 경험으로 초점을 옮겨가기 위한 것이다. "당신은 그 사람이 당신/그 어린아이를 돌보기 어려워할 거라고 상상하나요?"

Anchor

"이 자원을 저장할 장소를 당신의 몸에서 찾아보세요." "그곳에 저장하는 것을 상상하세요." 이는 NLP에서 사용되는 anchoring 기법이다. "그 자리에 손을 대고 자원에 대해 떠올려보세요." Shapiro는 자원을 이끌어내는 단어나 문구를 정해보도록 한다.

이자관계를 morphing하기

　　morphing 절차는 양육되는 아이가 되어보는 것과 성인 양육자가 되어보는 것을 상상해보도록 한다. 우리는 이 절차를 내담자가 안정적이고 순수한 애정이 깃든 성인-아이 양육 이자관계에 접근한 이후에만 진행한다. morphing을 시작해도 될 정도로 내담자와 이자관계의 아이 사이의 경계선이 충분히 안정적인지를 알기 위해서는, 적어도 내담자가 그 경계를 명확히 유지하는 양측성 자극 세트가 2번은 이루어져야 한다. 우리는 이자관계를 통해 만들어낸 애정의 교류가 내담자의 실제 경험과 매우 동떨어진 것일 수 있음을 늘 유념해야 한다. 내담자는 이러한 교류를 상상할 수 없다고 주장할 수 있다. 이러한 잠재적 저항을 극복하기 위해, 내담자가 이자관계에서의 아이나 성인이 어떻게 느낄지에 대해 생각하는 것으로부터 - 그 아이나 성인이 되어보는 상상을 해보는 방향으로 조금씩 진전해나가는 것이 필요하다.

　　morphing은 일련의 질문들을 통해 내담자가 점차 강도를 높여가며 이러한 단계를 밟아나가도록 하는데, 이 경험이 그 아이에게는 어떨 것 같은지에 대해 생각해보게 하는 질문으로 시작해서 그 아이가 되어보는 것을 상상해보도록 하는 것으로 끝난다. 질문들은 세 쌍으로 구성되어 있으며, 인지적인 양상의 **생각해보도록** 하는 질문 이후에 같은 것에 대해 **상상해보도록** 하는 질문으로 이어진다. 각 질문은 그 아이의 실제 경험에 대한 동일시를 더욱 강하게 하고, **이에 이어지는 한 번 이상의 BLS 세트를 통해 내담자의 경험을 추적하고 강화시킨다.** 이자관계에 있는 아이와의 morphing 절차가 마무리된 후에는, 두 가지의 전이적 질문을 진행하며, 그 후에 이자관계에 있는 성인과 morphing 절차를 반복함으로써 내담자가 애정 어린 내적 관계에 있는 아이와 성인 모두를 점진적으로 경험해보도록 한다. 이 내용들은 이전의 '이자관계 자원화 단계의 요약'에 기재되어 있으나, morphing에서의 질문을 짚어보아야만 상세한 설명을 마무리할 수 있다.

아이에 대한 morphing에서의 질문들

1. "이것이 그 아이에게는 어떨 것 같다고 생각하나요?" <><>

2. "그걸 상상해보겠어요?" 혹은 "그것이 그 아이에게 어떨 것 같은지를 상상해보세요."

3. "그 아이가 자신의 몸에서 어떤 신체적인 느낌을 받을 거라고 생각하나요?" 이 질문과 관련해서, 보통 그 아이가 신체적으로 어떻게 경험하고 있는지에 대해 내담자를 안내하는 것이 필요하다. "당신은 그 아이가 등에 닿는 어른의 품의 따뜻함을 느낄 거라고 생각하나요? 그 어른이 숨을 쉬며 가슴이 움직이는 것을 느낄 거라고 생각하나요?"

4. "그런 신체적 감각이 그 아이에게 어떨 것 같은지를 상상해보세요."

   대안(5단계로 진행할 준비가 되지 않은 내담자의 경우)
   "당신이 그 아이의 입장에 있게 된다면 어떨 것 같다고 생각하나요?"
   "당신이 그 아이의 입장에 있다면 어떨 것 같을지를 상상해보겠어요?"

5. "당신이 그 아이가 된다면 어떨 것 같다고 생각하나요?"

6. "만약 당신이 그 아이라면 어떨 것 같은지 상상해보겠어요?" 또는 "당신을 그 아이로, 그리고 그 어른이 당신의 엄마/아빠/돌봐주던 사람이라고 상상해보고, 이것이 어떻게 느껴지는지를 알아차려 보세요(만약 내담자가 어린 시절 사랑받는 느낌을 겪어보지 않았다고 여긴다면, 어른으로부터는 사랑받았다고 느꼈었는지에 대해 물어보는 것이 좋다).

5번 질문 전에 삽입될 수 있는 두 개의 중간 단계는, 내담자의 자원이 매우 빈약하여 남은 2개의 질문이 너무 어려운 과제처럼 보일 경우에 사용된다. "당신이 그 아이의 **입장에 있게 된다면** 어떨 것 같다고 생각하나요?" < > < > "당신이 이 아이의 **입장에 있다면** 어떨 것 같은지를 상상해보겠어요?" < > < > 이를 진행한 이후에 5, 6번의 질문을 진행하도록 한다.

두 개의 전이적 질문

❖ "(그 성인)에게 당신/그 아이를 돌보는 것이 어려울 거라고 생각하나요?" 또는 "(그 성인)에게는 이런 방식으로 당신/그 아이와 함께 있는 것이 어떨 것 같은가요? 부담스러울까요? 즐거울까요?"

❖ "당신이 이 모든 사랑을 받을 만하다고 생각하나요?"

성인에 대한 morphing에서의 질문들

1. "이것이 그 성인에게는 어떨 것 같다고 생각하나요?"
2. "그걸 상상해보겠어요?" 혹은 "그것이 (그 성인)에게 어떨 것 같은지를 상상해보세요."

3. "그가 자신의 몸에서 어떤 신체적인 느낌을 받을 거라고 생각하나요?" 이전과 마찬가지로, 이 질문과 관련해서 내담자를 안내하는 것이 필요할 수 있다. "아이가 그의 오른쪽 가슴에 등을 기대고 있다는 거군요. 당신이 생각하기에, 그가 자신의 몸에 닿는 따뜻함을 느낄 것 같은가요?"
4. "그런 신체적 감각이 그에게는 어떨 것 같은지를 상상해보세요."

5. "당신이 그 성인이 된다면 어떨 것 같다고 생각하나요?"
6. "당신이 그 성인이라면 어떨 것 같은지를 상상해보세요."

두 관점을 함께 가져오기

아이와 성인에 대한 morphing이 완료되면, 이 절차를 다음의 말로 마무리한다. "이제 당신의 속도에 맞추어, 주의가 아이로서의 경험과 성인으로서의 경험 사이를 오가도록 하세요." 종종 내담자가 두 역할을 자발적으로 통합하여 이 단계를 불필요하게 만들기도 한다. 이 프로토콜의 일부는 아니나, 주기적으로 내담자에게 자신의 자원으로서의 장면을 회상해보도록 하는 것이 자원을 더욱 강화시킬 수 있다.

자원화에서의 일반적인 문제에 대한 해결책

자원화 과정에서 각 단계마다 문제가 발생하거나 자원이 오염될 수 있다. 아이가 자원상(resource image)으로 자리 잡기 전의 초반 단계에서는 내담자가 자신의 결핍된 느낌을 그 자원에 투사할 가능성이 훨씬 적다. 생애 초기에 트라우마를 경험했던 내담자들이 초반 단계에서 마주하게 되는 대부분의 문제는 양육 성인에 대해 생각해보는 것을 어려워하거나, 혹은 생각해낸 성인이 사실은 문제가 있는 사람이거나 오로지 긍정적이기만 한 사람은 아니라는 근거를 찾아내려 하는 것이다.

아이를 포함하며 자원이 이자관계가 되면, 자원화 절차가 부정적인 방향으로 향할 가능성이 높아진다. 이럴 때면 치료자들은 "거기에 주의를 기울여보세요"라고 말하며 트라우마 처리로 전환하고 싶은 마음이 들 수 있다. 만일 진행 중이던 자원화 회기가 정말로 필요한 것이라면, 자원이 충분히 개발될 때까지 지속해야 하기 때문에 트라우마 처리로 전환하는 것은 잘 권장되지 않는다. 자문 중에 나는 내담자가 흐느껴 울며 감정이 방출되기 시작했기 때문에 자원화 회기가 잘 진행되지 않았다는 말을 듣곤 한다. 만약 치료자가 부정적 정서가 처음 나타났을 때 이에 개입하지 않았더라면 이러한 상황은 절대 일어나지 않았을 것이다.

이후에는 morphing 절차가 지닌 고유의 문제가 드러난다. 내담자가 점차 그 아이의 내적 경험을 보고하는 데 어려움을 겪지 않게 되면서, 자기 내면의 상처 입은 아이의 특성을 자원으로서의 아이에 투사하는 것을 막기 위해 초반에 사용되었던 시각화 기술이 더 이상 도움이 되지 않는다. 이러한 투사가 일어나지 않게끔 자원 이자관계가 충분히 안정되었기를 바랄 것인데, 이자관계를 종종 3인칭으로 언급하는 것이 융합이 일어날 가능성을 최소화할 수 있다.

다음의 단락에, 빈번하게 발생하는 일반적 문제들을 자원화 절차에 따라 나열하였다.

자원이 이자관계가 되기 이전에

❖ **자원으로서의 성인을 떠올리는 것의 어려움:** 어떤 내담자들은 세상이 위험하고 상냥하지 못한 공간이라는 자신의 관점에 지나치게 연결되어 있어서, 긍정적인 성인 자원을 생각해보려 할 때 아무것도 떠올리지 못한다. 단지 자원을 찾아내는 데에만 여러 회기가 걸릴 수 있다. 이러한 경우, 때로는 치료자가 미적지근한 수준의 자원에서 합의를 보기도 한다.

반응: 적당한 수준의 자원이라도 내담자의 내면에 불빛을 밝혀줄 만큼 강력한 자원으로 개발될 수 있다면 충분하다. 그렇지 않다면, 다른 자원을 찾아라. 불빛이 없다면 – 자원도 없다! 치료자는 모든 이에게 자원이 있다는 명제에 내적인 확신을 지녀야 하며, 그 자원이라는 것이 '심지어 동물도 자신의 새끼를 돌본다'는 수준이어도 좋다. 모든 사람들은 거울 뉴런을 지니고 있으며, 돌봄의 상호작용을 목격한 경험이 있다. 그것이 책이나, 영화 또는 TV에서 이루어진 것이라도 말이다.

❖ **자원의 결함 찾아내기:** 만일 자원으로서의 성인이 실제 삶에서 내담자에게 긍정적으로 대하며 돌보아주던 사람일 경우에도, 내담자는 그 성인이 짜증을 내거나 비판적으로 대했을 수 있는 순간들을 생각함으로써 자원이 가진 돌봄의 질을 떨어뜨릴 수 있다.

반응: 나는 우리가 완벽한 사람을 찾고 있는 것이 아니며, 단지 양육이나 돌

봄의 특징을 지닐 수 있는 누군가를 찾는 것임을 짚어보고자 한다.

❖ 그는 훌륭했다, 하지만 이젠 가버렸다. 이제는 제게 그런 것이 없어요.

반응: 떠올린 성인이 강력한 자원이 되면서도 그의 사망이나 상실을 내담자가 해결하지 못했을 경우, 진행을 중지하고 EMDR을 이용하여 상실을 처리하는 것이 도움이 된다. 하지만 때로는 내담자의 문제가 단지 그 자원이 더 이상 실질적으로 존재하지 않거나 접근할 수 없다는 데 있는데, 이는 사랑받는 기억에서의 긍정적 정서를 경험한 이후에 일어난 일이다. 이에 대해 나는 "내게는 당신이 여전히 [그 사람을] 마음에 품고 있는 것처럼 보이는군요."라고 간략히 말할 수 있을 것이다. 이 정도의 언급으로는 충분하지 않다면, 나는 이어서 "그 사람이 살아있다고 하더라도 이 방 안에 있지는 않았을 것이기에, 당신은 당신 안에 간직한 그 사람의 모습이나 기억과 만나고 있었을 거예요."라고 설명할 수 있다.

자원 이자관계 강화하기

❖ 내담자가 아이의 내적 경험에 대해 보고할 때: 내담자가 "그 아이는 안전하다고 느껴요." 또는 "그 아이는 사랑받는다고 느껴요."와 같이 시각적 관찰만으로는 판단할 수 없는 내용을 말하는 경우이다. 이는 내담자와 자원으로서의 아이 사이의 경계가 모호함을 의미한다.

반응: "무엇을 보고 그 아이(혹은 성인)가 그렇게 느낀다고 말하게 되나요?" 이 질문은 내담자에게 자신이 그 아이(혹은 성인)가 아니라는 것을 상기시킬 뿐만 아니라, 이미지를 명료화하고 세부사항에 초점을 두도록 독려함으로써 이자관계에 대한 경험을 강화시킨다.

❖ 자원화가 잘 진행되고 있으나, 내담자를 자원으로서의 부모 혹은 아이와 동일시되지 않도록 하면서 동시에 어떻게 정서를 강화시켜야 할지를 임상가가 확신하지 못할 경우:

반응: "이것을 보니 어떤가요?" 이 질문은 내담자에게 자신이 이 장면의 일

부가 아니라는 것을 상기시키며, 동시에 현재의 느낌과 감각에 접촉하도록 한다.

❖ "내가 그걸 갖고 있지 못해서 슬퍼요.": 이자관계 자원화 절차의 어느 시점에서, 내담자는 자신은 어린 시절에 이 자원으로서의 아이가 받고 있는 양육을 경험해본 적이 없다는 이유로 슬픔, 상실 혹은 아픔을 표현할 수 있다. 예를 들면, 이자관계에서의 애정 어린 성인을 자신의 학대적인 어머니나 아버지와 대조해보려 할 수 있다. 이 반응은 거의 모든 이자관계 자원화 절차에서 흔히 나타난다. 여기서 자원화를 성공시키는 데에는 치료자의 효과적이고 시기적절한 반응이 중요하다. 여기서 사용할 수 있는 반응은 다양하다. 반응이 적절했더라도 때로는 이후에 회기 내에서 되짚어보는 것이 필요하다. 상황마다 다양한 반응이 필요할 수 있다.

반응 #1: "이것이 당신이 가져보지 못했고, 동경해왔던 관계이기 때문에 슬픔을 느끼는 부분이 있다는 걸 알고 있어요. 우리는 나중에 다시 돌아와서 이 슬픔을 처리해야 하는데, 오늘 다루는 것이 그걸 하는데 도움이 될 거예요. 오늘은, 이 장면에 연관된 긍정적인 느낌에 초점을 두어볼 것이고, 나중을 위해 그 슬픔을 옆으로 밀어둘 필요가 있어요. 그렇게 할 수 있겠어요?"

반응 #2: "저는 이것이 당신의 어린 시절 경험의 일부가 아니라는 걸 알고 있어요. 하지만 이것이 당신을 건드리고 있고 그것이 어떤 느낌인지를 당신이 알고 있다는 것이 분명하네요." 내담자들은 대개 이 의견에 동의한다. 나는 때로 여기에 이어서 이 장 후반부에서 논의될 거울 뉴런에 대해 나누어본다.

반응 #3: "나쁜 소식은 당신이 이러한 좋은 느낌을 더 가져보지 못했다는 것이고, 좋은 소식은 당신이 이제 이걸 가져볼 수 있다는 것입니다. 저는 이 부모와 아이를 관찰하는 것이 당신에게 얼마나 즐거웠는지를 알 수 있어요. 이 좋은 느낌은 당신으로부터 나오고 있으며 이걸 가져가 버릴 수 있는 사람은 없어요."

반응 #4: 동경으로서 재구성하고, 이것을 내담자가 이러한 느낌을 알고 있다는 증거로 활용하라. 이러한 긍정적인 느낌에 접촉하고자 하는 내담자의 욕구가 얼마나 강한지를 강조하라.

반응 #5: 내담자가 다른 사람의 경험에 대해 감정적으로 생각하게 될 때,

Virginia Satir는 "저는 당신이 그것에 대해 알고 있을 거라고 봐요."라고 말하였다. 이 의미는 그 경험의 본질을 이해하지 못했더라면 감정적으로 되지 않았을 것이라는 말이다. 이러한 경우에 나는 "돌보아주는 관계에 대해 당신이 보이는 반응의 강도는, 당신이 삶의 어딘가에서 이 경험이 어떤 것인지를 받아들였다는 것을 말해줍니다."라고 말할 수 있을 것이다.

반응 #6: 당신의 어머니/슬픔/고통이 너무 많은 것들을 아주 오랫동안 당신에게서 빼앗아갔습니다. 하지만 우리는 내가 몇 분 전에 당신의 얼굴에서 본 좋은 느낌을 그것이 빼앗아가지 않는다는 것을 확실히 할 필요가 있습니다.

반응 #7: 당신이 그 슬픔을 컨테이너에 넣어 놓았다가, 우리가 오늘 하고 있는 작업을 마무리 지은 후에 처리할 수 있을지 알고 싶습니다. (이 반응은 준비 단계에서 내담자가 안전한 컨테이너를 마음속에 그려보고, 자신의 모든 고통스러운 문제들을 그 안에 집어넣고, 이것을 봉하여 이후에 다룰 수 있는 정도씩만 제거하고 작업하도록 하는 컨테이너 활동이 이미 진행되었다는 것을 가정한다)

❖ 내담자가 이자관계 내에서 돌봄을 받는 아이를 질투하는 경우:

반응: 치료자는 그 아이가 가지고 있는 것에 대한 내담자의 강렬한 갈망을 공감해줄 수 있다. 내담자들은 종종 갈망을 부정적인 방식으로 해석하지만, 나는 내담자가 그러한 관계가 얼마나 좋은 느낌인지를 알고 있다는 지표로서 재구성한다. 그 후에는 앞에서 언급했던 부분으로 돌아가서, 내가 내담자의 고통을 이해하며 이를 돕고자 하나, 다만 오늘은 내담자의 긍정적 느낌에 초점을 두고 있음을 확인시킨다.

대안적 반응(더 까다로운 사례의 경우): "당신이 길을 걷다가 우연히 부모와 아이의 애정 어린 순간을 마주쳤을 때, 항상 질투심을 느끼나요, 아니면 때로는 그것이 당신 내면에 따뜻한 느낌을 주기도 하나요?" 나는 이런 상황에서 때로는 따뜻한 느낌을 느껴보았음을 인정하지 않는 내담자를 만나보지 못했다. 그리고 나면 나는 다음과 같이 말한다. "그렇기에 당신은 애정 어린 성인과 아이의 이미지를 보며 따뜻한 느낌을 경험할 수 있습니다. 저는 당신이 우리가 상상하는 장면을 이런 방식으로 바라보았으면 합니다."

❖ 내담자를 도와주어도 자원이나 이자관계를 긍정적인 방식으로 떠올릴 수 없을 경우: 때로는 자원이 내담자로부터 불빛을 이끌어내지 못하고, 처음부터 자원이 오염되기도 하며, 혹은 자원에 대한 내담자의 태도를 양가적으로 만드는 부정적인 문제들이 나타나기도 한다.

반응: 빈약한 자원에 완고하게 매달려 있을 이유는 없다. 내담자가 자원에 대한 긍정적인 느낌을 얻거나 되찾을 수 없는 경우, 다른 깨끗한 자원을 가지고 이자관계 자원화를 다시 시작하는 것이 안전하고 가장 효과적일 수 있다. 내담자가 이자관계 안에서의 아이였다면, 내담자가 아닌 아이와의 이자관계에서 시작하도록 한다.

❖ 내담자가 너무 일찍 자신을 이자관계의 아이(혹은 성인)의 역할에 집어넣으려고 하는 경향이 반복되는 경우:

반응: "당신이 그 아이인 것처럼 느껴지나요? 저는 당신에게 그 아이가 되어 보라고 하지 않았고, 사실은 당신이 그 아이가 되기를 바라지 않아요." 때로는 내담자에게 이들은 성인과 아이이며, 둘 중 누구도 내담자가 아니라는 것을 분명히 해주어야 한다. 나는 다음과 같은 내담자의 반응을 마주한 적이 있다. "하지만 저는 그게 어떤 방법이라고 생각했어요. 그게 우리가 가고자 하는 방향인 줄 알았어요." 이러한 상황은 morphing 중에도 발생할 수 있다.

❖ "불안함/무서움이 느껴져요."가 다음과 같은 말과 함께 나타나는 경우(치료자의 질문에 따라) "그 사람이 어떤 성적인 태도로 변할까봐 두려워요." 또는 "그 사람이 비판적으로 대할까봐 두려워요."

반응: 당신은 그에 대해 알아야 할 것을 모두 알고 있어요. 당신은 영화 전체를 보았어요. 그 사람이 그런 행동을 한 적이 있나요? 그 사람이 그렇게 행동하리라고 믿을 만한 어떤 이유가 있나요?

아이에 대한 morphing

❖ "그 아이가 되면 어떨 것 같은지를 상상할 수가 없어요. 제겐 그런 경험이 전혀 없어요."

반응(이것이 morphing 질문 #1에 대한 대답일 경우): "저는 당신에게 그 아이가 되는 것을 상상해보라고 한 것이 아니라, 단지 이것이 그 아이에게는 어떨 것 같은지를 생각해보도록 했어요."

반응(이것이 질문 #5 또는 #6에 대한 대답일 경우): 치료자가 프로토콜을 따랐을 경우에는 이러한 반응이 나타나는 걸 본 적이 없다. 오직 치료자가 morphing 단계의 일부를 건너뛰었을 때 이러한 반응이 나타나곤 한다.

❖ "저를 그 아이의 입장에 있어 보도록 시키지 마세요, 할 수 없으니까요."

반응: 이는 단순한 수행 불안으로, morphing 단계 초반에서 나타나는 경향이 있다. 치료자는 다음과 같이 말할 수 있다. "안심하셔도 돼요. 저는 당신이 할 수 없는 어떤 것을 하라고 요구하지 않을 거예요." 혹은 "저는 당신에게 그걸 하라고 시키는 것이 아니에요. 그리고 사실은, 당신이 그렇게 하기를 원하지 않아요."

❖ 내담자가 자신의 고통스러운 경험을 자원으로서의 아이에게 투사하는 경우: 예를 들어, "그 아이가 드디어 안전하다고 느껴요. 더 이상 걱정할 필요가 없죠." (이를 다루지 않는다면, 이후 자원 이자관계에 대한 왜곡된 투사로 이어질 것이다)

반응: 이러한 경우, "당신이 그 둘을 보고 있을 때 말이군요," 혹은 "그리고 당신이 그걸 관찰하는 것이 어떻게 느껴지나요?"와 같은 문구들이 내담자로 하여금 자신이 이자관계의 아이가 아니라는 것을 상기시킬 수 있도록 돕는다. 때로는 내담자에게 자신이 그 아이가 아니라는 것을 분명하게 상기시킬 필요가 있다. 덧붙여, 치료자가 그 아이나 성인의 신체적 감각을 묻는 세 번째 morphing 질문이 내담자를 현재에 머무르게 하고 투사로부터 빠져나올 수 있도록 돕는 것으로 보인다.

❖ 돌보아주는 성인이 변해버리거나 떠나버릴 수 있다는 불안: 내담자가 이자관계의 성인으로서 있으면서 아이를 동일시하기 시작하고 있는 경우, 불안을 느끼는 것은 흔한 일이다. 그 성인이 변질되며 내담자의 과거에서 있었던 양육자들의 특성을 가져올 수 있기 때문이다.

반응: 이는 해결하기 쉬운 문제이다. 나의 경우 다음과 같이 말한다. "우리가 이 어른에 대해 이미 알고 있는 게 있는 것 같은데, 그 어른이 당신의 어머니와 같지는 않아요." 보통 내담자는 이자관계에서의 성인이 사실은 내담자 자신이었음을 확인하며 미소를 짓기 시작한다. 만약 그 성인이 내담자 자신이 아닐 경우에도, 대개 비슷한 반응이 효과적이다: "당신은 이와 같은 성인을 알고 있던 적이 있나요?"

❖ 내담자가 자신의 느낌을 무시하는 경우. 내담자는 다음과 같이 말할 수 있다. "기분이 좋아지기 시작했지만 단지 내가 지어낸 거라는 생각이 들어요. 이건 실제가 아니에요."

반응: "제가 아는 한 가지는, 당신이 관계에 대해 생각하며 느끼는 감정은 실제라는 거예요. 제게 중요한 건 그거예요. 이 관계는 당신에게 진정한 만족과 행복을 줍니다. 나는 이보다 실제적인 것을 떠올릴 수 없고, 당신이 그것을 지금 경험할 수 있다는 건 훌륭한 일이예요. 그리고, 이것은 당신으로부터 나오는 것이기 때문에 절대 당신에게서 앗아갈 수 없어요."

❖ 내담자가 자신이 아이였을 때 이런 치료를 받아보지 않았기 때문에 이 경험이 어떤 것인지를 알 수 없다고 확언하는 경우

반응: "'거울 뉴런'에 대해 들어본 적이 있나요? 뇌 기능의 이해와 관련해서 신경생물학에서 최근 많은 연구가 진행되고 있어요. 과학자들이 뇌를 살펴보는 온갖 새로운 방법들이 있는데, 뇌가 활동하는 동안 실제로 볼 수도 있어요. 그리고, 알다시피, 뇌는 수십억 개의 뉴런으로 이루어져 있어요. 그리고 과학자들이 밝혀낸 것 중 하나는 이 뉴런들 중 일부는 특별한 능력을 지니고 있다는 거예요.

이것들은 '거울 뉴런'이라고 불리는데, 당신이 어떤 경험을 하고 있는 사람을 보면, 그 경험이 그들에게 어떨지를 어느 정도 알게 돼요. 당신이 알게 되는 것은 당신의 거울 뉴런이 발화하기 시작하여 그 사람의 뇌에서 발화하는 뉴런을 따라 하기 때문이에요. 그래서, 당신이 TV에 나오는 사람이 경기에서 이기고 자부심을 느끼는 것을 볼 때, 성취를 해내서 느끼는 자부심의 경험이 어떤 것인지를 어느 정도 알 수 있는 거예요. 이것은 당신의 사촌 동생이 자기 엄마에게 사랑받는 것을 당신이 볼 때에도 마찬가지예요. 그것이 어떤 것인지를 당신의 일부분이 알고 있고, 그러한 뉴런들이 당신의 머리에서 발화하기 시작해요. 그것이 나의 엄마가 나를 사랑해주는 것만큼 좋지는 않다는 것을 당신이 알게 되지만, 사랑받는 느낌이 좋은 느낌이라는 것도 알게 됩니다." 거울 뉴런에 대한 이러한 논의는 우리가 진행하는 자원화 절차에 타당성을 부여하는 데 도움이 된다. 이것은 다음과 같은 질문에 대한 답이 된다. "좋은 보살핌을 받아보지 못한 사람이 어떻게 좋은 엄마가 될 수 있었을까요?"

성인에 대한 morphing

❖ 내담자가 좋은 보호자가 될 수 없을 것이라는 불안감: 내담자가 자신을 그 이자관계의 성인이라고 분명하게 생각하지 않더라도, 이자관계를 생각하는 것만으로도 자신의 양육 능력을 반성하는 경우.

반응: "당신이 자신에 대해 생각하지 않으면서, 이 성인의 양육 능력을 편안하게 받아들여 볼 수 있는지 궁금합니다." 만약 이것이 효과가 없다면, 앞에서 설명했던 '치료자가 내담자의 고통스러운 느낌에 대해 인정해주고, 이를 이후 다루어볼 것이나 지금은 우리가 긍정적인 느낌에 초점을 두고 있음을 확신시키는' 등의 정교한 언급이 도움이 될 수 있다. 마지막 수단은, 이 절차를 효과적으로 진행하기 위해서는 내담자가 자신을 이자관계의 성인과 비교하지 않아야 한다는 것을 내담자에게 설명해주는 것이다.

부정적인 내용이 사라지지 않을 때

때로는 치료자가 반응할 수가 없는 부정적인 감정으로 이자관계 자원화가 빠져들어갈 수 있다. 이는 보통 치료자가 이전 단계들이 안전하게 확립되었는지를 확인하지 않고 단계를 진행했음을 의미한다. 단계가 진행되어 가면서 치료자가 사용할 수 있는 도구들이 점차 적어지기 때문에, 안전하게 확립되지 않은 이전 단계로 돌아가서 해당 단계에서 이를 견고하게 만들기 위해 사용하는 추가적인 도구들을 활용해야 할 수 있다.

이자관계 자원화의 강도를 시험해보기

Shapiro는 "안전한 장소"와 관련하여, 그 강도를 확인해보기 위해 내담자에게 경미한 수준의 고통스러운 기억을 생각해보게 하고, 이어서 안전한 장소를 떠올렸을 때 안전한 장소에 대한 생각이 고통감을 완화시키는지를 살펴보도록 하였다. 이자관계 자원화는 대개 매우 고통스러운 특정 기억이나 일련의 기억을 처리하는 것을 돕기 위해 진행된다. 기억과 관련된 고통감은 자원이 있는 내담자에게도 압도적일 수 있으므로, 이자관계 자원의 강도를 확인하기 위해 매우 고통스러운 기억들을 먼저 떠올려보도록 하는 것은 권장하지 않는다.

내담자가 비교적 가벼운 수준의 고통스러운 기억을 떠올릴 수 있다면, 다음과 같은 방식으로 시험해볼 수 있다. "당신이 약간의 고립감(가치가 없는 느낌, 사랑받지 못하는 느낌 등)을 느꼈던 때의 기억을 떠올려보세요." "이제 그걸 다시 생각해볼 것인데, 동시에 (자원으로서의 인물)이 당신 뒤에 있다고 상상해보세요. 무엇이 알아차려 지나요?"

내담자가 만들어낸 이자관계 자원이 충분히 튼튼한지에 대한 의문이 들 때면, 나는 Krystyna Kinowski가 개발한 "쌍 적정화(paired titration)" 프로토콜의 일부를 이용하여 확인해본다. 이는 내담자에게 우선 자원에 접촉해보도록 한 후, 고통스러운 기억의 가장자리에 주의를 가져가 보고, 다시 바로 자원으로 돌아오도록 하는 내용을 담고 있다. 내담자가 이것을 할 수 없다면, 자원이 충분히 강하지 않은 것일 수 있다. 한편 내담자가 다시 돌아올 수는 있으나, 약간의 어려움을 겪는다면, 이 어려움이 완화될 때까지 해당 절차를 반복해야 한다. 그렇게 하지 않으면 자원이 충분히 안정되지 않을 수 있다. 이는 약한 자원을 확인하는 데에도 유용하다. 하지만, 그 자원이 본래 목표로 삼은 트라우마 작업에 대해서도 충분히 강할지를 예측해주지는 않는다. Kinowski 프로토콜의 나머지 부분은 고통감에 대한 노출의 길이와 강도를 점진적으로 증가시키는 것을 수반하며, 압도적인 기억들에 유용하게 사용될 수 있다.

요약

이자관계 자원화의 목적은 내면화된 양육 성인과 내담자 내면의 아이 사이의 애정 어린 관계이다. 처음에는 내담자가 아이의 양육자가 되는 것이나 돌봄 받는 아이가 되는 것을 상상한다. 돌보아주는 것이나 돌봄을 받는 개인적인 경험이 떠오르지 않으면, 내담자를 전혀 포함하지 않는 이자관계로 시작해볼 수 있다. 내담자가 "그 상황에 있는 게 다른 아이라면 누구에게든 연민을 느낄 수 있겠지만, 나 자신인 아이에게는 그런 식으로 생각할 수가 없어요"와 같이 말하는 경우에는, 아이로서의 내담자를 포함하지 않는 이자관계로 시작하는 것이 더 유용할 것이다. 만일 내담자가, "전 단지 아이들을 좋아하지 않아요. 걔들은 항상 문제를 만들어요"와 같이 말한다면, 초반에는 내담자가 아이나 양육하는 보호자의 역할 모두를 맡아보지 않도록 하는 것이 가장 낫다. 이와 같은 사례에서는, 내담자로 하여금 자신의 숙모와 사촌 동생의 관계 등을 떠올려보도록 할 수 있다. 내담자는 이를 통해 성인이 아이를 어떻게 돌보는지 알 수 있으며, 이것이 돌보아주는 관계를 대표하게 되면서도, 내담자가 두 역할 모두를 자신으로부터 독립된 것으로 바라볼 수 있다. 내담자가 접근해볼 수 있는 양육 이자관계가 자신을 포함하지 않는다면, 점진적인 morphig을 통해 적어도 자신을 이자관계의 한 역할로, 바람직하게는 두 역할 모두로 적용해볼 수 있도록 안내해주는 것이 도움이 된다. 이상적으로는, 내담자가 두 역할 모두를 수행하는 것이 가장 강력한 자원 이자관계가 된다.

이자관계 자원화를 숙달하기 위해 작업해온 치료자들의 일반적인 의견은, 이것이 세심하고 어려운 과정이며 능숙하게 연마해가기 위해서는 연습이 필요하다는 것이다. 하지만, EMDR 트라우마 처리와 마찬가지로, 이것은 강력한 힘을 가진 절차이며, 한 회기가 특별히 뛰어나지 않더라도 내담자에게 많은 도움이 될 수 있다. 핵심은 내담자가 감정적으로 자원의 즐거움("불빛")에 접근한다는 것이다. 트라우마 처리에서와는 달리, 자원화가 고통감의 수준을 증가시키거나, 회기가 시작될 때보다 더 활성화된 상태로 내담자를 내버려 둘 가능성이 거의 없기 때문에 치료자가 실수에 대해 염려할 필요가 없다. 최악의 경우 내담자가 이 과정에서 안도감을 경험하지 못하고 회기를 시작할 때와 똑같은 불쾌감을 지닌 채로 회기를 떠나며, 혹은 희망을 다소나마 잃을 수 있다. 이자관계 자원화를 처음 진행하는 임상가라도 내담자가 트라우마 처리에 긍정적으로 기여할 만큼 충분히 강한 자원을 찾을 수 있도록 도와야 한다.

단순한 자원화

단순한 자원화 회기: 양육하는 부모

　다양한 자기-확인적 경험에 접근할 준비가 되어 있는 사람의 경우 자원화 작업이 매우 쉬워지는데, 예로는 부모가 되어보는 것에 대한 성공적인 경험을 갖고 있는 것 등이 있다. 다음의 두 축어록은 간단하고 쉬운 자원화의 예시를 보여준다. 첫 회기의 내담자는 51세의 여성으로, 내가 성공적인 육아 경험을 해본 적이 있는 사람을 시연자로 찾고 있을 때 자원하였다. 그녀는 28세 된 아들의 엄마이다. 나는 내담자가 부모로서 아이를 양육한 경험과 아이로서 양육되었던 경험을 연결하는 것을 목표로 삼았다. (이는 앞서 "자원 이자관계"라고 설명한 것이다) 엄마로서 성공적으로 긍정적인 경험을 해보았기 때문에, 이 두 경험을 연결하도록 돕는 데 별 어려움이 없을 거라고 자신하였다.

　이 회기는 내가 5장에서 설명했던 정교한 이자관계 자원화가 필요하지 않은 경우를 보여주는 사례인데, 이 내담자가 이미 풍부한 자원을 지니고 있기 때문이다. 사랑받는 아이와 애정 어린 성인의 경험을 연결하기 위해 상세한 단계에 따라 진행되는 "morphing"은, 내담자가 그러한 경험에 거의 저항하지 않는다면 굳이 필요하지 않다.

치료자: 당신의 아들이 어렸을 때를 생각해보시겠어요? 무엇이 떠오르나요?

내담자: 그 아이가 아기였던 거요. 1살보다 어렸을 때.

치료자: 그 장면이 그려지나요?

내담자: 네. 아이가 열이 나고 있었어요. 왜였는지는 기억이 안 나요. 그 아이를 안고, 손에 인형을 끼우고 노래를 불러주고 있었어요.

치료자: 지금 당신에게 어떤 감정이 올라오고 있는 것 같군요.

내담자: 네. 이건 달콤한 기억이에요.

자원에 대한 강력한 정서적 연결

내가 선명한 이미지를 얻은 것은 아니다. 하지만 내담자가 자연스럽게 감정을 보여주었기 때문에, 그 기억에 더 강력하게 연결되도록 도울 수 있는 보다 선명한 이미지를 요구할 필요가 없었다. 나는 그녀의 이미지가 손에 손가락 인형을 끼운 채로 아들을 안고 있는 자신의 모습일 것이라고 생각하였다.

치료자: 이제, 손에 인형을 갖고 있는 당신의 이미지를 떠올려보세요. ＜＞＜＞

내담자: 울컥하네요. 가슴 안쪽이 부풀어 오르는 것처럼 느껴져요.

치료자: 거기에 집중하세요. ＜＞＜＞

내담자: 10대가 된 아이가 떠오르고, 제가 여전히 그 아이에게 노래를 불러주고 있어요. 아이가 결국은 "엄마, 저한테 노래 그만 불러줘요."라고 말하네요.

치료자: 거기에 집중하세요. ＜＞＜＞

내담자: 아주 든든한 느낌이 드네요…. 아들은 삶의 모든 방면에서 사랑받았어요.

단일 초점의 유지

특히 긍정적인 기억을 많이 갖고 있는 경우, 내담자들은 좋은 느낌을 갖고 있는 한 가지 기억에서 또 다른 좋은 기억으로 넘어간다. 나는 자원화를 진행할 때, 자원을 강화시키며 풍부하고 강력하게 만들도록 돕기 위해 내담자가 특정한 긍정적 자원에 초점을 유지하도록 한다. 여기서는, 내담자가 이전의 기억으로 돌아가게끔 하였다.

치료자: 손가락 인형을 끼우고 아이를 안고 있던 처음의 장면으로 돌아가서, 그것을 다시 생각해보고, 무엇이 떠오르는지를 말해주세요.

내담자: 따뜻한 감각과 제 얼굴의 미소요.

치료자: "따뜻한 감각"이라는 건 당신이 닿아있는 아들의 몸에서 느껴지는 온기인가요?

내담자: 음, 네, 아들에게서 열이 나요, 그리고 그의 뺨에서 열기를 느낄 수 있어요. < > < > 갑자기 할아버지에 대한 생각으로 넘어갔어요. 제가 그를 좀 걱정하거든요. < > < > 자석 끝부분이 떠오르네요. (내담자는 BLS 중 자신이 눈으로 쫓던 막대기 끝부분에 있는 자석에 대해 언급한 것이다)

자원이 정서적 생명력을 잃었을 때 새로운 요소를 추가하기

최면에서처럼, 자원화는 내담자에 대한 조율과 반영(보조 맞추기), 그리고 새로운 것의 제안(이끌기) 사이에서 균형을 잡는 과정을 수반한다. 내담자가 자원 경험에 깊게 다가갈수록, 우리는 내담자에게 더 가까워진다. 내담자가 자원 경험으로부터 멀어지는 것처럼 보인다면, 경험을 더 심화시켜 줄 것으로 여겨지는 작은 양상들을 자원에 추가해준다. 예를 들면, 특정한 신체감각, 소리, 시각적 세부사항에 내담자의 주의를 집중시킨다. "당신이 아기를 안고 있다고 상상하면, 당신에게 기댄 아이의 몸이 어느 부분에서 느껴지나요? 그 온기를 느낄 수 있나요?" 등이 있다. 이 사례에서는, 내가 사용하던 막대의 끝부분으로 인해 내담자가 산만해졌지만, 그 기억에 더 깊게 연결하도록 도울 수 있는 좋은 기회가 되기도 하였다.

Jim Knipe

내담자의 처리에 대한 주의 깊은 추적은 자원화 및 트라우마 해결 단계 모두에서 중요하다. 내담자가 자원에 접근하며 처음에는 긍정적인 느낌을 경험하다가도, BLS를 진행하며 그것이 중립적이거나 부정적으로 향할 수 있는데, 처음의 이미지와 연관된 네트워크가 넓어지기 때문이다. 이는 EM이나 BLS의 다른 형식으로 인한 연상의 확장 때문에 일어나는 현상이다.

자원이 되는 이미지는 사실 방어의 기능을 하거나 비현실적이거나 이상화된 생각을 표현하는 것일 수 있기 때문에, 타겟이 되면 방어가 약해지거나 기저에 있던 고통스러운 내용들이 드러날 수 있다. 예를 들면, 한 내담자의 경우 긍정적인 자원으로 가장 좋아하는 삼촌에 대한 사랑을 이미지로 삼을 수 있는데, 삼촌과 연관된 따뜻한 느낌이 반복된 안구 운동 세트와 연합되면 삼촌에 대한 긍정적인 판단의 일부분이 처벌적인 아버지와의 대조에서 파생된 것임을 깨닫게 될 수 있다. 많은 긍정적 자원 이미지가 "부정적으로 될" 가능성을 갖고 있다는 점을 고려하여, RDI를 지지하는 치료자들은 자원 주입을 진행할 때 짧은 BLS를 이용하도록 권고한다.

부모/아이의 양육 관계에 연결하기

나는 가고자 하는 방향에 대한 지침을 가지고 있었다. 나는 내담자가 양육자로서 뿐만 아니라 양육된 아이로서의 경험 역시 느껴보기를 바랐는데, 이것이 둘 모두 자신을 양육하는 과정에서의 중요한 요소이기 때문이다. 내담자가 마음속에 갖고 있는 이러한 이자관계는, 이후 양육하고 보호해주는 어른을 갖고 있지 못했던 어린 시절의 고통스러운 사건을 작업하게 될 때 그 아이와 애정 어린 연결을 맺도록 하는 기반이 될 것이다.

치료자: 아들을 그렇게 안아주었을 때 어땠었는지를 상상해볼 수 있나요?
내담자: 안도감이 느껴져요.

나는 과거형으로 질문한 후에 같은 질문을 현재형으로 바꾸어 질문함으로써, 내담자가 기억을 현재의 경험에 연결할 수 있도록 한다.

치료자: 그것이 아들에게는 어떨 것 같은지 상상해 보세요. < > < >
내담자: 안전하고 안심되는 느낌일 거예요. < > < >
치료자: 그가 어떤 신체감각을 느끼고 있을까요?
내담자: 따듯하게 품는….
치료자: 그것을 알아차려보세요. < > < >
내담자: 내 몸으로 온전히 존재할 수 있다는 느낌이 들어요.
치료자: 그것을 알아차려보세요. < > < >
내담자: 세상 밖으로 나갈 수 있고, 이 안전한 장소로 다시 돌아올 수 있다는 느낌이요.

그것이 그 아이에게 어떨 것 같은지를 상상하도록 하는 것에서, 그 경험을 자신이 한다면 어떨 것 같은지를 묻는 것으로 향하는 약간의 변화를 줄 것이다.

치료자: 이 경험을 당신이 하게 되면 어떨 것 같은지를 상상해볼 수 있겠어요?
내담자: 네.
치료자: 상상해보세요. < > < >
내담자: 할아버지와 부모님 생각이 났어요, 그리고 "이건 내가 겪어본 경험이다."라는 생각이 들었어요.

그녀는 지금 아이로서의 자기 경험으로 옮겨가고 있다.

치료자: 그것을 알아차려보세요. < > < >
내담자: 안전한 느낌….

그 느낌과 연결된 지금-여기에서의 신체적 경험에 주의를 두도록 살짝 이끌어준다.

치료자: 그게 당신의 몸 어디에서 느껴지나요?

내담자: 몸통이요.

치료자: 그걸 그냥 알아차려보세요. < > < >

내담자: 부풀어 오르는 느낌이 들어요.

치료자: 알아차려보세요. < > < > 지금은 무엇이 알아차려지나요?

내담자: 새로운 건 없어요.

양육되는 아이가 되어보기

이제, 내담자를 어린 시절의 기억으로부터 특정 이자관계에서 양육되는 아이의 자리로 향하도록 도울 차례이다. 양육과 관련된 특정 기억에 초점을 둬보도록 하는 방법을 이용했어도 다음에 등장할 처리 과정이 똑같이 나타날 수는 있었겠지만, 그럴 경우 보다 장황하고 예측하기 어려운 형태였을 것이다. 그녀의 할아버지와 부모님과의 관계에 대해 내가 충분히 알지 못했기 때문이다. 더욱이, 나는 초반에는 양육자로 부모를 지정하지 않으려 하는데, 보통은 부모에 대한 내담자의 경험이 복잡할 뿐만 아니라 긍정적 경험과 부정적 경험을 모두 포함하고 있기 때문이다.

Jim Knipe

쉽게 겁을 먹거나 거부적으로 방어하는 내담자들의 경우, 처음에 "무언가를 생각해보는 데 상상력을 발휘해볼 수 있겠어요?"라고 물어보는 것이 중요하다. 아이가 되어보기 위해서는, 이자관계의 성인에게 아이를 보고, 또 아이의 느낌을 살펴보라고 해야 한다. 성인이 자신이 본 것을 보고하면, 치료자가 "어른이 그 아이의 느낌을 보겠다고 하는 걸 아이가 들었을 때, 아이는 무엇을 느끼나요?" 또는 "자신이 본 것에 대해서 그 어른은 어떻게 느끼나요?"라고 물을 수 있게 된다. 이는 그 어른이 아이의 관점을 충분히 가져보도록 하며, 어른과 아이 사이의 대화를 촉진시킬 수 있다.

치료자: 그럼, 이 이미지 안에서, 당신이 안겨있는 것을 상상해볼 수 있나요?

내담자: 네. <><> 안겨있어요. 편안하네요.

치료자: 누가 안아주고 있나요?

내담자: 제가 저를 안고 있어요. 제가 굉장히 재미있는 엄마를 가졌네요. <><> 서로의 눈과 영혼이 연결되는 느낌이에요. <><> 놀랍네요.

치료자: 그 아기, 어린 소녀에 대해선 어떤 느낌이 드나요?

내담자: (약간의 눈물이 어리며) 깊은 느낌이에요.

　　시각적으로도 분명하게 드러나는 것을 그녀의 말이 확인시켜주었다. 그녀는 아이로서의 자신인 아기에게 감정적으로, 그리고 연민적으로 연결되어 있었고, 깊은 감동을 받았다. 하지만 내담자 입장에서는, 감동적이고 친밀한 접촉으로 인해 감정적으로 취약해지는 것이 수강생들 앞에서는 불편하게 느껴질 수 있었다. 시연의 목표는 자원화의 힘과 풍성함을 설명하는 것이었기에, 내담자를 그 편안한 수준 너머로 밀어붙이고 싶지 않았다.

치료자: 그것이 당신의 몸 어디에서 느껴지나요?

내담자: (눈물이 어림) 입 주변에 가벼운 떨림이 느껴져요.

치료자: 그건 좋은 느낌인가요, 아니면 나쁜 느낌인가요?

내담자: 모르겠어요.

치료자: 그것을 그냥 알아차려 보세요. <><>

내담자: 약간 진정됐어요.

치료자: 그럼, 그게 가라앉았다는 건 좋은 것인가요, 아니면 나쁜 것인가요?

내담자: 섞여 있어요.

치료자: 그렇다면, 떨림은 좋은 것이 아니었을 수 있네요.

　　만일 내담자들이 나를 보호하기 위해 무언가를 말하려 하지 않는다면, 그걸 말할 수 있도록 지지해 주어야 한다. 예를 들면, 내담자들은 자신이 참여하고 있는 이 과정에 문제가 생긴 것인지를 궁금해 할 수 있다. 지지가 없이는, 치료자를 실망시킬지 모른다는 두려움으로 인해 자신이 겪고 있는 것을 말하지 못할 수 있다. EMDR을 처음 접해본 내담자들은 흔히 자신이 경험하는 것이 원래 일어나리라고 "예상되는" 것인지를 궁금해 한다. 이것이 처리에 온전히 임하는 데 방해가 되기 때문에, 내담자가 이를 해결하기 위해 질문을 하는 편이 더 낫다.

내담자: 아마도요. 맞아요.

치료자: 어쩌면, 당신이 수강생들 앞에 있는 상황이기 때문에 감정이 올라올 때 약간 노출되는 느낌을 받았을 수도 있을 것 같아요. 그래서 약간 불편했을 수 있지만, 그건 좋은 느낌이었던 것 같아요.

내담자: 네. 당신의 말이 맞는 것 같아요. 그게 정확해요.

수강생들 앞에 서 있는 상황으로 인해 자원의 감정적 심화가 제한되고 있긴 했으나, 나는 그녀가 개발할 수 있었던 자원의 힘과 강렬함이 만족스러웠다. 이것이 개인회기였다면, 그녀의 성인 자아와 아이 자아 사이의 연결이 더욱 깊어질 수 있도록 독려했을 것이다.

치료자: 여기에서 멈추어도 괜찮을까요?

내담자: 네.

Jim Knipe

많은 내담자들에게서, 어린 시절의 두려움이 성인 자아의 기능을 만성적으로 방해하고, 침범하고, 간섭하는 일이 벌어지며, 때로 성인 자아가 외상화된 아이 자아를 양육하는 데 어려움을 겪기도 한다. 이러한 상황에서의 대안적 접근은, 내담자에게 자신을 차분하고 현명한 75세의 모습으로 상상해보도록 하는 것이다. 지난 한 해 동안 자신이 어떤 사람이었는지와, 어떤 애정 어린 조언과 지지를 나눠주었는지를 돌아보도록 하고, 그에 대한 대답에 BLS를 결합한다. 이는 다음에 나올 사례의 유형에도 적용할 수 있었을 것이다.

단순한 자원화: 애도가 차단된 양육자

　Sandy의 어머니는 이 훈련이 진행되기 한 달 전에 돌아가셨다. 그녀는 어머니에 대한 어떤 말에도 왈칵 눈물을 흘리며 무너져버렸기 때문에 이전에 진행된 실습에서 내담자로 참여할 수 없었다. 하지만 이 자원화 시연의 참가자로 지원하였는데, 직전에 진행된 "안전한 사람" 자원 탐색에 대한 수업에서 자신이 성공적으로 해내지 못했다고 믿고 있었기 때문이다. "안전한 **사람** 활동"이라는 용어는, 내면의 보호하는/양육하는 성인 상(adult figure)에 대한 내담자의 연결을 발달시키기 위한 절차이다. 이는 Shapiro가 언급했던 "안전한 장소 활동"과 유사한 것으로, 다만 장소를 사람으로 대체한 것이다. 처음에는, 나는 그녀와 양육 성인 상을 탐색하고 연결하는 간단한 자원화 회기를 진행하는 것을 시연의 목표로 두고 있었다. 하지만 함께 시연을 시작하고 나서 보니, 원래 계획했던 것보다 더 많은 성취를 이루었음이 분명했다. 이 회기에서의 강력한 결과와 상관없이, 내용의 대부분은 간단하고 쉬운 자원화의 또 하나의 예시가 된다.

　이 회기에서는 5장에서 설명했던 morphing 절차가 필요하지 않은데, 이미 내담자가 자신의 아이를 잘 양육해낸 경험을 갖고 있기 때문이다. 그로 인해, 내담자가 자원화된 상태에 연결되기가 상대적으로 쉽다. 나는 이것이 긍정적 이미지를 찾아내고 강화시키는 것의 힘을 보여준다고 생각한다. 이것은 5장에서 설명했던, 내담자가 자원에 대해 생각할 때 그로부터 불빛을 이끌어낼 수 있는 기술이다. 여기서 가장 중요한 것은 자원 이미지에 대한 긍정적 반응을 강화시키는 동안에 내담자가 관찰자 역할을 유지해야 한다는 것이다.

　나는 "안전한 사람"이 무엇을 의미하는지에 대한 수강생의 질문에 대답하면서 시연을 시작하였다.

치료자: (강의를 진행하며) 안전한 사람이란, 기본적으로, 잃어버린 중요한 것을 제공해주는 사람입니다. ─ 예를 들면, 안전이나 양육 같은 것들이요. 이것은 내담자가 건강한 성인 관점과 연결될 수 있게끔 합니다. 자, 내

담자가 부모이면서 부모로서의 자신에 대해 좋게 느끼고 있다면, 우리에게 필요한 모든 걸 이미 가지고 있는 것일 수 있습니다. (내담자에게) 당신은 부모인가요?

내담자: 네.

치료자: 당신의 아이들은 몇 살인가요?

내담자: 7살 난 딸과 9살짜리 아들이 있어요.

치료자: 그럼 당신은 당신의 양육에 대해 어떻게 느끼나요?

이것은 중요한 질문이다. 내담자가 양육하는 부모가 아니라면 그녀의 양육 경험이 유용하게 사용할 만한 것이 되지는 못할 것이다.

내담자: 지금으로써는 아주 좋지는 않아요.

치료자: 당신의 아이와 연결되어 있다고 느끼나요?

내담자: 네.

치료자: 그럼, 당신이 아주 좋지는 않다고 느끼는 건 무엇인가요?

내담자: 음, 저희 엄마가 한 달 전에 돌아가셨는데, 그때 이후로, 그냥 많은 것들이 떠올라요. (눈물을 글썽임) 그 전에는 제 어린 시절이 잘 기억나지 않았는데, 그 일 이후로는 기억이 홍수처럼 밀려오고 있어요. 죄책감이 느껴지고, 엄마로부터 받았던 사랑에 대해서도 의문이 들고, 애들에게는 내가 똑같은 엄마일 수도 있겠다는 느낌이 들어요.

치료자: 그렇군요. 그럼 이제, 나는 우리가 다뤄야 할 것이 당신이 진실이라고 알고 있는 것에 대한 것인지, 아니면 진실이라고 느끼고 있는 것에 대한 것인지를 알아야겠어요. 우리가 이전에 부정적 인지에 대해 얘기했을 때 나왔던, 당신이 아이들을 돌보고 사랑한다는 걸 알고 있으면서도 "충분히 잘 하지 못했어," 또는 "나는 충분하지 못했어," 아니면 "그래 맞아, 나는 애들을 방임했지"라고 말하는 것 같은 감정적인 느낌이 있다는 게 이것인가요?

내담자: 저희 엄마가 좋은 엄마였고 저를 방임하지 않았다는 사실을 알고 있고, 저 역시 좋은 엄마이며 애들을 방임하지 않았다는 사실도 알고 있어요. 다 알고 있는데도, 그걸 느낄 수가 없어요.

인지적 왜곡

우리는 항상 비합리적인 인지적 왜곡에 대해 탐색하고 있어야 한다. EMDR 작업은 비합리적인 믿음이 내담자가 사실이라고 알고 있는 것에 맞춰지도록 돕는다. 여기서 트라우마 처리는 진행하지 않는다. 다만 내담자의 양육 경험이 효과적인 자원으로 이용될 수 있을지를 알고자 한다.

치료자: 알겠습니다. 도움이 되네요. 좋습니다. (수강생들을 향해) 말해야 할 게 있네요. 자신이 무엇을 하고 있는지를 알고 있는 것이 매우 중요합니다. 트라우마 처리를 하고 있는 건지, 아니면 자원화를 하고 있는 것인지를 말이에요. Sandy가 말하고 있는 왜곡에 바로 뛰어들거나 처리를 진행해볼 수도 있겠지만, 우리가 지금 하려고 했던 것은 그게 아니에요. (내담자를 향해) 좋아요. 무엇이 당신에게 당신이 좋은 엄마였다고 말해주나요? 그에 대한 이미지를 지금 갖고 있죠. 맞나요?

이 질문을 할 때 나는 내담자가 이미지에 접근하고 있다는 것을 보여주는 시각적 접근 단서에 반응하고 있었다. 그녀의 눈이 위로 올라갔다가 오른쪽으로 움직였다.

내담자: 맞아요.
치료자: 어떤 이미지인가요?
내담자: 사진으로 보아야 하나요, 아니면 영상으로 보아야 하나요?
치료자: 저는 그냥 당신이 보고 있는 것에 대해 알고 싶어요.

내담자: 그들의 삶에 대한 제 변함없는 마음이요.

치료자: 그럼, 당신에게 그것을 나타내는 이미지는 무엇이었나요?

내담자: 방금 있던 거요?

치료자: 지금은 무엇인가요?

내담자: 거실 소파에서 아이들을 양쪽에 두고 그냥 앉아있는 장면이었어요.

치료자: 아이들의 나이는 어떻게 되나요?

내담자: 현재 나이요. 7살이랑 9살.

치료자: 좋아요. 그럼, 당신이 거실 소파에서 아이들을 양쪽에 두고 앉아있는 이미지를, 지금도 볼 수 있나요? 그리고 어떤 아이가 오른쪽에 있고 어떤 아이가 왼쪽에 있나요?

내담자: Lizzy가 제 오른쪽에 있고 Jason이 왼쪽에 있어요. 그리고 담요를 갖고 싸우고 있네요.

치료자: 지금 그 말을 하면서, 당신이 미소 짓고 있네요. 그 미소는 무얼 반영하나요?

내담자: 사랑과 만족감이요.

치료자: 그걸 그저 알아차려 봤으면 합니다. < >< > 지금은 무엇이 떠오르나요?

내담자: 당신이 막대를 집어 들자마자, 제 머리 뒤쪽에서 저린 느낌이 들었어요. 어지러웠던 것 같아요. 그리고 그 막대기를 따라가기 시작하면서부터는, 배 쪽이 좀 편해지는 걸 느꼈어요.

치료자: 좋아요, 그건 사랑과 만족감이었고, 머리 뒤쪽에 어떤 느낌이 있었군요. 그럼, 그 이미지로 돌아가면 지금은 무엇이 알아차려 지나요?

내담자: 지금도 거의 비슷해요, 더한 것도 덜한 것도 없어요 - 그냥 똑같아요.

치료자: 지금 뭔가 특별하게 떠오르는 것이 있나요?

내담자: 차분함이 좀 더 있는 것 같아요. 몇 초 전에는 아이들이 담요를 갖고 싸우고 있었는데, 지금은 진정하고 스펀지밥을 보고 있어요.

치료자: 다시, 미소를 짓고 있네요. "스펀지볼"을 보는 아이들에 대한 것이 당신

을 기쁘게 하는군요.

내담자: 그 애들이 조용하거든요.

치료자: 어떤 개인적인 느낌도 있지 않나요? 이건 당신에게 어떤 의미가 있어요. 아이들이 각자의 특징이 있고, 이런 것들을 좋아하는 것들이요.

내담자: 그 아이들이 편안하다는 것도요.

치료자: 그걸 그저 알아차려 보세요. < > < > 지금은 무엇이 알아차려지나요?

내담자: 배가 좀 더 편안해졌어요: 더 만족스럽고 차분해요.

치료자: 그 변화를 그냥 알아차려 보세요. < > < >

내담자: 아까랑 같아요.

치료자: 자, 아이들을 바라볼 때 – "스펀지밥"인가요? 맞나요? 제가 "스펀지볼"이라고 했었죠? 이제 기억이 나네요. 자, 아이들이 스펀지밥을 보고 있고, 행복하고 만족스러워 보입니다. 그럼 그 아이들이 행복하고 만족스럽다고 생각하게끔 하는 어떤 시각적인 세부사항들이 알아차려지나요?

그저 그것을 알아차려 보세요

이 처리에 특별히 복잡한 부분은 없다. 그저 내담자에게 즐거움과 평화 또는 만족을 주는 것에 주목하고, 내담자가 그것을 알아차려 보도록 하였다.

내담자: 아이들은 누워서 TV에 집중하고 있어요. 차분하고, 평화롭고, 따뜻하네요.

치료자: 당신이 아이들의 몸에 닿아 있고, 아이들의 온기를 느낄 수 있나요?

내담자: 맞아요.

이는 내가 자주 묻는 질문이다. 누군가와 가까이 있는 상상을 할 때, 상대방 몸의 온기를 느껴보도록 하는 것은 상상 경험을 보다 실제적이고 더 깊이 있게 만든다.

치료자: 그저 알아차려 보세요. < > < > 지금은 무엇이 떠오르나요?

내담자: 강아지가 갑자기 떠올랐어요. 그리고 확실하게 귀찮아하고 있네요.

치료자: 자, 당신이 다시 미소 짓고 있는데, 어떤 미소인가요?

내담자: 좀 더 가족 같은 느낌이에요. 제 생각에는요.

치료자: 그걸 그저 알아차려 보세요. < > < > 지금은 무엇이 떠오르나요?

내담자: 확실하진 않은데, 아까랑 대부분 같아요.

치료자: "가족 같은 느낌이에요."라고 말했을 때, 그게 무얼 의미하는지가 확실치 않더군요. 그건 당신에게 어떤 의미였나요?

내담자: 모두가 어우러지는, 우리를 위한 공간이 있다는 거요. 편안하기도 하고요.

치료자: 좋아요. 그 모든 것들을 그저 알아차려 보세요. < > < > 지금은 무엇이 떠오르나요?

부정적이거나 고통스러운 느낌이 올라오는 것을 우리가 미리 예상할 수 있다는 것이 이 회기에서의 요점이 될 것이다. 지나치게 좋은 느낌은 종종 내담자가 부정적 정서와 관련된 생각이나 기억에 연결되게끔 한다. 이 사례에서는, 최근 사망한 어머니에 대한 생각이다.

Jim Knipe

이것이 진실로 "지나치게 좋은 느낌"이었는지에 대해서는 확실치 않다. Mae West는 "지나치게 좋은 것은, 굉장한 것이다!"라고도 말했다. 좋은 느낌은 "나쁜 것들"이 자각되지 않도록 방어하는 기능을 지니고 있을 수도 있고, 혹은 단순히 계속된 안구운동이 관련된 네트워크를 확장시키며 부정적인 내용이 떠오른 것일 수도 있다.[1]

---

1) Chirstman, S.D., et. al., in press.

치료자: 지금은 무엇이 떠오르나요?

내담자: (눈물이 고임) 죄송해요.

치료자: 괜찮아요.

내담자: 나는 늘 엄마 옆에 앉아 있곤 했어요. 엄마랑 아빠는 각자의 의자를 갖고 있었고, 제가 거기에 앉게 해주지는 않았지만, 엄마랑 같이 앉는 건 괜찮았어요. 그리고 제가 기억하기에 — 느껴지는 건 아니고, 기억하는 거예요 — 3살부터 12살 사이에 있었던 모습이 보이는데, 보통 오른편에서 엄마에게 달라붙은 채로, TV를 보고 있어요.

치료자: 안락의자인가요?

내담자: 네.

치료자: 아. 그것이 제게 어떤 기억들을 떠올리게 하네요. (웃음) 자, 당신이 그녀의 팔과 몸 사이에 끼어 있는 건가요?

내담자: 맞아요.

치료자: 좋습니다, 그것에 대해 그저 생각해보세요. <><> 지금은 무엇이 떠오르나요?

내담자: 그 방이 보여요. 우리는 오리건에 살고 있었어요. 의자의 색깔이 보이고, 벽난로 앞에 가짜 양가죽 러그가 있고, 아빠가 저희 건너편에 있어요.

치료자: 그리고 이건 긍정적인 연상인가요? (끄덕임) <><> 지금은 무엇이 떠 오르나요?

내담자: 엄마 옆에 앉아있다는 만족감이 다시 느껴져요.

치료자: 자, 당신은 두 가지의 이미지를 갖고 있네요. 하나는 아이들과 앉아있 는 가족의 장면인데, 모두가 따뜻하고 애정 어린 감각을 갖고 있으며, 당신은 성인으로서 자리하고 있죠. 그리고 다른 이미지는 아이로서의 당신이, 당신의 엄마와 같은 경험을 하는 것이에요. 이제, 약간 어려운 걸 해볼 거예요. 엄마의 자리에 당신 자신을 놓아보았으면 해요. 그러 면 그 어린 소녀에 대해 어떤 느낌이 들 것 같나요? <><> 그녀는 당신 옆에서 껴안아주고 있어요. <><> 무엇이 떠오르나요?

내담자: 솔직히 말하자면, 거기에 집중할 수가 없어요. 엄마가 돌아가셨다는 데 에만 집중하고 있어요. (눈물)

자원화의 긍정적 초점을 유지하기

엄마의 죽음에 대한 기억은 고통스러운 침습으로, 자원화를 방해하는 위협이 된다. 이런 경우에는 즐거운 이미지에 다시 초점을 두도록 하여 내담자가 성인 관 찰자로서 있는 것을 돕는다. 하지만, 이번에는 그 고통과 상실을 단지 옆으로 밀 어두도록 하였다. 긍정적인 초점을 유지하기 위해 고통스러운 생각을 옆으로 밀 어두는 것이 내담자들에게 언제나 가능한 것은 아니나, 보통은 해낼 수 있다.

치료자: 좋아요, 그럼, 당신이 그걸 떨어뜨려 놓아보길 바랍니다. 그리고 그 기 억으로 돌아가 보세요. 당신이 엄마에게 치댈 때, 그 감각이 엄마에게 즐거웠을 것 같은데, 맞을까요?

내담자: 맞아요.

치료자: 그러면 엄마는 당신에게 어떤 느낌을 가졌을 거라고 상상하나요?

내담자: 저와 제 아이들에 대해서 설명했던 단어들과 같아요 - 연결되고, 따뜻하고, 평화로운 느낌이요 - 소속되어 있다는 것과 옳은 일을 하고 있다는 느낌도요.

치료자: 그러면, 당신에게 애정을 느끼는 것이 엄마에게 힘든 일일 것 같은가요?

이것 역시 내가 매우 자주 사용하는 질문이다. 나는 여기에 "네."라고 답하는 내담자를 본 적이 없다. 이 질문은 내담자를 성인 관점에 다가가게 하며, 아이로서의 자신에 대한 연민과 돌봄의 감각을 떠오르게 한다. 내가 보기엔, 이것이 이 회기에서의 중요한 전환점이다. 여기에서 내담자는 엄마가 자신에게 느꼈던 돌봄의 느낌과 연결된다. 실수를 한 적도 있는 엄마로서의 자신의 경험이, 같은 경험을 했던 엄마에 대한 동일시를 불러일으키게 된다.

내담자: 아니요.

치료자: 그것에 대해서 생각해보세요. < > < > 지금은 무엇이 떠오르나요?

내담자: 제가 그걸 같이 놓고 생각해본 적이 없다는 강한 느낌이 드네요. 애도에 너무 집중한 나머지 엄마가 감정을 가진 사람이라는 것에 대해서는 생각해볼 기회가 없었어요. 엄마로서의 저와 엄마로서의 엄마를 연결해보고, 그리고 아이들에게 느끼는 친밀감을 연결하는 것도요.

치료자: 그 모든 것에 집중해 보세요. < > < > 지금은 무엇이 떠오르나요?

내담자: 함께 섞여 있는 이미지요.

치료자: 그걸 그저 알아차려 보세요. < > < > 지금은 무엇이 떠오르나요?

내담자: 저희 엄마가 Jason과 Lizzy, 그리고 나와 함께 소파에 있네요.

치료자: 당신이 그 장면 밖에 있나요?

내담자: 아니요.

치료자: 안에 들어가 있나요?

내담자: 네. 하지만 제가 성인의 모습이네요. 그러니까, Jason과 제가 있어요.

우리가 일부분을 차지하고 있고, 제가 가운데 앉아있어요. 그리고 Lizzy 가 있고, 엄마가 Lizzy의 오른쪽에 있어요.

치료자: 그걸 그저 알아차려 보세요. < >< > 지금은 무엇이 떠오르나요?

내담자: 우리가 모두 괜찮다는 거요.

치료자: 그걸 생각해보세요. < >< > 지금은 무엇이 떠오르나요?

내담자: 평화로움과 안전함이요. (눈물)

치료자: 그 눈물은 안도감을 의미하나요?

　　보통 안도감 등의 긍정적 정서 상태에 연결되어 있을 때 나오는 눈물은 때로 내담자를 혼란스럽게 만든다. 이러한 경우 내담자에게 그 경험에 이름을 붙일 만한 단어를 주는 것이 유용할 수 있다.

내담자: 맞아요.

치료자: 그걸 그저 알아차려 보세요. < >< > 지금은 무엇이 떠오르나요?

내담자: 지금은 엄마를 다른 불빛 아래에서 볼 수 있어요, 그리고 스스로를 좀 더 나은 부모로 보게 되고, 안도감 같은 것이 느껴져요. 당신이 말했던 것처럼요. 평화롭게.

치료자: 그것을 생각해보세요. < >< > 지금은 무엇이 떠오르나요?

내담자: 다른 건 없어요.

치료자: 자, 우리가 이걸 시작할 때에는, 자신이 좋은 부모임을 알고 있는 것과 어떤 방식으로든 부족한 것 같다는 감각을 느끼는 것 사이에서 불협화음이 있었죠. 그리고 이제는 그런 느낌이 더 이상 존재하지 않는다고 말하는 걸 듣게 되네요.

내담자: 그렇지는 않아요.

치료자: 전혀 없지는 않나요? 자신이 애정 어린 엄마라는 말을 충분히 지지할 수 있겠다고는 느끼나요?

내담자: 대부분은 내가 애정 어린 엄마라고 인정할 수 있는 것 같아요. 그걸 의심하지는 않아요. 그저 – 약간의 무감각한 느낌이 있어요. 아직도 그것에 대해 논의해보고 싶어 하는 것 같아요. 진짜처럼 느껴지지가 않거든요.

치료자: 어느 부분이 진짜가 아닌 것 같나요?

내담자: 내가 좋은 엄마라는 거요. 원점으로 돌아가서요. 그게 사실이라는 건 알아요. 그리고 우리가 이걸 처음 시작할 때와 같은 정도로 강렬한 느낌은 아니에요.

치료자: 자, 우리는 엄마로서의 당신에 대해 보다 편하게 느낄 수 있도록 하는 처리를 진행했지만, 엄마로서의 자신을 온전히 받아들이지는 못했네요.

내담자: 맞아요.

치료자: 그러면 무엇이 엄마로서의 자신을 더 받아들이지 못하게 하나요?

내담자: 제가 보기엔 20회기는 더 해야겠는데요. (웃음) 말로 하기 어렵네요.

내담자의 인지적 왜곡에 대한 설명

　　EMDR 훈련에서는, 내담자에게 단어나 문구를 제안하지 않도록 한다. 내담자를 도우려는 그러한 시도가 실제로는 내담자를 방해하며 끝이 나기 때문이다.

내담자에게 뭔가를 제안할 경우, 그 제안의 목적이 분명해야 하며, 내담자가 제안이 잘 들어맞지 않는다고 말한다면 치료자가 그에 대해 기꺼이 들어주어야 한다는 점이 중요하다. 이 사례에서는, 초반에 내담자가 말하기를, 자신이 어머니의 죽음 이후로 어머니가 잘못했던 것들을 찾아보고 있었으며, 자신도 비슷한 잘못들을 해왔다는 결론을 내렸다고 한다. 자신이 적절히 양육하고 있는 엄마임을 알고 있음에도 불구하고 자신이 좋은 엄마인지가 의문스럽다는 등의 말을 통해, 우리는 완벽주의와 관련된 문제가 있을 가능성을 고려해볼 수 있다. 내담자는 자신이 설명할 단어가 없다는 난관에 봉착한 것처럼 느낀다고 표현했다. 이는 도움을 요청하는 것처럼 보였다. 따라서 나는 그 난관에 대한 인지적 이해를 돕고자 하였다.

치료자: 음, 생각나는 게 하나 있는데, 이게 맞는지를 물어보고 싶네요. 제 생각에는 당신이 어떤 실수들에 대해 생각하고 있고, 그 실수들이 당신이 완벽한 엄마가 아니라는 증거가 되기 때문에, 자신을 엄마로서 받아들이지 못하는 것 같아요.

나는 "완벽주의에 대한 이 설명이 아주 명확하지는 않네요. 그게 자원을 분명하게 해 주는 건가요, 아니면 인지적 왜곡을 다루는 건가요? 그리고 어떤 게 더 트라우마 작업의 범주에 들어가는 건가요?"라는 질문을 받아보았다. 나는 이 시점까지 우리가 해왔던 자원개발 작업의 자연스러운 연장으로서의 개입이라고 생각한다. 처리의 결과로, 내담자는 이미 엄마를 좀 더 수용하는 태도로 변화되었고, 나는 그 새로운 관점을 이용하고자 했다. 만약 내가 한 말이 완벽주의와 자기수용과 관련된 복잡한 새로운 영역을 열게 될 것이라고 여겼더라면 그렇게 말하지 않았을 것이다. 나는 그녀가 그것을 들을 준비가 되었다고 보았으며, 자원 처리로부터 멀리 돌아가게 하기보다는 오히려 강화시켜줄 것이라고 생각했다.

내담자: 그렇네요. 그게 딱 맞는 것 같아요. (눈물이 고인 상태로 미소 지음)

치료자: 그것에 대해 생각해보세요. <><> 지금은 무엇이 떠오르나요?

내담자: 강렬한 느낌이 좀 덜한데, 아직 있긴 해요.

치료자: 그러면 당신의 엄마에 대해서는 어떤가요, 그녀가 완벽했나요?

내담자: 아니요.

치료자: 그럼 그게 그녀가 좋은 엄마가 아니었다는 걸 의미하나요?

이는 내담자로 하여금 건강한 성인 관점을 취해보도록 돕는 간단한 인지적 엮음이다. 이것이 인지적 왜곡에 대한 작업이긴 하나, 자원화 절차로부터 주의를 흩어놓지는 않는다.

Joan Lovett

긍정적인 반응을 이끌어내는 방법으로, "그녀가 완벽하지는 않더라도, 당신이 여전히 그녀를 좋은 엄마라고 말할 수 있나요?"와 같은 질문도 가능하다.

내담자: 아니요. 그렇지 않아요.

치료자: 그것에 대해서 생각해보세요. <><> 지금은 무엇이 떠오르나요?

내담자: 엄마가 어린아이로서, 또 엄마로서 겪었던 것들과, 엄마가 제게 해주었던 이야기들에 좀 더 연결될 수 있을 것 같아요. 그 모든 것들이 떠오르네요. 양육을 하는데 과거가 영향을 미칠 수는 있지만, 완벽할 필요는 없다는 것도요.

치료자: 그것에 대해 생각해보세요. <><> 지금은 무엇이 떠오르나요?

내담자: 그녀의 실패와 나의 실패를 받아들였어요. 우리가 다시 소파에 앉아있고, 그녀는 TV가 아니라 Lizzy를 바라보고 있어요. 스펀지밥을 싫어하거든요. (웃음)

내담자가 언급한 마지막 두 가지는 인지적 엮음이 보다 통합되었음을 나타내는 것으로 보인다.

치료자: 그것에 대해 생각해보세요. < >< > 지금은 무엇이 떠오르나요?
내담자: 우리가 그녀의 집에 있고, 그녀가 주방에서 요리를 하고 있네요. 그녀는 접대에 능숙한 안주인이에요. 그래서, 주방에 있으면서 저희를 즐겁게 해주고 있는데, 그게 그녀가 좋아하던 일이예요.
치료자: 그것에 대해 생각해보세요. < >< > 지금은 무엇이 떠오르나요?
내담자: 모두가 거기에 있어요. 모두가 저희 부모님 댁에 있고, 저는 양말을 신고 소파에 앉아있어요. 애들이 놀고 있는데, 그 소리가 뒷마당에서 들려오네요. 우리 모두가 좋은 시간을 보내고 있어요. 가족 그 자체이고, 모두가 만족스러워 해요.
치료자: 그저 그것을 알아차려 보세요. < >< > 지금은 무엇이 떠오르나요?
내담자: 같은 이미지요. 근데 더 평화로워요.

그녀가 갖고 있던 원래의 자원은 아이들과 함께 가족으로서 있는 생각이었다. 그것이 이제는 돌아가신 어머니를 포함하는 방향으로 확장되었고, 보다 강렬한 좋은 느낌을 담고 있다.

Jim Knipe

Sandy에게는 역설이 있었다. 어머니와 자기 자신이 좋은 부모임을 알고는 있었지만. 그것을 느끼지는 못했다. 이 역설에 대해 이해해보자면, 그녀가 처음에는 "좋은 엄마는 완벽하다"는 믿음에 정서적으로 몰두되어 있었을 것이라 여겨진다. 어머니의 죽음이 이것을 전경으로 가지고 왔고, 그녀는 어머니가 때로는 완벽하지 않았다는 것을 알아차리며 어려움을 경험했다. 그리고 그녀 역시 때로는 완벽하지 않았다. Phil은 단지 그녀에게 애정 어린 순간들을 자세히 살펴보도록 함으로써, 애정 어린 좋은 엄마가 되는 것과 무언가를 완벽하게 해내는 것 사이의 연결로부터 빠져나올 수 있도록 도왔다. 이를 통해 그녀는 자신과 완벽하지 않은 어머니 모두 진심 어린 애정을 주고 있었음을 살펴보고, 느끼게 되었다. 그리고, 보다 현실적인 기반을 둔 "결함이 있에도 좋은 엄마"의 느낌을 경험할 수 있게 되면서, 이 느낌이 BLS를 통해 강화될 수 있었다.

　이는 많은 청소년들이 겪게 되는 것과 유사하다. 자신의 부모에게도 결함이 있음을 깨닫게 되나, 여전히 완벽한 부모에 대한 이상화된 이미지를 품고 있으려 하기 때문에, 그 결과 일시적으로는 완벽하지 않은 부모를 원망하게 된다.

애도 처리를 촉진시키기

치료자: 한 가지를 더 해보았으면 해요. 당신이 어머니를 받아들이는 방식에 약간의 변화가 있었던 것 같거든요. 나는 당신이 그저 엄마를 떠올려보고, 그 수용에 대해 그녀에게 말을 해볼 수 있을지 궁금해요.

　이 질문은 내담자가 엄마와의 교류를 좀 더 온전하게 느껴볼 수 있도록 돕기 위해 건넨 것이다. 불완전한 애도에는 전해지지 못한 상호작용이 수반되는데, 그걸 하는데 아직 늦지 않았음을 이 질문이 알게 해준다.

치료자: 마음속으로 할 수도 있어요. 꼭 소리 내서 해야 하는 건 아닙니다.

내담자: 고마워요. (웃음)

치료자: 그리고 그녀가 어떻게 반응하는지를 그저 알아차려 보세요. ＜＞＜＞ (눈물이 고임) 단지 알아차리세요. 좋습니다. 그저 알아차려 보세요. 잘하고 있습니다. 지금은 무엇이 떠오르나요?

내담자: (눈물) 엄마는 그걸 몰랐어요.

치료자: 그것에 대해 생각해보세요. ＜＞＜＞ 지금은 무엇이 떠오르나요?

내담자: 연결되는 것 같아요. 엄마 대 엄마로요.

치료자: 그것에 대해 생각해보세요. ＜＞＜＞ 지금은 무엇이 떠오르나요?

내담자: 우리 둘 다 괜찮다는 거요.

치료자: 그걸 그저 알아차려 보세요. ＜＞＜＞ 지금은 무엇이 떠오르나요?

내담자: 어렸을 때 엄마의 무릎에 앉아있던 이미지와, 성인이 되어서 엄마의 집

에서 함께 앉아 있는 모습이 다시 겹쳐져요.

치료자: 그러면 엄마로서 괜찮다는 감각을 느낀 것은 어떻게 되었나요? 지금은 어떤가요?

내담자: 더 진짜 같아요. 의심이 덜해졌어요.

치료자: 그 변화에 대해 알아차려 보세요. <><> 지금은 무엇이 떠오르나요?

내담자: 계속, 훨씬 덜 해요 - 그 의심이요.

치료자: 그걸 그저 알아차려 보세요. <><> 지금은 무엇이 떠오르나요?

내담자: 나는 좋은 엄마고, 실수할 수도 있지만, 괜찮아요.

치료자: 그것에 대해 생각해보세요. <><> 지금은 무엇이 떠오르나요?

내담자: 저희 엄마는 좋은 엄마였어요.

치료자: 그것에 대해 생각해보세요. <><> 지금은 무엇이 떠오르나요?

내담자: 죄책감이요.

치료자: 죄책감! (웃음) 무엇에 대한 것인가요?

내담자: 지난 몇 주간 아주 많은 시간을 엄마의 부정적인 면을 생각하며 보냈어요.

치료자: 그녀의 부정적인 모습들이요, 그리고 그렇게 한 것에 대해 당신이 죄책감을 느꼈던 건가요?

내담자: 맞아요. 하지만 용서받을 수 있을 것 같아요.

치료자: 마음속으로, 그녀에게 당신을 용서해줄 수 있는지 물어보세요. <><>

내담자: 당연히 그렇게 할 거예요.

치료자: 단지 그것에 대해 생각해보세요. <><> 지금은 무엇이 떠오르나요?

내담자: 더 이상은 죄책감이 느껴지지 않아요.

치료자: 여기까지 진행하면 좋을 것 같네요.

내담자: 좋아요.

치료자: 이 처리를 강의에서 나눠주어서 고마워요.

내담자: 감사합니다.

나는 이것이 자원화의 힘을 보여주는 멋진 예라고 생각한다. 이 회기에서, 내담자는 자신과 엄마를 향한 비판적인 느낌에서부터 시작하였다. 엄마에 대한 분노로 인해, 삶의 다양한 순간에서 엄마로부터 받았던 따뜻한 보살핌의 느낌에 연결되지 못하였다. 이 회기는 자신이 어린 시절에 받았던 따뜻함과 보살핌을 인식할 수 있도록 돕고자 하였으며, 그 따뜻한 느낌을 통해 자신이 아이로서의 자신에 대해 갖는 따뜻한 느낌에도 연결될 수 있도록 해주었다. 아이로서의 자신에 대한 소중함을 인식하면서, 어머니 역시 아이였던 자신에게 이러한 따뜻한 느낌을 품었음을 떠올리기가 쉬워졌다. 자신을 향한 엄마의 돌봄을 회상해낼 수 있었으며, 엄마의 단점들도 받아들일 수 있었다. 결국, 어머니가 완벽하지 않더라도 좋은 어머니일 수 있음을 받아들였고, 이에 따라 자기 자신이 엄마로서 갖는 불완전함에 대해서도 받아들일 수 있었다. 이번 회기는 내담자를 분노, 고통, 죄책감으로부터 돌봄의 느낌과 자기-수용에 대한 연결로 변화시켰다. 내담자의 애도 처리를 해소하는 것과 더불어, 그녀의 어머니가 내담자에게 중요한 자원이 되도록 하였다. 나는 EMDR 치료의 초반에 불완전하게 해결된 상실을 처리하는 것을 선호하는데, 그 처리가 비교적 간단하고, 내담자에게 성공적인 트라우마 처리 경험을 줄 뿐만 아니라 새로운 자원을 제공해주기 때문이다. 상실을 포함하고 있는 타겟은, 그 상실이 처리된 이후에 트라우마 처리에서 활용될 수 있는 '사랑했던 사람'이라는 강력한 자원이 되는 경향이 있기 때문에 상대적으로 수월하게 해결될 수 있다.

Debbie Korn

많은 치료자들이, 자원화 단계에서 미해결된 애도 등의 부정적 감정 처리를 진행해야 하는 것이 옳은지를 판단내리기 어려워한다. 강력한 자원에 접근하고 이를 활용하기 위해, 까다로운 감정을 쫓아가고 처리해도 될지를 어떻게 결정할 수 있을까. 이러한 의사결정의 순간에, 치료자에게 어떤 지침을 줄 수 있을까. 이는 내담자가 부정적 감정을 처리하는 것을 감내하며, 안전하고 튼튼하게 그 이면을 꺼낼 수 있을 만큼 "충분히 자원화되어 있는지"에 전적으로 달려있다.

Debbie는 여기서 매우 중요한 화두를 던졌으며, 내담자가 "충분히 자원화되어 있는지"에 전적으로 달려있다는 말에 나 역시 동의한다. 수련생들이 자원화 과정에서 흔히 하는 실수는, 내담자의 부정적 정서에 자연스럽게 반응하는 바람에 Debbie가 언급했던 폭넓은 임상적 영향에 대해서는 충분히 생각해보지 않고 외상처리에 빠져 들어가는 것이다. 상대적으로 간단한 상실을 처리하는 것은, 일반적으로 세상을 떠난 사람을 자원으로 이용하는 데에서의 장애물을 제거하며 강력한 자원으로 향하는 길을 닦아준다. 더불어, 그 사람과의 강력한 연결은 상실을 처리하는 것을 더 쉽게 만들어준다.

다루고자 하는 상실이 많은 준비 없이는 해결하기 어려울 것으로 여겨지는 초기의 상실과 연결되어있는 경우, 현재의 상실 처리를 초기의 상실이 방해하는지에 대한 치료자의 판단이 필요하며, 이와 더불어 현재의 자원 및 상실을 처리하기 이전이나 혹은 그렇게 하는 대신에 초기의 상실 및 자원을 먼저 처리하는 것이 나을지에 대해서도 고려해보아야 한다. 때로는, 자원화 회기에서 자연스럽게 끌려나오는 부정적 정서를 해결하고자 하는 것이 자원화를 촉진시키지 않을 수도 있다. 예를 들면, 내담자가 자원으로 자신이 가장 좋아했던 선생님에 대한 기억을 떠올릴 수 있는데, 이는 약간의 눈물과 함께 자신이 학교에서 겪었던 고통스러운 기억과, 자신이 바보 같다는 생각 등을 불러일으킬 수 있다. 이것은 이후에 처리해야 할 중요한 타겟이 되고, 가장 좋아했던 선생님이 유용한 자원이 될 것이나, 이것이 현재의 자원화를 촉진시키는 데 중요한 타겟은 아니다.

애도에 대해 언급했던 것을 제외하면, 나는 일반적으로 치료자들이 내담자가 트라우마 처리에 준비되지 않았다고 여겼기 때문에 자원화 절차를 시작한 것임을 상기하도록 하며, 따라서 어떤 부정적 내용에 대한 처리보다도 자원화 절차가 우선적으로 중요함을 유념하도록 한다. 내담자들은 '부정적인 내용도 명백히 중요하지만, 그것에 초점을 맞추기 전에 자원화 절차가 완료되어야 한다'는 치료자의 말에 기꺼이 응할 것이다.

정서에 연결하기
(비디오 #9)

　다음의 축어록은 내담자가 이미지나 기억에 깊게 연결되도록 돕기 위해 "직관"을 조성하는 비교적 정교한 절차를 보여준다. 이는 "직관적 심리치료"로부터 영향을 받는데, 1960년대에 Achter Ahsen에 의해 처음 개발된 접근으로, 이미지를 생생하게 만들기 위해 시각적 세부사항들을 활용하는 것이다. 다음은 대규모 강의에서 진행된 자원화 회기이다. 회기를 시작하기에 앞서, 수강 인원들은 각자 자신의 삶에서 자신을 돌보아주었고, 또 자신이 큰 관심을 갖고 있는 누군가를 떠올려보도록 하는 집단 자원화 활동에 참여했다. 부모 혹은 자녀 외에 다양한 친척들이 대안으로 제시되었는데, 친구의 부모님들, 선생님들, 종교적 지도자들, 슈퍼바이저들, 그리고 성인인 친구들 등이 있었다. 이 축어록의 내담자는 이 활동에서 양육 자원을 찾아낼 수 없었던 두 명 중 한 명이었기 때문에 시연자로 선정되었다.

　이자관계 자원화를 배우는 임상가들은 절차 중 가장 어렵게 생각되는 부분으로 자원으로서의 성인을 찾아내는 것과 가장 중요한 불빛을 내담자로부터 만들어내는 것을 든다. 이 회기는 처음에는 긍정적인 정서에 매우 저항적인 내담자와의 절차를 보여준다. (전체적인 이자관계 자원화 프로토콜이 사용되지는 않았다.) 시연에서, 내담자는 초반에 자신의 주의를 부정적 정서와 연관된 것으로 돌림으로써 모든 긍정적인 정서를 일관적으로 무력화한다. 이런 상황은 비교적 흔히 나타나며, 회기의 초반 3분의 1 정도를 차지한다. 회기가 진행되면서, 내담자는 점진적인 안정감을 경험해갔고, 긍정적 정서에 접촉한 이후 부정적 정서를 떠올리는 것을 멈추었다.

Debbie Korn

이 내담자는 보다 익숙한 부정적 정서로 향함으로써 긍정적인 정서를 방어하는 것으로 보인다. 치료자들에게는 내담자가 방어적인 태도로 들어가는 순간을 알아내는 것이 중요한데, 부정적이고 방어적인 정서들은(또는 병리적인 정서들은-Fosha) 스스로는 쉽게 해결되지 않으며 치료자에 의해 "풀어내지고" 혹은 "변화되는" 것이 필요하기 때문이다. 만일 치료자들이 자신의 내담자들이 방어하고 있다는 것을 알아차리지 못한다면, 부정적 정서가 저절로 변화될 것이라고 예상하며 그 순간에서의 적절한 인지적 엮음의 중요성을 파악하지 못하게 된다. 많은 치료자들이 포기하며 자신의 내담자가 자원화나 EMDR을 할 수 없다고 판단하는 순간이 바로 이 지점이다.

회기 후반 3분의 1에서 긍정적인 정서를 유지하고 확장시키는 내담자의 능력이 발아되며, 자원화 절차가 상당히 깊게 진행될 수 있었다. 3개월, 그리고 다시 7년 뒤의 추적 관찰에서, 이 내담자는 해당 회기에서 접근했던 자원과 여전히 강력하게 연결되어 있다고 보고하였다.

내담자가 자원이 될 가능성이 있는 모든 대안을 실패한 경우

상담자: 그래서, 우리가 이 활동을 했을 때, 누가 떠올랐나요?

내담자: 처음 떠오른 사람은 어머니였어요. 그리고 나서 그녀가 이 활동에 맞지 않다는 걸 깨닫게 하는 기억이 떠올랐고, 그 이후엔 생각나는 모든 사람들을, 매번 충분히 적절하지는 않다고 여기게 되는 무언가가 있다고 느꼈어요. 비교적 최근의 제 삶에서 있었던 잡아볼 만한 사람이 한 명

있긴 했지만, 좀 힘겨웠어요.

만약 선택권이 있는 상황이라면, 양가적이거나 "힘겨울" 수 있는 자원을 작업하지 않는 편이 낫다. 내담자가 "매번 '충분히 적절하지는 않다고' 여기게 되는 무언가가 있다고 느꼈어요"와 같이 말했을 때에는, 완벽주의적인 태도를 취하고 있는 것은 아닌지에 대해서도 아직 확실치 않았다. 그녀가 자신의 삶에서 많은 배신과 실망을 경험해왔기에, 나는 예를 들어 물어보았다.

상담자: 그럼, 충분히 적절하지는 않은 누군가의 예를 하나 들어주겠어요.
내담자: 음, 전 어머니가 생각났어요. 저는 어머니로부터 많은 사랑과 보살핌을 받았다고 느꼈어요, 하지만 어떤 면에서는, 그녀가 영어에 능숙하지 않아서 제가 책임을 많이 져야 했고, 일찍부터 우리의 역할이 바뀐 것 같았어요.
상담자: 그렇군요, 또 다른 예시를 말해보겠어요?
내담자: 그러다가 저를 칭찬해주었을 만한 선생님들을 생각하기 시작했어요. 하지만 그들은 멀어 보였고, 제 삶에 대해 잘 몰랐어요. 저는 떠오른 모든 사람들이 마치….
상담자: 당신에 대해 잘 몰랐다는 건가요?
내담자: 저에 대해 잘 몰랐어요. 저를 실망시켰어요.

이는 세상을 바라보는 관점이 나타나는 표현으로 보인다. 이는 이후 내담자의 미래에 대한 타겟 중 적어도 한 가지에서의 부정적인 인지로 나타날 것이다.

Jim Knipe

중요한 부정적 인지들이 어떻게 때로는 자기-참조[1]가 아니라 타인-참조적[2]인지에 대한 예시이다. 타인에 대한 분노 혹은 실망의 주제가 담겨있을 경우, 내담자가 부정적

> 인지에 깊게 동화된 채로 평가 부분의 나머지 단계를 진행해가기 이전에, 우선 이러한
> 부정적 인지들을 확인해보도록 하고 이 인지들이 나타나고 있는 것을 전달해주는 것이
> 매우 중요할 수 있다.

상담자: 그들이 나를 실망시켰다고 말할 때, 어떤 면에서 실망시켰는지에 대한
예시를 들 수 있을까요?

내담자: 내가 그 사람들을 필요로 할 때 곁에 있지 않았어요. 이 예시를 성인으
로 들어야 하나요?

상담자: 그럼요.

내담자: 제 인생에서 있었던 중요한 일 중 하나는 학교로 돌아가서 학위를 취득
하는 거였어요. 제 남편과 아들과 제가 모든 것을 연기하고 대학원으로
갈 준비를 하기 한 달 전에, 남편이 저와 함께 가지 않기로 했다고 말
하더군요. 그래서, 저는 두 아이와 함께 갔어요. 이 일이 정말 유사한
패턴처럼 느껴져요.

가상의 인물로 전환하기

나는 이제 내담자가 자신의 삶에서 실제로 알고 있었던 자원으로서의 인물
을 찾아내는 것이 어려우리라는 것을 예측하게 하는 두 가지 신호를 파악했다. 한
가지는 내담자가 이 회기 직전에 수업에서 진행한 활동 동안에 한 명도 떠올리지
못했다는 것이다. 다른 하나는 "떠오른 모든 사람들이 나를 실망시켰다."고 표현
된 세상에 대한 관점이다. 그렇기에, 나는 가상의 인물로 전환해보기로 했다.

상담자: 그렇군요, (잠시 쉬고) 책을 읽으시나요?

내담자: 네. (크게 미소 지음)

· ·

1) self-referencing.
2) other-referencing.

상담자: 그럼, 읽었던 책들에 대해 생각해보세요. < > < > 지금은 어떤 것이 떠오르나요?

　　나는 어떤 이유로 내담자에게 독서에 대한 것을 물어보았는지에 대한 많은 질문을 받았다. 가능한 실제 인물이 고갈된 상태였기 때문에, 현실에서의 인물을 포함하지 않는 독서, TV, 또는 영화나 어떤 종류의 이야기들에 대해 탐색해보아야 했다. 나는 보통 독서에 대한 것이나 혹은 이러한 세 가지 매체 중 어떤 것에 가장 강하게 반응하게 되는지를 묻는 것으로 시작한다. 심지어 할리우드 인물로도 강력한 자원을 만들어낼 수 있으며, 흔히, 가상의 인물을 자원으로 개발해가는 과정에서, 내담자는 그 가상의 인물과 유사한 특징을 지닌 자원이었던 자기 삶에서의 실제 인물을 떠올려낸다. 나는 내담자가 독서에 대해 생각할 때의 명백한 즐거움을 목격하자마자, 이 즐거운 경험에 초점을 두기 위해 BLS를 진행하였다.

내담자: 제가 최근에 읽고 있는 책이요.
상담자: 그렇군요. 어떤 것인가요?
내담자: 제 친구가 쓴 것인데 자신이 유방암에서 살아난 일에 대한 거예요.
상담자: 음. 그리고 제가 독서에 대해 물었을 때, 당신이 상기되더군요. 저는 궁금했어요, "저것의 의미는 무엇일까?"하고.

　　나는 스스로를 긍정적인 정서에 대한 가이거 계수기[3]와 같다고 생각한다. 나는 이것들을 발견할 때마다, 기록하고, 내담자가 이를 알아차리는지를 보기 위해 기다린다. 이 사례에서는, 내담자의 미소에 대해 물어보았는데, 내담자와 독서의 관계를 보다 잘 이해하고 싶었기 때문이다.

내담자: 아마 제가 가장 좋아하는 것들 중 하나일 거예요 – 독서가.

- -

3) 방사능 측정장비.

상담자: 그것에 대해 생각해보세요. < >< > 지금은 무엇이 떠오르나요?

내담자: 제 머리가 꽉 찬 것처럼 느껴지고 손이 축축해진 것 같아요.

한 세트의 양측성 자극 이후에 긍정적인 경험이 부정적인 방향으로 돌아서는 것은 보통 자원화에 좋은 신호가 아니다. 때로 양측성 자극 세트가 너무 길 때 이런 일이 발생하는데, 이 경우에서는, 짧게만 진행되었다. 다음 단계는 내담자의 부정적 반응의 본질이 무엇인지를 탐색해보며, 이것이 독서와 연관된 것인지를 확인하는 것이다.

상담자: 손이 얼마나 오랫동안 축축해져 있었나요?

내담자: (시연자로 자원하기 위해) 제가 손을 들자마자요. (웃음)

상담자: 그럼, 당신이 괜찮다면, 독서가 당신의 삶에서 하는 역할에 대해 탐색해볼 거예요.

이 부분에서, 내담자는 적어도 두 번 정도는 상대적으로 긍정적인 것으로부터 부정적인 방향으로 빠르게 변화되었다. 나는 우리가 긍정적인 내용에 초점을 두고 있다는 이유로, 부정적인 내용이 떠오를 때 내담자가 내게 말하지 않아야 한다고 생각하지 않기를 바란다. 나는 "당신이 괜찮다면"이라고 말함으로써 내가 내담자가 떠올리는 내용들이 타당하고 중요하다고 여기고 있으며, 초점을 바꾸는 등을 통해 내담자의 느낌을 부인하고 싶지 않음을 전달하고자 한다.

내담자: 좋아요.

상담자: 아주 좋아하는 책을 떠올려볼 수 있겠어요?

탐색된 자원

책이나 영화 혹은 연극에 대해 탐색해보는 경우, 내게는 가장 좋아하는 것에 대해 묻는 것이 일반적인데, 이것이 내담자가 정서적인 접촉을 느끼는 장면이나 인물을 탐색해볼 기회를 극대화하기 때문이다.

내담자: 네. 우리가 진행을 하는 동안에도 이게 떠올랐었어요. Viktor Frankl의 **죽음의 수용소에서**예요.

상담자: 당신이 그 책을 떠올릴 때, Viktor Frankl을 생각하나요?

내담자: 아니요. 그 사람을 생각하지는 않아요.

상담자: 무엇을 생각하나요?

내담자: 생존이요. 영웅적인 생존이요.

나는 내담자가 Viktor Frankl를 강력한 "안전한 인물" 자원의 역할이길 바라며 생각하는지를 물어보았다. 하지만, 그 사람을 생각하지는 않으며 대신 "영웅적 생존"이라는 추상적 개념을 떠올린다는 내담자의 대답은 지적인 수준에서의 접촉을 유지하려고 하는 경향성에 대해 말해준다. 그럼에도 나는 내담자의 말에 실린 힘에 기반하여 Viktor Frankl이 좋은 자원이 될 것임을 확신했다. 나의 목표는 이제 내담자를 더 깊은 수준으로 데려가는 것이다.

상담자: 그러면 당신에게는 "영웅적 생존"이 어떤 의미인가요?

내담자: 저는 제2차 세계대전 중 일본계 미국인 수용소에서 태어났어요. 저희 부모님이 반체제 인사였고, 우리는 분리된 수용소에 들어가게 됐어요. 아버지는 끌려가서 별도의 수용소에 갇혔어요.

상담자: 그렇다면, 이 책에서의 치유란 무엇인가요?

내담자: 그것은 생존이고, 제 생각엔, 절망을 극복하는 거예요.

또다시, 내담자는 "절망을 극복하는"이라며 추상적으로 말하고 있는데, 나는 내담자의 연상이 부정적인 방향으로 나아가기 시작한 것을 발견하였다. 그럼에도, 엄밀히 말하자면 "절망을 극복하는" 것은 긍정적인 개념이다. 나는 긍정적인 맥락을 유지시키기 위해 내담자의 말을 긍정적으로 재구성하고자 하였다. 만일 여기서 내담자의 실제 기반이 되는 감정을 반영하지 않았다면, 실수가 되었을 것이다.

상담자: 그렇다면, 책에 나오는 낙관적인 특성이 당신의 마음을 끌어당기나요?
내담자: 네.
상담자: 그러면 책에 있는 무엇이 그러한 낙관의 느낌을 가져다주나요?
내담자: 살아남을 수 있도록 한 내적인 힘이에요. 그게 의미가 돼요. 경험적인 의미를 가진 힘이 생존을 가능케 하는 거예요.

다시, 내담자는 추상적으로 이야기하고 있다. 나는 내담자가 추상적인 것으로부터 정서적 접촉으로 옮겨가도록 하기 위해, 내담자의 주의를 인물인 Viktor Frankl에게 두게끔 한다.

상담자: 이 책이 당신에게 이렇게나 깊은 안도감을 주는 효과가 있다는 것이 놀라운데, 그런데도 당신은 저자에 대해서는 생각하지 않는군요.
내담자: 네. 그 사람 개인에 대해서는 떠올리지 않아요.
상담자: 그러면, 그의 말을 떠올리는 건가요?

나는 호기심을 갖고 탐색하는 나의 관심을 내담자에게 전달하기 위해 이 질문을 했다. 이 질문의 목적은 내담자가 이 작가의 작업과 삶에 대해서는 존경을 품고 있는데도, 왜 그 사람 개인에 대해서는 떠올리지 않는지에 대한 내담자 자신의 호기심을 자극해보는 것이었다. 내담자는 자신에게 이 질문을 던져 보고는, 자신이 그를 떠올리지 않는 이유는 자기 안에 그 사람의 사진이 없기 때문이라고 결론 내렸다. 다만 한 번 자극이 되면, 내담자의 호기심은 내담자로 하여금 Frankl에 대한 반응의 추가적인 세부사항을 생각하게 한다.

내담자: 저는 그의 사진이 없거든요.

상담자: 그렇군요.

내담자: 하지만, 그렇게 말씀하시니, 그 책의 구절과 부분들이 기억나기 시작하네요.

> 나는 항상 가장 강력한 연결이나 경험을 탐색해본다.

상담자: 그렇다면, 그 책에서 당신을 가장 안심시키는 점이나 구절 혹은 부분이 있을까요?

내담자: 네.

상담자: 그러면 그것은 무엇이죠?

정서에 대한 연결

내담자: 자신의 모든 상실을 자각한 이후에도 그는 여전히 살아남고자 해요. (내담자가 어떤 정서의 신호를 보이고 있다)

상담자: 그리고 어떤 감정이 떠오르나요?

내담자: 저는 슬프면서도 고무돼요.

상담자: 그렇군요.

내담자: 저는 – 여기에 적절한 단어를 찾고 싶어요 (잠시 멈춤) 마치 울 것 같은데, 하지만 그런 게 아니라 – 무언가 대단한 일이 일어나는 걸 보고 있는 것 같아요.

상담자: 감동을 받는.

내담자: 네! 맞아요.

상담자: 당신이 "자신의 모든 상실 이후"라고 말했는데, 당신이 생각하는 이야기에서의 특정 부분이 있는지 궁금하네요.

나는 "자신의 모든 상실 이후"라는 구절이 내담자의 정서를 촉발시켰다고 느껴져, 여기에 다시 초점을 맞추었다. 만일 내담자로 하여금 자신을 감동시키는 특정한 것에 주의를 두도록 도울 수 있다면, 내담자의 정서가 강화될 것이다. 어떤 내담자들에게는 정서를 강화시키는 것이 바람직하지 않을 수 있으나, 이 내담자의 경우 정서를 일으키는 데 어려움을 겪는 것으로 보이기에, 경험을 강화하기 위한 나의 접근이 대개 유용할 것이다.

내담자: 저는 그가 자신의 글을 자기 옷 안에 숨긴 것을 생각해요 ― 그랬다가는 죽을 수도 있는 데도 ― 그래도 그는 반체제 인사들에 대해 기록했어요.

상담자: 그러면, 당신이 그가 자신의 글을 자기 옷 안에 숨긴 것을 생각할 때의, 그 이미지를 말해보세요. 이미지를 떠올려 볼 수 있겠어요? 하나 만들어 볼 수 있나요?

내담자는 Frankl과 접촉해보는 것에서의 문제가 그를 시각화하는 데에서의 어려움과, 그의 사진을 본 적이 없다는 것이라고 말했었다. 이 장애물을 피해가기 위해, 나는 그의 이미지를 하나 만들어보라고 요청하였다.

내담자: 이게 흥미로운 게, 제가 말했던 것처럼, 제 아버지도 똑같은 일을 했다는 걸 깨달았어요. 전 이런 식으로 연결해본 적이 없어요. (눈물을 글썽임)

상담자: 그리고 지금은 어떤 느낌이 드나요?

내담자: 슬퍼요.

부정적인 정서

나는 내담자의 아버지가 Frankl이 했던 것과 유사한 일을 했다는 생각이 긍정적인 방향으로 드러날 것으로 기대했으나, 내담자의 정서는 부정적으로 나타났다. 나는 왜인지가 궁금했다. 이 질문을 하는 것은 위험을 수반하고 있었는데, 내가 이미 내담자가 긍정적인 정서로부터 부정적인 정서로 가는 경향이 있음을 알고 있었고, 이것이 자원화를 방해하기 때문이다. 이 슬픔을 더 깊이 탐색해보는 것은 이를 객관적으로 보도록 하는 효과를 가질 수도 있었지만, 동시에 이를 보다 깊게 할 수도 있었다.

상담자: 그러면 그 슬픔이라 함은?

내담자: 단지 제 부모님이 겪었던 비참함과 그걸 마주하고 혼란에 빠진 아이들에 대한 거예요.

내 도박은 성공하지 못했다. 내담자가 또 한 번 부정적인 정서로 움직였기에, 나는 이를 주제로 다루기로 하였다. 어떤 것이든지 간에 내담자의 실질적인 결단 없이는 이런 일이 계속되리라는 것을 알 수 있었다. 때로는 내담자에게 단순히 긍정적인 느낌에 머물러보게 하는 것이 효과적이다.

상담자: 이것은 분명히 오늘 오후에 있을 실습에서의 좋은 타겟이 될 거예요. 그리고 이를 처리하도록 도와줄 자원을 확인할 좋은 기회이기도 해요. 그리고 이 책이 당신을 고무시키고 Frankl의 영웅적 행동이 감동을 주는 것처럼 보여요. 그렇기에, 당신이 슬픔으로부터 그의 영웅적인 감각을 분류해낼 수 있을지를 생각해보게 되네요.

Debbie Korn

내담자가 긍정적인 정서에 대한 접촉을 유지하지 못하고, 긍정적 정서에 초점을 두려 하면 으레 부정적인 정서 혹은 인지가 침습하는 것을 반복적으로 관찰하게 되는 경우, 나는 자아 상태/IFS 작업으로 전환하고 그 부정적 정서에 닿아있는 마음의 부분과 이야기하기 시작한다. 나는 잊혀지기를 원치 않는 부분이 있는지를 고려해본다. 그리고 희망과 낙관이 너무 많아질 때 불안해지고 걱정되기 시작하는 부분이 있는지를 생각해본다.

나는 내담자에게 내면으로 들어가 침습적인 생각이나 느낌 혹은 내용과 연결되어 있는 부분을 찾을 수 있는지를 살펴보도록 한다. 일단 무엇이 일어나고 있으며 무엇이 침습의 연료가 되고 있는지에 대해 이해하게 되면, 효과적인 인지적 엮음을 진행할 수 있다. 엮음은 다음과 같이 간단할 수 있다. "잊혀지지 않는다는 걸 그 부분에게 알려줄 수 있을까요." "그 부분에게 당신을 압도하지 않도록 요청하면, 우리는 머지않아 그 슬픔에 확실하게 도달할 거예요." 또는 "우리가 아주 느리게 움직이며, 처음에는 매우, 매우 작은 희망을 경험해갈 것임을 그 부분에게 알리세요. 그저 시험해보는 거예요. 긍정적인 느낌과 점진적으로 접촉해가는 느낌이 어떤지를 단지 살펴보면서, 다음의 몇 분 동안 무슨 일이 일어나는지를 살펴보는 것을 그 부분이 괜찮아할까요?"

직관을 개발하기

내담자: 알겠어요. (잠시 멈춤) 음. 저는 Viktor Frankl의 사진을 본 적이 없는 것 같아요.

이 지점에서는 왜 내담자가 Viktor Frankl의 사진을 본 적이 없다는 것을 다시 언급하는지에 대한 이유가 분명하지 않았다.

상담자: 오, 당신이 만들어볼 수도 있어요.

내담자: 알아요, 그는 당신처럼 보일 것 같네요. 네.

상담자: 그 역할을 하게 되어서 기쁘네요. (웃음) 그러면, 그냥 수용소에 있는 그 또는 저를 그려보세요. 그리고 당신이 알아차리는 걸 말해주세요. 그저 당신의 시각적 초점이 그 이미지 주변을 돌아다니도록 하세요.

이 역시 직관적 심리치료에 기반하여 "직관"을 조성하는 절차의 일부이다. 직관은 감정과 의미가 부여된 이미지로 구성된다. 이는 실제 있었던 사실과 딱 들어맞아야 할 필요가 없다. 이것은 유연하고, 생생하며 변화하는 이미지라는 특징을 지니고 있다. "기억" 이미지는 고정적이고 개인이 회상해낼 수 있는 세부사항의 양이 제한되어있는 반면, 직관적 이미지는 역동적이고 제한이 없으며, 보는 이가 자기 자신이 보도록 허용하는 만큼 많은 세부사항과 특징들을 포함한다. 내면의 이미지를 바라보고 나타나는 모든 시각적 세부사항들을 알아차려 보는 절차에 참여시키는 것은 내담자를 현재로 향하게 한다. 이미지를 보며 세부사항을 기억하려 노력하면 내담자는 현재에서 벗어나게 된다. 내담자에게 이미지를 만들어보도록 하는 것이 중요했다. 직관을 개발하는 일반적인 후속 지침은 주의가 그 이미지 주변을 돌아다니며, 나타나는 시각적 세부사항들을 무엇이든 알아차려 보도록 하는 것이다.

내담자: 그가 줄무늬 수형복을 입고 홀로 있는 것이 보여요.
상담자: 그가 서 있거나 혹은 앉아있나요?

　　내담자가 실제로 이미지를 보고 있는지를 확인하고, 익숙하기는 하지만 실제로 보이지는 않는 시각적 세부사항들을 그저 치료자를 기쁘게 하기 위해 보고하는 것이 아니라는 점을 확실히 하기 위하여, 나는 종종 그 이미지에 있는 인물의 셔츠 색깔이나 벽의 색 또는, 이 사례에서는, 인물의 신체적 자세와 같은 특정한 시각적 세부사항을 물어본다. "그는 보통 청바지를 입었어요" 혹은 "그는 아마 서있었을 거예요" 등의 반응은 자신이 실제로 보고 있는 것을 보고하는 것이 아니라 인물을 추측하고 있다는 신호이다.

내담자: 그는 서서 등을 곧게 펴고 걷고 있어요.
상담자: 좋아요, 그럼, 그걸 떠올리면 무엇이 느껴지나요?

　　직관을 조성하는 절차를 진행하는 동안, "주어지는 정보"라고 불리는 자연스러운 세부사항들이 나타나는 것을 살펴보는데, 이는 예상된 것이 아닐 뿐더러 이미지를 더욱 풍부하게 한다. 예를 들면, 이 내담자의 경우 Frankl이 줄무늬 수형복을 입고 있다고 보고하는 것은 그 장면의 이치에 맞으며, 주어지는 정보를 반영하지는 않는다. 하지만, Frankl의 등이 곧게 펴져 있다는 말은 내담자가 Frankl에게서 보고 있는 중요한 특성을 반영하며, 긍정적인 것으로 들린다. 나는 내담자가 그러한 세부사항을 지닌 이미지와 연관된 긍정적인 느낌을 받았을 거라고 생각했고, 그래서 어떤 느낌이 들었는지를 물어보았다.

내담자: 그가 자랑스러워요.
상담자: 그것을 그냥 알아차려 보세요. <><> 무엇이 일어나고 있나요?
내담자: 잘 모르겠어요. 더 눈물이 날 것 같아요.

다시 긍정적인 느낌이 부정적인 것을 끌어낸다. 다만 이번에는, 내담자의 눈물이 긍정적인 면모가 있을 수 있겠다고 여겨져 물어보았다.

상담자: 이것은 좋은 눈물인가요, 나쁜 눈물인가요?
내담자: 어, 그가 계속 제 아버지와 겹쳐 보여요.
상담자: 그리고 그런 부분이 좋은 눈물이 되나요, 나쁜 눈물이 되나요?
내담자: 좋은 눈물이에요, 그를 자랑스러워하는 느낌은 같은데, 그의 고통이 더 많이 느껴져요.

내담자와 상호적 전략을 개발하기

상담자: 그래요, 우리는 여기에 바늘을 꿰어보려고 하고 있는데, 이것이 고통과 괴로움으로 계속 돌아가려고 해서 어렵네요. 그러면서도 동시에 당신은 그의 이상주의와 용기를 자랑스럽게 느끼고 있지요.

내담자는 자신의 긍정적인 느낌을 받아들이려고 몹시 애쓰고 있지만, 이것이 내담자에게 쉽지 않을 것이다. 자원화를 시작하기 위해 긍정적 정서에 머물러보는 시도에서, 나는 내담자가 협력적 파트너로서 임할 수 있도록 이끌고자 했다.

내담자: 맞아요.

상담자: 그래서, 나는 우리가 Viktor Frankl에 계속 초점을 두도록 할 거예요. 비록 가끔은 당신의 주의가 당신의 아버지에게로 돌아갈 수 있다고 해도 말이에요. 제가 이렇게 하고자 하는 이유는 당신의 아버지와 당신의 관계가, 당연히 그렇겠지만, 복잡하기 때문이에요.

내담자: 네.

상담자: 그리고 Viktor Frankl과 당신의 관계는 상당히 간단하지요.

그럼에도 내담자가 아버지를 떠올릴 가능성이 있었고, 떠올리는 것 자체를 실패로 여기지 않기를 바랐기 때문에 아버지를 생각하는 것 자체는 허용해주는 것이 중요했다.

내담자: 왜인지, 지금은 Viktor Frankl이 세트로 된 정장을 입고 있는 게 보여요.

> **Jim Knipe**
>
> 처리되고 있다는 신호네요! 그가 강제 수용소 옷에서 벗어났어요. 아버지에 대한 내담자의 대리 외상이 처리되는 것을 보여준다고도 말할 수 있겠어요.

직관의 개발은 종종 이미지의 변화와 움직임을 자극하는데, 과거의 고정된 이미지를 회상하도록 하기보다는, 그것이 꼭 정확하지는 않더라도 나타나는 모든 시각적 세부사항들을 알아차려 보는 창의적인 절차에 내담자가 적극적으로 참여하기 때문이다. 대부분의 내담자들이 직관적으로 떠올리려 할 때 이미지를 보다 창의적인 방식으로 다루게 되는데, 이 내담자의 경우 남달리 창의적이고 자연스럽다.

상담자: 좋아요, 그걸 생각해보세요. < >< > 그리고 이제는 무엇이 떠오르

나요?

내담자: 그의 이미지가 정말로 바뀌었어요. 그는 이제 도시에 있고, 서류가방을 갖고 있어요.

상담자: 으음. 그리고 당신이 그걸 보면, 무엇이 느껴지나요?

내담자: 안도감을 느껴요. 두려움이 가버리고, 안심이 돼요.

상담자: 그것을 그저 알아차려 보세요. <><> 이제는 무엇이 떠오르나요?

내담자: 글쎄요, 이제 거기에 스타벅스가 있네요. (가리키며) (따뜻한 웃음) 시간대가 현재인 것 같아요.

내담자가 상상한 이미지에 신체적 몸짓을 곁들이면, 이는 일반적으로 내담자가 이미지를 실제의 공간을 차지하여 마치 만질 수 있는 것처럼 보고 있음을 반영한다. 이는 강력한 직관을 상징한다.

상담자: 그것에 대해 생각해보세요. <><> 지금은 무엇이 떠오르나요?

내담자: 그냥 잡다한 것들이요. 사람들이 있어요. 바빠 보이는데, 그도 그냥 그 상황의 일부예요. 차양이 있고, 그 차양에 줄무늬가 있는데 그에게는 없어요.

나는 이 말의 시적인 면에 감탄했다.

상담자: 그걸 떠올려보세요. <><> 지금은 무엇이 떠오르나요?

내담자: 제 손이 더 이상 축축하지 않아요. 슬픔을 느끼고 있지 않아요.

상담자: 그와 스타벅스와 차양을 포함한 이미지를 보고 있으면, 무엇이 느껴지나요?

내담자는 부정적인 느낌이 사라졌다고 보고하고 있지만, 긍정적인 느낌에 대해서는 언급하고 있지 않다. 강렬한 직관이 나타날 때면, 그곳에 비교적 강렬한 느낌이 동반된다.

내담자: 고양감이 느껴져요. 느낌이 – 그 안도감이 정말 강해요, 마치 그가 만
들어냈거나 혹은…
상담자: 위험이 가버렸군요.
내담자: 네. 위험은 가버렸어요.
상담자: 그걸 떠올려보세요. < > < > 이제는 무엇이 떠오르나요?
내담자: 딱히 변하거나 바뀌는 건 없어요.
상담자: 그럼, 그 고양된 느낌은, 아직 가지고 있나요?

나는 내담자의 정서가 또다시 부정적으로 변하지 않았는지를 확인해보고 싶
었다.

내담자: 네.
상담자: 그러면 어디에서… (동시에 내담자가 자신의 가슴에 손짓함) 그게 제가 묻
고자 했던 거예요. 그것에 단지 집중해보세요. < > < > 지금은 무엇이
떠오르나요?
내담자: 감사를 느껴요.
상담자: 그것을 그저 알아차려 보세요. < > < > 지금은 무엇이 알아차려 지
나요?
내담자: 아무것도요.

연결을 심화시키기

회기 초반에서는 긍정적 정서가 바로 부정적 정서로 이어졌다. 이제는 명확
히 정서가 닫혀버리는 것으로 이어지는데, 중립적이지만 부정적이지는 않다. 나
는 이를 상당한 진전으로 보았다. 내담자가 보다 깊은 정서를 견딜 수 있을 것이

라고 생각했기에, Frankl에 대한 내담자의 개인적인 접촉을 심화시키는 절차를 시작하였다.

상담자: 그럼, 괜찮다면, 당신이 망원렌즈를 갖고 있고, Viktor Frankl을 확대해서 볼 수 있다고 상상해보세요. (잠시 쉬고) 그리고 그의 특징을 그저 알아차려 보세요.

내담자에게 자신과 자원 간의 거리를 좁혀보도록 하고, 시각적으로 확대해서 보도록 하고, 혹은 자원과의 접촉과 관련된 특정한 신체적 감각을 알아차려 보도록 요청하는 것은 일반적으로 접촉을 강화시킨다.

내담자: 대단한데요! 회색 머리의 당신이에요.
상담자: 흐음. 제가 그럴 것 같지 않은데요. (따뜻한 웃음)
내담자: 그리고 세트로 된 정장이에요.
상담자: 그럴 것 같지가 않군요. (따뜻한 웃음) 그 모든 것을 그저 떠올려보세요. <><> 지금은 무엇이 떠오르나요?

퀘벡의 한 EMDR 치료자인, Isabelle Avril Pronovost는, 때로 내담자에게 웃겼던 순간을 떠올려보도록 하여 자원으로서의 기억을 끌어내는데, 매우 심하게 웃었던 때를 생각하도록 한다. 나는 작업에서 유머를 값지게 여길 뿐만 아니라, 내담자에게 접촉하고 이완하도록 하며, 안전감을 느끼고, 나와의 연결감을 느끼도록 돕기 위해 이를 이용하고자 한다.

내담자: 그냥 기뻐요.
상담자: 그러면 그것이 어디에서 느껴지나요?

자원화와 트라우마 처리 모두에서, 내담자가 느낌을 반영하는 신체 감각을 파악하면 그 느낌을 더욱 자각하게 된다.

내담자: 바로 여기에요. (가슴을 가리키며)

상담자: 그것을 그냥 알아차려 보세요. < > < > 지금은 무엇이 떠오르나요?

내담자: 똑같아요.

이번에도, 중립적이지만 부정적이지는 않은, 좋은 신호이다.

상담자: 좋아요, 그럼 이렇게 확대해서 보는 절차를 계속하면서, 당신이 정확히 뭘 보고 있는지를 제게 알려주세요.

시각적 세부사항들을 탐색해보는 것은 직관을 증강시키고 강화하는 경향이 있다.

내담자: 알겠어요, 그럼, 우리가 테이블에 앉아있는 것처럼 느껴지네요, 그리고 그가 제 옆에 앉아있어요, 일종의 사무적인 느낌이지만, 그의 얼굴에 미소가 띠어져 있어요. 그는 매우 따뜻하고, 제가 마치 그를 아는 것 같아요. < > < >

상담자: 지금은 무엇이 떠오르나요?

내담자: 안락함과, 편안함이 느껴져요. 제가 그를 받아들였다는 게 놀랍네요. (웃음)

상담자: 그것에 머물러보세요. < > < >

내담자: 오, "이게 내가 평생을 찾던 사람이다."라는 생각이 머리를 스치고 지나가네요.

상담자: 좋아요. 그것에 머물러보세요. < > < > 지금은 무엇이 알아차려 지나요?

내담자: 그냥 좋은 느낌이요.

상담자: 이제 조금 어려운 일을 해 볼 거예요. 그는 당신이 평생을 찾고 있던
         사람이었던 것처럼 느껴지는군요.

내담자는 긍정적인 정서가 부정적인 정서로 이어지는 것으로부터 긍정적인
정서가 백지상태로 이어지는 방향으로 향했으며, 이후 긍정적인 정서가 더욱 증
가된 긍정적인 정서로 향하는 것까지 나아갔다. 내담자가 긍정적인 정서를 꽤 잘
견뎌내고 있었으며, 심지어 이것이 형성되도록 허용하고 있었기 때문에, 나는 내
담자가 이를 보다 깊은 수준으로 진행하는 것을 견뎌낼 수 있을 것이라고 보았다.

내담자: 좋아요.

Debbie Korn

나는 수련생에게 해보도록 하는 이 과제가 마음에 든다. 나는 종종 수련생들에게 1시간
정도씩 그들이 사회적 상황에서 정서적, 인지적, 관계적, 신체적으로 보는 것들을 정신적
으로 부호화해보도록 한다. 일상에서의 대화나, 내담자와의 대화에서 일어나는 방어적
인 상황들의 족적을 따라가게끔 한다. 다른 사람들이 부정적인 정서와 연상에 접근할
때와 마찬가지로 긍정적인 자원 및 정서에 접근할 때를 알아차려 보도록 독려한다.
자원화는 자연스러운 흐름에 따라가며 기회가 주어질 때를 포착하여 진행할 수도 있고,
느리고 체계적인 방식으로 작업할 수도 있다. 가능한 많은 자원들을 끌어내어 탁자에
늘어놓고, 어떤 것이 가장 강력하고 의미있는 것일지에 대해 논하고 평가해볼 수도 있
다. 내담자가 긍정적인 신경망 혹은 신경 주변에 접근했을 때, 그곳에 머무르며 진행 속
도를 늦추어보면 다른 자원들을 찾아내게 될 가능성이 더 크다. 당신은 이 접근을 충분
히 이용하고 싶을 것이다. 더불어, 자원의 연상이 어느 시점에서 약해지며 다시 구해낼
수 없게 될 경우에도, 빈 책상으로 돌아갈 필요 없이 쉽게 돌아와서 탁자에 올려져 있
는 다양한 다른 자원의 연상들을 이용할 수 있게 된다.

관계를 부모/아이로 변화시키기

상담자: 자, 저는 당신이 실제로 어린아이라고 상상해보았으면 해요. 그리고 젊은 여성이나 소녀로서 그를 마주했다고 보는 거예요.

일반적으로, 이 지점에서의 나의 목표는 내담자가 자신의 자원인, 이 경우에는 Frankl과의 관계에서 자신을 어린아이로 여기게끔 하는 것이다. 다만 이때 내가 왜 소녀뿐만 아니라 젊은 여성으로서의 선택권도 제안했는지의 이유는 확실하지 않은데, 아마도 내담자를 지나치게 몰아붙이게 되는 것을 염려한 듯하다. 어린아이를 바로 제시하는 것이 내게는 다소 갑작스러웠던 것 같다. 인물로서도 관계가 없던 대상을 성인으로서 관계해가는 것을 비롯하여 이와 함께 아이로 퇴행된 상태로 가는 것이었기 때문이다. 따라서 중간 단계의 선택을 제안해보고자 한 것으로 생각된다.

내담자: 네.

상담자: 그렇게 할 수 있겠어요?

내담자: 네.

상담자: 그저 알아차려 보세요. < >< >

내담자: 재밌네요. 웨딩드레스를 입은 제 모습인데, 세트 정장을 입은 그 사람과 같이 걷고 있는 게 뒤에서 보여요. 그와 같이 걷고 있고, 그들이 가버리는 걸 제가 보고 있어요.

상담자: 좋습니다, 그리고 또 어떤 특징들이 있나요?

내담자: 햇살이 내리쬐고, 여전히 혼잡하고 부산한 똑같은 장소이지만, 정교하게 만들어진 자유로운 느낌이 있어요.

상담자: 좋아요, 그저 알아차려 보세요. < >< > 지금은 무엇이 떠오르나요?

내담자: 이게 느껴져요. (손을 자신의 가슴에 얹고) 이걸 어떻게 설명해야 할지 모르겠어요. 어떤 후련함 같아요.

상담자: 가슴에 말이죠?

내담자: 네.

상담자: 그러면, 이제 자신을 어려지게 해 보세요. 어린 소녀가 되어보세요.

내담자: 으음, 그와 함께요? 알겠어요.

상담자: < >< > 지금은 무엇이 떠오르나요?

내담자: 이미지가 바로 바뀌었는데, 저는 작고, 그의 손을 잡고 있어요. 그 사람은 어른이고, 제가 그 손을 잡고 있는 거예요. (어른의 손을 잡듯이 오른손을 위로 뻗는다)

상담자: 좋아요, 그걸 생각해보세요. < >< > 지금은 무엇이 떠오르나요?

내담자: 그, 그 이미지에서, 제가 작은 파티드레스를 입고 있고, 그가 나를 안아들고 있어요.

상담자: 거기에 머물러보세요. < >< > 지금은 무엇이 떠오르나요?

내담자: 약간 눈물이 나는 것 같아요. 왜 이러는지 모르겠네요.

상담자: 이게 좋은 눈물인가요, 아니면 나쁜 눈물인가요?

내담자가 이건 나쁜 눈물이라고 말했다면, 나는 의자에서 굴러떨어졌을지 모른다.

내담자: 아, (잠시 쉬고) 모르겠어요.

상담자: 그저 거기에 머물러보세요. < >< >

내담자: 확실해졌어요. 이건 행복한 눈물이고, 마침내 그를 찾아낸 느낌, 오랫동안 만나지 못했던 누군가를 만나게 된 기쁨이에요. 네, 이런 눈물이에요.

상담자: 그것에 그냥 머물러보세요. < >< > 지금은 무엇이 떠오르나요?

내담자: 눈물이 날 것 같지는 않고, 편안함이 느껴져요.

상담자: 그래요, 그가 여전히 당신을 안고 있나요?

내담자: 네, 제가 팔을 그의 목에 두르고 있어요.

내담자에게 그의 목에 닿은 자신의 팔의 감각에 집중해보도록 함으로써 직관을 강화시킨다.

상담자: 그의 목에 닿아있는 걸 느낄 수 있나요?

내담자: 네.

상담자: 그것을 단지 알아차려 보세요. < >< > 그리고 지금은 무엇이 느껴지나요?

내담자: 애정이 느껴지고, 그가 매우 크게 보여요. 그가 크네요!

상담자: 좋아요, 그것에 집중해보세요. < >< > 지금은 무엇이 떠오르나요?

내담자: 변하는 건 없어요.

상담자: 그럼, 두 사람에 대한 이 감각을 갖고, 당신의 몸을 살펴보고 이 경험을 저장할 장소를 찾아보세요. 당신이 살펴보는 대로 눈을 움직여보세요. < >< > 알맞은 장소를 찾아보아요.

이 절차는 Krystyna Kinowski가 NLP에 기반하여 개발한 anchoring 절차와 유사하다.[4]

내담자: 바로 여기에요. (손을 가슴에 얹으며) < > < >

상담자: 그럼, 거기에 저장하도록 해요. 단지 이 경험을 거기에 저장하는 거예 요. 이걸 하면서 당신의 손을 거기다 올려두고 싶을 수도 있어요. (내담 자가 손을 가슴에 올린다) < > < > 지금은 무엇이 떠오르나요?

내담자: 매우 평화로워요.

상담자: 그렇군요.

내담자: 이미지로 떠올라요. TV 화면 같아요. (자신의 가슴을 쓰다듬으며)

상담자: 그 이미지로 된 것인가요?

내담자: 맞아요.

상담자: 제 생각엔 이쯤이 멈추기에 좋은 곳인 것 같군요. 감사합니다.

내담자: 그래요. 감사해요.

7년의 추적 관찰

"Victor Frankl"과의 접촉에 대한 모든 이미지들은 제게 매우 강력하고 생생한 자원이 되고 있습니다. 저는 최근 몇 가지 상실을 겪어왔고 제 책을 쓰는 동안에 부모님이 수용소에서 경험한 괴로움에 대해 더 이해하기 시작하면서 2차 외상을 자각하게 되었습니다. [자원화에서의] 이러한 이미지들을 비롯하여 안전과 평온, 그리고 "구원"에 대한 감각은 제게 엄청난 위로의 원천이 되어주었을 뿐만 아니라, 상실이라는 것을 압도될 만큼 쏟아지는 바위로서가 아니라 "적당한 알갱이"라고 부를 수 있는 것으로 경험하도록 해주었습니다.

⋯⋯⋯⋯⋯⋯⋯⋯⋯⋯⋯⋯⋯⋯⋯⋯⋯⋯⋯⋯⋯⋯⋯⋯⋯⋯⋯⋯

4) *Bandler and Grinder,* 1979.

****

자원이 확실히 받아들여졌다는 표시는 무엇인가?

　　내담자가 의미 있는 경험을 했는지 아닌지에 대해서는 여러분의 직감이 말해줄 것이다. 짧은 세트를 진행해보면 내담자의 정서적 톤이 가벼워지는 것을 볼 수 있을 것이다. 세트 진행 후 내담자가 "아, 네, 저는 그저 제가 용감했던 때를 생각하고 있었어요"라고 말하는 경우, 이것이 내담자가 통합을 하고 있다는 한 지표가 될 수 있으며, 동시에 자원화 절차가 적절히 진행되고 있다는 지표가 된다.

　　어떤 사람들의 경우, 작업이 잘 진행되고 있다는 것이 명백히 나타나는데, 수많은 생리적 변화를 눈으로 볼 수 있기 때문이다. 이들은 보통 자원화가 쉽게 진행되는 내담자들이다. 다른 몇 내담자들의 경우, 그들이 자원화가 되고 있는지를 매우 알기 어려울 수 있다. 확언할 수 없다면, 그에 대해 그들과 상의해볼 수 있다. 예를 들면, "그래서, 삼촌을 생각했을 때 무엇이 일어났나요?"라고 물어볼 수도 있다. 그러면 그들이 말을 할 것이고, 말을 하는 동안, 그들이 긍정적인 기억에 접근하고 있다면 그들의 정서를 당신이 볼 수 있을 것이다. 예로, 그들이 자원이 자신과 함께 바로 여기에 있다고 말하면서도, 눈에는 접근하고 있다는 단서가 나타나지 않는다면(올려다보고 시선을 옆으로 돌리거나 내려다본다면), 나쁜 신호이다. 이들은 때로 단지 감정에 압도되는 것이 두려워서 그 내용에 접근하려 하지 않는다. 순응적인 태도로, 하고 있지 않은 것을 하고 있다고 말하곤 한다. 하지만, 내담자가 "글쎄요, 저는 그 사람이 저를 볼링에 데려갔던 때가 생각났어요"라고 말하면서, 눈이 오른쪽 위로 올라간다면, 당신은 그 사람이 실제의 이미지나 기억을 회상하고 있다는 것을 알 수 있으며, 그것은 분명히 즐거운 기억이다. 그러면 당신은 그가 그 자원을 경험하고 있다는 것을 알 수 있다. 그렇기에 단지 그들이 당신에게 보고하는 것만으로도, 기억에 접근하고 있는지를 잘 알아챌 수 있다. 내담자가 자신의 자원에 지속적으로 연결되어가면서, 자신에 대한 지각도 변화되어갈 것이다. 내담자가 압도된다고 말하는 경우에는, 기본적으로 자신의 감정을 담아둘 컨테이너를 잃고 있는 것이며, 이때가 바로 압도되는 것으로부터 자신을 지킬 수 있도록 돕는 자원이 필요한 순간이다.

자원화는 자연스러운 흐름에 따라가며 기회가 주어질 때를 포착하여 진행될 수도 있다

내담자들에게 필요한 것이 자원화일 때에도, 나는 체계화된 자원화 절차를 시작하기 이전에 그들의 이야기를 약간 말해주길 바란다. 이야기를 듣고 말을 하는 모습을 보며 그들이 해낸 긍정적인 일에 대해 언급할 때, 약간의 미소나 또 다른 긍정적 정서의 신호를 보게 된다면, 나는 그저 "그것에 대해 생각해보세요."라고 말하고 짧은 양측성 자극 세트를 진행할 것이다. 예를 들어, 어느 날 한 내담자가 내게 자기 이야기를 말하고 있었는데, 아버지와 어머니가 이혼했으며, 이후로 한동안 아버지가 다른 여성을 만났다고 하였다. 그리고 그걸 말하는 동안 약간의 미소가 비쳤기에, 나는 "그 이야기에 당신이 즐거울 만한 부분이 있는 것처럼 보이네요. 맞을까요?"라고 말했다. 내담자는 "음, 네, 저는 그들이 함께 행복했다고 생각해요."라고 답했다. 이에, 나는 "그래요, 그것에 대해 생각해보세요."라고 말하곤 약간의 안구운동을 진행하였다.

따라서, 자원화가 형식적이어야 할 필요는 없다. 이를 자연스러우면서도, 기회주의적으로 할 수 있다. 임상가가 탐색하는 것은 정서이다. 정서가 예상치 않게 나타났을 경우, 임상가는 이것이 지나가 버리기 전에 이용해야 한다. 자원화 진행 중에는, 자연스럽게 일어나는 것과 같은 수준의 정서를 얻는 데 10분 또는 15분가량이 소모될 수 있다. 자연스럽게 정서가 나타났을 때 이를 활용하는 것이 더욱 효율적이며, 때로는 체계적으로 자원을 이끌어내는 것보다 강력한 효과를 지닌다. 그 이후에, 자연스러운 즐거움의 특성과 내담자가 이를 느끼는 몸의 부위를 임상가가 탐색해볼 수 있으며, 즐거움을 증폭시킬 수 있다. 삶을 살아가며, 사람들이 긍정적인 자원에 접근하는 순간을 알아차려 보는 연습을 하는 것이 임상가에게 도움이 될 수 있는데, 그들의 정서에 주의를 기울여보며 이 절차 자체가 몸에 배도록 하는 것이다. 이것이 임상가로 하여금 회기 내에서 긍정적 정서가 나타날 때 즉각적으로 반응하고 이를 충분히 이용하도록 도울 것이다.

Jim Knipe

이 방법은 자원을 주입하는 보다 간단하고 유용한 모델이다.

Isabelle Avril Pronovost

이 방법에서의 절차가 인지적이기보다는 감정적이기 때문에, 자원화를 더욱 효율적으로 만들어준다.

David Manfield

이는 자원화와 트라우마 처리에서의 미묘한 상호작용을 훌륭하게 설명하는 예시이다. 기록된 것처럼, 때로는 사람들이 기쁨의 눈물을 경험하는 것과 거의 같은 맥락에서 슬픔과 상실이 처리 중에 일어나게 된다. 부정적으로 향하는 것을 다루는 데에는 다양한 방법이 있다. 이 사례에서는 가능성이 있는 자원을 개발하는 방법이 훌륭하게 진행되었다. 그 외로는, "부정적으로 향하는" 것에 책임이 있는 "부분 자기(part self)" 또는 아이로서의 상태를 다루어볼 수 있다. 나는 Jim이 언급했던 대리 외상이 긍정적 정서 경험을 견디거나 수용하지 못하게 했을 수 있으며, 그러한 아이로서의 자아 상태가 즐거움의 정서를 적극적으로 피하도록 했을 것이라고 본다.

Joan Lovett

자연스러운 즐거움의 징후를 알아차리는 것은 조율의 일부이며 — 안정애착의 필수적인 요소이다.

기본적인 이자관계

다음 4개 장에서는 내면화된 양육 성인과 내면의 아이 사이의 기본적인 관계인 "자원 이자관계"를 이용한 자원화의 예시를 보여주며, 각기 다른 종류의 자원화 과제를 다루고 있다. 첫 번째와 네 번째에서의 자원(양육 성인)은 내담자의 삶에서 지엽적인 역할만을 했던 사람으로, 한 명은 내담자와 딱히 연결되어 있지 않았던 선생님이며, 다른 한 명은 내담자의 호의적인 슈퍼바이저로 자신의 아들에게는 좋은 아빠였지만 내담자에게는 그런 양육자의 역할을 보여준 적이 없는 인물이다. 두 번째 장에서는 내담자의 삼촌이라는 이미 확립된 자원을 강화하고 활용하는 내용을 담고 있으며, 세 번째 장에서는 내담자가 자기 자신을 자원으로 이용하는 것을 보여준다. 여기서 다루게 되는 문제는, 내담자가 무력하고 외상을 입은 아이와 동일시되며 성인으로서의 자신의 관점을 잃어버리게 될 때 건강한 성인 의식과 연결되게끔 하는 것이다.

실제 혹은 가상의 자원 인물이 갖는 이점

임상적 개입에서 자원 인물은 매우 유용하게 사용될 수 있다. 인지적 엮음을 진행할 때 직접적으로 언급할 수 있기 때문이다. 반면, "안전한 장소"는 내가 만나는 대부분의 치료자들이 트라우마 처리 중 실제로는 잘 활용하지 않는다고 한다. 자원 인물은 일반적으로 내담자가 적응적 성인 관점에 접촉하도록 돕는 지혜롭고, 양육적이고, 보호적인 내적 성인 표상을 수반한다. 대부분의 내담자들의 경우에는 그 성인이 자기 자신이 될 수 있는데, 특히 보호자로서 성공적인 경험을 해본 사람의 경우 더욱 그렇다. 이는 내담자가 EMDR을 이용한 작업을 진행하기 더 쉽게 해준다. 하지만 양육이나 보호를 받아본 기억에 접근할 준비가 되지 않은 내담자들은 작업을 진행하기가 좀 더 어려운데 아이였을 때 적절한 양육이나 보호를 받아보지 못했을 수 있기 때문이다.

Francine Shapiro의 저서(1995) 초판에는, "성인으로서의 자신이 그 아이와 있는 걸 상상해보세요."라는 형식의 "상상된" 인지적 엮음이 실려 있지 않았으나, 그 책의 2판(2001)에서 "'가장해보자'의 엮음"이라는 부분에 추가되었다. 해당 저서에서 Shapiro가 언급한 바에 따르면, 내담자들은 종종 이 개입에서 자연스럽게 성인인 자신이 그 아이를 팔로 감싸주는 것을 상상하는 반응을 보인다고 한다. 이러한 반응이 자연스럽게 나타나지 않는 경우에는, 치료자가 내담자에게 이것을 해보도록 제안하는 것도 도움이 된다고 보았다. 치유의 과정에서 아이와 연결되고 아이를 돕기 위해 상상해보도록 제안하는 데 특별한 제한은 없으나, Shapiro의 인지적 엮음에 대한 논의에서 분명하게 짚고 있는 것은, 이것이 지나치게 관여되거나 지연되게끔 고안된 것은 아니라는 것이다. 자원의 개발은 상대적으로 처리를 장기화하는 경향이 있기 때문에 EMDR의 준비 단계에서 마무리되어야 하며, 인지적 엮음을 진행하는 동안 간단하게 이끌어낼 수 있다. 하지만 실제 장면에서는, 4단계인 민감소실 및 재처리 단계에 다다라서야, 임상가가 내담자의 준비가 불충분하여 특정 타겟을 처리하기 위해 필요한 자원에 적절히 접근할 수 없다는 것을 깨닫게 될 수 있다. 이러한 상황에서는 더 이상의 민감소실 및 재처리를 진행하기 전에 필요한 자원을 개발하기 위해 준비 단계로 되돌아와야 할 수도 있다.

성인 내담자는, 트라우마 및 그로 인한 왜곡에 대한 내담자의 아이로서의 자기의 작업을 돕기 위해 '상상된 인지적 엮음'을 이용해 불러내진 자원이다. 이 자원화된 성인은 적응적 성인 관점을 제공해준다. Shapiro의 저서들에는 이 인지적 엮음에서 내담자 자신인 성인 이외의 자원 인물을 사용하는 것에 대해 기재되어 있지 않다. 다만, 2006년의 EMDRIA 컨퍼런스 총회 연설에서 개인력 탐색 및 EMDR 준비 단계 동안 자원이 되는 인물을 탐색하는 것의 중요성을 강조하였는데, 동시에 Shapiro는 상상된 인지적 엮음에서의 "성인"을 성인으로서의 내담자 자신으로 제한하도록 했다. 하지만 이 점을 고려하더라도, 자원이 되는 인물을 탐색하는 것이 양육적이고 수용적인 관계의 모습과 느낌에 대한 내적 모델을 제공해줄 수 있다는 것 역시 사실이다. 특히 정서적으로 결핍된 어린 시절을 보낸 내담자들에게 이 모델이 필요하며, 이를 통해 내면에 존재하는 아이로서의 자신을 수용하고 지지해줄 수 있는 내면의 양육 성인으로서의 자기를 쌓기 위한 디딤돌을 제공해줄 수 있다.

Jim Knipe

언급된 바와 같이, 심각하게 외상화된 내담자들은 이러한 인지적 엮음을 통한 작업이 잘 진행되지 않는데, 이 "성인"이라는 것이 외상화된 "아이" 자기 이미지에게 비판적이고, 수치스러워하고, 거리를 두는 태도를 취하기 때문이다. 이러한 태도는 종종 본래의 트라우마 및 방임에서 발생한 공포와 유기를 수치스러워하는 방어로써 나타난다. 그렇다면 여기서 해야 할 일은 무엇인가? 한 가지 대안은 "성인" 자아 상태에서 주입을 통해 강화될 수 있는 추가적인 자원을 탐색하여, 보다 신뢰로울 뿐만 아니라 그 아이의 고통스러운 정서를 압도되지 않고 바라볼 수 있는 "성인"과 함께 아이 상태에 다시 접근하는 것이다. 예를 들면, 치료자는 다음과 같이 말해볼 수 있다. "당신이 그 아이를 보고 '겁쟁이(바보, 천박한 것, 등) 같으니!'라고 생각할 때, 당신이 더이상 그 아이가 아니라는 것을 알게 되면 어떤 점이 좋을까요?" 내담자는 다음과 같이 대답할 수 있다. "그럼 나는 누구도 그렇게 하게 놔두지 않을 거예요!" 치료자가 상당히 이상한 질문을 하는 것 같지만(때로는 내담자도 그렇게 생각한다), 이에 대한 내담자의 대답은 대개 내담자가 현재 그 아이의 고통에 공감적으로 접근하는데 필요한 정확한 자원이 된다. 이 개입은 "(당신이 그 아이가 아니라는 것을 아는 게/ 그 아이가 얼마나 천박한지를 아는 게/ 그 아이를 돌보지 않는 게) 어떤 점에서 좋을까요?"라고 물어보는 형태를 가진다. 이에 대한 내담자의 반응을 아이로서의 자기에 다시 접근하기 전에 강화시킬 자원으로 삼음으로써 이 개입을 마무리한다.

기본적인 이자관계

내담자가 가진 자원이 매우 빈약하거나 부모상이 매우 부정적인 경우, 초반에는 우리가 개발하고 강화하는 자원 이자관계에 내담자를 포함시키지 않지만, 결국에는 아이와 성인 정체성으로서의 이자관계의 두 구성요소 모두를 내담자가 경험하게 될 것이다. 내담자가 아이로서의 자신에 대한 양육적 느낌에 접근할 수 있는 경우에는 이러한 과정이 상당히 단순해지겠지만, 그렇지 않은 경우에는 이를 진행하는 데 보다 많은 시간이 필요할 것이다.

다음에 서술될 절차는, 우리가 "아이"로 지칭하게 되는 한쪽이 양육적, 보호적이거나 영성적인 인물로 지칭되는 "성인"으로부터 양육되고, 보호되는 모든 양육 이자관계에 권장된다. 경험적으로 보면, 어떤 내담자들은 지나치게 가혹하거나 성인으로부터 돌봄 받지 못했던 개인력을 지니고 있어 아이로서의 자기를 위해 양육 성인이 있어주는 것을 상상할 수도 없으며, 성인으로서의 자기가 아이로서의 자기를 향한 분노나 비난을 보일 수도 있다. Shapiro는 "이 아이가 당신의 조카였다면, 여전히 그 아이를 향한 비난의 마음을 느낄 것 같은가요?"와 같은 인지적 엮음을 권장하였는데, 보다 감정적으로 온전한 내담자의 경우 이러한 작업이 즉각적인 효과를 보이기도 하나, 보다 취약한 내담자의 경우에는 대개 "아뇨, 제가 제 조카에게는 비난하지 않겠지만, 아직도 저 자신을 용서할 수는 없어요."라는 등의 반응을 보일 것이다. 이러한 경우 나는 성인으로서의 자기와 조카로 이루어진 이자관계를 이용해 작업해보도록 한다. 내담자가 이러한 작업을 진행하기 위한 감정적 자원이 충분하지 않은 상황이라면, 그 조카의 애정 어린 어머니와 조카로 이루어진 이자관계를 개발해보는 것을 권장한다.

이 과정을 잘 알기 위해서는, 이자관계 작업의 특정한 예시들을 살펴보는 것이 도움이 될 것이다. 자신에 대한 내면화된 부정적 메시지로 인해 아이로서의 자신을 품고 양육하는 상상을 할 수 없는 내담자를 생각해보자. 치료자는 내담자로 하여금 관찰한 적이 있으면서도 이러한 부정적 메시지에 오염되지 않은 양육 관계를 찾아볼 수 있게끔 돕는다. 이 관계를 내담자의 애정 어린 숙모와 사촌의 것으로 가정해보자. 치료자는 이 관계에서의 따뜻한 이미지가 내담자에게 강력한 직관이 되게끔 하는 작업을 돕는다. 그 애정 어리고, 양육적이고, 혹은 보호적인 이자관계가 직관으로서 자리를 잡으면, 결국에는 내담자가 그 이자관계의 두 역할 모두를 경험해볼 수 있도록 이를 점차적으로 조정해갈 수 있게 된다.

예를 들어, 이자관계의 아이가 내담자가 아닌 경우에, 치료자는 다음과 같은 질문들을 사용해볼 수 있다. "이 경험이 당신의 사촌에게 어떨 것 같은지를 상상해볼 수 있나요?" "숙모의 입장이 되어서, 이러한 애정과 양육의 경험이 어떨 것 같은지를 상상해보세요." 내담자가 상상력을 발휘하여 경험을 확장시키며 이러한 느낌을 개발하고 강화시키게끔 하는데, 이 과정에서 치료자가 몇 가지 제안을 해줄 수도 있다. "당신이 실제로 숙모의 딸이었다고 상상해보세요. 숙모가 당신을 사랑해주었을 거라고 생각하나요?" 이 절차의 초반 단계에서라면 마지막 질문을 통해 긍정적인 반응을 얻기 어려울 수 있지만, 내담자가 자신을 사촌의 입장에 넣어보고 양육을 받는 느낌이 어떤지를 경험해보았다면 긍정적인 반응을 얻기가 훨씬 수월해진다.

내담자가 이자관계의 성인이 아닌 경우에는, 치료자가 다음과 같은 질문들을 이용해볼 수 있다. "사촌을 양육하는 것이 숙모에게는 어떨 것 같은지를 상상해볼 수 있나요?" "그 아이의 입장이 되는 것을 상상해보고, 머리칼을 쓰다듬어지는 것이 어떨 것 같은지를 알아차려 보세요." (대안으로 이와 다른 양육적이거나 애정 어린 행동을 이용할 수도 있다) 내담자에게 상상력을 발휘하여 경험을 확장시키며 이러한 느낌을 개발하고 강화시키도록 하는데, 이 과정에서 치료자가 몇 가지 제안을 해줄 수도 있다. "사촌이 실제로 당신의 아이였다고 상상해보세요. 그것이 당신에게는 어떨 것 같은가요?" 마지막으로, 내담자에게 자기 자신을 양육하는 것을 상상해보도록 한다. 다시 말하자면, 이는 양육 이자관계의 두 인물로 이루어진 내적 구성요소를 만들어냄으로써 내담자가 양육을 주고받기 위해 내면의 성인 역할(자원)에 접근할 수 있게끔 하는 점진적인 과정이다.

****

누구든 자원 인물이 될 수 있으며, 그것이 내담자와 긴밀한 관계를 가졌던 인물이어야만 하는 것은 아니다. 나는 내담자가 어렸을 적에 자신에게 친절한 말을 건네며 따뜻하게 미소 지어 주었던 낯선 사람을 자원으로 활용했던 적도 있다. 그 사람과 만난 적이 있었던 정도의 관계였지만, 내담자는 이 인물을 다른 사람들을 돌볼 뿐만 아니라 아이로서의 자신을 돌보아줄 수도 있는 양육 인물로 상상할 수 있었다. 치료자는 우리가 실제의 부모나 양육자를 찾고 있는 것이 아님을 유념해야 하는데, 일반적으로 내담자들은 이미 다 자라있기 때문이다. 우리는 내담자 내면의 아이 자아 상태를 위한 부모를 탐색하는 것이다. 아이로서의 정체성은 이미 내담자 내면에 존재하고 있으며, 우리는 내담자 안에서 양육적이고 수용적인 성인 관점을 반영하는 다른 구성요소를 찾아볼 것이다. 낯선 이와 있었던 2분여의 상호작용이 내담자로 하여금 상상된 내적 양육자를 만들어내게 도울 수만 있다면, 그 2분이 우리에게 필요한 전부가 된다.

다음의 축어록에 등장하는 내담자는 EMDR 워크숍의 시연 회기에서 참가자로 지원하였다. 이 수업의 수강생들은 시연 전에 자신의 과거에 있었던 대표적인 자원 인물들을 탐색해보는 활동을 안내에 따라 진행하였다. 이 내담자는, 아무도 떠올리지 못했다. 이 회기 내에서, 우리는 자원으로서의 가능성을 내담자가 인식하지 못했던 실제 있었던 관계를 내담자의 과거로부터 이끌어냈다. 축어록을 보면, 초반에 강화되는 자원 관계는 내담자를 전혀 포함하고 있지 않다. 이는 내담자 머릿속에 있는 단순한 요소로부터 시작하여 행복과 확신의 강력한 원천으로 진화한다.

치료자: 자, 지금 그걸 생각하면 무엇이 떠오르나요? 긍정적인 인물에 대해 생각하면 무엇이 떠오르나요?

내담자: 긍정적인 인물이면, 아무 긍정적인 인물이면 되는 건가요, 아니면 양육적인 긍정적 인물이어야 하는 건가요? 저는 긍정적인 양육 인물은 찾을

수가 없었어요.

치료자:　자, 긍정적이고, 양육적인 인물에 주의를 기울여봅시다. 당신에게는 그
　　　　게 더 어려운 것처럼 보이니까요. 그저 몇 사람들을 살펴봅시다. 가족
　　　　구성원들은 어땠나요?

내담자:　글쎄요, 제게 자매는 있어요. 또래가 있긴 한데, 부모 같거나 보호하는
　　　　역할을 한 사람은 없어요.

치료자:　그러면 어렸을 때 친구들이 많은 편이었나요?

내담자:　자매들이요, 제겐 자매들이 있었죠.

치료자:　학교에서나 이웃 중에 친구가 없었나요?

내담자:　좀 무서워지는데요. 여기서 너무 깊은 얘기가 될 것 같네요. (웃음)

치료자:　그럼, 선생님들을 살펴볼까요.

내담자:　아니요, 저는 꽤 수줍음을 탔거든요. 다가가려고 하지를 않았어요. 엄
　　　　청, 엄청 수줍음이 많았어요.

　　"아무것도 생각나지 않아요"와 "아무것도 생각나지 않아요, 왜냐하면…"에
는 차이가 있다. 전자는 요청받은 것을 떠올리려고 하는 동안에 내담자가 경험하
는 것에 대한 보고이나, 후자는 떠오르지 않는 이유에 대한 설명이다. 경험에 대
해 말하기보다는 개념에 대해 보고하고 있는 것인데, 우리가 내담자에게 바라는
것은 자신의 경험을 말해보는 것이다. 내담자의 말이 합리적일지라도, 이는 현재
에도 정서를 불러일으키는 어린 시절의 실제 경험에 접근하기를 회피하기 위한
책략으로 이용되고 있을 가능성이 높다.

치료자:　당신이 다가가지는 않았더라도 가장 좋아했던 선생님은 있었나요?

모든 부정적인 내용에는 무력화된 긍정적인 표현이 내재되어 있다. 이 사례에서는, 다가가지 못했던 기억이 다가가길 원했던 기억과 연결될 것이다. 다가가기를 원했으나 다가가지 않았다는 것은, 그녀가 자신이 원했던 어떤 좋은 대상에 대해 떠올리고 있다는 것도 의미한다. 이러한 방식으로 그녀의 처리를 고려해봄으로써, 치료자는 그녀를 긍정적 정서에 연결할 수 있도록 돕게 된다.

탐색된 잠재적 자원 인물

내담자: 네, 정말로 좋아했던 선생님이 있었는데, 제가 다가가지는 않았어요. 그 분들은 엄청, 엄청 무서웠거든요.

치료자: 그럼, 떠오른 사람은 누구인가요?

나는 늘 실제 있었던 특정 경험에 대한 기억으로 데리고 가려 한다.

내담자: 무서운 선생님이요? 3학년 때 선생님인 Mrs. Ultrich인데, 좋은 사람이었어요. 엄격했지만, 저는 멀리서 Mrs. Ultrich를 바라보고 있었죠.

이것은 처리를 보여주는 지표이다. 그녀는 지금 멀리서 Mrs. Ultrich를 바라보는 실제의 경험을 기억하고 있다.

치료자: 그럼…

내담자: 그리고 그녀는 나를 정말로 좋아했어요. 저는 그녀가 절 좋아한다는 걸 알고 있었어요.

치료자: 그걸 어떻게 알았나요?

"그걸 어떻게 알았나요?"는 내가 가장 좋아하는 질문 중 하나이다. 우리는 실제의 기억에 가능한 명확히 접근하고자 하는 회상 과정에 있다. 내담자 입장에서는 자신의 과거에 대해 일반론적으로 설명하는 것을 선호하는데, 일반적인 생각들은 강렬한 정서와 연결되지 않기 때문이다. 반면에, 고통스럽거나 즐거운 순간의 실제 기억은 내담자로 하여금 그 정서를 보다 강렬하게 재경험하게 하며, 이를 견뎌내도록 하는 어려움을 준다.

Debbie Korn

이와 유사하게, 나는 정서를 얻어내기 위해 "그걸 어디서 알게 되었나요?" 또는 "그게 당신에게 어떤가요/어땠나요?"라고 질문하기도 한다.

내담자: 저는 좋은 아이였거든요. 모든 규칙을 다 따랐어요. 모범생이었죠.

Jim Knipe

부정적인 내용도 있었지만, 이를 적절하게 건너뛰며 Mrs. Ultrich의 어떤 점이 긍정적이었는지에 초점을 유지하고 있다.

다시, 그 내용이 정확할 수는 있더라도 기술적인 설명이 등장하고 있으며, 이는 특정 경험의 기억에 대한 접근을 회피하는 것이다. 치료자로서, 우리는 자원 개발 중이든 트라우마 처리 준비 중이든 간에 가능한 특정 기억을 얻어내는 데 늘 관심을 기울인다. 본래의 정서가 내포된 상태로 처리되지 않은 기억은, 세부적으로 회상해낼 경우 현재에도 정서를 갖고 올라오게 된다.

치료자: 그런데, 그녀가 당신을 좋아한다는 것도 알고 있었군요?
내담자: 맞아요. 그녀는 웃고 있었고, 친근하게 대했어요.

특정한 기억에 초점을 맞추기

처음으로, 이제 우리는 분명하고 특정한 즐거운 경험의 기억을 가지고 있다. Mrs. Ultrich가 성인 내담자에게 실제가 된 것이다.

치료자: 그녀와 함께 있었던 것을 기억하나요?

나는 현재 적절히 접근하고 있는 것으로 여겨지는 이미지로부터, 당시의 정서적 경험으로 초점을 옮겨가고 있다.

내담자: 네.
치료자: 그러면 그건 어땠었나요?

Debbie Korn

이는 내가 가장 좋아하는 질문이다.

이것은 그녀의 느낌에 대해 물어보는 "부드러운" 방법이다. 치료자로부터 어떻게 느껴지는지에 대한 질문을 받을 때, 많은 내담자들은 이에 대해 잘 모르기 때문에 위협당한다고 느낀다. 이들은 자신의 느낌을 단어로 표현하는 데 어려움을 겪을 수도 있다. 어떤 대상이 어떻게 느껴졌는지에 대해 묻는 것은, 자신의 경험에 접근하며 이를 자신의 언어로 표현해볼 수 있도록 이들을 초대하는 것이다.

내담자: 관심을 받는다는 게 좋았어요.

긍정적 기억에 연결된 내담자의 정서가 관찰되면, 초반의 목표가 성취된 것이다. 더 이상은 특정한 것을 떠올리도록 밀어붙일 필요가 없다.

치료자: 그러면 지금 그것에 대해 생각하는 느낌이 어떤가요?

EMDR뿐만 아니라, 정신분석을 포함한 다른 대부분의 치료들에서도 내담자의 현재 경험에 관심을 기울인다. 우리가 과거에 있었던 일에 대해 이야기를 한다면, 오직 그것이 내담자의 현재 경험에도 영향을 미치고 있기 때문에 관심을 두는 것이다.

내담자: 좋네요.
치료자: 그것에 대해 생각해보세요. ＜＞＜＞ 무엇이 떠오르나요?
내담자: (슬퍼하며) 뭔가를 필요로 하는 감각이요.
치료자: 바로 지금이요?

부정적 정서

나는 내담자가 긍정적인 것을 보고할 것이라고 생각하고 있었기에, 부정적 정서가 보고된 것이 뜻밖이었다. 이전에 언급했던 것처럼, 자원화를 진행하는 동안에는, 긍정적인 느낌이 얼마나 낯설게 느껴지는지를 인식하게 되면서 흔히 상실이나 갈망의 느낌이 나타난다. 더불어, 흔히 양측성 자극 세트의 왕복을 너무 많이 진행하면 자극을 주는 동안에 긍정적인 느낌이 부정적으로 돌아서게 된다. 왕복의 횟수가 너무 적은 것은 큰 문제가 되지 않는 편이나, 횟수가 너무 많아지면 자원화 처리를 방해한다.

Jim Knipe

이 이유는 무엇일까? 신경망의 확장은 부정적인 내용들도 포함시킬 수 있기 때문이며, 이와 더불어 자원이 되는 이미지가 부정적인 내용에 대한 방어의 역할을 해왔을 수 있기 때문이다. 이 내담자의 경우에는 더 이상의 부정적인 내용을 탐색해볼 필요는 없었으나, 정서적으로 견고한 방어를 지니고 있는 내담자들의 경우에는 이러한 현상을 통해 지금까지 숨겨져 있던 부정적 경험/외상적 내용들을 확인할 수도 있다.

우선은 매우 적은 수의 왕복으로 시작하여, 내담자가 긍정적인 연합 및 기억에 머무르기 어려워하기 시작할 때까지 왕복의 수를 점진적으로 증가시켜가며 시험해보는 것이 가장 좋다. 내담자가 긍정적인 내용에 머무르기 어려워하는 반응은 긍정적 정서에 대한 수용력의 한도에 다다랐음을 보여주는 것이다. 이 지점에서, 왕복의 횟수를 줄여야 한다.

Debbies Korn

이러한 적정화된 접근 방식에 동의한다. 나는 숙달하는 경험을 촉진시키는 데 초점을 두기 때문에, 처리를 시작하는 데 두려움을 느끼는 내담자와의 작업에서는 초반 단계에서 부정적인 내용을 촉발시키지 않으려 한다. 무엇이 떠오르든 좋은 내용이 될 수 있다는 말에도 동의하지만, 이와 동시에 작업 초반에서는 떠오르는 부정적 연상의 양을 최소화하고자 한다.

내담자: 네, 그건 좋기도 하지만 제가 그녀에게 닿을 수 없었기 때문에 외롭기도 해요.

치료자: 그러면 그녀에게 다가갈 수 없었던 이유는요?

이 질문은 내담자가 개념화를 해보도록 하는 것인데, 보통 자원화 회기에서 권장되는 전략은 아닐 것이다. 이보다 나은 질문으로는 "그녀에게 다가가려고 노력했거나 다가가길 원했던 걸 기억해볼 수 있겠어요?"가 있으며, 이는 내담자가 특정한 기억에 연결되도록 한다. 이 질문은 잠시 후에 진행할 것이다. 이와는 달리, 주지화하는 질문은 내담자를 현재로 데려오게 하며 떠오르고 있던 부정적인 내용들을 흩어놓을 수 있다.

내담자: 저는 꽤 수줍음을 탔거든요.

치료자: 저는 지금과 그때를 구분해보려 하고 있어요. 지금은 당신이 그녀에 대한 기억에 연결해볼 수 있어요. 그때, 당신은 꽤 수줍음을 탔었기 때문에 그녀에게 다가갈 수 없었던 거고요.

언급했던 것처럼, 인지적 사고과정에 대한 작업은 떠오르고 있던 부정적 내용을 흩어놓는다. 더불어, 내담자로 하여금 자신이 지닌 자신감 및 선택권이 과거와 현재에서 어떻게 다른지를 알게끔 돕는 좋은 전략이 된다. 적응적 정보처리 모델에서도, 내담자가 자신의 고통스러운 기억을 처리하려 하는 시점에서는, 그 과거의 경험을 소화하기 위해 적응적 성인 관점에 연결되어야 한다고 본다.

내담자: 맞아요. 그때는요.

치료자: 그때로 돌아가게 되었나요?

내담자: (고개를 끄덕임)

치료자: 자, Mrs. Ultrich에게 다가가고 싶었던 특정한 상황의 기억이 나나요?

내담자: 아니요.

치료자: 그럼, 당신을 좋아했던 이 선생님에 대한 전반적인 어떤 감각은 있지만, 그녀에게 다가갈 수는 없었던 건가요?

내담자: (끄덕임)

치료자: 그렇다면, 저는 당신이 그녀에게 **다가갔었다고** 상상해보았으면 해요. 당신이 지나치게 수줍음을 타지는 않았다고 상상해보세요. < > < >

돌봄을 받았던 직접적인 경험을 회상해낼 수는 없었기 때문에, 다가가는 경험을 상상해보도록 함으로써, 내담자가 이 모호한 기억에 개념으로서가 아니라 정서적으로 구조화된 경험으로서 연결되게 하였다. 여기서의 목표는, 그 선생님이 내담자의 욕구에 응하는 내용의 상상적 경험을 해보는 것이다. 경험을 상상해봄으로써, 마음이 연합을 만들어낼 것이고, 다정함과 돌봄을 받는 경험에 접근할 수 있게 될 것이다.

Debbie Korn

이를 통해 현재에 초점을 둔 직관적 이미지를 만드는 것의 중요성을 다시 언급할 수 있다.

치료자: 무엇이 떠오르나요?

내담자: 그녀가 저를 팔로 감싸고 있는 이미지요. 친밀감도요.

치료자: 그것을 그저 알아차려 보세요. <><>

내담자: 그녀는 안전한 사람이었어요.

치료자: 그것을 그저 알아차려 보세요. <><>

내담자: 그게 안전하게 느껴지지만, 제가 그걸 누려보진 못했기 때문에 슬퍼지네요. 그걸 겪어볼 수도 있었는데, 누려볼 만큼 알고 있지를 못했어요. (잠시 멈춤)

되돌아온 부정적 정서

회기 중 등장했던 상실감이 여기서 다시 나타난다. 내담자가 자신의 어린 시절에 실제로 경험해보지 못했던 자원에 연결될 때면, 잃어버린 것에 대한 슬픔이 떠오르게 된다. 내담자의 이러한 슬픔은 현재의 경험과 관련된 것이 아니다. 앞에서 언급되었듯이, 이러한 상황은 내담자가 최근에 사망한 사람을 자원으로 활용하려 할 때 자주 발생한다. 상실에 대한 슬픔은 존재할 수 있으나, 그 상실이 유별나게 외상적인 것이 아닌 이상, 대개 처리하기 쉬운 편이며, 일단 처리가되고 나면 그 상실한 사람에 대한 애정 어린 기억의 형태를 취하는 강력한 자원을 제공해준다. 이 축어록의 내담자는, 선생님에게 다가가는 것의 두려움과 그렇게 하지 못했던 것에 대한 슬픔을 회상하고 있다.

Debbie Korn

치료자들은 안전한 장소를 주입하는 작업을 하는 동안에 이러한 상황을 자주 맞닥뜨린다. 내담자들은 이전에 겪어보지 못했던 안전과 위로, 보호에 직면하게 되는 것이다. 이러한 상황은 흔히 나타난다.

치료자: 지금과 그때의 차이점 중 좋은 점은, 그 당시에는 다가갔을 때 무슨 일이 일어나게 될지를 당신이 몰랐었기 때문에 무서워했다는 거예요. 지금은, 나쁜 일이 일어나지 않으리라는 것을 당신이 알고 있어요. 그녀는 당신의 머릿속에 있어요. 당신은 당신이 상처받지 않을 것이고, 그녀가 절대 떠나버리지 않을 거란 걸 알고 있고요.

　　이는 내가 자원과 함께 건네고 싶어 하는 메시지이다. 이 기억, 인물, 자원은 당신의 머릿속에 있다. 이는 좋은 일이다, 왜냐하면 절대로 사라져버릴 수 없기 때문이다.

내담자: 제 머리에 있는 건 맞겠지만 그저 상상한 거잖아요. 진짜가 아니에요.
치료자: 진짜가 아닌 부분이 무엇인가요?
내담자: 제게 있었던 일이 아니에요. 저는 다가가지 않았었어요. 그녀는 안전한 사람이었겠지만, 제가 누려보지는 않았어요, 그러니까 그녀는 제게 실제로는 양육적 인물이 아니에요.
치료자: 있었던 일은 아니에요. 하지만 그건 어떻게든 당신 머릿속에 자리를 잡

앉고, 이제는 마치 있었던 일인 것처럼 당신의 머릿속에 있어요.

Debbie Korn

이것은 아름답고도 매우 숙련된 대화이다.

내담자: 맞아요, 그건 제 머릿속에 있어요. <><> 그게 제 머릿속에 있는 거라면, 무언가가 거기 있을 거예요. 그녀는 안전했지만, 저는 그걸 알지 못했어요. <><> 글쎄요, 만약 그녀가 정말로 안전했고, 제가 그걸 몰랐고, 그걸 놓쳐버렸다고 한다면, 또 누가 안전한 사람이었는데도 제가 놓쳐버렸을까요? 안전했을 수도 있는 다른 사람들도 있었을 텐데, 제가 그걸 깨닫지 못한 거죠.

치료자: 당신은 그걸 알지 못했잖아요.

자원화 작업 중 이 부분에서는 내가 상대적으로 적극적인 역할을 한 것임을 언급하고자 한다. 이는 트라우마 처리에서 일반적으로 치료자가 하는 역할과 대조가 되는 수준이다. 내가 하는 언급의 대부분은 재구조화를 포함하고 있다.

내담자: (고개를 끄덕임) 저는 그걸 몰랐어요. <><> 그들이 있었어도, 제 두려움 때문에 그걸 알 수가 없었어요.

치료자: 실습에서 당신에게 3명의 아이가 있다고 했던 것 같은데, 제 기억이 맞나요? (내담자가 고개를 끄덕임) 그렇다면 어떻게든 당신이 아이들을 양육하는 방법을 알고 있었다고 추측하게 되네요. (내담자가 고개를 끄덕임) 그럼, 당신은 분명히 어디선가 그걸 배웠겠어요. (내담자가 고개를 끄덕임) 그 아이들은 정말 사랑스럽고, 돌보지 않을 수가 없었어요. <><> 어쩌면 내가 성인으로서만 그걸 바라봐왔던 것일 수 있고, 실제로는 내가 양육을 받아보았을 수 있어요. 내가 알던 것보다 더요.

차단 믿음을 깨뜨리기

이는 내게 의미 있는 문장이었는데, 그녀가 이 자원화 회기를 시작하면서 보였던 차단 믿음에 대한 이의를 제기하는 것이었기 때문이다. 자신의 삶에서의 긍정적 인물에 대한 질문으로 시작하여, "저는 꽤 수줍음을 탔거든요. 다가가려고 하지를 않았어요. 엄청, 엄청 수줍음이 많았어요."라고 답하였다. 나는 앞선 논평에서 이를 설명으로 보았다. 그녀는 자신이 그때에도 지금도 수줍음이 많기 때문에 다가갈 수가 없었으며 여전히 다가가는 데 어려움을 겪고 있다고 믿었다. 이제는, 자신이 실제로는 양육되었을 가능성에 대해 인식하고 있다. "행복한 어린 시절을 갖는 데 너무 늦어버린 때란 없다"라는 제목을 지닌 책이 여럿 있으며, 그 중 하나는 Claudia Black에 의해 쓰였다. 나는 그 책들을 읽어보지는 않았으나, 그 제목을 몹시 마음에 들어 한다.

> **Debbie Korn**
> Deb Wesselmann의 책인, '온전한 부모: 훌륭한 부모가 없이도 훌륭한 부모가 되는 법'도 마찬가지이다.

내담자:　제 생각엔 – 이전에 했던 활동에서 부모님을 제외했던 이후로, 제 부모님을 생각하지 않았던 것 같아요, 두 분 다 매우 양육적이거든요.

이 시연을 시작하기에 앞서, 나는 수강생들에게 양육적 인물을 떠올려보되, 자신의 부모, 아이, 신, 배우자는 제외하라고 하였다. 이러한 관계는 보다 다층적이고 복합적이기 때문이다. 혹여 신이 훌륭한 자원이 될 수 있을지라도, 신만이 그 사람이 가진 유일한 자원이라면, 이 사람은 트라우마 처리를 시작하기 전에 반드시 먼저 다루어야 할 자원 관련 문제가 있을 가능성이 높다. 다른 자원들을 개발한 이후라면, 나는 기꺼이 신, 배우자, 부모 자원으로 돌아가 개발하려 할 것이다.

치료자: 그래요, 당신의 부모님이 양육적이었군요. 엄마가 되는 방법에 대해 대부분 거기서 배웠겠어요.

내담자: 네.

치료자: 자, 이제 Mrs. Ultrich가 8살 난 아이를 팔로 감싸고 있는 이미지로 돌아가 보세요, 그러면 8살 난 아이가 어떻게 느낄 것 같나요?

아이를 3인칭으로 언급함으로써, 내담자가 갈망과 상실의 느낌으로 돌아가는 대신 긍정적 정서에 머무를 수 있기를 바랐다. 이 회기는 morphing 질문이 다듬어지기 전에 마무리되었다. 첫 번째 morphing 질문은 "이것이 그 아이에게는 어떨 것 같다고 **생각**하나요?"이고, 세 번째와 네 번째 질문은 이 회기 이후의 morphing 질문에서 진행되었기에, 나는 바로 5번째 질문으로 건너뛰었고, 그리고 나서 성인의 경험에 초점을 맞추었다.

내담자: 행복할 거예요. < > < >

긍정적 정서를 강화시키기

치료자: 당신이, 8살 난 아이로서, Mrs. Ultrich의 팔에 안겨있는 느낌이 어떨 것 같은지를 떠올려보세요.

여기서부터는 8살 난 아이를 3인칭으로 지칭하지 않았다. 이번에는, 나는 내담자가 8살 난 아이의 느낌을 경험해보길 바랐기 때문에 그 8살 난 아이를 "당신"으로 바꿔 불렀다.

내담자: 좋은 느낌이에요. < > < > 좋은 느낌이에요.

치료자: 그걸 상상하는 동안, Mrs. Ultrich는 당신으로부터 얼마나 떨어져 있나요?

내담자: 제 바로 옆에 있어요.

치료자: 그녀가 더 가까이 다가오도록 하세요.

자원 기억이나 이미지의 경험을 강화하는 데에는 다양한 방법이 있다. 그 중 하나는 이미지를 확대해서 보도록 하거나, 자원 인물과 가까이 있는 것을 상상해보는 것이다. 나는 대개 그 인물이 얼마나 멀리 있는 것처럼 보이는지를 물어보고 나서, 거리를 좁혀보도록 한다. 경험을 강화하는 또 다른 방법은 그 자원에 닿아보도록 하는 것이다. 자원이 이미지일 경우에는, 나는 종종 그 이미지를 저장할만한 몸의 부위를 찾아보도록 하고, 그 자리에 이미지를 저장하는 것을 상상해보게 한다. 이는 NLP에 기반을 둔 것으로 "anchoring"이라고 불리며, Krystyna Kinowski가 개발한 "최선의 프로토콜"의 일부이기도 하다.

내담자: 그 선생님 같았던 다른 선생님들도 떠오르네요. 그분들과 있으면 편안했어요. < > < >

치료자: 지금은 무엇이 떠오르나요?

내담자: 아까랑 같아요.

치료자: 자, 당신을 팔로 감싸고 있는 Mrs. Ultrich를 생각하면서, 그게 그녀에게는 어땠을 것 같은지를 상상해볼 수 있겠어요? 그게 그녀에게 하기 어려운 일이었을 것 같나요?

Debbie Korn

이는 훌륭한 질문이며, 근래 많은 주목을 얻고 있는 유심론[1] 및 마음 이론[2] 모델 등의 작업들에 대해 상기시켜 준다.

1) Mentalism.

2) Theory of mind.

내담자: 그렇지 않아요. < > < >

양육자가 자신을 돌보기 힘들어했을 것 같은지를 내담자에게 물어보는 것은 매우 강력한 질문이 된다. 본질적으로, 이는 그 아이가 사랑하기 어려운 아이였는지를 묻는 것이다. 나는 보통 다음과 같이 단순하게 묻곤 한다. "그게 그녀에게 하기 어려운 일이었을 것 같나요?"

내담자: 그녀가 무슨 생각을 했을지가 궁금해요. 아마도, "좋은 학생이야, 열심히 하기도 하고. 다만 왜 그렇게 수줍어하는지 궁금하네."라고 생각했을 것 같아요.

치료자: 그럼, 그렇게 당신을 지적으로 인정해주고 당신이 열심히 한다는 걸 알아주는 것과 더불어, 그녀가 당신을 향한 돌봄의 느낌도 가졌을 거라고 생각하나요?

내담자: (내담자가 고개를 끄덕임) < > < > 그녀가 실제로 했던, 비언어적인 행동들을 생각하고 있어요, 미소 짓고, 다가오고, 제 책상이나 어깨에 손을 올리던 것들이요. < > < > 그녀는 제가 알고 있던 것보다 더 많이 만져주었던 것 같다는 생각을 하고 있어요. < > < > 흥미롭네요. 그 해는 좋았어요, 정말 좋았어요, 제 초등학교 시절을 돌아보면요. 정말 안전한 장소였어요. < > < > 안전한 장소였던 그곳과, 그곳이 왜 안전한 장소였는지에 대해 생각하고 있어요. < > < > 같은 생각을 하고 있어요. 그곳은 안전한 장소였어요. 학교는 보통 안전한 장소가 되지 못했어요, 제가 수줍음을 탔기 때문에요, 학교는 수줍음을 타기에 안전한 장소가 아니잖아요.

치료자: 자, 당신이 거기에 Mrs. Ultrich와 앉아있는 것과, 그녀의 눈을 바라보는 것을 상상해보세요. 해볼 수 있겠어요?

내담자의 아이 자아로 하여금 양육자의 눈을 바라보도록 하는 것은 자원에 대한 연결을 강화하는 또 하나의 방법이다. 내담자가 그 자원 인물을 신뢰하는지와 관련된 질문이 함께 진행될 때 더욱 효과적이다.

내담자: 네. <><> 제가 뭘 하든 괜찮아요. 그녀의 지지를 받고 있거든요.

치료자: 자신감 있게 느껴지네요.

내담자: 자신감을 느껴요.

치료자: 그게 당신의 몸 어디에서 느껴지나요?

좋은 느낌을 anchoring하기

느낌의 위치를 묻는 것은 자원화 및 트라우마 처리 모두에서 유용하며, Shapiro에 의해 처리를 강화하는 방법으로 제안되었다.

내담자: (잠시 멈춤) 여기요. (자신의 가슴을 가리킴)

치료자: 그것에 집중해 보세요. <><>

내담자: 느낌이 좋아요.

치료자: 자, 당신의 몸을 살펴보고, Mrs. Ultrich를 저장하기 좋은 장소를 찾아보세요. 이것을 통해 앞으로는 당신이 원할 때 그녀를 찾을 수 있게 돼요. 적절한 자리를 찾게 되면, 알려주세요. <><>

내담자: 제 심장에요.

치료자: 당신의 심장에 Mrs. Ultrich를 저장하는 것을 상상해보세요. <><>

치료자: 어떤가요?

내담자: 평화로워요.

치료자: 여기에서 멈추는 것이 좋을 것 같아요. 괜찮을까요?

내담자: 네.

이 회기에 이어 진행된 수업 토론에서, 한 학생은 내가 내담자에게 그 선생님의 눈을 바라보라고 말했을 때 자신이 울 것처럼 느꼈다고 말했다. 회기에 참가했던 내담자는 다음과 같이 말했다. "그녀가 나를 어떻게 바라볼지를 생각하는 것만으로도 감동을 받았어요. 그렇게 하자마자 거의 울려 했죠. 그랬었는데, 그러지 않으려고 애를 쓰고 있었어요. 솔직히 말하면요."

논의

양육 상이나 인물을 개발하는 것을, 나는 이자관계, 그것도 아이와 양육자의 전형적인 이자관계를 개발하는 것으로 생각한다. 자원화를 진행하는 동안, 나는 내담자가 양육을 받는 아이와 양육자의 입장을 모두 경험해보도록 하는데, 한편으로는 사랑받는 경험을 누려보도록 하고 다른 한편으로는 아이로서의 자신을 사랑하는 경험을 해보도록 할 뿐만 아니라 그 아이를 사랑하기가 얼마나 쉬운 일인지를 깨달을 수 있기 때문이다.

> **Jim Knipe**
>
> 덧붙여, 사랑을 건네어 보는 것도 긍정적인 경험이 된다.
>
> **Debbie Korn**
>
> 이는 두 종류의 다른 자원 혹은 자기-수용력(self-capacity)에 대한 논의인데, 수용하는 능력과 표현하는 능력이다. 이 둘 모두 정신건강, 건강한 관계, 안정적 애착에 매우 중요하다.

이 모든 것은 매우 강력한 경험이 된다. 이 내담자와는 그렇게 진행하지 않았지만, 나는 종종 내담자에게 양육 받는 인물과 양육자의 두 입장을 번갈아 취해보도록 하는데, 매우 유용하다.

이 시연 축어록에 등장하는 내담자는 아이였을 때 사랑받았던 느낌이 어떤 것이었는지에 대한 강렬한 감각을 지니고 있었다. 자신을 사랑하는 것이 Mrs.

Ultrich에게는 어땠을지에 대해서만 약간의 조언이 있었을 뿐이다. 이자관계 자원화 프로토콜 전체를 진행했더라면, 근래에 성인 morphing이 함께 고안되어 있기 때문에, 그 선생님의 경험과 이 아이를 사랑하는 것이 얼마나 쉬웠을 것 같은지에 대해 좀 더 많은 주의를 기울일 수 있었을 것이다.

트라우마 처리를 선택할 수 없을 때
(비디오 #7)

　다음의 회기에서는 직접적인 처리가 적절하지 못한 상황에서 자원화를 활용하는 것을 보여준다. 내담자는 자신의 아버지로부터 매일같이 신체적인 학대를 당했으며, 이러한 학대가 충분히 처리되지 않았다. 내담자가 작업하고자 한 타겟이 실제 학대는 아니었으나, 그 학대와 관련이 있었다. 이 내담자가 다른 치료자와 EMDR 치료를 진행 중인 점을 고려하더라도, 이 시연회기가 단일 회기로 진행되기 때문에 이 안에서 완전히 처리할 수 없는 새로운 내용을 꺼내놓고 싶지는 않았다. 내가 제시된 타겟에 대한 트라우마 처리를 하게 되면, 내담자가 미해결된 일상적인 신체적 학대를 상기하게 될 것이며, 이것이 내담자의 주의의 초점이 될 것이다. 이는 단일 회기에서 다룰 문제가 아니다. 내 치료실에서 이루어지는 일반적인 치료 회기였다면, 더 깊이 만연해 있는 학대 트라우마가 해결되기 전까지는 이 기억을 다루려 하지 않았을 것이다. 물론, 이 시연에서 내담자와 상의하여 다른 타겟을 선정해본다는 대안도 있었다. 하지만 결론적으로, 나는 타겟 문제를 변경하기로 하거나 혹은 우리가 시연 회기 내에서 다룰 수 있는 것보다 더 많은 트라우마를 활성화시킬 위험을 무릅쓰는 대신에 자원화 회기를 진행하기로 했다. 자원화 회기의 말미에서 이 자원이 명백히 강력한 힘을 지니고 있음이 드러났으며, 나는 Krystyna Kinowski(2002)가 Peter Levine의 작업을 각색하여 개발한 "쌍 적정화"라는 자원 활용 기술을 시도해 보고자 하였다.

쌍 적정화가 적응적 정보 처리 모델을 기반으로 하고 있지만, 직접적인 처리 없이 트라우마를 해결하기 위해 고안된 것이기에 엄밀히 말하자면 EMDR이 아니다. 이 책을 저술하는 동안, Shapiro[1]는 EMDR 트라우마 처리와는 달리 자원화로는 안정적인 트라우마 처리를 진행할 수 없으며, 자원화를 통해 얻을 수 있는 이득이 일시적임을 분명히 하였다. 나는 이러한 관점이 대부분의 자원화 유형에서 정확히 들어맞는다고 본다. 하지만 다음의 회기에서는, 제시된 문제로부터 내담자가 경험했던 안도감이 현재까지 3년간 안정적으로 유지되었다. 엄밀히 말하자면, 자원화 자체가 안정적인 변화를 만들어내지는 않는다. 마지막에 진행된 "쌍 적정화", 즉 자원의 활용이 변화의 직접적인 원인으로 생각될 수 있으며, 나는 이것이 적응적 정보 처리 모델과도 일치하는 결과라고 본다.

Jim Knipe

자원 주입이 상태를 변화시키는 데 유용하다는 것에는 동의하나, 이것이 트라우마 처리와 같지는 않다. 다만 한 가지 유의할 점은, 때로는 자원을 자각하는 것 자체가 내담자의 자연스러운 정보 처리를 가동시켜 트라우마를 온전히 처리하는 데 필요한 전부일 수 있다는 것이다. 예를 들어, 내담자는 "만약 제가 제게 그 학대에 대한 느낌을 경험하게 한다면, 그러한 느낌에서 다시는 벗어날 수 없을 거예요." 또는 "… 저는 이러한 느낌을 한동안 겪게 될 것이고, 이걸 꺼버릴 수가 없을 거예요."와 같은 신념을 가질 수 있다. 자원 주입을 통해, 내담자가 트라우마의 느낌이 상대적으로 빠르게 사라지는 것을 관찰할 수 있게 되면, 이것이 트라우마에 접근하는 것을 수월케 할 뿐만 아니라 단지 "그것을 떠올려 보세요."만으로도 해결에 다다를 수 있다는 새로운 정보가 될 것이다. 생체에너지[2] 또는 에너지 치료[3] 등의 "상태 변화" 방법을 이용해 트라우마를 해결하는 견해도 이를 통해 설명될 수 있다.

---

1) 2006 EMDRIA Conference, Preconference Presentation.

기억에서의 문제

내담자: 기억에서의 문제는 제 남동생 George와 관련된 거예요. 제가 10살 무렵에 동생은 7살 정도였고, 그리고 어, 아빠가, 어, 음, 그는 그냥… 우리는 거의 매일 채찍질을 당했는데 가끔은 정말, 어, 잔인했고 이날은 특히나… 제 생각엔 월요일 아침이었어요, 어, 왜냐하면 우리가 교회에서 잘못 행동했던 게 일요일이었고 아빠가, 그가 우리를 집으로 보내며 말하길, 자길 기다리라고 했어요. 우리는 정말 겁에 질려있었고, 그저 그날 밤이 정말 힘들었다는 게 기억나요. 아침에 일어났는데 제 반바지가 벗겨지지가 않더라고요. 그래서 저는 샤워를 해서 어, 그 바지를 벗겨보려 했어요. 그리고 어, George가, 어, 제가 샤워를 하고 나오려는

---

2) bioenergetics.
3) Energy theraies.

데, George가, 어, 일어나서는 소리치기 시작했어요, 그냥 공황 상태였던 것 같아요. 그가 "Jason, 봐봐, 내 반바지가 안 벗겨져"라고 말했고, 저는 그저 "그래, 그래, 가서 씻어 봐"라고 말했어요. 그리고, 음, 제 생각엔 동생은 위로를 받고 싶었던 것 같아요. 아빠가 미쳤던 건지를 알고 싶어 하더라고요. 저는 그냥 아무 일도 아닌 것처럼 하면서, 얘기했듯이, 그냥 씻으라고 했어요. 그리고…

상담자: 반바지가 젖었다가 달라붙어 있었던 건가요? 그게…

내담자: 어, 피가 말라서요.

상담자: 오, 피가.

내담자: 네, 그렇게요…

상담자: 그럼, 음… 거기 티슈가 있나요? 제게 필요해서요. (웃음) 어, 그럼 그 일이 전날에 있었던 건가요?

내담자: 말한 것처럼, 제 생각엔 그게, 음, 그가 때린 게 일요일 밤인 것 같아요. 우리가 월요일 아침에 일어날 때까지 반바지가 붙어있었거든요.

상담자: 그렇군요.

내담자: 그리고, 음, 그런 일이 처음은 아니었는데 – 저한테는요 – 하지만 동생한테는 처음이었을 거예요, 그게 어…

상담자: 그럼, 그래서 더욱 괴로운 건가요?

왜 내가 이 시점에서 그의 말에 끼어들어 말을 마무리하지 못하게 했는지는 확실치 않다. 생각하건대 나는 불안해하고 있었으며 커피를 2잔 정도 마신 상태였다. 우리는 꽤 큰 강의 앞에 앉아있었고, 나는 이미 이 회기가 쉽게 흘러가지 않으리라는 걸 알 수 있었다. 이 내담자는 아버지로부터 잦은 신체적 학대를 당했으며, 누구라도 예상할 수 있듯이 이것이 내담자에게 강한 감정을 불러일으킨다는 것을 알 수 있었다. 내담자의 학대 경험들을 한 회기 안에 해결할 수 있으리라는 착각은 들지 않았다. 내담자가 설명한 그날 아침은 내담자의 남동생 역시 신체적으로 학대를 당한 첫 번째 일화였음이 드러났다.

내담자: 네.

상담자: 그와 관련이 있어서요?

내담자: 왜냐면 동생이 간절히 도움을 요청했는데, 아시겠어요? 제가 (눈물을 닦아내며) 그냥 무시해버렸기 때문이에요.

상담자: 오, 알겠어요. 그저 씻으라고 한 것처럼요.

내담자: 저는 동생에게 샤워를 하고 예의 바르게 행동하는 법을 배우라고 했어요. 아시다시피, 그건…

상담자: 으음.

내담자: George는 "아빠는 미친 사람이야"라는 태도였는데, 저는 "우리는 어떻게 행동해야 하는지 배워야 해"라는 태도였어요.

상담자: 그리고, 음…

내담자: 제 생각에는, 우리 둘 다 말이에요. (휴지에 손을 뻗고, 미소 지으며)

상담자: 네, 제 휴지를 같이 쓰셔도 돼요. (웃음) 이것이 특히 당신에게 고통스러운 건, 음, 이게 당시에 속상한 순간이었기 때문이 아니군요. 고통스러운 이유는 지금, 당신이 이걸 돌아보면, 어떤 식으로든 동생을 실망시켰다고 느끼기 때문이군요.

타겟을 구체화할 때, 그 타겟이 강력한 이유가 내담자가 지금 기억해내려 하는 당시 사건의 강도 때문인지, 아니면 그 기억이 내담자의 현재와 향후의 삶에서 갖는 의미 때문인지를 분별해내는 것이 늘 중요하다. 일반적으로, 담고 있는 의미로 인해 고통스럽게 느껴지는 기억은 EMDR의 분명한 대상이 되게끔 하는 즉각성과 강도를 지니고 있지 않다. 이는 종종 보다 더 고통스러울 수 있는 관련 후속 기억이 산발적으로 떠오르며 처리되지도 않는 양상의 확산된 처리로 나타난다. 되돌아보면서는 내담자가 강한 죄책감을 경험하나, 그 사건이 발생한 당시에는 죄책감을 느끼지 않았던 이와 같은 기억은 이례적인 것일 수 있다.

내담자: 네, 음, 그리고 저는 그를 탓했는데, 어,

상담자:　곤란하게 해서.

내담자:　자기를 힘들게 하고, 그리고 저를 곤란하게 해서요.

상담자:　그렇군요.

내담자:　저는 저 자신과 동생을 탓했어요….

상담자:　아버지보다는요.

　　　나는 타겟을 설명하는 동안 나타나는 왜곡들을 탐색해보고자 하는데, 다만 내담자에게 그 정보와 관련해 무언가를 하도록 밀어붙이지는 않는다. 적응적 정보 처리 모델을 고려하며 보면, 우리는 고립된 신경망과 이외의 정보 체계를 연결하려 하지만, 이는 오직 신경망이 활성화될 경우에만 이루어질 수 있다. 이 논의가 진행되는 시점에서는 아직 신경망이 최대로 활성화되지 않았다. 그래서, 왜곡을 확인하는 자체는 유용하지만, 민감소실 및 재처리 단계 동안에 신경망이 활성화되기 전까지는 이러한 왜곡이 실제로 소화되지는 않는다.

CI: 아빠보다요.

기존의 치료

상담자:　좋아요. 자, 제 생각엔 이건 당신이 (EMDR) 치료에서 작업해왔던 부분일 것 같은데, 맞나요? (내담자가 고개를 끄덕임) 그럼, 당신이 작업해온 것들이 무엇인지와 어떻게 진행되었는지에 대한 개요를 2분 정도 동안에 알려주세요.

내담자:　음, 제가 작업하던 건 그가 저희 엉덩이를 때렸던 그 일과 그냥 그가 때리던 일들인데 그런 건 일상적이었어요. 제가 기억하기론 매일 － 제가 기억하기엔 학교에서 집으로 오면서, 그저 "무슨 일이 일어날지 알고 있어. 내가 채찍질을 당하겠지."하고 생각했어요. 그리고 나면 그 일이 언제 일어날지를 생각했어요. 가끔은 평소보다 더 잔인할 때도 있었

어요. 그런데 실제로 작업을 해보지 않은 부분은 제 동생에 대한 책임
감인 것 같아요. 그리고 제가 동생을 비난하고, 그리고, 동생이 "우리
가족은 미쳤어"처럼 말할 때, 그냥 제대로 예의 바르게 행동하라고 말
한 부분도요.

상담자: 좋습니다. 그러면, 당신은 그 매질에 대해 작업해왔는데, 당신이 한 작
업의 효과는 무엇이 있었나요?

매질(출처 기억)에 대한 강력한 정서에 연결하기

나는 아버지의 손으로 이루어진 학대에 대한 작업이 아직 마무리되지 않았
을 거라고 보았다. 그러한 경우, 그의 어린 시절에 대한 우리의 모든 작업에 그
일이 그늘을 드리우게 될 것임을 알 수 있었다. 특히, 동생이 매질을 당한 것과
관련된 우리의 어떤 작업도 자신이 매질을 당했던 일과 섞이게 되는 것과 더불
어, 기껏해야 회기가 불완전하게 끝나게 될 것이 염려되었다.

내담자: 어, 도움이 됐어요. 치료자가 EMDR을 진행했어요. 치료자가 처음에 그
걸 시작할 때에는, 그러니까, 제 생각엔 그런 효과가 있었던 것 같은데,
제가 처음에는 우리 가족에는 아무 문제가 없고 그냥 애들인 저희가 잘
못 행동한 거라고 생각하고 있었어요. 그리고 나서는 어쩌면 우리 가족
에 어떤 문제가 있었을 수 있겠다는 생각이 들었어요. 그리고는 제가
아빠에게 화가 나면서, 심각한 분노를 느끼기 시작했고, 마지막으로 느
꼈던 건 그냥 아예 겁에 질린 거였어요. 제가 어렸을 때 얼마나 두려웠
을지를 알게 되었던 게 가장 도움이 된 것 같아요.

상담자: 그러면 당신이 두려운 느낌을 기억해냈을 때, 당신이 성인으로서 그것
을 기억한다는 건 어떤 경험이었나요?

내담자: 제가 그걸 경험하기 시작했을 때, 저한테서 뜨거운 석탄이 뽑혀 나오는
것 같았어요. 제 말은, 어, 제가 그 두려움을 다루기 시작하면서, 제가

느끼기엔, 어, – 제가 그걸 경험하는 순간 – 제 뱃속에 있던 뜨거운 석탄이 뽑혀 나오면서 제 입과 귀, 눈, 그리고 모든 곳에서 쏟아지는 것 같았어요. (눈물을 글썽임)

상담자: 그럼, 지금 이 순간에도 당신은 약간의 뜨거운 석탄을 가지고 있을 텐데, 그렇게 많지는 않은가요?

내담자: 맞아요. 만약 그 작업을 하지 않고 이 주제를 꺼냈다면, 저는 여전히…

상담자: 그저 무너졌겠군요.

내담자: 무너졌겠죠, 맞아요.

이를 통해, 매질의 기억이 상당히 처리되었음에도, 그 처리가 아직 마무리되지는 않았음을 알 수 있었다. 내담자가 작업을 위해 꺼낸 기억에 표준 EMDR 트라우마 처리를 진행할 수는 없다는 것이 분명했다. 더욱이, 그 일이 실제로 발생했을 때 그렇게 강렬하지는 않았던 기억으로부터 우리가 식별할 수 있는 피뢰침 역할을 하는 순간이 얼마나 괜찮은 것일지도 확신할 수 없었다.

상담자: 자, 음, 이 George와의 이 특정한 기억에 대해서요. 이 기억이 당신이 작업하고자 하는 대상으로서 지금 어떤 것 같나요?

내담자: 잘 모르겠어요. 그냥 제가 아는 건, 어, 이 훈련을 받으러 오고 나서 주말 내내, 이 일에 대해 생각하고 있었어요.

상담자: 그랬나요?

내담자: 네.

상담자: 그러면, 여기에 오는 것과 George와의 이 기억을 작업하는 것 사이에 어떤 연관성이 있는 건가요?

내담자: 네. 그게, 제 말은 그게 동생이 제게 "Jason"이라고 말하는 것과 함께 계속 떠올라요. (약간 눈물을 흘리며) 그리고 저는 그를 위해 아무것도 할 수 없었어요. 아니면, 제가 할 수 있었대도, 하지 않았죠.

고통스러운 기억 vs. 맥락적 트라우마(의미) 기억

상담자: 그렇군요. 그것은 두 종류의 기억들이기 때문에 흥미롭게 느껴지네요. 당신이 기억해내는 기억들이 있고 그건 마치 뜨거운 석탄과도 같군요. 그 자체로 매우 고통스러운 것이기도 하고요. 그리고 이 기억은… George가 아직 살아있나요?

내담자: 네. 오랫동안 좋은 관계로 지내고 있어요.

상담자: 이 기억은 시간이 지날수록 의미가 더해갔어요. 그 일이 일어난 직후에는 그렇게 중요하지 않았나요?

내담자: 네, 그게 맞아요.

상담자: 이 기억에 대해 대부분은 죄책감을 느끼나요?

내담자: 글쎄요, 생각하면 약간 두려움이 들고…. 네, 대부분 죄책감인 것 같아요.

상담자: 약간의 두려움은 무엇을 생각하면….

내담자: 아빠가 우리에게 집에 가서 자길 기다리라고 하는 것이요.

정서 지탱의 문제

이 말은 이 기억이 매질의 기억과 섞여버릴 가능성을 보여준다.

상담자: 아, 그럼 이 기억엔 두 부분이 있는 거군요.

내담자: 맞아요, 여전히 약간의… 두려움이 있어요. 그랬어요. 어, 지금 생각해보면, 그게, 어 – 그날 아침, 그의 목소리가 – 제 생각엔 약간 날카롭고 겁이 나 있고요….

상담자: George의 목소리가요?

내담자: George의 목소리이고 도움을 원하고 있어요. 우리가 뭔가를 할 때 동생은… 다른 게 아니라면 제 생각엔… 제 생각에 동생이 제게 원했던 건 그의 고통이 진짜라는 걸 들어주는 거였던 것 같아요. 그리고 저는

그의 고통을 들어주지 않았어요. < > < > 저는 제 것도 듣지 않았어요. 아시다시피, 그저, "가서 샤워를 해."라고. (많은 눈물을 흘리며)

이 시점에서 안구운동을 진행하는 것은 분명 EMDR 프로토콜에 들어가지 않는다. 우리는 아직 준비 단계(타겟을 선정하기)와 평가 단계(선택된 타겟을 정교화하고 활성화하기) 사이의 어딘가에 있다. 내가 왜 이렇게 진행했는지에 대해서는 확실치 않다. 생각건대 동생에게 공감적으로 반응하지 않았다는 기억에서의 고통감을 명확히 확인하고 충분한 강도를 이끌어내서, 매질에서의 공포와 구분시켜 처리할 가능성이 있다는 희망을 버리지 않았던 것으로 보인다. 이러한 방법을 일반화하지는 않지만, 나는 동생과의 이 사건에 연관된 정서가 충분히 강렬하다면, 이를 개별적 사건으로 처리할 수 있을 것이라 보았다 — 별개의 사건이 아니라고 하더라도 이는 충분히 강렬한 것이기에, 타겟을 완전히 처리하지 못하더라도, 적어도 강력한 한 통로는 처리될 수 있을 것이라 보았다. 다만 이런 특수한 상황에서는 좋은 계획이 아니었을 것이다. 하지만, 내담자가 타겟과 관련된 정서를 일으키기 어려워하는 경우에는, 실제로 평가 절차를 시작하기 이전에 타겟과 연관된 정서를 강화시키기 위해 약간의 안구운동을 진행하기도 한다. 다시 말하지만, 이것은 4단계인 민감소실 및 재처리를 시작하기 전까지는 양측성 자극을 사용하지 않는 표준 EMDR 프로토콜에서는 벗어난다.

상담자: 그리고 그 기억을 생각하면 지금은 무엇이 떠오르나요… 후회? 죄책감? 슬픔?

내담자: 어, 후회예요. 제가 동생을 위로할 수 있었기를 바라요. 어, 동생을 팔로 감싸고 들어줄 수 있었기를 바라요. 그가 겪고 있는 일이 미친 짓이라는 걸 인정해주면서요.

자원으로서의 인물 찾기

내담자는 동생이 필요로 했던 양육 능력을 갖지 못했던 것을 후회하고 있다. 그는 지금 자신이 알고 있는 것이 당시의 동생에게 적절하고도 유용했을 것이나 그때에는 갖고 있지 못했음에 죄책감을 느끼고 있으며, 당시에 양육하는 성인 관점을 갖고 있지 못했다는 이유로 현재 자신을 나무라고 있다. 나는 여기서의 임상적 목적을, 이제는 접근할 수 있으나 어린 시절에는 부족했던 양육 기술을 그가 이해할 수 있도록 '양육하는 성인 관점'에 연결되게끔 돕는 것으로 두었다. 그는 어린 나이의 자신에게 연민을 느껴야 했다. 그가 학대에 초점을 둔 상당한 양의 EMDR 치료를 받아왔음을 알고 있었고, 여전히 어린 아이로서의 자신에게는 충분히 공감적인 관점을 지니고 있지 않음을 알 수 있었기에, 단순한 인지적 엮음 혹은 교육적 엮음이 그를 깊게 감동시켜 자신에 대한 연민이라는 이 문제를 풀어낼 것이라고는 생각하지 않았다. 우리에게 필요한 성인 양육 관점을 탐색해보기 위해, 내담자와 함께 그의 삶에서 그를 돌보아주었던 성인들을 살펴보았다. 나는 내담자가 양육 성인의 관점에서 아이로서의 자신을 바라볼 수 있기를 원했다.

상담자: 그럼, 당신의 삶에서, 당신에게는 누가 그렇게 대해주었나요?
내담자: 동생이 그렇게 대해주었죠, 그 한 명이에요. 그 일이 평범한 게 아니라는 걸 깨닫게 해준 한 사람이었어요. 음.
상담자: 몇 살 쯤이었나요?

내담자의 동생을 내가 찾고 있는 양육 상으로서 이용하지 않으리라는 것은 알고 있었다. 그가 이 기억에서 양가적인 방식으로 등장하고 있었기 때문이다. 다만 양육적인 연결에 대해 듣게 될 때면, 내담자가 그 경험을 한 나이를 확인하여 이를 발달적 관점에서 고려하고자 한다.

내담자: 어, 저는 느리게 해내는 편이었어요. 제가 우리 가족에게 무슨 문제가 있는지를 보려고 하기 시작했던 건 30살 즈음이었던 것 같아요. 어, 그리고 새크라멘토에 있는 치료자를 만나고 있었어요. 천천히 진행해보고 있었죠. 그게 진짜로 시작된 건 대학에서였던 것 같네요. 저는 감수성 훈련집단에 있었어요. 그 중 한때가 기억나는데, 그게, 어, 그걸 진행한 첫날이에요. 사람들이 돌아다니면서 우리가 5~7살 때부터 어디에 살았고 집을 어떻게 따뜻하게 만들었으며 가장 따뜻한 방은 어디였는지, 그리고 나서는 누구로부터 사람의 온기를 얻었는지와 같은 것들을 물어보았어요. 그리고 온기를 느꼈던 사람의 주제로 다가오자 제가 바로… 저는 제가 뭔가를 말하기 시작했다고 생각했는데, 전부 소리를 지른 거였어요. 그리고 제가 뭘 소리쳤는지를 알 수 없었어요. 그리고 어, 그래서, 어, 그래서 제가 왜 그렇게 생각했는지는 모르겠는데, 하지만… 오, 그게 도움이 됐어요. 그 일 덕분에 제가 키워진 방식에서 뭔가가 잘못되었다는 걸 알기 시작했거든요.

이러한 일상적인 매질이 정상적인 일이 아님을 내담자가 인식하지 못했다는 점은 특이하게 여겨졌다. 아이들이 부모로부터 당한 신체적 학대와 관련해 자신을 비난하는 경우가 잦지만, 대개 고등학교 후반 무렵에는 좀 더 어른스러운 시각을 갖게 된다. 내담자가 이를 처리하는 데 어려움을 겪었다는 것은 자기 비난과 가혹한 아버지에 대한 동일시를 반영할 수 있으며, 이것이 그 타겟 사건이 일어나는 동안 동생에게 공감적이지 못했던 이유일 것이다.

상담자: 그럼, 사람의 온기는 누구로부터 얻었나요?
내담자: 어, 제 생각엔 자라는 동안, 그러니까, Smith 할머니와 Frank 삼촌으로부터요.
상담자: Smith 할머니는 당신의 엄마의 어머니셨나요?
내담자: 맞아요.

상담자: 그리고 Frank 삼촌은 엄마의 형제였나요?

내담자: 네. 어, 엄마 쪽 가족들은 매우 따뜻했어요. 엄마가 우리한테는 안 그랬지만, 다른 사람들에게는 따뜻했어요. 아빠 쪽 가족들은 소위 '날ㅡ건드리지ㅡ마라' 류의 사람들이었어요. 손길이라고는 싸움이나 엉덩이를 때리는 것뿐이었죠.

상담자: 그러면, 지금은 할머니에 대해 떠올리면 어떤가요?

내담자: 기분이 아주 좋아요.

상담자: 그렇군요. 그리고 당신은 그걸 지금도 느낄 수 있군요. 제게도 보이네요. 그게 당신의 몸 어디에서 느껴지나요?

내담자: 어, 여기서 약간의 열이 느껴져요. (목에 손을 얹으며) 여길 통해서 따뜻함이 느껴져요. (손을 가슴에 얹음)

상담자: 그 감각들을 그냥 알아차려 보세요. < > < > 지금은 무엇이 알아차려지나요?

이제는 자원화 상태로 넘어갔기에, 내담자가 즐거운 감각을 느낄 때마다, 짧은 세트의 안구운동을 진행할 것이다.

내담자: 그냥 제 얼굴에 열이 많이 느껴져요. (손을 뺨에 올리며)

상담자: 그것이 좋은 느낌인가요, 아니면 나쁜 느낌인가요?

자원화 과정에서는 특히, 내담자가 보고하는 감각이 긍정적인지 부정적인지를 많이 물어본다. 내담자가 부정적이라고 보고한다면, 자원화가 오염되고 있음을 알 수 있으며, 그저 "그대로 가 보겠습니다."라고 말하기보다는 문제를 다루어보아야 한다.

내담자: 잘 모르겠어요! 어, 둘 다 섞인 것 같아요. 약간의 공포와 두려움이 일어나는 것 같으면서도 할머니에게 가까이 있는 느낌도 있어요. 그래서,

둘 다 좀 있어요.

상담자: 할머니를 떠올릴 때 공포와 두려움이 일어나는 이유를 잘 모르겠군요.

느낌의 경험이 섞여 있다는 것은 그의 할머니가 좋은 자원이 아닐 수 있음을 암시하기에, 좀 더 탐색해보기로 했다.

내담자: 전… 그냥 이런 게… 이런 열이 느껴지는 게 (손을 뺨에 올리며) 좋은 일이 아니라고 보곤 했어요.

상담자: 일반적으로는 좋은 일이 아니지만 당신이 할머니를 생각하면 그 느낌이 일어나네요. 그러면 당신의 할머니와 함께일 때면 항상 안전했나요?

내담자: … 아뇨.

Harriet Sage

좋은 질문이다, 그 열기가 좋았다 혹은 나빴다고 가정하는 것이 아니라, 이에 대해 물어보는 것이다. 열은 할머니가 안전하지 않았고 좋은 자원이 아니었다는 신호였던 것으로 드러났다. 양가적이지 않은 자원을 선택하는 것은 매우 중요하다.

상담자: 그럼, 때로는 할머니 주변에서도 폭력적인 상황이 발생할 수 있었군요. 그러면 삼촌도 마찬가지인가요?

내담자: 제 생각엔 삼촌은 항상 안전했던 것 같아요.

자원이 선정되다

그의 삼촌은 확실히 더 나은 자원이다.

상담자: 그랬었나요?

내담자: 맞아요.

상담자: 그러면 당신의 삼촌을 생각하면 무엇이 떠오르나요?

내담자: 그의 농장에 있는 게 떠올라요. 뒷마당을 거닐던 거랑 거기에 연못과 나무들이 있던 게 생각나고, 그가 웃던 게 생각나고….

상담자: 그가 웃고 있는 이미지를 갖고 있나요?

　여기서 그의 말에 끼어드는 것은 최선의 방안이 아니었을 수도 있는데, 삼촌을 떠올릴 때의 좋은 느낌과 연관된 세부적인 사항들을 열거하고 있었기 때문이다. 다만 나는 이 때 내담자가 삼촌의 웃음을 말하면서 눈이 오른쪽 위를 향하는 것에 반응하고 있었다. Richard Bandler와 John Grinder가 확인한 신경−언어 프로그래밍 단서에 따르면, 눈이 올라가며 우측 또는 좌측을 향하는 것은 시각적인 접근을 반영한다. 내가 이 개념의 과학적 타당성을 알고 있지는 않으나, 내가 관찰한 바와 전적으로 일치하며, 이를 작업에 종종 이용한다. 나는 수련생과 교육생들에게, 정서가−충만한 순간을 포착하기 위해서는 기꺼이 내담자의 말에 끼어들도록 권유한다. 이것이 불편하다면, 임상가가 내담자에게 이에 대해 '가장 중요한 작업은 양측성 자극이 진행되는 동안 이루어지기 때문에, 그들이 말하는 것 역시 분명히 중요함에도, 양측성 자극으로 다시 돌아가도록 하기 위해 때때로 그 말에 끼어들어야 할 수 있다'는 것을 설명해줄 수 있다. 이 사례에서는, 끼어드는 것이 다소 일렀을 수는 있으나, 내담자가 시각적으로 접근하고 있다는 것과 그 이미지가 즐거운 느낌과 연결되어 있다는 것을 알 수 있었기에, 그가 이 경험에 초점을 둬 보기를 바랐다.

내담자: 맞아요.

상담자: 그럼 그 이미지를 떠올리면 어떤 느낌이 드나요?

내담자: 그가 우리에게 뭔가를 가르쳐주는 것 같고 무언가… 좀 가벼워진 느낌이 드네요.

상담자: 그러면 어디에서 그것이 느껴지나요?

내담자: 여기서 가볍게 느껴지고(어깨를 가리키며), 어. 따뜻하고 가벼운 게 여기서도 느껴져요. (배를 가리킴)

상담자: 그러면, 그 감각들을 그저 알아차려 보세요. < > < > (짧은 세트) 지금은 무엇이 알아차려지나요?

내담자: 어, 제 누이가 뇌수술을 받았던 때가 스쳐 지나갔는데 어, 어, 막내 남동생인 Tommy가 Frank 삼촌과 함께 지내야 했어요. 저는 George와 함께 다른 여성분과 지내고 있었죠. 그리고 우리는, 어, 제가 6살쯤일 때 보내졌어요. Terry는, 어, 제 말은 Tommy는 3살쯤이었고 George는 4살쯤이었어요. 그리고 우리는 그리로 향하면서, Frank 삼촌을 만난다는 데 몹시 흥분해있었어요, 그리고 Frank 삼촌에게서 Tommy를 데리고 오려는 중이었는데 저는 그가 다른 곳이 아니라 Frank 삼촌 댁에서 지내야 했다는 게 화가 났어요. 그리고 George가 안으로 들어갔고, 그때 Tommy는 3살이었는데, 몸을 돌려서 George의 배를 바로 때렸어요. George는 4살이었고요.

짧은 세트의 양측성 자극에 대한 내담자의 반응은 부정적 정서로 이어졌다. 이는 우리가 작업하고 있는 자원이 충분히 강하지 않거나, 양측성 자극 왕복이 너무 많았거나, 내담자가 부정적-긍정적인 정서 모두에 대한 내성이 약하다는 신호이다. 이 경우에는, BLS 세트가 너무 길게 진행되었던 것으로 보인다. BLS 세트가 길게 진행될수록, 부정적인 연상이 일어날 가능성이 높아지는데, 처음의 생각이나 기억이 긍정적인 것이었을 때에도 마찬가지이다.

상담자: Tommy가 George를 때린 건가요?

내담자: 네?

상담자: Tommy가 George를 때린 건가요?

내담자: 맞아요, Tommy는 3살이었고 George를 때렸어요. George를 바닥에 눕혀버렸죠. 그러더니 Tommy가 "나는 집에 가고 싶지 않아."하고 소리 지

르기 시작했어요. <><> 저 역시 집에 가고 싶지 않았던 것 같아요.

상담자: 그러면, 이건 나쁜 느낌인가요?

내담자: 네. 특히나 나쁜 느낌이었어요. 그리고 Frank 삼촌이 나쁜 게 아니라, 집에 Frank 삼촌이랑 같이 가지 못한다는 게 싫었던 거예요.

상담자: 네, 네. 그러면, 어디 봅시다. 제가 시작하고자 하는 것은, 그 모든 것들, 모든 나쁜 것들, 모든, 어… 폭력과 공포와 고통을 가져다 컨테이너에 넣는 거예요. 당신의 치료자와 컨테이너를 만들어본 적이 있나요?

내담자: 아뇨.

컨테이너 활동

이 컨테이너 활동은 다양한 방식으로 수행될 수 있다. 내가 사용하는 것은 John Omaha[4]로부터 배운 것인데, 다른 형식의 작업들도 효과적이다. 이 활동의 목적은 부정적인 정서와 생각들을 따로 놓아두도록 내담자를 도와, 이러한 생각들에 사로잡히지 않도록 하며, 이 생각들이 일상생활에 끼어들며 불필요한 불편감을 유발하지 않도록 하는 것이다. 나는 이 활동 전부가 내담자에게 당신은 자신이 생각하는 것들에 대한 참된 통제력을 지니고 있으며 불편한 것들을 생각하지 않도록 선택할 수 있다고 말해주는 정교하게 만들어진 최면적인 제안이라고 생각한다. 나는 이것이 도피의 형태가 아니며, 단지 감당할 수 있을 만큼의 고통스러운 내용만을 내담자가 작업할 수 있도록 하는 것임을 분명히 하려 한다.

상담자: 그럼, 지금 그걸 해봅시다. 그냥, 음, 그냥 컨테이너 하나를 상상해보세요. 당신이 원하는 어떤 것으로도 만들 수 있어요, 콘크리트도 가능하고, 철로도 만들 수 있어요. 당신이 원하는 어떤 크기로도 만들 수 있는데, 이 불쾌한 기억 모두를 충분히 담을 만큼 큰 것이어야 해요.

· ·

4) Omaha, 2004.

내담자: 알겠어요.

상담자: 그리고 이것은 안전해야 해요. 자, 당신이 이걸 무엇으로 만들고 싶은 지를 생각해보세요.

내담자: 알겠어요. 철이요, 스테인리스.

상담자: 좋아요. 스테인리스 철이군요. 그러면, 그냥… 그걸 그려볼 수 있겠어 요? 좋아요. 당신이 그걸 상상해봤으면 해요. ＜＞＜＞ 어떤가요?

내담자: 했어요.

상담자: 좋아요. 이제는, 음, 그 위에 작은 관을 달고 아래에도 관을 다는 걸 상상 해보세요. 하나는 집어넣기 위한 것이고, 하나는 꺼내기 위한 것으로요.

내담자: 네.

상담자: 좋습니다, 이제 이 모든 고통감과 기억들, 이 모든 고통스러운 기억들, 모든 것을 그저 여기에 집어넣는 것을 상상해보길 바라요. 그저 상상해 보세요. ＜＞＜＞ 잘했어요. 이것들이 컨테이너에 들어갈 때 어떤 느낌 이 드는지를 그저 알아차려 보세요. 그저 알아차리세요. 좋습니다. 자, 어땠나요?

내담자: 어, 꽤 튼튼한 느낌이 들어요.

상담자: 좋습니다. 그러면 지금 이 고통스러운 내용들 중 몇 퍼센트가 컨테이너 안에 있나요?

내담자: 아마도 90% 정도예요.

90%라는 답변은 대부분의 내담자들이 기분과 고통스러운 내용들을 컨테이너에 넣는 첫 시도 이후에 보고하는 것보다 많은 편이다. 그 비율이 얼마이든 간에, 나는 내담자에게 남은 고통스러운 내용들을 컨테이너로 옮겨달라고 한 후, 다시 컨테이너에 몇 퍼센트가 있는지 묻는다. 때로는 모든 내용들이 컨테이너에 들어가거나, 적어도 내담자가 그렇다고 말할 때까지 이 절차를 5번에서 6번 정도 반복하기도 한다.

상담자: 자, 이제는 그 안에 없는 10%를 모아서 안에다 집어넣는 걸 상상해보세요. < > < > 잘 하고 있어요. 좋아요. 지금은 무엇이 알아차려지나요?

내담자: 견고하게 느껴지고, 그것들이 안에 들어간 것 같아요.

상담자: 모두 안에 있나요?

내담자: 네.

상담자: 100%?

내담자: 그런 것 같아요.

상담자: 좋아요. 이제 관이 잠겨있는지를 확인해보세요, 됐나요? 그리고 무엇을 내보낼지에 대한 모든 통제권은 당신이 가지고 있는 거예요. 알겠죠? < > < > 무엇이 떠오르나요?

내담자: 어, 긴 손잡이가 달린 멍키 렌치로 단단히 조였어요.

자원을 강화하기

이제 Frank 삼촌이라는 자원을 강화해야 한다. 나는 내담자에게 Frank 삼촌을 비롯하여 그의 긍정적 특징 및 그와 함께 한 내담자의 긍정적인 경험을 떠올려보도록 하고, 이 모든 것들을 짧은 양측성 자극으로 강화하고자 한다. 이 절차는 트라우마 처리와는 꽤 다른데, 내담자가 떠올리면서 도움을 받을 수 있을 것으로 여겨지는 그 관계에서의 긍정적 특징 및 면모들에 대한 제안을 기꺼이 건

네는 등의 적극적인 역할을 내가 맡게 되기 때문이다.

상담자: 좋아요, 훌륭합니다. 이제 삼촌과 그의 미소를 떠올려보세요. 떠올렸나
　　　　요? 좋아요. < > < > 그러면 무엇이 알아차려지나요?

내담자: 어, 방금 그의 농담들과 장난, 웃음이 기억났어요.

상담자: 그렇군요, 좋습니다.

내담자: 팔로 저희를 감싸주면서요.

상담자: 좋아요. 그 모든 것들을 떠올리면 어떤 것이 느껴지나요?

　　　긍정적 정서의 시각적인 신호가 관찰되면, 내담자가 느끼고 있는 것을 물어
본다.

내담자: 따뜻하고 좋아요.

상담자: 좋습니다. 그리고 당신의 몸 어디에서 그걸 느끼나요?

　　　이는 여기서 양측성 자극을 진행할지, 그 느낌이 몸의 어느 부분에 있는지
를 내담자에게 물어볼지 중 개인적인 판단에 따라 결정한 것이다. 내담자가 연결
된 신체 감각을 찾아낼 수 있다면 느낌은 언제나 강화된다.

내담자: 여기랑 등과 제 배에서요. 하지만 여기가 정확해요.

상담자: 좋아요, 그저 그 모든 것들을 알아차려 보세요. < > < > 그러면 지금
　　　　은 무엇이 알아차려지나요?

내담자: 그냥 가벼워진 느낌이요.

상담자: 좋습니다. 그리고 특히 가볍게 느낀 부분이 있나요?

　　　이번에도, 신체 감각을 좀 더 구체적으로 탐색함으로써, 내담자는 정서에 더
욱 강하게 연결된다.

내담자: 제가 가볍게 느끼는 건 머리가 가볍고, 어깨가 가벼운 것 같아요.

상담자: 그리고 이건 좋은 느낌이군요. (내담자가 동의한다) 그 모든 것들을 그저 알아차려 보세요. < > < > 지금은 무엇이 알아차려지나요?

내담자: 어, 여전히 가볍고 따뜻한 느낌이 들어요.

이 지점에서 긍정적인 정서가 강화되고 있다는 신호는 없었기에, 다른 감각 유형을 탐색해보기로 하였다.

상담자: 아까의 이미지를 지금도 갖고 있나요? 그 이미지에 변화가 전혀 없나요?

내담자: 네, 그는 여전히 거기에 있고…

상담자: 미소 짓고, 웃고, 농담을 하고…

나는 내담자가 긍정적 느낌과 연관시켰던 기억에서의 구체적인 세부 사항들에 주목하려 했다.

내담자: 우리에게 사소한 장난을 보여주는, 그게 다예요.

상담자: 그렇군요, 좋아요. 그럼, 어, 당신이 말하길 이따금 그가 당신들을 팔로 감쌌다고 했죠. 그리고, 어, 그저 편안하고, 다정하고, 돌보아주면서요. 그걸 기억해볼 수 있나요?

나는 다시, 감각 유형을, 시각에서 운동으로 전환하였다. 신체적 감각 기억은 감정을 불러일으키는 힘을 지니고 있으며 매우 효과적이다.

내담자: … 제가 - 가장 따뜻했던 순간 중 하나는 제가 14살이었을 때 그가 그의 픽업트럭을 운전하는 방법을 가르쳐줬던 거예요. 그는 제 옆에 앉아 있었어요. 우리는 그걸 타고 돌아다니면서, 소 떼를 세어보고, 그냥 얘기하며 다녔어요.

상담자: 좋아요. 이제, 그게 어땠었는지를 느껴보세요. < > < > 그러면 지금은 무엇이 알아차려지나요?

다시, 나는 내담자의 말에 끼어들었다. 이 축어록을 검토하면서, 내 말 중 일부가 얼마나 갑작스러웠는지를 마주하게 되었다. 여기에서는, 도움이 될 것으로 여겨지는 느낌에 그가 집중해보도록 한 것이었다.

내담자: 그냥 기분이 좋아요. 이건 가장 돌봄 받았던 경험 중 하나였던 것 같아요.

상담자: 좋아요. 그리고 당신이 그 말을 했을 때 무언가가 갑자기 나타난 것 같네요.

내담자: 그게, 음, 제가 주로 기억나는 건, 어, 제 동생 Tommy와 저의 달랐던 점인데, Tommy는 90mph의 속도로 운전하려 했고 저는 정말 조심스럽게 운전했어요. 우리는 목초지와 나머지 농장 또는 목장 사이에 울타리를 둘러놓고, 제가 거기까지 운전하고 밖으로 나와서 그가 운전석으로 넘어오게 했어요, 울타리의 좁은 입구로는 그가 운전하게끔 말이죠, 제가 그의 것을 박살내고 싶지는 않았거든요…

상담자: 트럭을요.

내담자: 그의 트럭을요. 그런데 그는 그 자리에 앉아서 움직이지 않겠다고 했어요. "네가 이걸 운전해야만 한다."고 하더군요. 그래서, 저는 6인치쯤 운전하고, 나가서 확인하고, 6인치 더 운전하고, 나가서 확인했어요. 결국엔, 그걸 해내는 데 30분은 걸렸는데, 그는 인내심이 있었어요. 그가 말하길 Tommy라면 처음에 20mph로 갔을 거라고 하더군요. (웃음)

상담자: 그걸 떠올려보세요. < > < >

상담자: 지금은 무엇이 떠오르나요?

내담자: 어, 제가 그 픽업트럭을 운전할 수 있을 거라고 그가 믿어준 게 멋지네요.

상담자: 그렇네요, 그가 당신을 신뢰하고 있었다는 점이요.

내담자: 그리고 떠올랐던 다른 순간은, 제가 밖에 있었는데 그가 제게 엽총을 갖고 나가서 두더지를 좀 죽이라고 했던 거예요. 그래서, 저는 헛간으로 가서 엽총이랑 탄피를 챙겼고 "소는 쏘지 마라"는 말을 듣고 나가기 위해 그에게로 갔어요. 그런데 그가 저를 그저 보고 있다가 말하기를, "뭘 기다리니? 가!" 하더군요. 저는 들판으로 걸어 나가면서 그가 제게 소를 쏘지 말라고 말하지 않았다는 생각을 하고 있었어요. 그는 제가 그의 소들을 쏘지 않으리라는 걸 알고 있었어요. 저는 그냥 걸어 나갔어요. 아시죠, 키가 10피트는 되는 것 같은 느낌으로요! <><>

상담자: 지금은 무엇이 알아차려지나요?

내담자: 그가 죽었고, 저는 그를 그리워하며, 감사한다는 것이요.

긍정적 자원을 강화할 때면, 흔히 그 자원을 더 이상 이용할 수 없다는 사실과 관련된 부정적인 정서가 나타난다. 내담자가 상실감을 극복하고, 자원을 생각함으로써 생겨났던 긍정적인 상태로 되돌아가도록 하기 위해 한 세트 또는 두 세트의 양측성 자극을 진행하는 것이 일반적으로 안전하다. 때로는 단순히 내담자에게 지금은 좋은 느낌에 주의를 기울이도록 하며, 이후에 그 상실의 느낌으로 돌아올 기회를 갖게 될 것이라고 안심시킬 수도 있다.

상담자: 그냥 그것을 생각해보세요. <><> 지금은 무엇이 떠오르나요?

내담자: 어, 그저 제가 Frank 삼촌에게 얼마나 감사한지요.

상담자: 그가 당신 안에 아주 단단하게 자리 잡은 것처럼 들리네요.

내담자: 네. 방금 생각한 건데, 그가 제 아빠였으면 해요.

상담자: 그걸 상상해볼 수 있겠어요? 그렇다면 어떨 것 같나요?

다시 말하지만, 모든 부정적인 것의 이면에는 긍정적인 것이 있다. 이 경우에는, 내담자가 Frank 삼촌이 자신이 아빠가 아니었던 것에 대한 슬픔으로 다가가기 시작했다. 이는 내담자에게 Frank 삼촌이 아빠였다면 어땠을지를 상상해보게 함으로써 긍정적인 정서로 향하게끔 전환될 수 있다.

내담자: 눈물이 나네요.

상담자: 그렇군요.

내담자: 그가 제 아빠였다면 하는 것 때문이 아니라, 제게는 아무도 없었다는 것 때문에 눈물이 나요. 그의 곁에서는 항상 안전했는데 아빠 주변에서는 안전하지 않았거든요. Frank 삼촌을 만나러 갈 때면 늘 즐거웠던 게 기억나요.

상담자: 그렇군요. 자, 당신은 여기에 있어요. 당신은 성인이고요. Frank 삼촌은 돌아가셨지만, 당신은 당신 안에 그 모든 기억들을 선명하고 생생하게 간직하고 있어요. Frank 삼촌이 당신에게 가진 신뢰에 대해 얘기할 때, 저는 당신이 확장되는 게 보여요. 당신의 온몸이 확장되는 걸요. 자, 당신은 그를 내면에 품고 있어요. 멋진 일이에요.

반복해서, 내담자에게 이 자원화된 상태는 당신의 내면으로부터 나오는 것이며 잃어버릴 수 없다는 것을 상기시키는 것이 유용하다.

상담자: 그것에 대해 생각해보세요. < >< > 그러면 무엇이 떠오르나요?

내담자: 그가 제 말을 들을 수 있을지 없을지는 모르겠는데, 그럴 수 있기를 바랄 뿐이에요. "고마워요."라고 말하고 싶어요.

내담자가 이를 스스로 떠올리지 않았다면, Frank 삼촌에게 하고 싶은 어떤 말을, 아마도 그가 살아있었을 때 하고 싶었던 말을 생각해보라고 제안했을 것이다. 이는 자원을 강화하고, 남아있는 상실이나 미완료된 애도 감정을 해소하는 데 탁월한 방법이다.

상담자: 그걸 생각해보세요. < >< > 지금은 무엇이 떠오르나요?

내담자: 그의 아내인, Abbey 숙모요. 그녀 역시 곁에 있으면 매우 안전했어요.

상담자: 그러면 당신은 그녀를 보고 있나요?

여기서, 나는 내게 보이는(그의 눈이 올라가며 우측을 향함) 시각적 접근 단서를 살피고 있었다.

내담자: 그녀가 우리를 위해 아침을 만들던 걸 떠올려요, 그러면 우리는 일하러 나갔다가 돌아오고 그녀는 점심을 먹었죠.

직관 개발하기

상담자: 좋습니다. 그리고 당신이 그 이미지를 보면, 무엇이 알아차려지나요? 당신이 보는 세부 사항들은 무엇이 있나요?

내담자: 음, 저는 뒤편 베란다에 앉아있었는데, 가려진 곳이었어요.

상담자: 지금도 그걸 보고 있나요?

나는 늘 내담자의 현재 경험에 중점을 둔다. 종종 "지금 그것을 느끼고 있나요?", "지금 그것을 보고 있나요?" 또는 "지금 그걸 들을 수 있나요?" 등을 물어본다.

내담자: 네.

상담자: 좋습니다. 또 무엇이 보이나요?

내담자: Frank 삼촌이 제 왼쪽에 앉아있고 숙모도 거기 있어요, 우리에게 식사를 차려주면서, 약간 웃고 있어요.

상담자: 그 모든 것들을 그저 떠올려보세요. < > < > 지금은 무엇이 알아차려지나요?

이 자원을 개발하는 것이 자연스럽게 고통감을 경감시킨 것으로 보인다.

내담자: George에 대해 생각해왔던 거요. 아시다시피, 있었던 일에 대해서요. 그리고 이상한 건 그게 해결이 된 건지 아닌지를 모르겠다는 거예요. George를 생각하고 있는데, 지금으로선 전에 겪던 죄책감을 느끼지 못하고 있어요.

쌍 적정화

이 말은 내담자가 이미 Frank 삼촌을 타겟 경험 처리를 돕는 자원으로서 사용하고 있음을 시사한다. 나는 이를 쌍 적정화(진자운동)가 여기에 유용할 것이라는 신호로 받아들였다. 이 절차는 Krystyna Kinowski에 의해 개발되었는데, 먼저 내담자를 자원화 상태에 연결시키고, 그 후에 고통스러운 내용에 극히 제한적으로 접촉해보도록 한 후에, 내담자에게 다시 자원에 집중해보도록 한다. 내담자가 이를 유연하게 할 수 있게 되면, 치료자가 이 절차를 반복하며 고통스러운 내용에 노출되는 정도를 점진적으로 증가시킨다.

상담자: 그렇군요. 이건 당신이 처음에 제게 말했던 것과 관련된 거네요.
내담자: 네.
상담자: 자, 저는 당신에게 약간 까다로운 걸 해보자고 하려 해요.
내담자: 알겠어요.

쌍 적정화의 특징은 자원의 강도를 시험해본다는 것이다. 자원이 충분히 강하지 않으면, 쌍 적정화가 잘 진행되지 않을 것이다. 즉, 내담자가 외상적 기억에 접촉한 후 자원화된 상태로 돌아가는 데 어려움을 겪을 것이다. 자원이 강력해보일 뿐만 아니라, 내담자가 자신의 새로운 자원을 자연스럽게 원래의 타겟으로 가져가며 고통감의 감소를 보고하는 것으로 여겨져 이 지점에서 이를 시도해보았다.

상담자: Frank 삼촌이랑 숙모와 있었던 그 기억을 떠올려보았으면 해요. 숙모가 당신 옆에서 요리를 하고 있어요. 그 좋은 느낌을 그저 느껴보세요. 그리고 나서, 당신의 마음이 George와의 기억으로 향하도록 하세요, 잠시동안 만요. 그리고 나서 Frank 삼촌과 숙모의 기억으로 돌아오세요. 해보겠어요.

나는 실수로 빠뜨렸는데, Kinowski의 프로토콜에 있는 지침 중 일부는 내담자에게 고통감의 끄트머리에 닿고 나서 자원에 다시 연결될 때를 치료자에게 알려달라고 하는 것이다.

내담자: 알겠어요. < > < >
상담자: 제가 너무 일찍 멈추었나요, 아니면 그걸 다 했나요?
내담자: 다 했어요. 제가 처음 되돌아가려고 할 때, Frank 삼촌이랑 있었을 때로 말이에요, 그리로 가고 싶지 않았어요. 그리고 되돌아가는 것에 대해 생각하기 시작했을 때에는, 잠시 동안 그걸(막대기) 따라갈 수 없었다는 걸 알아차렸어요. 0.5초 정도는요.
상담자: 눈을 떼고 있더군요.
내담자: 몇 번을 그랬는데, 멍하니 있었던 것 같아요.
상담자: 그랬군요, 그리고 나서는요?
내담자: 그리고 동생이 소리치는 게 들리는 것으로 돌아갔어요. 그 다음에는 Frank 삼촌과 Abby 숙모에게로 돌아갔죠.
상담자: 좋아요. 그러면 당신은 아직 Frank 삼촌의 기억을 떠올릴 수 있고 그게 여전히 당신에게 좋은 느낌을 주나요?

자원이 고통스러운 내용을 상쇄할 만큼 충분히 강한지를 확인하는 것이 중요하다. 불편한 내용에 잠시간 접촉하는 것이 자원과 연관된 좋은 느낌에 접근하는 것을 어렵게 한다면, 먼저 치료자가 자원을 강화하지 않고서는 쌍 적정화 절차를 지속해서는 안 된다. 이 사례에서는, 자원이 충분히 강한지가 확실하지 않았기에, 내담자에게 고통스러운 내용에 대한 극히 제한적인 노출을 반복해 보도록 하였다. 내담자가 이 두 번째 시도에서 자원화된 상태로 돌아오는 데 아무 어려움을 겪지 않았다면, 나는 외상적 기억에 대한 노출을 약간씩 증가시켜가면서 쌍 적정화 절차를 지속했을 것이다.

내담자: 네.

상담자: 그럼, 이 절차를 다시 반복해 보세요, 그리고, George와의 기억으로 넘어갈 때, 아주 잠시 동안만 거기에 있다가 돌아오세요. <><> 그냥 알아차려 보세요. 그냥 알아차려 보세요. 다 하게 되면 제게 알려주세요.

내담자: Frank 삼촌에게 돌아가는 게 안심이 됐어요.

상담자: George와의 기억으로 들어가는 것은 어려웠나요?

내담자: 아니요.

상담자: 약간은 쉬웠나요?

내담자: 제 생각엔 건너뛰지 않고 해낸 것 같아요.

상담자: 문제없이 말이군요.

내담자: 유일한 문제는 제가 Frank 삼촌과 Abby 숙모에게 처음 돌아온 순간이, 그냥 "휴우"였다는 거예요. 저는 그걸 바라보는 걸 잠시 멈춰야 했어요, 긴장을 풀기 위해서요.

더 강화되어야 하는 자원

나는 이를 Frank 삼촌 자원이 좀 더 강화될 필요가 있다는 신호로 보았다. 자원을 개발하기 위해 이자관계 작업을 하는 경우, 나는 일반적으로 내담자가 스스로 찾아낸 내적 자원인 양육 성인을 경험해보도록 하고, 그 성인의 관점에서

그 아이가 얼마나 사랑스러운지를 경험해보도록 돕는 것으로 절차를 마무리한
다. 이는 내담자에게 양육 받는 아이로서의 경험을 강력히 보완해주며, 내담자가
건강한 성인 관점에 적절히 접촉하지 못하고 퇴행된 상태에서 이 절차로부터 나
가떨어질 가능성을 최소화한다. 절차의 이 부분을 건너뛰는 것은 자원의 강도와
견고성을 불완전하게 하며, 결국 쌍 적정화에 문제가 발생하게 된다.

상담자: 그건 괜찮아요. 한 번 더 해보죠. <><> 지금은 무엇이 알아차려 지
　　　　나요?
내담자: 돌아갔을 때 바로 Frank 삼촌을 붙잡고 있는 힘껏 끌어안았어요.
상담자: 지금 무엇을 느끼고 있나요?
내담자: 감사예요.
상담자: 거기에 머물러보세요. <><> 지금은 무엇을 알아차리고 있나요?
내담자: 어, 그저 항상 안전함을 느낄 수 있기를 바라고 있어요. 그리고 Frank
　　　　삼촌과 함께하는 순간들의 느낌을 좋아한다는 것을요.

　　　이 말은 아동의 관점에서 나온 것으로, 내담자가 양육 성인 관점에 충분히
연결되어 있지 않다는 나의 생각에 힘을 더해준다. 이 문제는 아이와 함께 있는
성인의 경험으로 옮겨가는 이자관계 작업을 마무리하지 않은 것의 직접적인 결
과였다. 다행히, 이자관계 작업을 마무리하기에 너무 늦지는 않았기 때문에, 이
후의 쌍 적정화를 진행하기 이전에 이를 마무리 짓기로 하였다. 이어지는 보다
정교한 절차는 쌍 적정화를 시작하기 전에 진행하는 것이 좋았을 것이다. 원래의
타겟에서, 내담자의 문제는 자신의 동생에 대한 연민이 부족했다는 것에 대한 죄
책감이었다. 자원화에서 이루어져야 할 것은 Frank 삼촌 및 그의 양육에 대한 강
력한 동일시를 개발하는 것과 더불어, 동생의 욕구에 둔감했음에 대한 퇴행된 비
난적 자아를 상쇄할 특성을 받아들이는 것이어야 한다. 일반적으로, 이자관계 자
원은 내담자가 돌봄 받는 아이의 경험뿐만 아니라, 그 아이를 받아들이고 사랑하
는 일을 매우 자연스럽게 찾아가며 어렵지 않게 받아들이는 성인으로서의 경험

과 연결될 수 있을 때 가장 강력하다.

상담자: 그리고 당신은 그런 순간들을 지금도, 항상, 당신 안에 가지고 있군요.

　　나는 종종 자원화된 상태는 자기 내부에서 나온다는 것을 내담자들에게 상기시켜준다. 이는 내담자들의 긍정적 경험을 타당화해주며, 퇴행된 상태와는 달리 성인으로서 자원화된 상태에 접촉할 수 있도록 돕는다. 물론, 매우 방어적이어서 아이 상태에도 접촉할 수 없는 내담자들도 있으며, 이들은 성인으로서의 상태에 머물러보도록 독려받는 것을 원하지 않는다. 다만 이 내담자는 그렇지는 않았다.

내담자: 네. 저는 - 제 일부가 - 제가 지금은 안전하다는 걸 깨닫자 진정한 치유의 순간이 다가와서, 감쌌어요….
상담자: 그걸 떠올려보세요. < > < > 무엇이 일어나고 있나요?
내담자: 나는 안전해"라고, 말하기 시작했어요. 그러면, "항상 안전한 건 아니야"가 나타나지만, 제가 "맞아, 나는 성인이야. 나는 안전해."로 돌아와요.

　　이 말은 내담자가 성인 관점으로 다가가고 있음을 시사하는 것으로 보인다. 적응적 정보 처리 모델에 기반하여, 우리는 "아이로서의 상태"라고 일컫는 기억의 활성화와 "건강한 성인 관점"이라 부르는 정보 체계에서의 나머지 적응적 부분과의 연결 사이에 균형이 잡히기를 바란다. 내담자가 아이로서의 상태에 지나치게 연결되어있는, 이 사례에서 나타나는 것과 같은 경우에는, 현재와의 강한 연결(예를 들면, 건강한 성인 관점 등)을 만들어내는 개입을 하고자 한다. 여기에는, 물론 이 책의 다른 부분에서 설명된 다양한 방법들이 있다. 내가 선호하는 방법은 내담자에게 무엇을 보고 있는지를 물어보는 것이다. 또 다른 방법은 내담자의 주의를 자신의 현재 신체적 감각과, 현재의 물리적 환경으로 가져와

보도록 하는 것이다. 또 하나는 내담자를 인지적으로 참여시키는 것이다. 예를 들면 기억에 연관된 다른 사람들의 동기는 무엇이었을지의 논의나, 기억의 어떤 부분이 합리적으로 사실적인지와 무엇이 왜곡을 반영하는지의 논의에 참여시키는 것이다.

상담자: 자, 이제 조금 다른 걸 해보려 해요. 괜찮겠지요? Frank 삼촌과 함께하는 걸 떠올려 보세요, 그리고 그가 당신을 팔로 감싸고 있는 걸요. 당신은 그게 어떤 느낌인지 알고 있어요.

Frank 삼촌 자원에 대한 내담자의 경험은 지금까지는 분명히 아이의 관점에서 있었다.

내담자: 네.

상담자: 그리고 그건 좋은 느낌이에요. 따뜻한 느낌이에요. 좋아요. 이제 당신이 떠올려볼 것들을 얘기할 거예요. <><> Frank 삼촌이 어떤 느낌이었는지를 상상해보았으면 해요. 그의 팔이 당신을 감싸고 있어요. 그가 존중하고, 믿고, 아끼는 젊은이를요. 다 되면 알려주세요. (멈춤) <><> 그러면 무엇이 알아차려지나요?

내담자가 돌봄 받는 좋은 느낌에 연결되고 Frank 삼촌과의 기억이 정서적으로 실재하게 되자, 양측성 자극 도중에 관점을 옮겨보도록 지시해주었다.

내담자: Frank 삼촌에게는, 즐거운 순간이었을 거라고 생각해요.

상담자: 좋아요. 그럼 이제 이 친밀감의 순간을 그저 떠올려보면서, 이것이 그 젊은이에게는 어땠을지와 Frank 삼촌에게는 어땠을지를 당신의 마음이 오가도록 하세요. 그저 알아차려 보세요. <><>

나는 일반적으로 자원을 보다 온전하게 통합하기 위한 방법으로써 두 관점을 오가는 절차를 제안한다. "이 젊은이에게"라는 3인칭 용어 사용은, 내담자가 그 아이와 동일시하지 않도록 하는 암묵적인 지시문이다.

내담자: 우리는 하나가 됐어요. 방금 껴안았죠. 그리고 갑자기, 그가 없어졌어요.

이는 우리가 찾아가고 있는 통합이라는 것과 매우 유사하게 들린다.

상담자: 지금은 무엇이 느껴지나요?

내담자: 안전함과 즐거움이라고 생각해요.

상담자: 좋아요, 거기에 머물러보세요. < >< > 지금은 무엇이 알아차려지나요?

내담자: 그냥 제가 여기에 있고 제 발이 바닥 위에 있고 제 엉덩이가 의자 위에 있는 것이요.

상담자: 느낌이 좋은가요?

내담자: 느낌이 좋아요.

상담자: 그러면 그것이 특히 당신의 몸 어디에서 느껴지나요?

내담자: 어, 제 생각엔 제 머리가 그걸 느끼는 것 같아요. 그리고 생각해보니 제 가슴에서도 그런 것 같아요.

상담자: 그럼, 당신의 손을 그 곳에 올리고 느껴보세요, 그리고 이 느낌을 다시 가져와 떠올리기 위해 당신이 언제나 손을 거기에 올릴 수 있다는 걸 기억해두세요. < >< >

이는 "anchoring"[5]의 신경-언어 프로그래밍(NLP) 기법으로, 본래 Milton Erikson[6]이 고안했던 것이다. Frank 삼촌에게 사랑받았던 느낌을 기억해내는 것은 하향식 기억[7]이다. 정확한 신체적 위치를 찾아내는 것과 더불어 자신의 손을

---

5) Bandler and Grinder, 1979.

6) Erickson & Rossi, 1981.

그 부위에 얹고 그 촉감을 느껴보는 상향식 감각[8]은 자원을 더욱 강화하는 효과를 갖는다.

내담자: 좋네요.

쌍 적정화의 재시도

이 시점에서는, 자원이 쌍 적정화의 재시도를 견딜 수 있을 정도로 충분히 강력하다고 여겨졌다.

상담자: 그러면, 이제 다시 한 번 이 좋은 느낌으로 시작해서 George와의 순간으로 돌아가 보았으면 해요.
내담자: 알겠어요. ＜＞＜＞
상담자: 다 되면 알려주세요.
내담자: 됐어요.
상담자: 그럼 어땠나요?
내담자: 좋았어요. 그냥 다가가서 그에게 너는 나쁜 아이가 아니라고 말해줬어요. 그리고 그가….
상담자: George가요?
내담자: George가요. 그가 좋은 사람이 될 거라고요.

이는 이 순간에 적응적 성인 관점을 지니고 있는 내담자의 능력에 대한 증거이다. 그는 지금 Frank 삼촌의 양육의 일부를 통합하고 있다.

상담자: 좋습니다. 그러면 그게 당신에겐 어땠나요.

- -

7) top−down memory.
8) bottom−up sensation.

내담자: 좋았어요.

상담자: 거기에 머물러보세요. < > < > 무엇이 떠오르는지를 그저 알아차려 보세요.

내담자: 어, 제 뒤쪽 머리카락이 일어서있는 것 같고 그냥 따뜻함이 느껴져요.

상담자: 따뜻함. 이건 좋은 느낌인가요?

약간이라도 의문이 든다면, 나는 항상 새로운 감각이 긍정적인지 부정적인지를 물어본다. 여기서는, 의심의 여지가 거의 없었다.

내담자: 이건 좋은 따뜻한 느낌이에요.

상담자: 그래요. 그럼, 0부터 10까지의 척도에서, George와의 기억은 지금 얼마나 고통스러운가요?

내담자: 지금 당장은, 0이나 1이라고 생각해요. 고통스럽지 않아요.

마무리

상담자: 그러면 이 과정에서 당신 자신에 대해 배우게 된 가장 중요한 것은 무엇인가요?

이는 새로운 긍정적 인지를 이끌어내기 위한 좋은 질문이다. 이 사례에서는, 처음부터 긍정적 인지가 정해지지 않은 상태였는데, 트라우마 작업을 할 의도가 없었기 때문이다.

내담자: 제 생각엔 그냥 연민인 것 같아요. 제가 한 건… 저는 살아남은 거예요. 그리고 동생은 그의 방식으로 살아남았고 저는 제 방식으로 살아남은 거죠. 서로 달랐을 뿐이에요.

상담자: 그러면 당신은 좋은 사람인가요?

내담자: 저는 좋은 사람이에요. 그리고 동생도 잘 해냈다고 생각해요.

"저는 좋은 사람이에요"는 좋은 긍정적 인지가 될 것이다.

상담자: 좋아요. 그럼, 당신이 이 모든 것을 떠올려보길 바라요. George와의 기억과, 각자가 자신의 방법으로 해낸 것을 떠올려보세요. 그리고 둘 모두 살아남아 잘 지내게 된 것을. ＜＞＜＞

내담자: 무엇이 떠올랐냐면요? 저는 부모가 매질을 하게끔 하는 신념들에 대한 글을 써왔어요. 2주 안에 그 내용을 아빠에게 보여드리러 갈 거예요, 이제 83세 되시죠. 그리고 George도 거기 있을 거예요. George는 이미 그걸 봤어요. 저는 그걸 출판해보도록 격려해 준 몇 사람들에게도 보여주었어요. 오직 사람들이 자신의 아이를 때리도록 하는 그 신념들에 대한 거예요.

상담자: 그렇군요.

내담자: 이건 그의 허락을 받기 위한 건 아니에요, 하지만 적어도 무슨 일이 일어나고 있는지를 그에게 알리려는 거예요. 이게 출판이 될지 아닐지는 모르겠어요, 그렇지만…

상담자: 이 기이한 경험을 이해하려는 당신의 노력이군요. 이걸 생각할 때 무엇이 느껴지나요?

내담자: 힘이 느껴져요.

상담자: 그것에 집중해보세요. ＜＞＜＞ 지금은 무엇이 떠오르나요?

내담자: 음. 저희가 살아남았다는 거요, 분노한 신의, 분노한 메시지를 전하는, 분노한 설교자인, 분노한 아빠로부터요. 그 모든 걸 이해하지는 못했지만, 저는 잘 해내고 있어요.

상담자: 그래요. 거기에 머물러보세요. ＜＞＜＞

내담자: 기분이 좋아요.

상담자: 네, 여기가 우리가 멈추기에 좋은 곳이군요.

10
DYADIC RESOURCING

성인 관점 회복하기

내담자가 아이(외상적인) 상태에 지나치게 연결되어 있는 경우

초기의 외상적 기억으로 인한 감정이 밀려들어올 때, 내담자가 자신의 건강한 성인 관점과 좀 더 연결되도록 돕는 데에는 많은 방법들이 있다. 어떤 기법들은 내담자의 성인으로서의 지적 능력을 이끌어내기 위한 다양한 방법들을 포함하고 있다. 예를 들면, 내담자의 정신 상태에 대한 신경생리학적 논의를 해보거나, 외상적 기억과 관련된 사실로부터 내담자의 판단 및 해석을 구별해보도록 함으로써 내담자를 안내할 수 있다. 또 다른 방안으로는 신체적 개입이 있는데, 내담자에게 특정한 방식으로 숨을 쉬어보도록 하고, 내담자에게 공기가 폐로 들어가는 동안 그 온도를 알아차려 보도록 할 수도 있으며, 또는 내담자에게 방을 둘러보고 벽, 천장, 바닥의 질감을 알아차려 보라고 하거나, 내담자의 엉덩이가 소파에 닿는 것을 느껴보도록 하는 등이 있다. 다음의 축어록에서 묘사된 기술은 이자관계 자원화에서 흔히 사용되는 것인데, 내담자에게 관찰자로서의 시각적 관점을 맡아보도록 하는 것으로, 아이로서의 자기와 동일시되는 것을 예방해준다. 이 기술은 치료자의 주의 깊은 관찰을 필요로 하지만, 처리를 중단시키지 않고 적절히 균형 잡힌 이중주의 상태를 복구시키는 매우 강력한 방법이다.

내담자가 아이로서의 자기를 좋아하지 않는다고 말할 경우, 내담자가 자신의 적응적 성인 관점에 충분히 접촉하지 않은 상태이며, 아이로서의 자기에 대한 반감은 사실 외상적 경험이나 양육자로부터의 침습적인 부정적 메시지에 의해 자신에 대한 부정적인 관점을 받아들인 상처 입은 아이에 대한 동일시라고 보는 것이 합리적이다.

Jim Knipe

트라우마가 발생한 어린 시절에 있었던 가해자의 태도를 내사하는 것과 관련하여,[1] 그 내사된 부분은 "모방자" 부분으로서 내담자에게 설명해줄 수 있는데, 이를 통해 그 부분이 본래의 실제 가해자가 아님을 분명히 해줄 수 있다.

다음의 축어록은 강의에서 진행된 시연을 재구성한 것으로, 아이로서의 자기에 대한 성인의 동일시를 다루어봄으로써 자원화를 방해할 수 있는 부정적 정서를 다루어보는 예시이다.

David Manfield

나는 다양한 아이로서의 자아 상태에 대해, 즉 자기-폄하적인 역할을 맡은 부분 자아가 있을 수 있다는 것을 내담자에게 이야기한다. 때로는 Shirley Jean Schmidt[2]의 잠시 "물러나 달라"고 그 부분에게 요청하는 개념을 이용한다.

전날의 실습에서 다루었던 타겟은 3세 때 파도에 휩쓸리며 몸이 뒤집히고 방향을 잃게 되었던 경험이었다. 책임감의 문제에 대해서는 처리 단계에서 다루어졌다. 내담자는 자신의 부모가 마땅히 자신을 보고 있어야 했으며, 파도의 특

---

1) Van der Hart, et al, 2007.
2) Schmidt, 2006.

성에 대해 알지 못했던 것은 자신의 책임이 아님을 알게 되었다. 이 책임감의 문제는 EMDR 실습 회기에서 해결되었지만, 처리 과정 동안 내담자는 그 경험에서 자신이 얼마나 홀로였는지를 여러 번 말하였다. 부모가 자신을 살피기 위해 그곳에 있지 않았다는 것과, 자신이 겨우 3살이었다는 걸 깨달았을 때에도, 그 아이가 얼마나 혼자였는지에 대해 재차 언급하였다. 내담자의 고통감은 처리 과정에서 유의미하게 경감되었는데, 처리가 완료되지는 않았음에도, 내담자는 그 회기에서 자신이 원했던 만큼의 처리가 이루어졌다고 생각한다고 말했다. 다만 홀로 된 느낌을 수반하는 경로를 처리할 준비는 되어있지 않다는 점을 분명히 했다. 해당 실습의 자문으로서, 나는 남은 내용들을 처리하는 데 대한 저항이 부모의 방임 문제와 관련이 있는지를 내담자에게 물어보았으며, 그렇다는 답변을 받았다. 방임이 이번 한 번이 아니라 상당 기간 동안 지속되었던 것인지를 묻자, 고개를 끄덕였다.

일반적으로, 어린 나이의 방임 문제는 처리하기가 어려운데, 방임된 어린 아동들은 대개 극도로 취약하고 빈약한 자원을 지니고 있으며, 아이들은 고통스러운 사건이 발생했을 때 이를 자신의 잘못으로 돌리기 때문이다. 이들은 양육자가 무책임하고 소홀하다고는 잘 생각하지 못한다. 이 고통감의 특성과 이 문제를 다루는 데 대한 내담자의 저항을 함께 고려할 때, 더 이상의 트라우마 처리를 준비하기에 앞서 자원화를 다루는 것이 앞으로 나아갈 합리적인 첫 번째 길목으로 생각되었다. 나는 이 사람을 내재화된 양육 성인 자원을 개발해보는 시연의 내담자로 초대하였고, 그녀가 이를 수락하여 진행하였다.

자원에 연결하기

상담자: 아이가 있나요?

내면의 양육 성인 관점 개발을 정교화하는 절차로 들어가기 전에, 나는 항상 내담자가 자기 자신을 훌륭한 양육적 부모로 여기는지를 물어본다. 그러할 경우, 자신에 대한 감각을 트라우마 처리에서의 자원으로 이용할 수 있을 것이며, 정교화된 자원형성 절차가 필요하지 않을 것이다.

내담자: 아니요.

상담자: 어린 아이들과 만나는 일은 있나요?

내담자: 직장에서는 항상요, 그리고 어린 아이들이 있는 친구들이 많아요.

상담자: 그럼, 세 살짜리 아이와 함께 있는 당신을 생각하면, 어떤 게 떠오르나요?

내담자: 그냥 어린 소녀가 떠올라요. 아이들은 귀엽고 다정하죠. 저는 그들을 좋아해요.

상담자: 좋습니다. 당신이 좋아하는 그 세 살짜리 아이들 중 하나와 함께 있는 게 어떨 것 같은지를 생각해보세요.

내담자: 그 아이를 제 무릎에 앉혀놓고 머리칼을 쓰다듬는 상상이 드네요.

상담자: 아이가 그걸 좋아하나요?

내담자: 네.

상담자: 어떻게 알 수 있나요?

내담자: 아이의 근육이 이완되고 제게 기대서 미소 짓고 있거든요.

아이의 경험에 내담자를 연결하려는 시도가 성공하지 못했을 때

상담자: 그러면, 방금 물속에서 무서운 경험을 한 세 살짜리 아이를 위로하는 건 당신에게 어떨 것 같다고 생각하나요?

내담자: 그거랑은 달라요. 한편으론, 저는 그 아이가 무서워했다는 걸 알지만, 동시에, 저는 그 아이를 정말 좋아하지 않거든요.

상담자: 그럼, 당신이 좋아했던 어린 소녀들과 그 아이는 어떤 점이 다른가요?

내담자: 그 아이는 그들과 달라요. 그 아이는 하지 말아야 할 많은 것들을 하거든요. 이게 당신이 내게 하길 바라는 일인가요? 제가 이걸 잘 해내지 못하고 있다는 느낌이 들어요, 모두의 시간을 낭비하고 있는 것 같아요.

나는 이 질문이 전이적이었다고 본다. 내담자는 뭔가를 잘못해서 계속 문제가 생기는 어린 소녀가 되어보는 것에 대해 생각하면서, 지금도 자신이 뭔가를 잘못하는 바람에 이 회기에서 나와 문제가 생길까봐 염려하고 있다.

상담자: 전혀요. 당신은 정확히 잘 해내고 있어요.
내담자: 제가요?
상담자: 그럼요, 당신에게 제 게임 계획을 알려드릴까요? 제가 무엇을 살펴보고 있는지를 당신이 알 수 있도록요.
내담자: 네, 도움이 될 것 같아요.

내가 원하는 것을 어떻게 주어야 할지 모를 때 순응적인 태도를 취하면서도 불안을 느끼는 내담자들의 경우, 나도 내가 찾는 것이 어떤 것인지는 모르기 때문에, 내가 바라는 것이 무엇인지를 그들에게 말해주는 방식을 좋아한다. 내가 그들이 자연스럽게 있기를, 또 자기 자신으로서 있기를 바란다는 점이 그들에게 딜레마가 된다.

상담자: 당신이 과거의 기억과 연결되는 동시에 이 방에 있는 당신 자신과도 좀 더 연결되어 느껴볼 수 있도록 도우려는 중이에요. 제가 바라는 건 당신이 어느 특정한 순간에 무엇을 알아차렸는지를 제게 말해주는 거예요. 무엇을 알아차렸는지를 당신에게 물어볼 때 특정한 답을 염두에 두고 있지는 않아요. 당신이 그 어린 소녀를 떠올리는 지금 이 순간의 경험에 관심이 있을 뿐이에요. 그리고 제가 같이 도울 거예요. 제게 중요한 것은 현재의 당신에게 존재하는 것들을 당신이 말해주는 것이며, 저는 짧은 세트의 양측성 자극으로 당신의 경험을 강화시킬 거예요. 당신이 무얼 보는지를 계속 물어보는 이유는, 이 실습에서 당신이 그 어린 소녀의 느낌과 연결되고 나면, 흘러넘치면서 통제할 수 없다고 느끼는 경향이 있었기 때문이에요. 그래서, 저는 당신이 적어도 부분적으로는

성인 관찰자로서의 경험에도 연결되어 있는지를 확인하려 하고 있어요.

내담자: 알겠어요.

상담자: 그 세 살짜리 아이를 상상해볼 수 있겠어요?

내담자: 네.

상담자: 그 아이를 상상할 때, 무엇이 보이는지 말해주세요.

내담자: 그 아이는 물가에 서 있고, 다시 들어가기를 겁내고 있어요. (내담자는 그 겁먹은 아이와 지나치게 동일시되어 있다)

이는 시각적인 반응이 아니며, 내담자가 성인의 관점에 머무르기보다는 아이의 생각과 느낌을 경험하고 있음을 나타낸다. 아이의 경험에 너무 깊게 빠져들면 흔히 넘쳐흐르게 되기 때문에, 적어도 부분적으로는 성인의 관점에 닻을 내린 상태를 유지하도록 하면서 작업해보고자 하였다.

상담자: 그 아이가 다시 들어가기를 겁낸다는 시각적인 신호는 무엇이 있나요?

내담자: 겁을 내고 있고 부모님이 어디에 있는지를 궁금해하고 있어요.

내담자는 여전히 성인의 관점에 접근하지 못하고 있다.

상담자: 그 아이를 보면서, 부모님이 어디 있는지를 궁금해하고 있다는 걸 알 수 있게 해주는 것들이 무엇이 보이는지를 제게 말해주세요.

내담자: 아이가 완전히 혼자 있고 주변을 둘러보고 있어요. 겁내고 있는 것처럼 보여요.

마지막 말은 내담자가 아이의 경험으로부터 다소 거리를 두고 있다는 첫 번째 신호이다.

상담자: 그 아이는 귀여운 소녀인가요?

내담자: 네, 어두운 갈색 머리칼을 땋았고 작고 마른 다리에 예쁜 얼굴이에요.

상담자: 또 무엇이 보이나요?

내담자: 겁을 내고 있고 외로워해요.

다시, 내담자는 그 아이의 경험으로 돌아가고 있다.

상담자: 그걸 당신이 어떻게 말할 수 있나요?

나는 "당신"이라는 단어를 다분히 의도적으로 사용하여 내담자를 그 아이와는 별개의 누군가로 언급하고자 하였다. 아이에 대해 말할 때에는, "그 아이가" 혹은 "그 아이의" 등의 3인칭으로 말하였다.

내담자: 아무도 그 아이와 같이 있지 않아요. 아이가 울고 있고 슬퍼 보여요.

이는 다시 성인의 관점이다.

상담자: 또 무엇이 보이나요?

내담자: 그게 아이의 얼굴에서 보여요.

Jim Knipe

성인 내담자가 아이로서의 자기에 대해 관찰자의 위치를 유지하도록 돕기 위해 다른 대명사를 사용하는 것은 절묘하면서도 유용하다. 성인이 그 아이를 관찰하도록 돕는 이러한 유형의 개입은 해리적 방출에 매우 취약한 많은 내담자들에게 매우 유용하게 사용될 수 있다. 이러한 내담자들에게는, 일반적인 3단계 평가 질문들(예시: "그 사건을 대표하는 시각적 이미지를 떠올려볼 수 있나요?" "그걸 마음에 떠올리면, 당신에 대한 어떤 부정적인 생각이 드나요?" 등)을 모두 물어보는 것이 방아쇠가 될 수 있다. 이러한 질문들은 더 많은 외상 후 기억의 내용들을 불러일으킬 수 있으며, 내담자가 이미 적당한 양 이상으로 그것을 품고 있는 상태일 수 있다. 보통은 "그 아이를 그저 바라보면서 무엇이 보이는지를 살펴보세요. 당신이 제 손가락을 따라오는 동안에요."와 같이 내담자에게 단순하게 말하는 것이 감정적으로 더 안전하다. 너무 많은 외상적 내용들이 나오기 시작할 경우에는, 그것들을 정리해야 현재의 안전을 다루고 강화시킬 수 있다.

이러한 내담자들과는 현재의 정향[3])과 안전을 반복하여 주입하는 방법을 사용함으로써 트라우마 처리를 진행할 수 있다. 이 방법의 세부적인 내용은 다른 문헌[4])에 수록되어 있는데, 먼저 내담자가 충분히 현재의 안전에 정향되었는지를 "Back-of-the-Head 척도"(BHS)[5])를 사용하여 확인한 후에, 내담자에게 짧고 안전한 몇 초 정도의 시간 동안 외상적 기억으로 조심스럽게 들어가 보도록 한다. 내담자가 외상적 기억 안팎을 오가 보도록 안내되는 동안, BLS가 현재의 안전과 관련된 이미지나 보고와 결합되지만, 고통스러운 외상 후 기억의 내용과는 섞이지 않는다 – BLS가 외상 후의 정보들을 불러일으킬 수는 있으나, 이는 이미 내담자가 넘치도록 갖고 있는 것이기 때문이다. 이 절차가 지속되고 반복되면서, 내담자는 점차 현재의 정향으로 "돌아오는" 데 더 능숙해진다. 이것이 충분히 진행되면, 이중 주의 또는 과거와 현재에 대한 공동-의식을 유지하는 내담자의 능력이 증진될 것이며, 그 시점에서, 표준 4단계인 민감소실 – 외상적 기억 내용에 대한 BLS가 – 안전하게 시작될 수 있다.

성인 자원 활용하기

이것이 내담자가 성인 관점에 안정적으로 머물러보는 것처럼 보이는 첫 번째 지점이었기에, 이 시점에서 약간의 양측성 자극을 더해보는 것이 수월하게 느껴졌다.

상담자: 좋습니다. < > < >

내담자: 제가 물 속에서 고래를 보고 있어요. 고래는 제가 가장 좋아하는 동물들 중 하나예요. < > < > 그 고래가 아이를 파도에서 끌어올리고 있어요.

상담자: 그렇다면, 만일 당신이, 성인으로서, 그때 그 아이와 있었다면, 아이를

---

3) orientation.

4) Knipe. 2007, 2009.

5) 해리의 정도를 추적하기 위해 사용하는 척도.

위로해주고 싶어 하는 것을 상상해볼 수 있나요? 아이의 기분이 나아지도록 돕기 위해서요.

내담자: 네.

상담자: 어떻게 할 것 같아요?

내담자: 아이를 물에서 끌어내 안아들고 제 무릎 위에 앉혀놓을 거예요. <><> 파도에 휩쓸린 건 그 아이의 잘못이 아니라고 말해주겠죠. 아이는 고작 세 살이었고 파도와 저류에 대해서는 알지 못했다는 걸요. 아무도 그걸 그 아이에게 얘기해주지 않았죠.

이제 내담자가 성인 관점에 안정적으로 연결되어 있기에, 아이에게 적절한 성인의 메시지를 건네줄 수 있게 되었다. 지금까지 내담자가 한 말을 보면, 자신이 이러한 것들을 아이에게 "해줄" 것임을 의미한다. 내담자가 이러한 것들을 아이에게 말해주는 상상을 실제로 하고 있는지에 대한 의문이 들었기 때문에, 나는 아이에게 그것을 실제로 말하는 것을 상상할 수 있겠는지를 물어보았다. 내담자가 아이에게 이것을 말하는 상상을 이미 하고 있다면 이 단계는 불필요하지만, 나는 이를 알지 못하며, 만일 내담자가 단지 무슨 말을 할지를 생각해보고 있는 것이라면, 이 단계가 매우 중요하다. 이것이 그 메시지를 더 깊게 경험하고 통합시키도록 도울 것이다.

상담자: 그럼, 그걸 해보는 상상을 해볼 수 있겠어요?

내담자: 네. <><>

상담자: 그 아이를 안고 이것들을 말해주는 상상을 하면서, 아이가 당신에게 어떻게 반응하는지를 알아차려 보세요. <><>

자연스러운 것일 수 있지만, 내가 사용하는 문장은 거의 대부분 최면에서 이용하는 양식으로 구성된 것이다.

문장의 시작 부분은 일반적으로 내담자의 현재 경험을 반영하는 부가적인 내용의 구절(종속절)이며, 이를 통해 우리가 초점을 두고 있는 것이 무엇인지를 내담자에게 상기시켜 줄 수 있다. 그리고 새로운 내용을 담으면서 중요한 부분이 이어진다. "당신이 그 아이를 안고 있는 걸 상상하면서, 아이가 당신에게 어떻게 반응하는지를 알아차려 보세요." 관습적으로, 최면은 맞추기 – 내담자의 현재 경험을 반영하기와, 이끌기 – 약간 새로운 것을 마치 내담자가 이미 경험하고 있는 것처럼 더해가는 것의 범주에 들어가는 지문들로 이루어져 있다. 예를 들어, 내담자와 감정 다리를 작업할 때, "당신이 비슷한 감각을 느꼈던 초기의 기억을 되짚어 보세요."와 같이 말하기보다는, 나는 항상 다음과 같이 말한다, "가슴의 감각을 느껴보면서, 당신이 비슷한 감각을 느꼈던 초기의 기억을 되짚어 보세요." 나는 우리가 되짚어 보려는 감각을 내담자가 경험하고 있는지를 알고자 할 뿐만 아니라, 내가 이를 되짚어 보라는 지시를 내리기 이전에도 내담자가 이미 협력하고 있었음을 포함하여 말하려 하는 것이다. 이는 미묘한 차이처럼 보일 수 있지만, 그 요청과 제안에 내담자가 반응하는 방식에서의 차이를 만들어낸다.

내담자: 아이가 좋아하네요. 웃고 있어요.

상담자: 아이의 웃음을 보는 게 당신에게 좋게 느껴지나요?

내담자: 네, 아이의 몸이 이완되고 있어요. < > < > 제 다리에서 찌릿한 게 느껴져요.

이 감각은 아이와 관련이 있을 것이나 명백히 성인에 의해 경험되었으며,

성인 관점으로부터 아이의 관점으로 미끄러져 내려가는 것을 반영하는 것으로 보인다. 새로운 감각은 좋을 것일 수도, 나쁜 것일 수도 있기 때문에, 실제로는 어떤 것이었는지를 물어보았다.

상담자: 그건 좋은 찌릿함이었나요, 아니면 나쁜 찌릿함이었나요?
내담자: 제 생각엔 나쁜 찌릿함인 것 같아요. 그리고 제 목이 조이고 등이 약간 아파요.

성인 관점 회복하기

이것들은 물결 속에 던져진 아이에게 들어맞는 신체적 감각들이다. 내담자가 보고한 이러한 감각들은 아이의 경험에 빠져 들어간다는 걸 보여주는 추가적인 신호이다.

상담자: 자, 그 어린 소녀의 이미지로 돌아가 보세요. 지금 그 아이를 볼 수 있나요?
내담자: 네. < >< > 느낌이 이상해요, 좀 혼란스러워요. 약간 어지럽네요.
상담자: 좀 혼란스럽죠, 그렇죠? 당신에게 이 세 살짜리 아이와 함께 있는 성인으로서의 자신을 상상해보도록 하고 있었는데, 당신은 여전히 다시 그 아이가 되게끔 끌려가는 것처럼 느끼네요, 그렇지 않나요?

이는 통합적 교환(integrative exchange)이다. 어떤 처리가 분명히 일어났으며, 이 기억에 연관된 신경망과 내담자가 감당하게 된 성인 관점 사이에서의 어떤 연결도 이루어졌다. 이제 내담자는 변화가 있었음을 인식하고 있다.

> **Joan Lovett**
>
> 내담자는 거의 익사할 뻔한 경험의 일부로서 이상하고 혼란스러운 느낌을 경험하고 있는 것으로 보인다. 내가 내담자의 처리를 돕고 있는 것이라면, 이 시점에서 내담자에게 혼란감의 신체적 감각에 주의를 기울여보도록 할 것이다. 익사할 뻔했던 것과 관련된 혼란감과 지남력 상실이 있으리라는 것을 내담자에게 설명해줄 수 있게 된다.

내담자: 네, 약간 방향을 잃는 것에 가까운 것 같아요.

> **Jim Knipe**
>
> 이 부분은 현재의 정향과 안전감을 강화하기 좋은 지점으로 보인다. Back of the Head 척도는 치료자인 당신과 내담자에게, 내담자가 현재 트라우마 대 안전감 상태에서 얼마나 머무르고 있는지에 대한 정보를 얻는 데 도움이 될 수 있다. BHS는 내담자가 주어진 순간에 얼마나 "현재에 머무르고" 있는지를 단순히 측정하는 방법이다. 내담자의 얼굴 앞(완전히 현재에 있는)에서부터 내담자의 머리 뒤쪽(완전히 "기억 속에" 있는)까지 15인치의 선을 치료자가 설명하고, 그 후에, 회기 중 어느 때든 그 순간의 현존 대 해리의 정도를 표시하기 위해 이 선에서의 위치를 내담자에게 물어볼 수 있다. 이 절차는 내담자의 얼굴에는 드러나지 않는 중요한 정보를 치료자에게 제공해주며, 내담자에게는 자기 경험의 중요한 측면을 표현할 방법을 마련해준다.

상담자: 제가 당신을 혼란스럽게 하려는 게 아닌 걸 알았으면 해요. 당신이 그 아이의 느낌을 경험하는 건 부정적인 느낌을 경험할 때라는 걸 알고 있어요. 그렇기에, 지금 당장은 당신이 성인으로서의 자기와 동일시하는 것에 머물러볼 수 있도록 돕고 있어요. (잠시 쉬고) 제가 방금 한 말에 어떻게 반응하게 되나요?

마지막 말은 내담자가 자신이 잘 해내고 있다는 것을 알아야 한다는 나의 염려로부터 나온 것이다. 내담자가 표현하고 있는 가장 중요한 부분을 놓쳤을 수는 있지만, 어쨌거나 내담자가 계속 진행하고 있었기에 큰 문제는 없는 것으로 보였다.

내담자: 그 아이가 안타깝게 느껴져요. 제 생각에 이 느낌은 그 아이의 느낌인 것 같은데, 맞나요?

> **Jim Knipe**
> 이에 대해 단순히 "그것에 머물러보세요."로 반응할 수도 있다.

상담자: 확실하진 않아요. 지금은, 그 어린 소녀를 안고 있는 경험에 주의를 기울여보았으면 해요. 당신의 가슴에 기댄 그 아이의 몸의 따뜻함을 느낄 수 있나요?

아이의 감정적 경험으로 빠져들어 가기 시작했다는 내담자의 말에 나 역시 동의했지만, 내담자로서 해야 할 일들을 하지 않고 있다는 등의 자신에 대한 표면적 판단에 동의하는 방향보다는, 단순하게 아이를 안고 있는 성인의 경험에, 특히, 아이를 안고 있는 성인이 경험하는 신체적 감각에 다시 연결해보도록 하였다.

내담자: 네, 그 아이는 부드럽고 작아요. 제 품에 쏙 들어오네요.
상담자: 성인으로서 그 어린 소녀를 위로하는 것이 당신에게 어려운가요?
내담자: 아뇨, 그건 쉬워요.
상담자: 좋습니다. < > < >
내담자: 아이가 다시 긴장을 풀고, 미소 짓고 있어요.
상담자: 그럼, 말해보세요, 이 세 살짜리 어린 소녀가 이 모든 포옹과 보살핌을 받기 위해 무엇을 했을까요?

이전의 '아이를 위로하는 것이 그 성인에게 어려운지를 묻는' 질문과 더불어, 이것들을 얻기 위해 아이가 무엇을 했을지에 대한 질문은 내가 가장 좋아하는 질문 중 하나이며, 아이의 무구함에 대한 성인 내담자의 자각을 공고히 해 준다.

Jim Knipe

여기서 "그 아이를 안고 있으면, 아이가 어떻게 느껴지나요?"라고 질문할 수도 있는데, 이는 아이에 대한 성인의 애정 어린 느낌과 더불어 아이가 애정 어린 수용을 받을만한 행동을 할 필요가 없다는 태도를 활성화하기 위해 고안된 질문이다. 내담자는 이 시점에서, 이 아이에게 품고 있는 진심어린 애정을 깨닫고 기분 좋게 놀라게 될지 모른다.

내담자: 아무것도요. < >< > 그 아이는 아무것도 하지 않았어요. 돌봄을 받기 위해서 무엇도 할 필요가 없어요. < >< > 기분이 좋네요. < >< > 저는 나무를 보고 있어요.

　　내담자는 우리가 작업을 하고 있는 방의 창밖으로 보이는 나무를 말하고 있는 것이었지만, 나는 처음에는 그것을 알지 못했다.

내담자: < >< > 튼튼해 보이네요. 저는 전체를 받치고 있는 뿌리를 생각하고 있어요. < >< > 제가 그 나무처럼 튼튼하게 느껴져요.

　　이에 대해 내가 이어서 하는 말이 그 나무가 갖는 자원으로서의 의의에 내담자가 접촉하는 것에 끼어들게 되었기에, 시기적절하지는 못했다. 다만 나는 시간이 부족하다고 생각하고 있었고, 우리의 자원화 작업에 신체적인 요소를 넣고자 했다. 보호자와 아이 사이의 신체적 접촉에서 나오는 따뜻한 몸의 감각을 내담자가 경험해보게 하는 것은 관계에서의 양육의 질을 강화하는 훌륭한 방법이다.

상담자: 당신의 가슴에 기댄 아이를 계속 느끼고 있나요?

내담자: 네.

상담자: 당신이 그 아이를 느낄 수 있는 당신의 가슴에 손을 올려보세요. (내담자가 자신의 손을 심장 윗부분의 가슴에 올려놓는다) < >< >

내담자: 느낌이 좋아요. 그 아이가 제 몸에 안기며 이완되는 게 느껴져요. < >< > 시간이 염려되는 것도 느껴져요. 지금의 느낌은 좋지만, 아쉽게도 우리는 이제 그만 정리해야 하고, 그리고 나면 제가 다시 다른 방식으로 느끼기 시작할 거예요. 선생님도 그렇게 될 거라고 생각하시나요?

상담자: 한 번 알아봅시다. 당신이 지금으로부터 1주일 뒤에 길을 걸어 내려가면서 홀로 있는 느낌을 경험하는 걸 상상해보세요. 상상해볼 수 있나요?

내담자: 네, 기분이 나빠지기 시작했어요.

상담자: 그러면 세 살짜리 아이를 안고 있는 걸 떠올리면서 가슴에 손을 얹는 걸 상상해보세요. 지금 해보세요. 당신이 어떻게 느낄 것 같은가요?

내담자: 기분이 나아질 거예요. 제가 그럴 걸 알겠어요.

　　몇 달 뒤의 2부 훈련에 내담자가 왔을 때의 피드백에 따르면 이 자원이 자신과 함께 있으면서 계속해서 위안을 주었다고 한다. 이는 2부 실습에서 내담자의 트라우마 작업 중 중요한 자산이 되었다.

　　이 회기 내에서, 아이로서의 자신을 위한 성인 자원이 되어 보는 데에서 내담자가 겪는 어려움은, 아이의 느낌 및 인지 왜곡에 휩쓸리지 않는 성인으로 있는 것의 어려움을 중심으로 전개되었다. 이 축어록은 내담자가 성인으로부터 아이 상태에 대한 동일시로 빠져들어 갈 때를 주의 깊게 추적하고 적응적 성인 관점을 회복하도록 돕는 데 중요한 기법을 보여준다.

11
DYADIC RESOURCING

상상된 양육 관계의 활용
(비디오 #8)

다음의 회기는 자원화를 진행하려는 목적을 갖고 시작한 것이 아니라는 특징을 지니고 있다. 회기에서의 목적은 내담자가 현재 겪고 있는 문제와 관련된 적절한 EMDR 타겟을 정해보고, 상황과 시간에 적합한 것으로 여겨질 경우 그 타겟을 처리해보는 것이었다. 나는 강의 중 이 회기를 진행하였다. 내가 알고 있는 내담자의 과거력이 거의 없는 상태였지만, 내담자와 내가 분명하게 알고 있었던 것은, 이 내담자가 31세의 비만 체격을 가진 남성이며 수강생들 앞에서 울고 싶어하지 않았다는 것이다. 전날에 나눴던 대화에서, 내담자는 자신이 겪고 있는 연애 관계 및 체중 문제 모두가 자신이 5세 때 겪었던 성적인 학대 사건과 관련된 것일 수 있다는 생각을 보고하였다. 나는 그의 문제가 보모의 추행으로부터 비롯된 것이 아닌가 하는 의구심을 표현했다. 개인력을 탐색하는 동안에, 그의 증상을 다루기에 적절해 보이는 타겟을 찾아내지 못했으며, 나는 매우 초기에 경험했던 상처로 인한 애착 문제가 있으리라는 확신을 갖게 되었다. 초기의 상처를 처리할 수 있게끔 하는 자리를 제공해 줄 만한 튼튼한 자원이 있는지를 확인하지 않고 초기의 상처에 대한 트라우마 처리를 시도하는 것은 분명 현명하지 못한 선택이다. 이 지점에서 나는 자원화 개발의 방향으로 주의를 돌렸다.

이 회기에서, 나는 비교적 직접적으로, 수치심의 주제에 너무 깊게 들어가지 않기로 하였다. 이에는 세 가지 이유가 있었는데, 회기가 수업에서 진행된 것이었고, 개인력이 충분히 탐색되지 않았으며, 회기 내에서 EMDR 트라우마 처리에 초점을 두며 그 처리가 신속하고 부드럽게 이루어질 경우에만 처리를 하기로 하였기 때문이다. 보다 철저한 과거력 탐색 없이는, 감정 다리가 어떻게 흘러갈지나 활성화된 트라우마 기억이 얼마나 깊고 고통스러울지를 알 수 없다. 회기가 진행되면서, 초기의 문제들이 내담자가 11살이었을 무렵에 가족이 이사를 하기 직전 혹은 그 당시에 아버지로부터 버림받거나 실망했던 것과 관련이 있을 가능성이 보였다.

회기를 검토했던 사람이 중요하게 보았던 것은, 치료자가 개인 사무실에서 진행된 치료일 경우에도 이 회기에서와 같은 결정을 내릴지에 대한 것이었으며, 특히 회기 내에서 너무 깊이 들어가지 않겠다는 초반의 약조가 없을 경우에도 그럴 것인지에 대해서였다. 어떤 상황에서는 치료자가 이 회기에서 진행했던 것처럼 자원화 처리를 선택할 수도 있고, 다른 상황에서는, 예를 들면, 감정 다리를 진행하고 떠오르는 초기의 내용들을 타겟으로 삼을 수도 있다. 그러면, 치료자는 또 어떤 조건에서 처리 방향을 구조화하는 데 적극적인 역할을 할 것인가?

치료자가 초기의 고통스러운 내용으로 돌아가기 보다 자원화를 진행하기로 하는 데에는 여러 이유가 있을 것이라고 본다. 가장 흔한 이유는, 치료자가 EMDR 회기를 진행하는 데 익숙하지 않을 뿐만 아니라 초기에 있었던 매우 고통스러운 내용에 대한 트라우마 작업을 하는 데 자신이 없다는 것이다. 대부분의 경우, 복합 PTSD를 지닌 내담자들은 초기 트라우마 기억을 처리할 수 있는데도, 상대적으로 경험이 없는 EMDR 임상가들이 이를 진행하는 것을 불편해한다. 다만 성격장애, 애착 장애, 그리고 심각한 해리성 장애를 가진 내담자들의 경우에는 매우 초기의 기억처리가 극히 느리게 진행될 수 있다. 또한 유아들은 자원이나 선택권을 갖고 있지 않기 때문에, 그러한 비언어적 경험으로 돌아가 보아야 하는 내담자들의 경우에는, 적응적 성인 관점을 미리 확인하고 이에 쉽게 접근할 수 있도록 준비해두기 전에는 이 관점을 불러내며 유지하고 있기 어렵다. 경험이 부족한 임상가와 숙련된 임상가 모두 초기의 내용이 해결될 준비가 확실해질 때까지 자원화를 진행하려 한다.

Clark의 사례에서는, 여성에 대한 어려움과 그의 수치심의 근원이 되는 기억을 건드려볼 수 있을지를 알기 위해서는 더욱 구체적인 과거력이 필요하다. 또한, Clark에게 친구가 없는 새로운 학교라는 상황에 놓이게 되는 것이 어떻게 느껴졌었는지에 대해서도 회기 내에서 충분히 탐색되지 않았다. 우리는 이 영역에 타겟이 되는 내용이 있을 것이라 가정해볼 수 있는데, Clark이 "고스족"이 되었을 때이기 때문이다.

여전히 해결되지 않은 의문은 자원화가 특성에서의 변화를 만들어내는 등의, 타겟 내용에 대한 영구적인 영향력을 가질 수 있는지에 대한 것이다. 나는 다양한 경험들에 대해 보고받은 바 있으며, 이에는 나의 것도 포함되어 있는데, 자원화가 특성에서의 변화를 일으키는 것으로 보이는 방식으로 활용되고 있다는 것이다. 이 의문에 대한 논의는 주로 의미론적인 것일 수도 있다. 내담자로 하여금 내적인 힘, 외부의 양육 인물, 또는 성인 관점에 초점을 두게 하는 자원화 처리를 진행하는 것이 내담자가 겪는 고통감의 수준을 경감시켜줄 가능성이 있다는 것이다. 하지만 적응적 정보처리 모델에 따르면, 정보가 부적응적으로 보관된 타겟 네트워크에 해당 자원이 연결되도록 하기 위한 추가적인 단계를 수행할 경우 특성에서의 변화가 일어나게 된다. 이 추가적인 단계를 자원화에 따른 별도의 트라우마 처리 형태로 간주한다면, 이것을 특성에서의 변화를 일으키는 것으로 볼 수 있게 된다.

Jim Knipe
때때로 자원화를 통한 상태에서의 변화는 자연스러운 트라우마 처리(EMDR 없이 이루어지는)를 촉진시킬 수 있다.

능숙한 EMDR 임상가 중 일부는, 그것이 잘 해결되지 않을 것이라는 걸 인지하면서 초기의 매우 고통스러운 내용을 타겟으로 정한다. 이들은 많은 회기 동안 연속적인 초기의 타겟들 각각에 대해 이루어지는 작업에 반복적으로 초점을 두어야 한다는 것을 이해하며, 타겟이 마침내 해결될 때까지 한 번에 하나씩 해결하려 한다. 이러한 과정이 진행되는 동안, 내담자가 처리 중 교착상태에 이르게 되면 자원화가 역할을 하게 되는데, 이 치료자들은 어떤 자원화가 필요할지를 예측하려 하기보다는 그게 필요할 때가 되면 자원화를 진행하며, 가능하다면 자원화를 미리 진행해두려 한다. 논의해보아야 할 것은, 이러한 처리가 더욱 효과적이고 접근할 만한 것인지, 아니면 내담자가 활성화된 고통스러운 기억을 가지고 이어지는 날들을 헤쳐나가게 할 뿐만 아니라 부분적으로만 해결되어 내담자로 하여금 불필요한 고통을 겪게끔 하는 것인지에 대한 것이다.

치료자가 처리의 방향에 적극적으로 영향을 미치는 것이 바람직한 때가 언제인지에 대한 질문은 복잡한 문제이다. EMDR 기본 훈련에서는 치료자들에게 처리가 내담자로부터 이루어지게 두도록 가르친다. 치료자의 간섭이나 영향이 최소한도로 이루어지면서 내담자 자신의 노력을 통해 해결을 이루어내게 될 때, 그 효과가 더욱 강력해지며 내담자가 작업으로부터 성취감을 얻을 수 있게 된다. 게다가, 치료자들이 내담자 마음속에서 일어나는 모든 복잡한 연상을 알 수는 없다. 치료자가 지나치게 적극적인 경우, 치료자가 중요한 연상이 있었음을 알지 못하거나 의도치 않게 그로부터 멀어지는 등으로 인해 이를 놓쳐버릴 수 있다. EMDR의 마법의 일부는 내담자의 처리의 놀라움과 풍부함, 그리고 자연스럽게 일어나는 정신적 연결이다.

반면, 양측성 자극이 이루어지는 동안 자연스럽게 이어지는 연상들에 간섭하게 될 정도로 방어가 과도하게 활성화된 내담자는, 트라우마 처리 동안에 생산적인 방향으로 계속 진행하는 것이 어려울 수 있다. 치료자는 그것이 심리적으로 타당한지의 관점에서 내담자의 연상을 적극적으로 관찰할 필요가 있다. 치료자가 좀 더 적극적인 역할을 맡아야 하는 또 다른 상황은 내담자가 파괴적 행동화를 보일 가능성이 높으며 보호를 필요로 하는 경우인데, 예를 들면, 맨정신으로 있는 것이 낯설고 아직 취약한 상태인 물질남용자 등이 있다. Clark의 경우, 내가 그를 개인 치료실에서 만난 것이라면, 비교적 빠르고 원활하게 처리할 수 있을 것으로 생각되는 초기의 타겟을 선택하려 할 것이다. 논평에서 언급하는 이유들로 인해, 아마도 수치심과 관련된 문제보다는 고립과 관련된 문제를 다루고자 할 것이다. 확실하게 보다 주의 깊게 과거력을 탐색하며 타겟으로 제시된 트라우마 기억의 연쇄 중 가장 초반의 것이 일어났을 것으로 여겨지는 발달적 시기를 평가할 것이다.

성인과의 관계를 자원으로 활용하기

흔히, "누가 당신의 삶에서 긍정적인 지지를 보내준 인물이었나요?"라는 질문은 내담자로 하여금 성인 친구의 이름을 대도록 한다. 내가 이용하는 일반적인 인지적 엮음에서는, 내담자의 아이로서의 세상과도 연결되어 있는 부분을 양육할 수 있는 성인을 선호한다. 그래서 나는 내담자에게 특별히 돌보아주었던 선생님이나, 친척, 숙모, 삼촌, 조부모, 또는 성직자가 있었는지를 물어보는 것으로 시작한다. 최근에, 나는 친구의 부모라는 자원 모델의 강력한 출처를 찾아냈다. 대개 좋은 부모를 가진 어린 시절의 친구가 있기 때문이다. 우리는 내담자의 마음에서 건강한 양육 상을 찾아내려 한다. 때로는, 그러한 모델이 낯선 이와의 짧은 만남에서 나타날 수도 있다. 또는 책이나 영화에 나오는 관계로부터도 이를 얻을 수 있다. 중요한 점은, 양육적 성인으로서의 자기의 모델은 내담자의 경험에 기반한다는 것이다. 궁극적으로, 치료적 목표는 트라우마 경험을 처리하는 동안 내면화된 아이가 요구하고 얻지 못했던 위로, 양육, 또는 안전을 내담자의 내면화된 건강한 성인이 제공하게 하는 것이다. 다만 이를 유념해야 하는데, 양육자가 살아있을 뿐만 아니라 잘 알고 있는 사람이라고 하더라도, 그 사람이 자원이 아닐 수 있다. 이는 그 인물에 대한 내담자의 내사이며, 그 사람이 누구이고 어떤 사람인지에 대한 내담자의 생각일 뿐이다. 문학적 혹은 상상적 양육 인물보다 실제 양육 인물이 가진 유일한 장점은 양육을 해주는 경험이 실제의 인물에게 더 많은 경우 내담자의 내부 구조가 더 풍부하고 접근하기 쉬워진다는 것이다. 내담자가 생각하는 양육 인물이 내담자가 성인이 된 이후의 삶에서만 알고 지냈던 인물인 성인인 친구일 때, 즉, 여기 나오는 Clark의 사례에서처럼 성인인 슈퍼바이저일 경우에는, 다음으로 해야 할 일은 내담자에게 자신이 아이였을 때 알고 있었을 수 있는 다른 양육 인물을 물어보는 것이다. 혹은, 내담자가 자원으로 지목한 인물인 친구에게 아이가 있는지를 물어볼 수도 있다. 그러할 경우, 그 친구가 자신의 아이와 교류하는 것을 내담자가 본 적이 있는가? 본 적이 없다면, 그 친구가 자신의 아이를 양육하는 이야기를 들어본 적이 있거나 그것을 상상해볼 수는 있는가? 아이가 없다면, 그 친구가 아이와 있을 때 어떤지를 내담자가 알고 있거나 혹은 상상해볼 수 있는가? 내담자가 이 성인을 아이와 함께 상상할 수 없는 경우라면, 또 다른 양육 인물상을 찾아보려 할 것이다. 이어지는 축어록을 보면, Clark는 자신의 슈퍼바이저가 그의 아들과 갖는 관계를 상상하고 이를 강력한 자원 모델로 개발해낼 수 있었다.

상담자: 자, 우리가 어제 나눴던 이야기를 요약해보는 게 필요할까요?

내담자: 우리가 하고 있는 것에 대한 거요?

상담자: 맞아요, 우리가 이걸 어떻게 하기로 했었는지에 대해서요.

내담자: 실습에서, 그러니까 우리가 타겟 기억에 대해 얘기할 때요, 비교적 최근에 있었던 거요. 저는 더 거슬러 올라가서 있었던 사건에 대한 또 다른 기억으로 들어가는 것에 대한 두려움이 있다는 걸 알았어요. 당신이

말하는 게 이게 맞는지 모르겠네요.

상담자: 맞습니다.

내담자: 조금 더 도와주실 수 있을까요?

상담자: 음, 그 중 일부는 당신이 초기의 기억으로 들어가 보는 걸 원치 않는다는 거였죠. 그건 마치 압도되는 것처럼도 느껴졌는데, 맞을까요?

내담자: 네, 맞아요.

상담자: 자, 당신이 그 최근의 기억은 처리했지만, 배경에 도사리고 있는 초기의 공급 기억에 다가갈 준비는 되어 있지 않다는 감각이 있는 거군요.

내담자: 맞아요.

상담자: 혹은 배경에 숨어 있는 다른 내용들이 있을지도 모른다는 것이나, 이 수업 내에서 다루기에는 너무 과할지도 모른다는 감각도요. 그리고, 우리가 이것에 대해 얘기했을 때 – 제가 그 내용에 대해 조금 얘기해도 괜찮을까요?

내담자: 괜찮아요. 다만 당신이 바라는 게 뭔지를 잘 모르겠어요.

상담자: (수강생들을 향해) 자, Clark은 자신이 5세 무렵에 보모로부터 추행을 당했다는 걸 알고 있었어요. 보모는 여자인 사촌이었죠. 그는 자신이 갖고 있는 현재의 증상이 그 기억으로부터 왔다고 생각합니다. 그리고 그 일에 대해 우리가 이야기를 조금 나누었을 때, 그 기억 자체가 그렇게 고통스러운 것 같지는 않게 들렸어요. 이건 시간이 흐르면서 의미를 갖게 된 것으로 보여요. 그가 자신의 현재 문제들에 대해 개념화하면서요.

내담자: 그게 맞아요.

상담자: 좋습니다. 그리고 현재의 문제는 그가 지금 의미 있는 관계를 만드는 데에서 장애가 있는 느낌을 받는다는 것인데, 왜 그런 것인지에 대한 의문이 있습니다. 그의 마음에서는 이것이 그 일과 관련이 있으며, 체중 문제도 그 일환이라고 보는데, 체중이 무언가로부터 자신을 보호한다는 느낌이 있기 때문입니다.

전날, Clark는 자신의 체중이 성적 학대와 관련이 있을지 모른다는 생각에 대해 보고하기도 하였다.

치료적 계약 맺기

내담자: 맞습니다.

상담자: 그럼, 어떤 종류의 타겟이 적절할지를 알아보기 위해 약간의 탐색을 해 보는 것이 좋을 것 같습니다. 자, 우리는 분명히 Clark의 삶에서 중요한 증상인 것으로 보이는 현재의 증상을 알고 있어요, 그리고 이건 드물지 않은 일이고, 매우 중요한 것으로 보입니다. 그래서, 저는 이것이 어디에서 온 것인지를 탐구해보는 일이 우리에게 흥미로울 거라고 생각합니다. 우리에게 이걸 처리하는 데 충분한 시간이 있을지는 모르겠어요. 부족하더라도, 실습에서 이걸 처리할 수 있을 거예요. 우리가 성공했다고 가정하고요. 우리가 어떤 방향으로 갈지에 대해서는 모르지만, 저는 그게 잠재기(latency)와 연관이 있을 거라고 어제 Clark에게 말했어요. 종종, 그 시기에 체중이 유의미하게 증가하는 것은 성적으로 위협감을 느끼는 것과 관련이 있기 때문입니다. 이러한 경우 자신과 타인 사이의 장벽으로서 체중을 사용하고, 이로 인해 성적인 관심을 받지 않게 되지요. 자, 우리가 진행한 건 여기까지입니다. 그리고 당신은 안도감을 느꼈죠. 그 문제의 근원이 훨씬 더 멀리, 잠재기보다도 훨씬 더 이전에 있는 것에 대해 걱정했기 때문에요.

Clark과의 대화를 되짚어보면서, 나는 그 내용이 생애 초기가 아니라 잠재기의 것일 거라는 내 생각의 기반이 된 정보가 무엇인지에 대해 자문해보았다. 이는 확실치 않았다. 어쩌면 잠재기 중 체중이 많이 늘었던 많은 내담자들이 성적으로 위협받는 기분을 느낀다는 점에 대해 그에게 말했기 때문일지도 모른다. 확실히, 나는 초기의 성적 학대 기억을 작업하고 나서 자연스럽게 체중이 줄기 시작한 내담자들을 만나보았다. 또한, 수업에서, 그리고 나를 비롯한 다른 학생들과의 관계에서 나타나는 Clark의 기능 수준도 이러한 추측에 영향을 미친 것으로 보인다. 그는 그렇게 비만인 사람치고는 상당히 현재에 있을 뿐만 아니라 자기 자신에 대해 편안하게 느끼는 것으로 보였으며, 1:1의 교류에서 지나치게 거리를 두거나, 혹은 그 반대로, 너무 들러붙거나 급하게 친해지려 하지 않고 좋은 관계를 형성했다. 꽤 자발적이면서, 지나치게 방어적이지도 않았다. 내가 지금 충분히 설명하지 못하는 이러한 관찰과 내 임상적 직관의 다른 측면들이, 나로 하여금 그의 증상의 근원이 초기의 애착 시기로까지 거슬러 올라가지는 않으리라고 믿게끔 하였다.

대개, 시간이 지남에 따라, 대부분의 노련한 EMDR 임상가는 다양한 증상이 발생 될 수 있는 대략적인 연령을 추측하게끔 하는 발달 모델에 기반하여 직관을 발달시켜갈 것이다. 나는 근원 기억을 탐색할 때 나의 직관을 내담자에게 공유하기도 한다. "당신도 알다시피, 수치심은 과거로 거슬러 올라가는 감정인 것 같아요. 당신이 10살 때 나쁜 사람인 것처럼 느꼈던 기억에는 이 10살의 기억을 더욱 고통스럽게 만드는 보다 어린 시절의 기억이 있을 거예요. 저는 아주 어린 시절일 거라고 생각해요. 3살이나 4살 정도로요. 생각나는 게 있을까요?" 또는, "당신도 알다시피, 저는 남자친구와 18살에 헤어진 일이 왜 그렇게까지 충격적이었는지에 대해 이해해보려고 하고 있어요. 당신이 상처받고, 배신감, 공허함, 외로움을 느낀 것은 이해가 되지만, 그 일이 당신에게 너무나 충격적이어서 그 이후로 그렇게 오랫동안이나 기능할 수 없었다는 것을 듣고는 놀랐거든요. 당신이 생각하기에, 그 일이 당신에게 좀 더 이른 시기에 있었던 상실을 떠올리게 했을 수도 있나요?", "당신의 아버지가 어머니를 떠난 일이 왜 당신에게 실패감을 느끼게 하는 것 같나요? 제 생각에는 그들이 함께 있도록 하는데 당신이 어떤 책임감을 느꼈고, 그들이 이혼하는 데 당신이 어떤 역할을 했다고 느꼈던 것 같아요. 당신이 그런 게 아니라는 걸 당신도 알고 있고, 그걸 저도 알고 있지만, 당신은 마치 그렇게 했던 것처럼 느낄 수 있어요. 당신도 알다시피, 어린아이들은 자기 주변에서 일어나는 모든 일들이 자기와 관련된 것이라고 느끼는 경향이 있죠. 나는 이 실패감이 당신이 주변에서 일어나는 모든 일들에 책임감을 느꼈던 4살에서 5살 정도의 시기로 거슬러 올라갈 수 있을 거라고 봐요."와 같이 말할 수도 있다.

내담자: 맞아요.

상담자: 자, 이제 다들 이해했을 거라고 봅니다.

내담자: 그리고 훨씬 더 멀리 있는 느낌은 아니었어요.

상담자: 그리고 단지 그걸 생각하는 것만으로 일어나는 본능적인 느낌이 얼마나 있을지에 대해서는 내가 아직 잘 모르고 있죠.

내담자: 맞아요.

상담자: 당신이 지난밤에 그것에 대해 생각해보았을 것 같은데, 그렇지 않나요? 그리고 어떤 것과 함께 떠올랐을까요?

내담자: 제가 생각하기엔, 마음에 떠오르는 건 7학년 무렵의 모습인 것 같아요. 그리고 제 생각엔, 그때에는 제 친구들 대부분이 여자친구가 있었던 것 같고요. 제가 기억하기에 자기 여자친구랑 노는 게 일종의 유행 같은 거였어요. 그런데 저는 여자친구가 없었고요. 그러니까 이게 마치, 나는 어디에 어울리는 거지? 같은 느낌이었어요. 버려진 느낌이었고, 함께 놀 절친들이 없어서 뭘 어떻게 해야 할지 몰랐고요. 그들은 자기 여자친구랑 어울려 다녔죠, 한 번은 제가 기억하기에 점심시간이었는데, 제 절친 중 한 명이 말하기를, "넌 이제 어쩔 거야? 우리랑 놀 수는 없잖아." 하더군요. 그리고 "음, 그의 말이 맞아. 나는 다른 누군가랑 어울려야 해."처럼 느껴졌어요. 주변을 둘러보던 게 기억나네요. 그리고 저는 아주 작은 동네에 살았어요. 중학교와 고등학교가 같이 있는 곳이었죠. 그래서 학교 점심시간이었던 이 시간이 기억나요. 생각을 했죠. 뭘 어떻게 해야 하지? 내일은 어떻게 해야 하며, 그리고 그 다음 날은. 그리고 제게 뭔가 문제가 있다는 느낌을 받았어요. 왜냐하면 제 말은, 기억이 나거든요. 그 시기에, 친구들이 아마 자기 여자친구의 친구들을 소

개해주려고 했던 것이요. 그리고 그건 — 제가 잘 모르는 그 사람들에게 관심이 없었던 게 기억나요. 그래서 이때는 제게 힘들고도 고통스러운 시기였어요.

비만과 관계에서의 어려움 간의 인과관계를 맺기

상담자: 알겠습니다. 그럼 그 7학년 때에, 이미 체중이 늘기 시작했었나요? 체중이 어땠었나요?

내담자: 그 무렵에요?

상담자: 네. 그게 시작된 때가요.

내담자: 맞아요.

상담자: 그럼, 당신이 이미 체중이 늘기 시작했기 때문에 여자친구가 없었던 건가요?

내담자: 아니요. 그때에는 어색해하고 수줍음이 많아서 그랬던 것에 가까워요.

상담자: 그들에게 매력을 느끼긴 했지만, 수줍음을 탔군요.

내담자: 맞아요.

이 질문은 내담자가 겪는 관계에서의 어려움이 외모로 인한 것인지, 아니면 관계에서의 어려움으로 인해 체중 문제가 발생한 것인지를 알기 위한 것이었다. 분명히, 체중 증가보다 수줍음이 먼저 있었으며, 이는 타겟이 되는 내용이 체중이 증가하기 시작한 잠재기 이전에 있을 것임을 시사해준다. 당시에, 나는 그 타겟이 보다 까다로울 것이라 생각하였는데, 그 근원이 보다 이른 시기에 존재할 뿐만 아니라 더욱 만연해 있을 가능성이 있었기 때문이다. 눈에 띄면서도 그의 수줍음에 영향을 미치는 것으로 보이는 특정한 창피함의 순간이 있었다면 그것이 훌륭한 타겟이 되었을 것이다. 이는 개인력 탐색을 위한 좋은 길목이 되었을 것인데, 그에게 자신의 수줍음이 어디에서 왔는지에 대해 내가 왜 물어보지 않았는지는 확실치 않다. 일반적으로, 보다 초기의 기억으로 거슬러 올라가는 것은,

처리를 더욱 강렬하게 만들고 감정을 좀 더 이끌어내며, 시간이 흐르며 나타났던 부모의 단점에 초점을 맞출 가능성을 증가시킨다. 이는 처리하기가 불가능한 것은 아니나, 비교적 까다로울 수 있다.

거절과 관련된 트라우마를 탐색하기

상담자: 그럼, 여자들로부터 거절당했던 경험이 있나요?

내담자: 네, 나중에요, 사람들이 소개해준 사람들과 잘 되지 않았는데, 당연한 일이에요. 제가 관심을 가졌던 여자들은 제게 관심이 없었거든요.

상담자: 그랬군요.

내담자: 저는 늘 좋은 친구가 되는 사람이긴 했지만, 좋은 남자친구가 되지는 못했어요.

상담자: 결국엔 잘 되지 않았군요.

내담자: 맞아요.

상담자: "난 그냥 친구가 되고 싶어." 같은 거였군요.

내담자: 네, 맞아요.

상담자: 자, 당신이 그것에 대해 말할 때 시각적으로도 접근하고 있는 것처럼 보이네요. (그의 눈이 위로 올라갔다가 왼쪽으로 향했다) 어떤 이미지를 떠올리고 있나요?

내담자: 그렇지는 않아요. 그저 그 일에 대해 좀 더 생각하고 있어요. 제 머리를 맴도는 것들은 당시에 제가 했던, 잠깐의, 작은 실수들이에요, 플래시백이요. 좋아했던 여자들에게 제가 다가갔던 순간의, 그리고 그저 잘 되지 않았던 것들이요.

상담자: 그럼, 이 경험들은 부정적인 것인가요?

내담자: 모두요. (쾌활한 웃음)

내담자가 사건을 탐색하지 않을 때의 정서에 주의를 기울이기

상담자: 그렇게 말했을 때, 신체적인 느낌이 지금 느껴지나요?

내담자: 어, 아니요. 그것에 대해 생각하면, 그게 혹시 더 이상 번거롭지 않을 정도로 익숙해질 만큼 굉장히 오래된 일이라서 그런 건지는 모르겠지만요. 제가 얘기했던 것 같긴 한데, 제 친구들은 대부분 결혼해서 아이들이 있고, 저 역시 결혼해서 아이들을 갖고 싶지만, 지금까지는 그렇게 되지 않고 있잖아요, 그래서 그런 의미에서 막막한 기분이 들어요. 그래서, — 제가 이전에 느꼈던 것 같은 직관적인 고통까지는 들지 않긴 해요.

상담자: 당신은 지금 나이가 어떻게 되나요?

내담자: 37살이요.

상담자: 자, 당신이 "모두요."라고 말했을 때, 제게는 그게 고통스러워 보였어요. 그리고 당신이 '직관적인 수준의 반응은 없다'고 말하는 것을 들었기 때문에, 이에 대해 궁금해지네요.

기본 EMDR 훈련에서는, 교육생들로 하여금 내담자에게 방해가 되지 않도록 하며 동시에 내담자가 타겟이 되는 내용을 확인해보게 한다. 이 사례의 Clark를 포함한 많은 내담자들은, 정서가 담긴 기억에 접촉하려 하지도, 지나치게 고통스러워서 그 강렬함을 회상해내고 싶지 않은 기억을 지각하려 하지도 않는다. 이 회기 내에는, 내가 Clark를 밀어붙이며 그가 말하는 것들을 액면가 그대로 받아들이지 않는 많은 예시들이 포함되어 있다. 이 사례에서, 그는 내게 고통이 느껴지지 않는다고 말했지만, 그럼에도 나는 그에게 고통스러워 보인다고 피드백하였다. 이는 그러한 사건에서의 고통감에 그가 연결되도록 돕는다.

내담자: 음, 제 말은 이제 당신이 저를 다시 거기로 데려갔네요. 음, 맞아요. 제 생각에 그런 것 같아요. 슬픔이 느껴져요.

상담자: 그렇군요.

내담자: 그냥 돌아보고, 되돌아보면요.

상담자: 그 슬픔은 0부터 10까지 중에 어느 정도인가요?

Clark은 EMDR 훈련에 참가했기에, 내가 0부터 10까지라고 물어보았을 때, 이것에 대해 자세하게 설명하지 않았어도 내가 SUDS를 물어보는 것이라는 걸 이해했다. 나는 내담자들이 자신의 SUDS 수준에 대한 질문에 익숙해지고 나면 종종 이렇게 물어본다. 축약해서 다음과 같이 묻는다. "0부터 10까지 중에?"

내담자: 아마도 8점인 것 같네요. 바로 지금 울어버리고 싶은 것 같아요. 그걸 제 눈 뒤쪽에서 느낄 수 있어요. 정말로요.

상담자: 그럼, 지금의 그 느낌에 어울리는 이미지를 갖고 있나요?

내담자: 아니요. 제 말은, 이미지는 아니에요. 그냥 느낌이에요. 슬픔이요.

특정한 기억을 찾아내기 위해 다시 시도하기

상담자: 자, 당신이 "모두요."라고 말했을 때, 당신은 이렇게 몸짓했는데, 당신이 그걸 본능적으로 느꼈던 것 같아요, 하지만 특정한 사건을 실제로 기억해낸 것인지는 잘 모르겠네요.

내담자: 글쎄요, 제가 생각하기엔 제가 말하려고 했던 것은 결국엔 잘 되지 않았던 누군가와 뭔가를 해보려고 했던 모든 순간들에 대한 거예요.

상담자: 당신이 "누군가"라고 말하자마자, 누군가가 마음속에서 떠올랐어요, 맞나요?

내담자: 음, 몇 명 정도요.

상담자: 한 명을 생각해보세요.

내담자: 어, 네.

상담자: 한 명 이상이 마음에 떠오르는 것 같네요.

지나고 나서 보니, Clark은 자신의 연상에 대해 내게 말하려 했던 것 같다. 이어진 나의 말은 불필요했다. 하지만, 내담자가 여러 번 있었던 사건 중 별개의 한 사건을 생각해내기 어려워하는 경우에는 이렇게 말해주는 것이 도움이 될 수 있다. 다음과 같이 말할 수도 있다. "이건 여러 번 있었던 일이죠. 그렇지 않나요?" 그리고 내담자가 이에 동의하면, 나는 "하나만 골라보세요."라고 말할 것이다. 혹은 다음과 같이 말할 수도 있다. "이런 종류의 일은 여러 번 있었어요, 그렇죠?" 그리고 내담자가 이에 시각적으로 접근하는(눈이 위로 올라갔다가 왼쪽으로 향하는 등) 것으로 보이면, "방금 한 가지를 생각한 것 같은데, 그렇지 않나요? 그건 무엇이었나요?"라고 물을 수 있다.

Jim Knipe

다음과 같이 물어봄으로써 타겟 이미지를 탐색해볼 수도 있다. "이런 일이 있었을 때, 당신은 어디에 있었나요? 실내에 있었나요, 바깥에 있었나요? 이 일이 일어날 때 당신은 무엇을 보고 있었나요?"

하지만, 여자로부터 거절당했던 분명한 예시를 꼭 얻어내려 할 필요는 없었다. 그는 분명히 그런 기억을 가지고 있었고, 그들을 떠올릴 때 같이 올라오는 정서가 있었다. 우리가 고등학교에서 그를 거절했던 여자들과 관련된 맥락에서 그 정서에 초점을 두었다면 그 타겟이 처리되었을 것이고, 이를 통해 그가 특정한 기억을 떠올려냈을 것이다. 그것이 타겟을 처리하는 데 필요한 것이 아니라고 해도 말이다.

내담자: 맞아요, 맞아요.

상담자: 그럼, 그냥 한 명을 골라보면 되겠네요.

내담자: 알겠어요.

상담자: 골랐나요?

내담자: 네.

상담자: 그러면 그녀를 떠올릴 수 있겠어요?

내담자: 네.

상담자: 그럼, 당신이 그녀를 떠올리면 무엇이 일어나나요. 무엇이 보입니까?

탐색된 기억을 잡았지만 빠져나가버렸다

내담자: 저요, 제 생각에 제가 보는 건, 마치, 저인 것 같아요. 생각나는 기억은 그로부터 몇 년 뒤쯤인데, 거의, 9학년인 것 같아요. 한 여자아이를 좋아하게 되고 거의 여자친구가 되었는데, 우리가 이사를 갔죠….

상담자: 당신의 가족이 이사를 했군요.

내담자: 저희 가족이 이사를 갔죠. 맞아요. 한 시간 정도 떨어진 곳으로요. 그래서 그때, 저는 "이제, 이뤄지겠구나."하고 생각하고 있었는데, 그 다음에, "우리 이사 간다."가 되더군요.

상담자: 자, 이게 마음에 떠올랐던 거군요.

내담자: 네, 그리고 이사를 하게 된 것과, 될 수도 있었던 일이 이루어지지 않았다는 슬픔이요.

상담자: 그렇네요, 당신에게 기회가 있었는데.

내담자: 이사를 하게 되는 바람에.

상담자: 그럼, 당신은 상처받은 느낌을 갖고 있고, 그게 갈망하는 느낌과 슬픔을 불러오나요?

나는 종종 내담자의 정서를 읽어주고, 다시 이를 피드백하여 그게 맞는지를 확인해본다. 느낌을 표현하는 데 어려움을 겪는 내담자들은, 내가 그들의 느낌에 대해 이름을 붙여주는 이러한 방법이 도움이 된다고 말한다. 하지만, 이렇게 할 경우, 내가 틀렸을 경우에도 그에 대해 기꺼이 수용하는 태도가 매우 중요하다.

내담자: 맞아요.

이 시점에서는, 나는 아직 타겟을 정하지 않았고, 우리가 타겟으로 삼을 만한 내용의 유형에 대해서도 정하지 않았다. 그의 수줍음의 근원에 대해서도 탐색하지 않은 상태였다. 그가 평생의 고립감과 여성들에게 받아들여지지 못한다는 느낌에 대해 이야기했지만, 나는 성공적으로 다뤄질 것으로 여겨지는 적절한 타겟을 우리가 아직 확인하지 못했다는 점을 염려하고 있었다. 분명한 타겟 없이 이를 다루려 한다면, 타겟이 결국 해결되지 않을 수 있다. 치료실에서의 개인 회기였다면, 이후의 회기에서 다시 다룰 수 있기 때문에 이러한 상황이 크게 문제가 되지 않을 것이다. 하지만 수업에서 진행하는 경우라면 나는 가능한 불완전한 회기로 마무리하는 것을 피하고자 한다. 타겟이 점차 깊어지고, 고통스러운 평생의 주제와 연결되어갈수록, 그의 개인력에 대해 충분히 알고 있지 못한다는 것이 분명해졌다. 여자들과 있었던 이러한 실패들을 경험하기 이전부터 자기 자신에 대해 그렇게까지 나쁘게 느끼기 위해서는 그 고통과 관련해서 훨씬 더 오래전으로 거슬러 올라가야 할 것이라고 보았지만, 그런 인상이 느껴지지는 않았다. 그는 자발적이고, 정서 조절력이 좋은 편이며, 적절한 상호교류를 할 수 있으며, 꽤 솔직하고, 경계를 설정할 수 있으며, 그를 돌보려 하는 좋은 동성 친구를 가지고 있었다. 일반적으로, 상실감은 어느 연령에서도 시작될 수 있지만, 버림받는 느낌은 비교적 이른 시기에 시작되는 경향이 있다. 자존감의 문제는 이른 시기에 시작될 수 있으며 나중에 확장될 수도 있는데, 특히 청소년이 자신의 정체성을 재형성하는 신경 가지치기 시기[1]에 더욱 그러하다. 수치심의 문제, 특히 창피함에 대한 두려움은 대개 일찍 시작된다. 성장해감에 따라 점차 창피함을 수용하지 않으려 하게 되기 때문이다. Clark은 매우 빠르게 내게 유대감을 느끼는 것처럼 보였다. 나중에 생각해보니, 가족이 이사를 하고 Clark이 처음으로 우울해지기 직전에 아빠와의 관계에서 경험한 일종의 단절이 있었을지에 대해 궁금했던 것

---

1) period of neurological pruning.

같다. 아마도 아버지가 실직하고 나서 우울감에 빠져들었고, 이게 가족들이 이사를 가게 된 이유였을 것이다.

나는 생애 초기에 있었던 창피함과 자신에 대한 나쁜 감각의 예시보다는 생애 초기에 있었던 상실에 대해 Clark에게 물어보기로 했다. 추측하건대, 창피함과 상처받은 감각은 체중 증가에 보다 직접적으로 연관되어 있을 것이며, 관계에서 겪는 어려움에 반드시 연관이 있는 것은 아니라고 보았다. 갈망과 슬픔에 초점을 두는 것은 내담자가 관계를 원하면서도 얻을 수 없었던 감각에 주의를 기울이도록 한다. 더불어 창피함에 초점을 두는 것은 보다 심각하게 고통스러운 사건으로 향하게 될 가능성이 있다. 이 회기가 수업 내에서 진행되고 있었기에, 나는 그 내용이 창피함을 동반한 생애 초기의 몹시 고통스러운 사건으로 흘러가는 것을 바라지 않았다. 다만, 이 시점에 다다라서는 우리가 청소년기의 기억에서 타겟을 정해볼 것이라는 나의 계획이 적합하지 않았던 것으로 드러났다.

개인력의 필요성

상담자: 알겠습니다. 그럼, 제가 개인력을 충분히 탐색하지는 않았죠. 그래서 몇 가지를 확인해보려고 해요. 자, 이 여자아이를 생각하면, 당신은 갈망과 슬픔을 느꼈어요. 이것이 당신의 개인력에서의 주제인가요?

내담자: 네. 그렇다고 말할 수 있겠네요.

상담자: 그럼 그 겉표지에 대해 알려줄 수 있겠어요? 우리가 무엇에 대해 이야기하는지 제가 알 수 있게요.

내담자: 말씀하시는 걸 제가 잘 이해한 건지를 모르겠어요.

상담자: 몇 사건들의 제목 말이에요. 그걸 통해서 그 상실이 당신의 삶에서 했던 역할을 제가 이해할 수 있게요.

내담자: 제 생각엔 큰 역할을 한 것 같아요. 제가 이사를 했을 때, 그 관계에서 멀어졌을 뿐만 아니라, 다른 친구들도 남겨두고 왔거든요. 저는 1학년 때부터 거기 살았어요. 그래서, 제가 오래 알아왔던 사람들이었어요.

상담자: 그럼, 상실은 이 시점에서 시작되었군요. 그리고, 이건 큰 상실이었고요.

내담자: 맞아요.

상담자: 알겠습니다. 이게 제가 알고 싶었던 거예요. 그럼, 그 이전에 많은 상실이 있었던 것 같지는 않군요. 당신이 궤도에 오르기 시작하자마자 그 상실이 당신의 삶을 방해한 거고요.

내담자: 맞습니다.

상담자: 그리고 나서 당신은 다시 시작했어야 했고요.

내담자: 맞아요, 맞아요. 그리고 그 무렵에, 저는 매우 우울해졌어요. 제 말은, 침대에서 나오지도 못할 정도는 아니었어요. 일어나서 움직이고, 학교를 가고, 일을 할 수는 있었어요. 하지만 제 정신은 우울에 빠져 있었던 것 같아요.

상담자: 그리고 거기에 체중 증가가 동반이 된 것 같군요?

내담자: 얼마 지나지 않아 시작됐죠. 그리고 저는 온통 새까맣게 입고 다니는 아이들 중 하나였어요. 고스족 아이들 중 하나요. 제 말은, 그게 제 정체성이었어요. 정말로요. 우울했고 그냥 – 제 생각엔 그게 맞는 것 같아요. 그건 그냥 상실에 대한 거였어요. 저는 늘상 약물을 하기 시작했는데, 마리화나를 많이 피우면서 무감각해졌어요. 그게 체중이 느는 문제에 도움이 되진 않았죠. 아시죠?

상담자: 자, 사회적 상황에서의 문제를 다루는 데에도 도움이 되지 않았겠어요.

내담자: 맞아요.

상담자: 좋아요. 자, 방금 한 말들이 제게 많은 것들을 이해하게끔 해주네요. 당신에게도 그럴 거라고 생각합니다.

지금 와서 보면, 그의 수줍음과 자신에 대한 부정적인 느낌의 근원은 7학년 때 그의 수줍음과 사회적 어려움이 극심해지기 직전에 있었을 것으로 여겨진다. 그렇기에 그 시기의 부모님과의 관계, 이사를 하게 된 이유, 그런 일들을 겪게 할 뿐만 아니라 연약하면서도 움트고 있는 연애의 기회를 빼앗아간 부모님께 가

겼던 느낌 등을 보다 세심하게 탐색하지 않은 것이 후회가 된다. 그리고, 아버지 역시 이 시기에 우울해했는지도 궁금하다. 그가 짧은 시간 동안에도 내게 강력하게 연결되었다는 점과, 내게 말했던 친구가 남성이었다는 점에 기반하여, 나는 그가 아버지와의 유대를 상실한 것이 이사를 한 시기일 가능성이 높다고 보았다. 이사를 한 이후에, 그는 포기해버린 채 왕따의 역할을 맡으며, 고스족의 정체성을 받아들이려 했다.

내게는, 여기가 회기 내에서의 중요한 결정의 순간이었다. 나는 창피함과 관련된 생애 초기의 경험을 탐색해보지 않은 상태였다. 다만, 상실의 경험이 의미 있는 것으로 여겨졌으며, 이것이 Clark의 삶에서 비교적 이후에 일어난 일일 뿐만 아니라 생애 초기의 내용으로 되돌아갈 가능성이 상대적으로 적어 보였다. 또한, 이 상실의 경험이 관계에서의 어려움에 중요한 역할을 하는 것으로 생각되었다. 이 회기가 수업 내에서 진행된 것이 아니었더라도, 또 내가 이것을 이어질 여러 회기들 중 첫 번째 회기라고 생각했다고 하더라도, 나는 비교적 이후에 있었던 이 기억을 타겟으로 삼았을 것이다. 이것이 보다 순조롭게 처리될 것이라고 생각했기 때문이다. 나는 EMDR을 통해 비교적 쉽게 해결할 수 있을 것이라고 자신하는 것을 첫 번째 타겟으로 삼으려 한다. 초기의 성공은 내담자에게 EMDR 처리에 대한 자신감과 보상을 제공해준다. 성취할 수 있다는 것을 보여주고, 오랜 시간 동안 회피해왔던 고통스러운 기억들을 기꺼이 떠올려보도록 동기를 부여해준다. 이제는 그 고통을 해결할 수 있다는 희망을 품게 되기 때문이다. 생애 초기의 고통스러운 사건들로부터 공급받고 있지 않은 두 기억 중 하나를 첫 번째 타겟으로 정하려 할 경우, 나는 보다 이후에 발생했던 일을 선택할 것이다. 일반적으로 그것이 더 수월하게 해결되는 편이다. 사람들은 나이가 들어가면서 숙달감의 경험, 타인과의 긍정적인 연결, 자신을 보호하는 능력을 쌓아가게 되며, 이러한 자원들은 외상적 사건들의 충격을 줄여주는 경향이 있다. 핵심이 되는 부분을 위협하는 트라우마 경험은 보다 강렬하고, 위태로우며, 다루기 어렵다.

내담자: 네, 네, 확실히요. 상실과 관련해서는 다른 어떤 것보다도 슬픔이 느껴져요. 정말로, 그게 느껴져요. 본능적으로요.

상담자: 그리고 당신이 가까워지고 있었던 그 여자아이의 이미지를 떠올리면, 상실에 초점이 맞춰지네요.

내담자: 어떻게 생각하면 그건, 그건 상징적이에요. 그리고 제 친구들을 생각하면 더 그래요.

상담자: 관련된 이미지가 있나요?

내담자: 글쎄요, 그냥 제가 이사를 갔을 때의 이미지에요. 몇 번 정도는 그들과 이야기를 나누었고, 어울려 다녔죠. 하지만 사실, 지금은 전혀 관계가 없어요. 그러니까, 이건 상실인 거죠. 생각나는 게, 제 친구 중 한 명이 1년 전쯤에 제게 전화를 했는데 겨우 30분 거리에 살더라고요, 꽤 오랫동안 보지 못했는데 말이에요. 그래서 그냥 현재 그 사람과 관계를 갖지 못한데다, 나이도 들고, 게다가 잘 맞는 부분도 딱히 없었다는 데 상실감이 느껴지는데요, 그 자체가 또 상실로 향하는 것 같아요. 거기에 무엇이 있었든, 이제는 없어진 거예요.

상담자: 있을 수도 있었던 것이요.

내담자: 맞아요.

상담자: 자, 처리해야 할 부분은 이사를 비롯해서 그로 인한 결과들에 수반되는 상실이군요. 제 말은, 다뤄야 할 것들이 수도 없이 많았고, 누려보고 싶었던 경험을 할 수 없었네요. 이제, 이걸 물어봐야겠군요 – 당신은 지금 당신의 삶에서 누구를 친구나 양육 인물로 갖고 있나요?

내담자: 그 말은, 제 친구들에 대해 말해달란 얘긴가요?

상담자: 음, 제 질문은, 당신에게 지금 어떤 사람이 있는지를….

내담자: 있어요. 네, 있어요.

상담자: 그럼, 당신은 지금 당신 편인 친구를 갖고 있군요.

내담자: 맞아요. 사실, 친한 친구가 몇 있어요. 하지만 제 말은 오래된 친구라고 하더라도, 고등학교 시절의 가장 친한 친구조차도 너무 멀리 있다

는 거예요. 그리고 기본적으로는 이사와 관련해서 뭔가가 있어요. 제가 연락을 주고받지 않거든요. 아시다시피, 이것에 대해서도 상실감을 느끼고요.

관계 자원을 평가하기

우리가 무엇을 타겟으로 잡을지에 대한 의견이 정리된 것처럼 보이지만, 나는 3단계인 평가 단계로 넘어가기 전에 자원과 관련된 문제를 다룰 필요가 있었다. 그가 가진 자원이 적절한 것이리라고 짐작하고 있었지만, 그가 자원을 얼마나 지니고 있는지에 대해서 실제로 알고 있지는 못했다. 나는 항상 트라우마 처리를 시작하기 전에 내담자가 자원을 얼마나 지니고 있는지에 대해 알고자 한다. (우리가 꼭 처리할 필요는 없는 타겟을 탐색하기로 하였지만, 나는 처리가 이루어질 정도로 적절한 자원이 있다고 확신하기 전까지는 그 타겟이 트라우마 처리에 필요한 준비가 되어 있지 않다고 본다) 나는 Clark이 나와 성숙하고 적절한 방식으로 연결되어 있다고 느꼈다. 우리가 대화한 내용이 퇴행을 유발하는 것처럼 보이지 않는다는 점이 좋은 신호로 보였다. 그는 자신을 울게끔 하는 감정을 일부 들여다볼 수도 있었고, 그 감정을 잘 조절하는 것으로 보였으며, 감정적으로 되는 것을 불안해하는 것 같지 않았다. 통제권을 되찾기 위해 고군분투하지 않았으며, 눈물을 숨기려 하지도 않았다. 또한 나와의 관계에서 적절한 경계를 세울 수 있도록, 기꺼이 탐험해볼 생각이 있거나 되도록 피하고 싶은 감정적 내용들을 결정하기도 하였다. 나는 이 모든 것들을 고통스러운 기억을 처리하기 위한 그의 능력을 보여주는 긍정적인 지표로 삼았다.

이를 고려하면서도, 중요한 트라우마 처리를 시작하기 전이면, 나는 적응적 정보처리 모델에 대해 고려해보며 나 자신에게 자문해본다. "내담자가 타겟 내용에 접촉할 수 있도록 돕는 성인 관점은 무엇일까?" 나는 Clark의 친구들이 그에게 여자친구가 없었던 것에 대해 반응했던 방식으로부터 Clark이 고등학생 시절 지지적인 동성 친구들을 갖고 있었다는 걸 알 수 있었다. 그들은 계속 자기 여자친구의 친구들을 그와 연결해주려고 했다. 그의 친구들이 그를 놀리거나, 그가 자기 자신에 대해 나쁘게 느끼게끔 만들었다는 내용은 듣지 못했다. 일반적으로, 지지적인 사람들로 이루어진 성인 간의 관계가 있다는 것은 처리가 잘 이루어질 것을 시사해준다. 다만, 성인 간의 관계에서의 문제는 그러한 관계에서의 성인의 특성상, 내담자가 자신을 어린아이로서 적용해보기 어려워할 수 있다는 것이다. 생애 초기의 트라우마를 처리하는 데에서 이러한 관계를 보다 유용한 자원으로 활용할 수 있도록 만들기 위해, 나는 "이자관계 작업"이라는 절차를 진행한다. 이것을 통해, 나는 내담자가 어린아이를 양육하는 맥락에서의 자원 관계를 떠올려볼 수 있도록 돕고자 한다. 물론, 이러한 절차는 타겟 기억이 발생했을 때의 내담자의 나이가 매우 어렸을 때에만 필수적인 것이 된다. 하지만, 비교적 늦은 시기에 발생한 트라우마에 적용할 때에도, 이 자원을 어린아이가 갖는 욕구에 연결시킬 수 있는 경우에는 더욱 강력한 활용이 가능하다는 것을 알 수 있었다.

대부분의 인지적 엮음은, 타겟 사건이 발생했던 당시에는 사용할 수 없었던 성인 관점에 내담자가 연결될 수 있도록 돕는다. 다만, 어떤 기억들에서의 왜곡은 책임, 안전, 선택에서의 분류에 들어가지 않는다. 이는 "나는 사랑스럽지 않아."와 같은 것일 수 있다. "나는 사랑스럽지 않아."라고 믿는 내담자는, 자신이 하거나 하지 않은 어떤 일 때문이 아니라, 자신의 양육자로부터 받았던 애정이 충분하지 않았기 때문에 그렇게 여긴다. 생애 초기의 정서 박탈로 인한 이러한 유형의 왜곡은, "이 일은 누구의 책임인가요?"라는 형식의 인지적 엮음에 잘 반응하지 않는다. 여기에 필요한 인지적 엮음은, 아이로서의 내담자와 관계를 맺으면서도 그에게 진실된 애정의 메시지를 건넬 수 있는 양육 인물을 포함한다. 이러한 문제를 지닌 내담자에게는, 이러한 유형의 처리를 가능하게 할 강력한 내적 양육 자원이 필요하다.

상담자: 그렇군요. 그러면 당신에게는 멘토나 선생님들이 있었나요? 당신을 지지해주었던 사람을 생각하면 누가 떠오르나요?

내담자: 음, 멘토 한 분이 생각나요, 제 슈퍼바이저 중 한 명이었어요. 저보다

약간 나이가 많았고요. 저는 그를 형님처럼 생각했어요. 제 말은, 제게도 형이 있지만, 그냥 나이가 많다는 게 아니라, 현명한 멘토 같다는 거예요.

탐색된 자원

나는 Clark과 견고한 자원 관계를 적극적으로 탐색해보기 시작했는데, 이러한 유형의 내용을 처리하는 과정에서의 인지적 엮음에서 효과적으로 이용할 수 있을 만큼 충분히 발달시킬 수 있는 것을 찾고자 했다. 이는 회기 내에서의 전환점이긴 했으나, 이 시점에서는, 우리가 탐색한 문제의 트라우마 처리를 진행하기에는 시간이 부족하다고 여겨졌다. 나는 오후에 있을 실습에서 트라우마 처리를 진행할 기회가 있음을 고려하여, 그와 자원개발을 진행해보기로 하였다.

Clark은 그의 슈퍼바이저와의 양육적 관계를 경험해보았다. 다만, 이는 성인 간의 관계였다. 양육 인물이 동료보다는 부모상에 가깝게 여겨질 경우, 더욱 믿음직한 인지적 엮음 및 자원이 될 수 있을 것이다. 내담자는 이 양육 성인을 그저 성인에게 지지적인 친구로서가 아니라, 아이에 대한 자원으로 떠올릴 수 있어야 한다. 즉, 슈퍼바이저가 성인인 내담자에게 양육적이었다고 하더라도, 이 자원을 보다 광범위하게 유용하게 만들기 위해서는 추가적인 개발이 필요하다. Clark과의 이 회기 내에서 이러한 자원 개발이 반드시 필요하지는 않았지만, 나는 수업 내에서 이러한 유형의 자원을 개발하는 절차를 보여주고 싶었으며, 이와 더불어 이 자원이 오후에 있을 실습에서 그에게 유용할 것이라고 생각했다.

상담자: 그가 결혼을 했나요?
내담자: 네.
상담자: 그에게 아이들이 있나요?

이 질문은 자원 인물, 이 사례에서는 그의 슈퍼바이저를 어린 아이에 대한 양육 인물의 맥락에 놓게 한다.

내담자: 있습니다.

상담자: 아이들이 몇 살인가요?

내담자: 아마 열 살, 다섯 살이요, 다섯 살 하나랑 열 살짜리 하나요.

　만약 슈퍼바이저에게 아이가 없었다면, 그 슈퍼바이저가 자기 아이가 아니더라도 어린아이들과 있을 때에는 어땠을지를 상상해보도록 했을 것이다.

상담자: 좋아요. 그들이 함께 있는 걸 본 적이 있거나, 그가 아이들과 어떤 관계인지를 알고 있나요?

내담자: 아니요. 그에게 첫 번째 아이가 생긴 직후부터, 우리는 각자의 길을 갔고, 가끔 전화로는 이야기를 나누지만, 그냥 없어져 버린 또 다른 관계 같아요. 그걸 생각하면, 상실감과 슬픔을 느껴요, 제 말은…

상담자: 음, 제 생각엔 당신은 다른 수준에서의 관계를 맺고 있고, 그 관계에는 당신이 절대 잃어버릴 수 없는 면이 있는 것 같아요, 당신이 알고 지냈던 사람인데다가 마음에 품고 있었던 사람이니까요. 그리고 다양한 수준으로 유지될 수도 아닐 수도 있는 실제－삶에서의 관계를 지속적으로 가지고 있죠. 하지만 함께 할 수 있는 의미 있는 관계를 맺는 게 정말 중요한 것처럼 보이네요.

내담자: 제 생각에도 그래요.

상담자: 그래서, 잠시 상상해보았으면 해요, 그가 그의 10살 난 아이에게 어떨 것 같은지를요. 10살 난 아이는 여자 아이인가요 남자 아이인가요?

내담자: 남자애예요.

상담자: 그가 그의 10살 난 아이에게 어떨 것 같은지를 그저 상상해보세요. 무엇이 떠오르나요?

양육 관계를 탐색하기

여기에서는 부모와 아이 사이의 양육관계에 대한 일반적인 모델을 만들고
있다. 우리가 초점을 두고 있는 관계에 내담자가 포함되어 있지 않다는 점이 자
원으로서의 그 관계가 갖는 효과를 떨어뜨리지는 않을 것이다. 점진적인 작은 단
계들을 통해, 둘 중 누구도 내담자가 아닌 두 사람 사이의 관계로부터, 아이가
받는 양육을 내담자가 경험해보는 관계로 진행해갈 것이다. 필요하다면, 이 다음
으로 내담자가 양육자의 역할도 경험해보게끔 하는 단계가 이어질 것이기 때문
에, 마지막에는 아이로서의 내적 구조를 양육하는 양육 성인으로서의 내적 구조
가 자리 잡게 될 것이다. 나는 이를 본질적인 이자관계로 칭하려 한다.

내담자: 음, 제가 생각하기에는요. 그가 아들을 데리고 산책을 갔던 얘기를 제
　　　　게 해줬던 기억이 나는데, 제 생각엔 거기에 큰 중장비가 있었던 것 같
　　　　아요, 중장비라기보다는, 굴착기나 트랙터나 그런 거였는데, 그가 트랙
　　　　터를 보려고 아이를 그곳으로 데려가서, 아이를 안아 들고 그 안에 앉
　　　　혀줬죠. 그게 떠올랐어요, 그가 자기 아들에게 트랙터를 보여주고 아이
　　　　가 처음으로 그것에 관심을 갖고, 그저 누려보는 거요. (울컥하며)
상담자: 그리고 그 일이 당신에게 어떤 느낌을 받게 하는군요.
내담자: 네.
상담자: 그러면 그 느낌이란 건?
내담자: 좋은 느낌이에요. 하지만, 마찬가지로 슬픔도 있어요.
상담자: 달콤 씁쓰름한 거군요, 동시에.
내담자: 네, 맞아요.
상담자: (시각적 접근 단서에 반응하며) 그것에 대한 이미지를 갖고 있군요. 맞나요?
내담자: 맞아요.

　　양측성 자극은 자원화 중 일반적으로 이미지나 기억을 회상해낼 때 내담자

의 현재 경험을 강화하기 위해 사용된다. 이 지점에서, Clark의 경험의 강도가 보다 강해져, 이제 눈에 보일 정도의 약간의 정서를 느끼고 있었다. 그가 슬픔에 대해서도 언급하긴 했지만, 감정에 대한 전반적인 느낌은 긍정적이었다. 나는 그 정서에 그를 보다 깊게 연결시키기 위해 여기서 양측성 자극을 진행하기 시작했다.

상담자: 자, 그 느낌과 이미지에 주의를 기울여보고, 점을 따라가 보세요. < > < > 지금 무엇이 떠오르는지 말해보겠어요.

내담자: 아무것도요, 특별한 건 없어요, 지금은요.

상담자: 그러면 트랙터와 그가 자신의 아들을 거기에 앉히는 이미지로 돌아가 보면, 아까와 같은 느낌인가요?

내담자: 제 생각엔 제가 그걸 곱씹을수록, 그 슬픔이 더 강렬해지는 것 같아요.

상담자: 더 강해지는 게 느껴지는군요.

내담자: 맞아요.

상담자: 그러면 그게 당신의 몸 어디에서 느껴지나요?

내담자: (자신의 얼굴을 가리킴)

상담자: 당신의 얼굴에서요? 그것은 따뜻한가요?

내담자: 꼭 따뜻한 것만은 아니고, 제 눈 바로 뒤에 있는 것 같아요. 마치 울고 싶은 느낌 같지만, 그러지는 않아요, 모두가 보는 앞에서 울고 싶지는 않거든요. 그치만 그래요. 제 생각엔 여기에 긴장이 있는 것 같아요.

상담자: 참아, 참아보자.

내담자: 맞아요, 그거예요!

상담자: 좋습니다, 그럼 그저 그걸 알아차려 보고, 그렇게 해도 괜찮도록 해봅시다. < > < > 이제 무엇이 떠오르나요?

내담자: 그게 정말로 느껴져요, 바로 여기서요. (얼굴을 만지며) (매우 울컥하는 것처럼 보임)

부정적인 느낌들이 자원을 방해하다

내담자는 슈퍼바이저가 자신의 아들에게 주었던 충만한 경험을 자신은 겪어 보지 못했다는 슬픔과 상실감을 경험하고 있다. 이러한 느낌은 내담자가 매우 기쁘고 긍정적이지만 자신이 어린 아이였을 때에는 가져볼 수 없었던 경험을 생각하고 있을 때 나타난다. 자원화를 진행하는 치료자에게 필요한 기술 중 하나는 내담자가 이러한 부정적 느낌을 관리하도록 돕는 것으로, 이를 통해 현재 초점을 기울이고 있는 것을 멈추고 주의를 다시 자원의 긍정적 측면으로 돌릴 수 있도록 한다. 가장 단순한 사례에서는, 치료자들이 부정적 느낌의 중요성을 간단하게 인정해주고 나서 이를 잠시 옆으로 밀어두고 다시 긍정적 느낌으로 돌아가 보도록 할 수 있다. 이러한 유형의 치료적 문제에 대한 다양한 해결방안들은 5장에 수록되어 있다.

갈망이나 상실감이 자원 인물을 작업하는 동안 발생하는 긍정적인 느낌을 압도해버릴 가능성이 있을지를 가늠하는 것은 판단하기 까다로운 문제이다. 예를 들면, 자원 인물은 이미 돌아가신 조부모나 친척들인 경우가 많다. 자원 인물의 죽음이 미해결된 트라우마가 아니라고 한다면, 필연적으로 발생하는 상실감에 머물러보도록 하는 것이 이러한 느낌을 몇 세트 내에 지나가도록 하며, 내담자가 그 자원에 연결되도록 돕는다. 마찬가지로, 이 사례에서처럼, 양육 관계를 떠올려보는 것은 존재했을 수도 있었지만 그렇게 되지 못했다는 상실감과 슬픔을 불러일으킬 수 있다. 현재 선택한 자원과 관련된 부정적 느낌이 떠오르는 경우, 많은 자원화 프로토콜에서는 다른 자원을 선택해보도록 한다. 이러한 방법은, 내담자가 자원에 비현실적 이상화를 품거나 자원이 지닌 문제를 부인하는 등의 태도를 갖고 있음에도 이러한 문제가 부정적 느낌에 가려지는 경우에 유용할 수 있다.

하지만, 부정적인 느낌이 일반적으로 자원 선택이 좋지 않았음을 의미한다는 발상을 보증하는 것은 아니다. 부정적인 느낌에는 대개 긍정적인 느낌으로 향하는 길이 내재되어 있다. 예를 들어, "나는 그녀가 몹시 그리워요, 왜냐하면 그녀와 매우 가깝게 느끼거든요."와 같은 문장에서처럼, 부정적인 느낌은 이런 방식으로 뒤집히며 이와 관련된 긍정적 느낌에 주의를 기울이게 한다. 자원화를 위해, 우리는 내담자가 고통스러운 느낌을 지나치게 오래 곱씹지 않기를 바라는데, 종종 기민한 치료자는 그러한 부정적인 내용을 피하며 내담자가 본래의 궤도에 다시 올라탈 수 있도록 도울 수 있다.

Joan Lovett

때로는 다음과 같이 말해주는 것이 도움이 된다. "(그 인물과의) 연결과 애정의 깊은 느낌을 알아차려 보고, 그걸 당신의 마음에 저장할 만한 특별한 장소를 찾아보세요. 그러면 당신은 항상 그 애정을 언제나 그곳에 갖고 있을 수 있어요."

대개, 상실을 처리하는 과정에서, 상실한 그 사람과 내담자 사이에서 있었던 긍정적인 관계에 대한 기억이 자연스럽게 내담자가 그 상실을 처리하게끔 돕는 자원으로서의 역할을 하게 된다. 그렇지 않을 경우, "그가 오늘 이 방에 당신과 함께 있다고 상상해보세요. 그가 당신이 고통 속에 있기를 바랄까요?" 또는, "만약 지금 그가 당신과 함께 있다면, 그가 당신에게 뭐라고 말할 것 같나요?"와 같은 인지적 엮음이 매우 유용하면서도 상실의 처리를 촉진시킬 것이다. 부정적인 느낌은 긍정적인 느낌의 힘을 보여주는 증거가 된다.

Clark의 슬픔이 처음으로 등장했을 때에는, 나는 그것이 지나가 버리기를 바랐다. 하지만 이것이 깊어지는 것으로 보였으며, 내게는 이제 그 슬픔이라는 것이 아직은 비교적 약한 상태인 슈퍼바이저와의 양육 관계 자원에 대한 그의 경험을 강화시키는 과정에서의 걸림돌로 작용하고 있다고 여겨졌다.

상담자: 그렇군요. 자, 제가 보기에는 이 모든 것들이 연결되어 있는 것 같아요. 당신이 청소년이었을 때 여자아이들과의 관계를 맺는 것과 관련해서 있었던 수치심과 자신이 받아들여질 수 있을지에 대한 문제와, 강의실

안의 사람들 앞에서 눈물을 보이는 게 괜찮을지에 대한 문제가 같은 것으로 생각됩니다. 당신이 받아들여질지에 대한 것이요.

이는 해석적인 언급이다. 적절한 해석적 언급은, 정확하며 지나치게 산만해지게 만들지 않는 것이라면, EMDR 처리를 촉진시킬 수 있다. 이와 같은 특정한 언급의 즉각적인 효과는 내담자의 좌뇌 활동을 자극하는 것이다. 이는 내담자가 비교적 지적이고 개념적인 내용에 주목하게 함으로써 떠오르는 슬픔과 상실감으로부터 주의를 분산시킬 수 있게 한다. 보통, 개념적 언급은 성인의 관점을 활성화시키며, 내담자의 문제를 보다 깊이 있게 다루게 한다. 수강생들 앞에 있는 것에 대한 그의 수치심에 대해 내가 설명했던 것을 통해, 그도 이를 어느 정도 이해할 수 있었을 것이다. 내가 강조하려 하는 주제는 자신이 받아들여질 수 있는지에 대한 내담자의 의문에 대한 것이며, 신체상이나 성정체성에 대한 청소년기 고민과 관련되어 있는 것이 아니라면, 그 근원은 대개 어린 나이로 거슬러 올라가게 된다. 그에게 어린 나이로 거슬러 올라가 수치심 문제를 탐색해보게 하려는 것은 아니었지만, 단지 그의 경험에 대한 이름을 붙여주고자 했다. 이 언급은 내담자의 신체적 긴장을 낮춰준 것으로 보인다. 슬픔은 Clark이 자신의 성인 관점에서 미끄러져 내려오는 것을 보여주었지만, 이 언급은 그의 성인 관찰 자아를 회복시키는 역할을 했다. 나는 일반적으로 첫 번째 회기에서 사람들의 증상을 보다 큰 삶의 주제로서의 맥락으로 개관해주려 하는 편이다. 이는 자신의 증상에 대한 이해를 돕고 당면한 걱정을 줄여주는 효과가 있다.

내담자: 맞아요.

상담자: 그저 그걸 생각해보세요. < > < > 지금은 무엇이 떠오르나요?

내담자: 긴장이 약간 풀어지네요. 제 얼굴에서요. 지금 말할 수 있는 건 그게 다예요.

상담자: 저는 당신이 이런 상상을 해보았으면 해요. 슈퍼바이저와 대화를 나누면서, 당신 자신으로 있는 것이 수용될 수 있었는지와 당신이 다른 사

람들로부터 받아들여질 수 있었는지와 관련해서 당신이 지금 느끼는 것들에 대해 말해보는 것을요. < > < > 지금은 무엇이 떠오르나요?

자원화의 일부인 자원 활용

이는 내면화된 슈퍼바이저의 구조를 건강한 성인 관점으로 활용해보는 상상된 인지적 엮음이다. 이 회기 내에서 우리가 트라우마 처리를 진행하지는 않았지만, 일부의 고통스러운 정서가 떠올랐다. 이 시점에서, 슈퍼바이저는 더욱 개발될 수 있는 자원을 의미한다. 그러면서도, 나는 이것이 이미 슬픔과 상실감에 대한 조망을 제공해줄 수 있을 만큼 충분히 견고하다고 여겼다.

내담자: 그저 슬플 뿐이에요.
상담자: 그렇군요.
내담자: 울 것만 같아요, 그러기 직전이에요.
상담자: 그와 대화를 나누어보았나요?
내담자: 그랬어요.
상담자: 그 대화가 도움이 되었나요?
내담자: 그럼요.

이것은 좋은 신호이다. 나는 슈퍼바이저라는 이 자원이 이용될 수 있을 만큼 충분히 견고한지를 확인해보기 위해 이것을 물어보았으며, 내담자는 슈퍼바이저와의 상상된 상호작용을 통해 도움을 받았다고 답하였다.

상담자: 그저 그것에 대해 생각해보세요. < > < > 지금은 무엇이 떠오르나요?
내담자: 제 말은, 그렇게까지 슬프지는 않네요. 무슨 말인지 아시겠어요? (휴지로 자신의 눈을 문지르며)
상담자: 휴지를 좀 더 드릴게요.

내담자: 그냥 그렇게까지 슬프지는 않아요.

상담자: 그건 좋은 일인가요, 나쁜 일인가요?

나는 이 질문을 귀찮을 정도로 자주 건넨다. 이 사례에서는, 이 질문이 필수적이거나 특별히 유용하지는 않았을 것이다. 이는 내가 Jim Knipe로부터 도움을 받은 또 하나의 개입 방법이다.

내담자: 제 생각에 이건 좀 더 제 성인 부분에 가까운 것 같아요. 제 말이 무슨 뜻인지 아시죠? 그 관계에 대해 좋게 느껴지고, 그와의 대화가 제가 저 자신에 대해 좀 더 낮게 느끼게 만드네요.

대부분의 내담자들은 이런 방식으로 말하지 않지만, 이 내담자는 EMDR 훈련을 받고 있었고, 처리가 진행되는 동안에 성인의 관점이 아이의 관점과 통합되는 방안에 대해 배우고 있었다.

상담자: 좋습니다. 그럼 그 느낌을 그저 알아차려 보세요. < >< > 지금은 무엇이 떠오르나요?

내담자: 슬픈 느낌이 덜해졌어요.

상담자: 그렇군요, 그러면 그와의 관계와, 그가 자신의 아들을 트랙터에 앉혀준 이야기에 대한 생각으로 돌아가면, 지금은 무엇이 알아차려지나요?

내담자: 제 생각엔 제가 여기 충분히 오래 앉아서 충분히 곱씹다 보면, 다시 슬퍼질 것 같아요.

흔히 그렇듯이, 내담자는 방금 진행된 처리의 타당성을 불신한다. 나는 Clark을 약간 밀어붙였는데, 내게는, Clark이 그 이야기를 생각하며 건드려진 것처럼 보였다.

상담자: 슬픔이요. 슬픔뿐인가요, 아니면 다른 감정들이 관련되어 있나요?

내담자: 그렇지는 않아요. 그냥 슬픔뿐이에요.

상담자: 그게 불행한 이야기는 아니었지만, 당신이 그 경험을 해보지 못했다는 슬픔이 있군요.

내담자: 맞아요.

상담자: 자, 그 이야기에 기쁨도 있을까요?

슬픔과 갈망으로부터 기쁨으로 옮겨가다

나는 그 이야기로부터 나오는 돌봄에 대한 갈망보다는 슬픔 쪽이 그에게 좀 더 편하게 느껴질 것이라고 보았다.

내담자: 그럼요. 제 말은 그렇다고요. 그가 자신의 아들을 얼마나 사랑하고 돌보는지를 알면요. 제 말은, 그건 (잠시 멈춤), 세상에, 그 감정이란. 그런 것들은 그의 것이고, 슬픔은 좀 더 제 것인 거죠.

상담자: 당신의 입장에서는, 그런 경험을 해보지 못했다는 거군요.

내담자: 맞아요.

이러한 부자관계에서의 충만한 경험을 누려보지 못했다는 슬픔과, 그 관계를 생각하는 데서 오는 달콤함 사이에는 미묘한 차이가 있다. 마지막에 있었던 말을 하기 이전에, 내담자는 그 관계에 대해 생각해보는 경험의 긍정적인 부분을 무시하고 있는 것처럼 보였다. 나는 여기에서 첫 번째와 두 번째 morphing 질문을 결합하여 진행하였다. (5장 참조)

상담자: 좋습니다, 그의 아들이 어땠을 것 같은지를 상상해볼 수 있나요?

내담자: 뭘 상상하라고요?

상담자: 그와 그런 경험을 하는 게 그의 아들에게는 어땠을 것 같은지를 상상해보세요. 떠올려볼 수 있겠어요? < > < > (정서의 톤이 밝아짐) 그저 알아차려 보세요. 알아차려 보세요. 잘하고 있습니다, 좋아요…. 지금은 무엇이 떠오르나요?

　내담자는 지금 슈퍼바이저의 아들의 경험에 연결되고 있다. 이는 내담자가 그 아이의 경험을 자신의 것으로 점차 통합시켜가게끔 돕는다. 이 부분에서는 내가 치료자로서, 점점 더 적극적인 역할을 맡게 된다. 내담자의 경험을 구조화하는 데 치료자가 적극적인 역할을 할 수 있다는 면에서, 이는 자원화가 트라우마 처리와 다른 방식임을 보여준다. 치료자는 내담자와의 조율을 유지해야 하고, 내담자의 자신에 대한 긍정적인 경험을 강화시키기 위해 양측성 자극을 사용하며, 또한 치료자가 중요하다고 여기는 자원에 내담자가 접근할 수 있게끔 돕기 위해 적극적으로 제안을 건넬 수 있다. 이 사례에서 보면, 나는 Clark이 수용과 양육을 받는 느낌의 경험에 접근하도록 하였는데, 처음에는 슈퍼바이저의 아들의 경험으로 시작하여, 마지막에는, 자신이 그것을 경험해보는 환상을 이용하였다. ("이 자관계 작업하기" 참조) Clark은 슈퍼바이저의 아들이 이 행복한 경험을 하는 이미지에서부터 시작하였다. 그러자 나는 이것이 그 슈퍼바이저의 아들에게는 어땠을 것 같은지를 상상해보도록 하였다. 보통, 나는 그 다음으로 당신이 그 자리에 있다면 어땠을 것 같은지를 생각해보도록 한다. 그리고 나서 당신이 그 위치에 있는 것을 상상해보라고 한다. (다섯 번째, 여섯 번째 morphing 질문) 매 단계마다 그는 성인 남성 양육자에 의해 양육되는 경험을 내면화하는 데 점점 더 가까이 다가가게 된다. 이 자원을 개발하는 다음 단계는, 슈퍼바이저에게는 자신의 아들을 양육하는 것이 어땠을 것 같은지를 상상해보게 하는 것이다. 그리고 마지막에는, 양육자로서의 자신이 아이로서의 자기를 양육하는 경험을 해보도록 한다. Clark의 경우 그가 스스로 해냈기 때문에 이러한 대부분의 단계를 진행하지 않았으며, 그가 보이는 반응의 정도를 고려하면 당장은 추가적인 자원 개발이 필요하지 않았다.

내담자: 글쎄요. 그냥 웃고 싶네요. 좋아요.

상담자: 좋군요. 그것을 그저 생각해보세요. ＜＞＜＞ 좋습니다, 그저 알아차려 보세요. 지금은 무엇이 떠오르나요?

내담자: 좋은 느낌이에요, 네.

상담자: 그걸 당신의 몸 어디선가 느낄 수 있나요?

느낌과 관련된 신체 감각을 탐색하는 것은 대개 그러한 느낌을 심화시키는 역할을 한다.

내담자: 네. (손을 자신의 얼굴에 올림) 제 생각엔 제가 약간 웃고 있는 것 같아요. 제가 그걸 생각하면서요. (그에게서 불빛이 보인다는 표현이 더 정확할 것이다)

상담자: 그것을 그저 알아차려 보세요. ＜＞＜＞ 지금은 무엇이 떠오르나요?

내담자: 제 말은, 더 이상 슬픔이 느껴지지 않네요. 좀 나아진 것 같아요. 제 생각엔, 저 스스로에 대해 말이에요.

상담자: 그것을 그저 알아차려 보세요. ＜＞＜＞ 지금은 무엇이 떠오르나요?

내담자: 제가 저인 것이 조금 더 좋게 느껴져요. (웃음)

상담자: 그걸 알아차려 보세요. ＜＞＜＞ 지금은 무엇이 떠오르나요?

내담자: 좀 이상하긴 하지만, 행복과 슬픔이 동시에 느껴져요. 제 말은, 웃고 있

으면서도 눈물이 느껴지네요. 근데 제 생각에는 눈물이 나더라도, 기쁨의 눈물일 것 같아요. 잘 모르겠네요. 그런 느낌이에요.

> **Joan Lovett**
>
> 이는 슬픔이 → 슬픔과 행복으로 갔다가 → 주로 행복으로 향해 움직이는 중요한 순간이다.

상담자: 그럼, 그 기쁨의 눈물은 그 경험이 어떤 것인지를 생각하는 것과 관련이 있겠네요.

내담자: 맞아요.

상담자: 그걸 생각해보세요. < >< >

내담자: 거의 똑같아요. 제가 느끼기엔 그냥, (잠시 쉬고), 그저 저 자신으로 있는 게 편안해요.

상담자: Virginia Satir는 이렇게 말하곤 했어요, "당신이 그 느낌에 대해 뭔가를 알고 있을 것 같군요."

(Clark의 웃음)

상담자: 그것에 대해서 그저 생각해보세요. < >< > 지금은 무엇이 떠오르나요?

내담자: 거의 똑같은 느낌이에요, 그리고 제 생각에는 그것에 대해 제가 뭔가 알고 있는 것 같아요. (웃음)

상담자: 그것에 대해 그저 생각해보세요. < >< > 지금은 무엇이 떠오르나요?

자원으로서의 Tom cruise

내담자: 거의 비슷하긴 한데, Tom Cruise가 Oprah 쇼에서 소파에서 위아래로 뛰었던 때처럼 느껴져요, 제가 실제로 그걸 하고 있는 건 아니지만요. (웃음)

Tom Cruise가 자발적으로, 그리고 남을 의식하지 않고 소파에서 위아래로 뛰었던 것을 본 기억이 이제 자원으로서의 역할을 하게 될 것이다.

상담자: 그것에 대해서 생각해보세요. ＜＞＜＞ 지금은 무엇이 떠오르나요?

내담자: 거의 똑같아요. 진짜로요.

상담자: 그럼, Tom Cruise가 소파에서 위아래로 뛰는 것에 대해서는 어떤가요?

내담자: 생각나는 건, "그는 정말로 바보처럼 보였어."예요.

상담자: 그러면 그건 나쁜 것인가요?

내담자: 어, 아뇨. 제 말은 제가 생각하기엔 연관이 있는 것 같았어요. 그가 사랑에 빠진 것에 대해 흥분했던 거라서요. 이런 느낌으로 생각했던 것 같아요. "좋아, 그건 멋졌어. 내 말은 그렇잖아."

상담자: 다른 사람들은 그를 판단 내리고 멀리 추방해버렸던가요?

내담자: 어, 아마 어떤 사람들은 그랬을 거예요. (웃음)

상담자: 그것에 대해 생각해보세요. ＜＞＜＞ 지금은 무엇이 떠오르나요?

내담자: 내면이 완전히 다르게 느껴져요. 더 이상 슬프지 않아요. 그저 꽤 행복하네요. Tom Cruise가 해냈어요, 그리고 당신도요! (웃음)

상담자: 좋습니다, 그것을 생각해보세요. ＜＞＜＞ 지금은 무엇이 떠오르나요?

내담자: 똑같이 느껴요. 그저 제가 저 자신인 게 기쁘고, 그것만으로도 행복하네요.

회기를 마무리할 준비를 하면서, 나는 처리가 어떤 영향을 미쳤는지를 평가하고자 했다.

상담자: 그러면 관계를 맺는다는 것에 대해서는 어떤가요? 그것에 대한 느낌도 변한 게 있나요?

내담자: 어, 그게, 어떤 뜻이죠?

상담자: 다르게 물어볼게요. 저는 당신이 이 느낌에 머물러보았으면 해요, 당신

자신에 대한 좋은 느낌에요. 그리고 당신이 그걸 느껴보는 동안에, 관계를 맺는 것을 그저 상상해보았으면 해요. 잠시만 상상해보세요, 그리고 나서 당신 자신에 대한 느낌으로 다시 돌아오세요.

이는 Peter Levine이 개발한 진자운동 절차를 Krystyna Kinowski가 각색하여 "적정화"라 불렀던 절차를 시작하는 것의 예시이다. 내담자는 견고하게 자원화된 상태에서 출발하여, 본래 처리하고자 했던 고통스러운 내용을 아주 살짝만 건드려보게 된다. 만약 자원화된 상태가 이 약간의 고통감을 중화시킬 수 있다면, 전체적인 고통감이 중화될 때까지 이러한 노출을 조금씩 증가시킨다. 경험적으로 보면, 이는 "특성 변화"라는 영구적인 변화를 일으킨다. 적응적 정보처리 모델에 의하면, 특성의 변화는 "고립되었던 신경망"이 성인 자원을 포함하고 있는 보다 큰 범위의 정보처리 체계에 연결될 때 일어나게 된다. 내가 알고 있기로는, 이는 말 그대로 효과적인 적정화 과정이 일어나는 동안 이루어지는 것이다. 이러한 연결이 이루어지기 위해서는 신경망에 충분히 접근(활성화)하는 것이 중요하다. 나는 임상적 경험을 통해, 이것이 쌍 적정화를 통해 실현될 수 있음을 알 수 있었다.

Jim Knipe

Kinowski의 방법은 압도적일 수 있는 트라우마 경험을 처리하는 동안 이중 주의를 유지하도록 돕는 데 효과적인 것으로 보이는데, 기존에 내가 CIPOS[2] 방법이라 설명했던 것과도 유사하다. 안전하면서도 짧은 수준의 시간 동안만 현재의 정향으로부터 외상적 내용으로 들어갔다가, 다시 현재를 온전히 자각하는 것으로 돌아오는 것이다. 이는 이전에 해리되어 있었던 트라우마를 처리해야 하는 내담자나 심각한 공포증을 지닌 내담자를 돕기 위한 방법이다. 한 내담자는 이렇게도 묘사했다. "사륜구동에 저속기어를 가진 EMDR이에요, 미끄럽고 가파른 곳을 지나가기에 좋습니다!" CIPOS를 이용하면, 현재에 대한 내담자의 정향이 지속적으로 강화되며, EMDR 트라우마 처리에 꼭 필요한 이중 주의가 용이해진다.

내담자: 알겠어요.

상담자: ＜＞＜＞ 지금은 무엇이 떠오르나요?

내담자: 제 생각엔 좀 더 관계를 맺는 능력에 대한 어른의 느낌을 갖는 게 있는 것 같아요. 그게 떠올랐어요.

상담자: 그렇군요. 그것에 대해 생각해보세요. ＜＞＜＞ (웃음) 지금은 무엇이 떠오르나요?

내담자: 다시, 기분이 좀 더 나아졌어요. 내면이 더 행복해진 게 느껴지네요, 아마 당신들도 그렇게 얘기할 것 같네요. (수강생들의 웃음) 정말로요. (웃음)

상담자: 그러게요. 당신이 그걸 잘 숨기진 못하네요. (웃음)

내담자: 그러니까요.

상담자: 자, 다시 그 느낌을 그저 떠올리면서, 다시금 당신에게 관심을 보이는 여성을 생각해보세요. 그리고 나서 그 느낌으로 다시 돌아오겠습니다. ＜＞＜＞ 지금은 무엇이 떠오르나요?

내담자: 거의 똑같아요.

처음의 문제에 다시 주의를 기울이기

상담자: 그러면 당신에게 관심을 보이는 여성을 생각해보도록 하는 건 어땠나요?

내담자: 당신 말은, 그게 어떻게 느껴졌는지 말인가요?

상담자: 좀 더 가능할 것 같았나요? 좀 더 현실적으로 있을 일처럼 보였나요?

내담자: 네, 그럼요. (끄덕임) 그랬어요.

상담자: (내담자의 시각적 접근에 반응하며) 방금 떠오른 이미지가 있는 것 같은데, 맞나요?

내담자: 맞아요. 그랬어요. 하지만 그 이미지가, 음, 그 이미지는 － 그것과 관

---

2) Constant Installation and Present Orientation to Safety.

련된 건 아니었어요. 제가 생각하기엔 친구들을 잃었던 것에 대한 생각에 더 가까운 것 같아요. 이런 관계들을 다시 연결할 수 있을 가능성에 대해 생각했어요. 제 말은, 그런 게 아니라….

상담자: 이해합니다. 그것에 대해 그저 생각해보세요. < > < > 지금은 무엇이 떠오르나요?

때로 나는 내담자를 멈추게 하며, 교육생과 수련생들에게도 이와 같이 해볼 수 있음을 알려준다. EMDR에서는 타이밍이 매우 중요하다. 우리는 내담자들이 처리가 필요한 내용에 접근하는 동안에 양측성 자극을 진행하고자 한다. 만약 치료자들이 내담자가 말을 끝낼 때까지 기다려야만 한다면, 양측성 자극을 시작하기도 전에 마음을 울리거나 감정이 가득 실린 순간들이 그저 지나가 버릴 수 있다. 대부분의 사례에서, 나는 처리를 시작하기 이전에 내담자들에게 미리 준비를 시킨다. 그들이 내게 말하려 하는 내용이 중요하다는 것은 나 역시 알고 있으나, 이 처리 과정에서는 가장 중요한 심리적 변화가 양측성 자극이 진행되는 동안에 일어나기 때문에, 그들을 보다 빠르게 양측성 자극으로 돌려보내기 위해 내가 때로는 그들의 말에 끼어들 것이라고 말해준다.

내담자: 제 생각엔 제가 연결되는 걸 좋아한다는 생각이 떠오른 것 같아요. 관계를 맺는 것에 대해서는 그렇게까지 생각하지 않아요. 그게 제게 중요하다고 해도 말이에요. 떠올랐던 건 좀 더 내가 어떻게 관계를 맺을지와 같은 것들이었어요. 제가 그럴 필요가 없는 - 제가 사람들로부터 떠나 이사를 갈 때 - "끝이구나."할 필요가 없다는 거요. 저는 여전히….

상담자: 그 관계를 끊어버릴 필요는 없는 거군요.

내담자: 맞아요, 그거예요. 저는 그 연결을 계속 갖고 있을 수 있어요.

상담자: 좋습니다. 그것에 대해 생각해보세요. < > < > 지금은 무엇이 떠오르나요?

내담자: 좋은 느낌이요. 제가 원한다면 제가 여전히 전화를 받을 수 있다는 걸

안다는 거요. 그리고 제 말은 그런 관계를 갖고 있다는 거요. 제가 그럴 수 있다는, 제가 선택하기만 한다면 그렇게 할 수 있다는 것이요.

상담자: 선택이군요.

내담자: 맞아요. 네.

이 회기에 할당된 시간이 다 되었기에, 이제 나는 Clark이 이 좋은 느낌을 상기할 수 있게끔 신체적 anchor를 만들어보려 한다.

상담자: 당신의 몸을 그저 살펴보고, 알아차려지는 것을 말해줄 수 있을까요?

내담자: 그저 편안함이 느껴져요. 제 생각에는 어떤 늘어진 게 아니라, 이완된 것처럼요.

상담자: 그렇군요. 특히 어디에서 그게 알아차려지나요?

내담자: 그냥 전부 다예요.

상담자: 그러면 그 중에서 이완된 느낌을 담고 있다고 생각할 만한 한 장소가 있을까요?

내담자: 예를 들면, 여기요.

상담자: 당신의 복부 아래쪽이군요. 한 손을 그 위에, (내담자가 웃음) 당신의 복부 위에 올려보세요, 그리고 그것을 그저 느껴보세요. < >< > 지금은 무엇이 떠오르나요?

내담자   더 좋은 느낌이요. 나는 치유됐어요! (웃음)

상담자: 좋습니다, 그럼, 여기가 멈추기 좋은 지점인 것 같네요.

내담자: 알겠어요.

상담자: 좋아요, 정말 감사합니다. 이게 쉽지 않았다는 걸 알거든요. (웃음)

내담자: 이 비디오의 복사본을 하나 받을 수 있나요?

상담자: 네. 그럼요.

5년의 경과관찰에서, 내담자는 이것이 정말 좋은 경험이라고 느꼈다는 것 외에는 달리 언급하지 않았다.

요약

Clark의 타겟이 청소년기에 있을 것이라는 나의 예상은 명백히 빗나갔다. 그것이 꽤 어린 시절에 있으리라는 것이 후반부에 드러났지만, 자원화 작업에 대한 Clark의 반응에 기반하여, 나는 그가 직접적인 트라우마 처리를 잘 해낼 것이라 보았다. 회기가 진행되는 동안에 여러 타겟들이 모습을 드러냈다. 하나는 친구들로부터 떠나야 했던 것이고, 또 하나는 평생에 걸친 고립감이었으며, 여자아이들로부터 거절당했던 것 등이었다. 그의 낮은 자존감과 관련하여서는 매우 어린 시절로 거슬러 올라가야 하는 것처럼 보이긴 했으나, 나는 그가 사회적으로 겪는 어려움, 특히 자신이 다른 사람들과 다르며 수용 받지 못한다는 느낌은, 그의 연상을 멀리 거슬러 올라가지 않더라도 타겟으로 삼을 수 있을 것이라 여겼다. 나의 이러한 인상은 회기 내에서의 (위에 기술한) 그에 대한 관찰에 기반을 두었다.

DYADIC RESOURCING

애착에서의 문제

이 장에서 다루는 축어록은, 이자관계 자원화에서 조율과 신체적 단서들에 주의를 기울이는 것의 중요성을 보여준다. 이것들은 책에 실린 다른 자원화 회기에서도 중요하게 다뤄져 왔지만, 이 회기에서 더욱 그러한데, 축어록에 등장하는 내담자가 자신의 느낌과 신체 감각으로부터 상대적으로 단절되어 있을 뿐만 아니라 치료자가 반응할 만한 언어적 정보를 별로 제공해주지 않기 때문이다. 내담자가 자신에게 애착 장애가 있는 것 같다고 말하는 것도 놀라운 일이 아니다.

현재의 문제: 정서의 결핍

치료자: 우리가 어떻게 이 작업을 하게 되었는지에 대해 요약해보고 싶나요?

내담자: 전에 얘기했던 것처럼, 저는 기억과 관련된 어려움이 있어요. 뭘 기억하는 것 같은 것들이요. 그래서, 그걸 제 문제로 삼기로 했죠. 그런데 이게 좀 어려웠는데, 왜냐하면 과거에 있었던 생생한 기억들을 떠올리는 게 어려운 거거든요. 잘 되지가 않았어요. 제가 기억하는 기억들에 대해서만 얘기하게 됐으니까요. (여러 번 반복해서 말함) … 제가 기억하는 기억들을요. 음. 그런데 그것들과 관련된 정서가 딱히 없었어요. 그

래도 어쨌거나, 그걸 갖고 진행해보려고 했는데, 막대기를 사용했을 때 잘 되지 않았어요. 그래서 두드리기(tapping)로 바꾸어서 해보았죠. 그러니까 많은 신체적, 감정적인 느낌들이 오더라고요. 근데 그때, 생각해보니까, 제가 처리를 불편해하기 시작했다는 걸 알게 됐어요. 제가 이완이 된 게 처리가 진행되는 걸 방해하고 있었죠. 제가 이완하고, 마무리하고, 집에 갈 마음으로 있었기 때문에요. 그래서 우리가 진행한 건 여기까지예요….

치료자: 맞습니다. 그리고 기억이 나지 않는 것들이 있기 때문에 당신에게 뭔가 잘못된 게 있는 것처럼 느낀다는 부분도 있었어요.

내담자: 맞아요. 그게 실제로 건강한 게 아니기 때문에 좀 두려워요. 좋지 않아요. 달라져야 할 거예요.

치료자: 그리고 당신에게 애착 문제가 있을 수도 있다는 염려에 대해서도 얘기했죠.

내담자: 제가 처음부터 걱정한 게 그거예요. 전 애착 이론에 대해 공부하면서 멋진 삶의 이야기를 가진 사람들에 대해서도 읽어봤거든요. 불우한 어린 시절을 보냈어도, 의미를 갖게 하는 이야기를 가질 수 있잖아요. 근데 저는 의미 있는 기억이나 이야기가 그냥 없는 거예요. 그래서, 그게 걱정이에요.

치료자: 당신은 의대생 증후군[1]에 대해서 알고 있나요?

내담자: 네. (웃음) 알아요.

관계의 개인력

치료자: 좋습니다. 자, 제가 어제 당신에게 현재의 문제와는 별개로 왜 당신이 애착 장애가 있을 거라고 생각하는지와, 무엇이 당신이 애착 장애를 갖

---

1) medical student syndrome.

게끔 했을지에 대해 물어보았는데, 당신이 말하길 어머니가 아주 바빴거나, 우울했었다고 말했죠. 어떤 식이었나요?

내담자: 아뇨, 매우 바빴던 거예요. 우울했던 게 아니라요. 저희 아버지가 우울했죠.

치료자: 그럼, 어머니가 당신과 함께 있을 때, 그녀가 같이 있는 편이었나요, 아니면 마음이 딴 데 가있었나요?

내담자: 다른 데 있었죠. 같이 있었던 기억이 별로 없네요.

치료자: 자, 저는 여기서 몇 가지 사실 확인을 해보고 싶어요. 당신은 어린 시절을 떠올리면, 당신 자신에 대해서, "난 그저 그녀와 같이 있던 게 기억이 안 나."라고 생각하나요, 아니면 "나는 대부분의 시간 동안 혼자 있었던 것 같아."라고 생각하나요?

내담자: 저 혼자였던 적이 많은 것 같아요. 제가 스스로 해나가는 식의 홀로 있는 느낌은 아니었어요.

치료자: 하지만 홀로 있다는 건 집에서 나 홀로 놀고 있다는 거잖아요. 친구들과는 어땠나요?

이 내담자의 경우 어린 시절 부모의 부재로 인한 내적인 문제가 있는 것이 명백했기에, 나는 어린 시절의 관계에 대해 탐색해보기 시작했다. 그녀는 자신에게 애착 장애가 있을 수 있다고 생각했지만, 나는 꼭 그렇지만은 않을 수 있다고 보았다. 하지만, 그녀가 부모님이 물리적으로나 정서적으로나 닿기 어려웠다고 말했을 때에는, 생애 초기에 부모로부터의 지지가 부족했을 가능성을 고려해보게 되었기 때문에, 그녀가 자신의 삶에서 돌보아주고 지지해주는 성인을 갖고 있었는지를 탐색해보고자 하였다.

내담자: 친구는 한두어 명 정도 있었어요. 그리고 버지니아에 있는 아주, 아주 작은 마을 두 개에서 살았어요. 그래서 주변에 사람 자체가 별로 없었어요.

치료자: 약간 시골 같은 곳이었군요.

내담자: 네, 아주 시골이었죠.

치료자: 그러면 당신의 친구들과 관련해서, 그 친구들과의 애정 어린 기억들이 있나요?

내담자: 네.

치료자: 그들에 대해 조금 말해줄 수 있나요?

내담자: 한 명은, 제가 기억하기에, 이름은 Mary였고, 저희 집에서 멀지 않은 농장에 살았고요, 저랑 같은 반이었어요. 학교에 갈 때랑 집에 올 때 1시간씩 버스를 같이 탔고, 와서 자고 가거나 했어요. 그냥 친구였어요. 버스에 같이 앉아서 바보같이 놀았죠. 남자애들을 놀리면서요.

이는 매우 견고한 관계 자원으로 보인다. 내가 선호하는 형태의 이자관계 자원은 아닌데, Mary를 알고 지낸 건 꽤 어린 시절인데 내가 이자관계 자원화를 위해 필요로 하는 것은 성인 양육자이기 때문이다. 다만 더 나은 인물을 찾을 수 없는 상황이라면, Mary로도 괜찮을 것이다.

치료자: 가까운 친구들이었군요.

내담자: 네.

치료자: 몇 살 때였나요?

내담자: 1학년 때부터 6학년 때까지예요.

치료자: 긴 시간이군요. (정서를 살피며) 자, 제가 보기에는, 당신이 Mary를 처음 떠올렸을 때에는 애정 어린 기억이 생각났는데, 세부적인 것들에 대해 얘기하면서, 사실적인 내용들이 좀 더 나왔어요. 그럼, 애정 어린 기억들은 어떤 게 있나요? (접근 단서 및 정서를 살피며) 지금 그거요.

내담자: 제게 친구가 있었다는 거요, 제 생각에는요.

치료자: (정서를 살피며) 그게 당신에게 어떤 느낌을 주는군요. 그 느낌이란 건?

내담자: (활짝 웃으며) 누군가가 저를 알고 있다는 거요.

상담자: 누군가가 당신을 긴 시간 동안 알고 있었군요. 그건 어린 시절의 중요한 일부분이네요. 1학년 때부터 6학년 때까지 말이에요. (정서를 살피며) 그럼, 표정에서 드러나는 슬픔은 누구도 살펴보거나 이해해주지 못했던 시간들에 대해 생각하면서 나타난 건가요? 슬픔은 어떤 건가요? 무엇이며, 좀 더 어릴 적에 있었나요, 아니면 나중에 있었나요?

내담자: 항상 있었어요.

성인 양육 인물 찾기

치료자: 그러면 당신이 Mary와 같이 잘 때, 그녀의 부모님은 어땠었나요?

내담자: 아버지에 대해서는 딱히 기억이 안 나요. 그 애의 엄마가 꽤 좋은 분이었던 것 같아요. 저희는 보통 여자애들끼리 놀곤 했지만, 그렇게 자주 모이진 않았고, 그냥 우리끼리 놀곤 했어요. 그 아이네 부모님과는 별로 얘기하지 않았어요.

치료자: 엄마들이 하는 일들이 있잖아요, 과자를 갖다 주거나 하는, 집에 온 친구가 환영받는 느낌이 들게끔 하는 방법들을 찾아내시죠.

내담자: 좋은 분들이었던 것 같긴 해요. 그게 기억나는 전부예요.

치료자: 그녀의 집에서 환영받는다고 느꼈나요?

내담자: 네.

치료자: 그럼, 당신이 그 집에서 환영받는다고 느끼게끔 한 것들은 무엇이었을 것 같아요?

내담자: 그냥 그렇게 생각했어요. 제가 환영받지 않았다면 가지를 않았겠죠.

치료자: 좋습니다. 그렇겠네요. 그럼, 당신이 선생님이나 숙모, 삼촌, 조부모님들을 떠올릴 때, 그 중에 연결되어 있다고 느껴지는 사람이 있나요?

조부모에 대한 기억을 강화하기

내담자: 조부모님이요, 엄마 쪽 부모님이죠, 저희 집 근처에 살았고, 그 분들과 많은 시간을 보냈어요.

치료자: (정서를 살피며) 그러면 그게 좋은 시간이었나요?

내담자: 네.

치료자: 그럼, 어떤 점이 좋았나요?

내담자: 지금은 슬퍼지네요. 그 분들은 저를 그저 사랑해줬어요. 할아버지는 저랑 캐치볼을 하곤 하셨죠. 제가 소프트볼을 몇 년 했었는데, 그가 "안 된다, 지금은 못 해."라고 말하는 걸 들어본 적이 없어요. 그는 농사를 지어서, 항상 바쁘셨는데도요.

치료자: 하지만 항상 시간을 만들어내셨군요.

내담자: 네. 그렇게 지냈어요. 우리는 "월트 디즈니의 놀라운 세계"를 보고, 팝콘을 만들었죠. 그 분들은 저희를 좋아했어요. 제가 또 이러네요. (웃음)

치료자: 무엇을 말이죠?

내담자: 당신이 말했던 걸 제가 했다고요.

치료자: 오, 어제 했던 것과 같은 행동 말이군요.

내담자: 네.

　　그녀가 말하는 행동은 자기 앞으로 손을 올리는 것이며, 이는 전날 정서에 연결될 때 했던 행동과 같은 것으로 보였다. 이 내담자는 풍부한 관계 자원을 지니고 있지만, 아직은 그들을 떠올리면 슬픔을 느꼈다. 긍정적인 정서를 견디기 어려워하는 것이었다.

치료자: 그래요, Mary가 당신을 좋아하는 것에 대한 얘기를 하면, 눈물이 났죠. 그리고 조부모님들에 대해서, 특히 할아버지에 대해 얘기하면, 눈물이 나네요. 당신이 생각하기에는 이 눈물이 무엇을 말하는 것 같나요?

내담자: (잠시 쉬고) 좋은 질문이네요. 저는 어젯밤에 몇 가지의 기억들을 떠올리 겠다고 마음을 먹고 집에 가서, 상위 10개 목록을 적어봤어요. 그리고 최상의 기억 목록을 작성하기 시작하면서, 행복한 일 목록을 작성하는 내내 흐느꼈어요.

치료자: 멋지네요.

내담자: 네. 제 생각엔 애도할 게 많았던 것 같아요. 사라져버렸거든요.

치료자: 사라져버렸다. 그건 어떤 의미인가요?

내담자: 그 사람들은 가버렸거든요.

나는 이 관계들이 사라져버렸다는 표현에 당시에는 이의를 제기하지 않기로 했다. 나는 종종 내담자들에게 그 기억은 그들 안에 존재하고 있고 결코 잃어버 릴 수 없으며, 여전히 사랑받는다고 느끼게 하는 힘을 가지고 있다고 말해준다. 나는 조부모 둘 중 누구든 좋은 이자관계 자원이 될 것이라 생각했지만, 할아버 지 쪽이 더 나으리라 보았다.

Harriet Sage

행복한 목록에 대한 것 치고는 일반적이지 않은 반응이면서도 강렬한 감정이었다! 흐느 낀 건 대부분 애도와 관련된 것이라고 언급하긴 했으나, 나라면 그녀에게 목록에서 한 두 개 정도의 예시를 들어달라고 요청했을 것이다. 나의 경험에 따르면 내담자가 간단 하게 설명하는 것보다는 실제 예시를 들어보도록 하는 게 더 많은 정보를 준다. 이는 자 원 인물의 복잡성에 대해 알게 해주며, 내담자와 어떻게 작업을 진행하면 좋을지에 대 한 단서를 제공한다. 내담자가 많은 정보들을 줄 때면 따라가야 할 길도 항상 늘어나 게 되는데, 나는 긍정적인 목록의 정확히 어떤 것이 그녀를 흐느끼게 만들었는지를 알고 싶었다.

치료자: 형제자매가 한 명 있었던가요.

내담자: 세 명이요.

치료자: 나이가 더 많은가요, 어린가요?

내담자: 어려요. 남동생 하나랑 여동생 두 명이에요.

치료자: 나이가 비슷한가요?

내담자: 남동생은 3살 반 정도 어리고, 쌍둥이 여동생은 6살 어려요.

치료자: 자, 당신은 긍정적인 목록을 만들었는데, 이미 잃어버린 것이기 때문에 흐느끼게 되었어요. "이렇게나 풍족했었는데 지금은 갖고 있지 않네." 하고.

내담자: 그런 건 아니고요. 좀 다른 얘긴데, 그런 것들을 생각하면 그런 일들이 너무 적었다는 생각이 들어요.

치료자: 제가 듣기에는 당신이 치료자의 역할로서, 자기 자신을 평가하고 진단하고, 충분했는지, 당신이 충분한 양육을 받았는지를 판단하고 있는 것 같네요. 마치 당신이 Winnicott의 저서를 읽어보면서, 자문하고 있는 것 같아요.

내담자: 그렇네요.

내가 보기에는, 그녀의 슬픔은 자기 자신과 자신이 경험한 양육에 대한 판단에서 나오는 것 같았다. 이 지점에서, 나는 그녀가 자신의 경험으로부터 빠져나와서 개념화와 판단으로 빠져들어가는 처리 양상에 도전해보기로 했다. 궁극적으로, 그녀가 나와 함께 있는 방 안에서 펼쳐지고 있는 경험에 기반을 두기를 바랐다.

치료자: 그러면, 이 많은 것들이 그저, 당신이 말하고 있을 때, 뭔가를 기억하는 것처럼 들리지 않아요. 오히려 "나는 내가 필요로 했던 걸 얻지 못했어요."처럼 들려요. 기억보다는 진단 같이요. Claudia Black은 "행복한 유년기를 갖기에 너무 늦은 때란 없다"는 책을 썼어요. 제가 그걸 읽어보지는 않았지만, 그 제목이 정말 마음에 들더군요. 왜냐하면 그것이 제게는 당신처럼 들렸거든요. 많은 자원을 가지고 있지만, 머릿속에 있는

당신의 시험을 통과하지 못했고, 결함이 있으며, 부족하다고 말하는 판사를 가지고 있어서요. 그 이유에 대해 말해보자면. 저는 훨씬 적은 자원을 갖고 있는 사람들과 작업해왔어요. 그리고 정말 문제가 되는 것은 당신이 그러한 경험들을 머릿속에 갖고 있다는 것인데, 이는 당신이 삶을 살아가면서 스스로를 위해 다시 만들어냈기 때문이에요. 당신은 건강한 양육의 메시지와 수용, 돌봄을 다시 만들어냈어요. 그래서, 당신이 충분하지 않았다고 말하는 것이, 제게는 당신이 아이였을 때 그걸 얻지 못했다는 것으로 들려요. 하지만 성인으로서 온전해질 만큼 충분히 얻지 못했다는 거라면, 제게는 말이 되지 않는 것 같아요.

할아버지와의 이자관계 자원화

치료자: 그래서, 제가 작업하고자 하는 것은 할아버지와의 관계에 대해 당신이 갖고 있는 경험의 모음이에요. 그리고 당신이 그것에 대해 말하는 동안 제가 눈이 갔던 것 중 하나는 세부적인 사항들이 어떻게 튀어나왔는지에 대한 거예요. 왜냐하면 당신이 보통 기억이 나지 않는다고 말했던 것을 기억하는데, 사람들이 기억이 나지 않는다고 말하는 경우엔 툭 튀어나오는 세부사항들이 많지 않아요. 그래서 그 경험들 중 몇 가지에 대해 그냥 얘기해봤으면 해요. 그가 당신을 얼마나 아꼈는지, 그가 당신을 얼마나 우선으로 여겼는지, 그가 당신과 즐겁게 지내는 데 얼마나 시간을 할애했는지를 아는 것이 어땠는지에 대해서요.

내담자: 그것보다 더 필요한가요?

치료자: 아뇨, 그 정도면 좋습니다.

내담자: 그게 제가 기억하는 대부분이에요. 우리는 캐치볼을 했고 그는 항상 지지적이었어요. 그가 제가 하는 놀이에 와주었죠.

치료자: 그럼, 그에 대한 이미지가 있나요?

여기서, 나는 그녀의 눈이 위쪽으로 올라갔다가 왼쪽으로 향하는, NLP 시각적 접근 단서에 반응하고 있는데, 이는 그녀가 기억에서의 이미지를 회상하고 있음을 나타낸다.[2] 간단히 말하자면, Bandler와 Grinder는 사람들의 눈이 위로 올라갔다가 왼쪽 혹은 오른쪽으로 향하는 경우, 대개 시각적 정보 조각인 이미지에 접근하고 있는 것임을 관찰하였다. 눈이 아래로 내려가는 경우에는, 보통 감정이나 신체적 감각에 접근하는 것이다. 내담자들은 때로 자신이 이미지나 느낌에 접근하고 있다는 것을 알지 못한다. 내담자에게 방금 마음에 떠오른 그림이 있거나, 어떤 느낌이 있었는지를 물어보면, 일반적으로 그 그림이나 느낌을 떠올릴 수 있다. 이 부드러운 탐색은 내담자가 자신의 내적 경험에 접촉하도록 돕는 데 매우 유용하다.

내담자: 네.

치료자: 그것에 대해 말해보겠어요.

내담자: 음, 아마 가장 확실한 건 그가 부엌 탁자에 앉아있는 거예요. 아주 배려 깊고, 상냥한 표정이에요.

치료자: 그걸 지금도 볼 수 있나요? (시각적 접근에 다시 반응하며)

내담자: 네. 그리고 그가 웃고 있어요.

치료자: 그럼, 당신이 그 이미지와 웃음을 바라보면, 어떤 느낌이 드나요?

내담자: 어떤 느낌이 든다고 말하기 어렵네요. 그를 보고만 있어요.

치료자: 그 이미지는 좋은 이미지인가요, 나쁜 이미지인가요?

내담자: 좋은 이미지예요.

내 과제는 이 좋은 이미지를 현재에서의 기분 좋은 경험으로 변환시키는 것이다.

---

2) Bandler & Grinder, 1979.

치료자: 그리고 그 이미지를 보고 있으면, 어떤 게 떠오르나요?

내담자: 수용과 상냥함이요.

치료자: 여기서, 당신이 "상냥함"이라고 말할 때, 이게 당신에게 어떤 의미가 되는지를 제가 잘 모르겠어요.

이 부분에서, 나는 부족한 정서에 반응하고 있다. 나는 그녀가 정서에 연결되도록 돕고자 했다.

내담자: 그건 기분 좋은 순간이었고, 그가 나와 함께 해서 기뻐했다는 거예요.

치료자: 그럼, 기분 좋음은 그의 경험인 거네요.

내담자: 맞아요.

치료자: 그러면 그가 그런 기분 좋음을 누리는 것이 당신에게는 어땠나요?

내담자: 좋았어요. 편안했고요, 제 생각에는.

치료자: 그걸 당신은 어떻게 알 수 있었나요?

그녀는 여전히 자신의 기분 좋은 경험과 연결되어 있지 않았다. 나는 기억을 회상하는 동안 나와 함께 방 안에서 겪고 있는 경험에 그녀가 연결되기를 바랐다. 그녀가 보고한 부드러운 세부사항들의 풍부함을 고려하면, 그 경험이 기분 좋은 것이리라고 확신할 수 있었다. "당신은 그걸 어떻게 알았나요?"는 기억에서의 지식들을 현재로 가져오기 위해 내가 자주 사용하는 질문이다.

내담자: 제가 그걸 생각하고 있으면, 긴장이 풀리거나 편안했고 다른 건 느껴지지 않았거든요.

치료자: (호흡에서의 변화를 살피며) 그럼, 그 한숨은 무얼 의미하나요?

특히 자원화에서, 내담자의 모든 신체적 단서들을 짚어내는 것은 매우 중요하다. 그녀는 정서적인 경험을 하고 있고, 다만 그걸 알고 있지는 않다. 나는 그녀가 현재의 경험에 연결되도록 돕기 위한 개입을 하고자 했다.

내담자: 약간 혼란스러워요. 제가 마치 어떻게 해야만 할 것 같은…
치료자: 당신이 이걸 충분히 잘 해내지 못하고 있는 것 같나요?
내담자: 맞아요. (웃음)

그녀에게 나와의 현재 경험은 실패나 부족함에 대한 예상인 것으로 보인다. 나의 "당신은 그걸 어떻게 알았나요?"라는 질문이 그녀로 하여금 비판처럼 느껴졌을 수 있기에, 그것을 다시 다루어보고자 하였다.

치료자: 당신은 잘 하고 있어요. 자, 제가 "당신은 어떻게 알았나요"라는 질문을 했는데, 사실 이건 내가 제일 좋아하는 질문 중에 하나예요. 당신이 자신의 유년기에 대해 알고 있다고 하면, 당신이 그걸 기억한다는 말이 되지만, 사실은 당신은 당신이 기억하는 것을 항상 알고 있는 것은 아니에요. 그렇기 때문에, 당신이 편안했다고 말하면, 저는 "당신은 그걸 어떻게 알았나요"라고 말함으로써, 그 정보가 어디서 오는 것인지를 당신이 이해해보도록 하고 있는 것이기도 해요. 당신은 잘 하고 있어요. 우리가 이걸 하는 이유는, 당신이 기억을 떠올리는 데 어려움을 겪고 있기 때문이에요. 제 일은 당신이 그걸 하도록 돕는 것이고, 당신이 어려워한다고 해서 당신에게 실망하지 않아요. 당신은 그냥 주저앉아있을 수도 있는 걸요.
내담자: (웃음. "그거 괜찮은 얘기처럼 들리네요."와 같은 표정을 지으며)
치료자: 그렇죠, 그러니, 앉아서 할아버지를 생각해 보세요. 제 생각엔 그가 테이블에 앉아있는 특정한 이미지에서, 그가 당신을 보고 있지는 않은 것 같은데, 맞나요?
내담자: 그럴 수 있을 것 같아요. 제 자신이 보이지는 않네요. 하지만 그가 거기 앉아있는 건 잘 보여요.

신체적 단서들을 살피다 보니, 할아버지가 테이블에 앉아있는 그 이미지와 관련된 감정적인 에너지가 많지 않다는 것을 알 수 있었다. 만약 할아버지가 그녀를 바라보고 있게 된다면, 그녀의 감정적 에너지가 보다 강해질 것이라고 생각했다. 그녀가 정서적인 내용을 덜 담고 있으며 보다 쉽게 느껴지는 이미지를 선택한 것이라고 여겨졌다. 당연히, 나는 강력한 정서적 내용이 담겨 있으며, 그들 사이에 좀 더 상호작용이 있는 이미지를 찾고자 했다.

치료자: 하지만 당신이 있는 방향을 바라보지는 않는군요.
내담자: 그럴 필요가 없으니까요.

여기서 중요한 것은 나는 그저 그녀가 살펴보고 보이는 것을 말하기를 바란다는 것이다. 이것은 기억하도록 하기 위한 절차가 아니라, 그녀가 현재 겪고 있는 것을 바라보는 경험에 대해 말해보도록 하기 위한 것이다. 나는 그녀가 나와 함께 방 안에서 있는 현재를 경험하도록 돕고자 하였다. 살펴보고, 그저 알아차린 것을 말해보라는 지시를 이해한다면 실패할 수 없다. 그녀가 보는 모든 것이 내가 듣고자 하는 것이다. "그럴 필요가 없으니까요."는 그녀가 보고 있는 것이 아니며, 개념화하고 추측하고 있음을 의미한다.

치료자: 그렇다면, 지금 이 순간에, 당신은 실제로 그 이미지를 갖고 있기 때문에, 그가 당신을 보고 있는지 아닌지를 말해줄 수 있을 거예요. 좋아요, 어떻게 보이나요?
내담자: 그대로인 것 같아요.
치료자: (신체적 단서를 살피며) 그렇게 말하면서 무언가가 느껴졌나요?
내담자: 네.
치료자: 그게 무엇이었나요?
내담자: 모르겠어요. 아직, 확실치 않아요.
치료자: 좋아요, 이번에는 할아버지의 다른 이미지를 떠올려 보았으면 하는데,

당신에게 반응하고 있는 거예요.

내담자: 알겠어요.

치료자: 그 이미지는 무엇인가요?

내담자: 분명한 이미지는 아니지만, 그런 적이 있었다는 걸 제가 알고 있는 무언가예요.

치료자: 좋습니다.

원래 기대했던 선명한 이미지는 아니지만, 이 이미지에 대한 신체적 단서들을 통해 어렴풋이나마 상당한 감정적 에너지를 관찰할 수 있었다.

내담자: 그는 때로 할머니와 제가 대학에서 소프트볼을 하는 걸 보러 오곤 했어요. 그리고 게임이 끝나면, 제가 플레이를 하지 않았어도 그가 와서 아주 자랑스러워했던 것 같아요.

치료자: (시각적 접근 단서를 살피며) 바로 지금 당신은 무엇을 보고 있나요?

내담자: 음, 그를 보고 있어요. (고개를 끄덕이며, 눈물)

치료자: 그렇군요.

내담자: 그가 너무 그리워요.

이 발언에는 그녀가 마음 아파한다는 것이 내포되어 있다. 그녀는 현재의 슬픔 경험과 분명하게 연결되어 있다. 이것은 그녀의 삶에서 모두가 어떻게 떠나버렸는지에 대한, 정서적 연결이 강하지 않았던 이전의 언급과는 다르다. 자원화 회기에서, 상실이 떠오르는 것은 놀랄 일이 아니다. 사실, 나는 그러기를 기대한다. 때로는 상실감으로 인해 내담자가 좋은 느낌에 접근하는 것을 막기 때문에, 상실은 자원화를 계속하기 이전에 다루어져야만 한다. 혹은 상실감을 다른 시간에 처리하기 위해 잠시 옆에 밀어두도록 할 수 있다. 외상적인 수준의 상실이 아니라면, 일반적으로 비교적 쉽게 해결하고 다시 자원화로 돌아갈 수 있다.

자원으로서 할아버지에게 접근할 수 있도록 상실을 처리하기

치료자: 그가 그립군요. 돌아가셨나요?

내담자: (끄덕임)

치료자: 언제 돌아가셨나요?

내담자: 제가 대학에 다닐 때요.

치료자: 그럼, 그때가 그를 마지막으로 본 때인가요?

내담자: 그때로부터 몇 년쯤 지나서였던 것 같아요.

치료자: 오, 그러면 그를 그리워하는 것에 대해 조금 더 얘기해볼 수 있겠어요?

내담자: 그냥 (눈물), 할 수 있다는 느낌, 잘하든 못하든 간에 말이에요. 그는 상관하지 않았어요. 그저 저를 보는 것만으로도 기뻐했어요. 그 장소에서요.

이것은 사랑과 수용에 대한 분명한 묘사이며, 강력한 정서를 동반하고 있다. 이 감정을 증폭시키고 강화하기 위해 양측성 자극을 이용하고자 하였다.

치료자: 좋아요, 제가 당신의 무릎을 두드려도 괜찮을까요? (끄덕임) 그 수용되는. 하든 못하든 상관이 없었던 그 느낌을 떠올려봤으면 해요. (끄덕임) 그게 느껴지면 알려주세요. (끄덕임) < > < > 지금은 무엇이 떠오르는지 말해보겠어요?

내담자: 아무것도 없어요.

치료자: (정서를 살피며) 뭔가 바뀌었어요. 당신이 울고 있지 않거든요.

신체적 단서를 살피는 것의 중요성이 여기서도 드러난다. 그녀가 아무것도 없었다고 말하는 동안, 나는 그녀가 자신의 정서로부터 철수되었으며, 그렇기에 무언가가 일어났다는 것을 알 수 있었다.

내담자: 코 때문에 산만해져서요.

치료자: 알겠어요, 이제 수용되는 느낌을 다시 떠올려 볼 수 있겠어요? < > < > (신체적 단서를 살피며) 방금 무언가가 나타났어요. 맞나요?

내담자: 맞아요.

치료자: 그럼 그게 무엇인가요?

내담자: 왜 내가 그걸 붙잡을 수가 없지? 하는 좌절감이요. 기억할 수 없다는 건 아니에요. 기억할 수는 있어요.

치료자: 그렇지만 그게 원래 갖고 있었던 강렬함이 느껴지지 않나요?

내담자: 네, 이제는 심지어 그 이미지도 기억나지 않는 것처럼 말예요. 그래서, 잠깐 시간이 필요할 것 같아요.

치료자: 음, 당신을 밀어붙이고 싶지는 않지만, 제가 뭔가를 해보라고 했을 때 당신이 그걸 어려워하게 되면, 그냥 그걸 하기가 어렵다고 말해주세요. 그걸 해내는 것만큼이나 그렇게 말하는 것도 중요하기 때문이에요. 제가 보기에는 당신이 상실감도 느끼고 있기 때문에, 이러한 기억들을 누려보는 것이 어려운 것 같아요. 그래서, 좋은 기억에 접근하는 데 어려움이 없도록 이러한 감정을 다루어보는 게 도움이 될 거라고 생각했어요.

이 부분에서 나는 치료자로서, 그녀가 할아버지로부터 받았던 무조건적인 수용의 메시지를 반영하고자 하였다. 그녀가 특정한 방식으로 수행할 필요가 없으며, 다만 그녀가 경험하는 어떤 것이든 내가 관심을 기울이고 있음에 대해 또 다른 방식으로 다시 언급하였다. 그녀는 실패하게 될 수 없는 것이다.

내담자: 알겠어요.

치료자: 이제, 상실하게 된 할아버지에 대한 이미지나 기억을 떠올려보세요. 그러면 지금 스스로에 대해 드는 부정적인 생각이 무엇이 있나요?

내담자: 그가 죽기 전에 아팠던 게 떠오르고, 제 자신에 대해서는 부정적인 생각이 딱히 없어요.

내담자들이 부정적인 인지가 없다고 말하는 것은 흔한 일인데, 이는 그 사건이 자신에 대한 것이 아니라고 여기기 때문이다. 나는 때로 내담자들에게 왜곡된 인지가 끼어있지 않다면, 그 정도의 강도로 그 사건을 기억하지는 않을 거라고 말하곤 한다. 내담자들이 EMDR 훈련을 받지 않았기 때문에 부정적인 인지가 어떻게 만들어지는지를 모르기도 하지만, 동시에 내가 도울 수 있다는 것을 유념하려고 한다. (이 사례에서는, 내담자가 훈련을 받고 있었다)

치료자: 부정적인 생각은 이런 것들이 있어요: "이제 나는 완전히 혼자야," 또는 "이제, 나는 더 이상 사랑받지 못해," 또는 "그 사람 없이는, 이제 내 삶을 즐길 수가 없어."

내담자: 하지만 생각이 안 나요. 그것들 중 어떤 것도 상실과 연관 짓지 못하겠어요.

치료자: 그렇군요. 그럼, 지금 무엇을 느끼고 있나요?

내담자: 그냥 의아해해요. "내가 뭘 느꼈지?"하고요. 모르겠어요.

나는 항상 내담자를 현재로 데려오려 한다.

치료자: 당신 말은, '무엇을 **느끼고 있지**'라는 거죠?

내담자: 네.

치료자: 음, 제가 알고 있는 것은 당신이 뭔가 부족한 느낌을 갖고 있다는 것과, 할아버지와 있을 때에는 그렇지 않았다는 것과, 그를 잃게 되었다는 것, 또 그 자리에 채워지지 않은 큰 공허감이 있었다는 것, 그리고 자신에 대한 부정적인 생각은 아마도 "그 상실을 절대 채울 수 없을 거야."가 될 수 있을 것 같다는 거예요. (내담자가 고개를 끄덕이며 눈물이 남) 좋아요. 그걸 몸 어디에서 느끼고 있나요?

여기서는 EMDR 평가 단계의 대부분을 건너뛰기로 했는데, 내담자가 감정적으로 활성화된 것을 알 수 있었고, 또한 그녀가 한 순간에 그 활성화를 잃어버리릴 가능성이 있다는 것을 알았기 때문이다.

내담자: 여기요. (자신의 가슴을 가리키며)

치료자: 좋아요. 그걸 그저 알아차려 보세요. < >< > 지금은 무엇이 떠오르나요?

내담자: 그게 없어져 버렸어요.

치료자: 그게 없어져 버렸군요.

내담자: 네.

치료자: 좋아요, 그건 더 이상 고통스럽지 않다는 뜻인가요?

내담자: 저는 전혀 – 음 – 그냥 똑같아요. 특별히 느끼는 게 없어요.

치료자: (정서를 살피며) 음, 당신이 슬퍼 보여요.

자신의 정서에 연결되는 데에서 그녀가 나를 잘 돕지 않기 때문에, 나는 내가 보는 신체적 단서들에 의지하며, 그녀에게 다시 돌려주어야 한다. 그녀는 현재의 풍부한 내적 경험을 단지 알지 못하고 있을 뿐이다.

내담자: 이걸 제대로 못 해서 슬퍼요!

치료자: 자, 실패한 것 같은 느낌이 드는 건가요?

내담자: 네. 아무것도 일어나지 않으니까요. 제게 – 아무것도 일어나지 않았어요.

치료자: 그럼, 무엇이 일어나야 했을까요?

내담자: 그건 모르지만, 어쨌거나 그걸 놓치고 있어요, 그게 뭐든지 간에요.

치료자: 만약 그렇다면, 그건 당신의 삶에 대한 당신의 감각이에요 – 그게 당신이 놓치고 있는 거예요.

내담자: 그래요, 다른 사람은 다 할 수 있어도, 저는 못 해요. 이해가 안 돼요.

치료자: 하지만 당신은 하고 있어요. (잠시 쉬고) (내담자의 눈에 눈물이 어림) 그걸 그저 떠올려보세요. < >< > 지금은 무엇이 떠오르나요?

내담자: 그냥 그게 저를 괴롭혀요.

치료자: 그게 뭔가요?

내담자: 그걸 모르겠어요. 괴롭다는 게 괴로워요, 마치 — 제게는 아무 문제가 없어야 한다는 느낌이에요. 이게 뭔지를 다 밝혀내야만 하고, 별것도 아닌 일로 여기 이렇게 앉아서 울고 있지 않아야 하는데, 한편으로는 이게 어리석은 생각 같아요. 이건 큰일이 맞기 때문이에요.

　　사랑하는 사람의 상실은 보통 매우 순조롭게 진행되기 마련인데, 그가 이미 준비된 자원이나 마찬가지이기 때문이다. 내가 해야 할 일은 내담자에게 상실한 그 사람과 교류해보도록 하는 인지적 엮음뿐이며, 그 후에는 내담자 스스로 치유에 필요한 적응적인 메시지를 떠올리게 될 것이다.

상실에 대한 인지적 엮음

치료자: 자, 나는 당신이 할아버지가 여기에 있다고 상상해보았으면 해요. 그렇게 할 수 있겠어요? (내담자가 끄덕임) 그리고 마음속으로, 이 모든 것들을 그저 그에게 말해보기를 바라요. 이게 얼마나 어리석은지, 그리고 당신이 얼마나 이걸 제대로 해낼 수 없는지, 제대로 하는 게 얼마나 불가능한지, 다른 사람들에게는 가능한 일인데도 당신에게는 얼마나 할 수 없는 일인지, 당신이 얼마나 부족한지, 당신이 삶에서 얼마나 실패했는지를요. 전부 다 말이에요. 그에게 다 말해보는 거예요. 알겠어요? ＜＞＜＞ (정서를 살피며) 잘하고 있습니다. 그저 알아차려 보세요. (눈물) 잘하고 있어요. 그저 알아차려 보세요. 알아차려 보세요. 좋습니다. 잘하고 있어요. 이제, 지금은 무엇이 떠오르나요?

내담자: 그는 그저 저를 사랑할 뿐이에요.

치료자: 그걸 그냥 떠올려보세요. ＜＞＜＞ 이제는 무엇이 떠오르나요?

내담자: 그냥, 그건 그저 상실이었어요. 큰 상실이요. 이제 그것에 대해 생각하

지 않아요. 그를 떠올리지 않아요.

치료자: 자, 그걸 그에게 말해보세요. 당신이 그를 얼마나 그리워하는지와 무엇을 그리워하는지를 말해 봐요. 그를 그리면서, 당신이 그리워하는 것을 그저 그에게 말해주세요. <><> (흐느낌) 그저 알아차려 보세요. 잘하고 있습니다. 잘하고 있어요. 그저 알아차려 보세요. (많은 눈물) 좋습니다. 지금은 무엇이 떠오르나요?

"그저 알아차려 보세요," "잘하고 있습니다," "잘하고 있어요," "그저 알아차려 보세요" 등의 "보조적 언급"은, 내담자가 현재 처리 중인 것과 관련한 특정한 내용을 담지 않고 BLS가 진행되는 동안 보조를 맞추어 진행한다. 이러한 언급은 방출이 일어나거나 내담자 스스로 알지 못하는 정서적 동요가 있을 때 특히 유용하게 쓸 수 있다. 이는 내담자가 과거 사건으로부터의 정서를 보다 강하게 느끼기 시작할 때 이중주의 기능과 더불어 과거의 현재 사이의 균형을 유지하도록 돕는다. EMDR의 이러한 강점은 본래 기본 EMDR 훈련 과정에서 교육되었지만, 최근의 훈련에서는 생략되고 있다.

내담자: 괜찮은 것 같아요. 그는 우리를 데리고 아이스크림을 먹으러 가곤 했어요. 그걸 잊고 있었네요. 드시지는 않았는데, 당뇨병이 있으셨거든요. 그래서, 저희는 아이스크림을 먹으러 가고 그는 콘 부분을 먹으러 가는 거예요. 제가 느끼기에는, 그가 이렇게 말하는 것 같았어요. "괜찮아. 그거 좋네. 그러니 아이스크림을 먹으러 가자."

치료자: 거기에 그저 머물러보세요. <><> 이제 무엇이 떠오르나요?

내담자: 딱히 없어요. 똑같아요.

치료자: 그럼, 그에게 당신이 얼마나 어려워하고 있는지를 말했을 때에는, 그가 어떻게 반응했나요?

내담자들이 아이인 자기 자신이나 다른 누군가와 상호작용하는 것을 상상할 때, 그 아이/사람이 어떻게 반응했는지를 물어봄으로써 내담자로 하여금 성인 관점을 유지하도록 할 수 있다. 이는 과도하게 활성화되거나 넘쳐흐를 가능성이 있는 경우에 유용하다. 내담자들이 "그녀가 듣고 좋아하네요." 처럼 타인의 생각이나 느낌을 반영하는 무언가를 말할 때면 나는 "그렇다는 걸 무엇을 통해 알 수 있나요?"와 같이 묻는다. 이 질문은 내담자가 좀 더 성인 관점에 있도록 한다. 여기서는, 나는 내담자가 아이/성인 관점에서 불균형한 상태는 아니라고 여겼다.

내담자: 이상적인 부모처럼요. "괜찮아. 괜찮아질 거야."
치료자: 그러면 당신은 그걸 믿었나요?

이는 내가 자주 묻는 질문이다. 사랑하던 사람으로부터의 지혜로운 메시지가 힘을 갖기 위해서는, 내담자가 그것을 믿어야만 한다.

내담자: 네.
치료자: 그걸 그저 알아차려 보세요. <><> 지금은 무엇이 떠오르나요?
내담자: 그냥 그걸 생각하고 있어요.
치료자: 좋은 생각인가요, 나쁜 생각인가요?
내담자: 좋은 생각이에요. 그가 말하고 있다고 생각한다면요.
치료자: 그럼 그렇게 해볼 수 있겠어요?
내담자: (끄덕임)
치료자: 그걸 그저 알아차려 보세요. <><> 지금은 무엇이 떠오르나요?
내담자: 그냥 그 자체요. (눈물) 그와 함께하는 안도감이요.
치료자: 거기에 물어보세요. <><> 이제는 무엇이 떠오르나요?

현재의 관계에 대한 새로운 의미

내담자: 막내 아들이 항상 저와 같이 있고 싶어 하는 데에는 틀림없이 무슨 이유

가 있을 거라고 생각했어요. 그 아이는 그냥 너무나 저와 함께 있고 싶었던 거고, (많은 눈물을 흘리며) 저와 있을 때면 그런 걸 느꼈을 거예요.

나는 이 말이 회기 내에서 가장 중요한 말임을 알았다. 그녀는 지금까지 그녀와 연결되길 바랐던 아들을 이해하지 못했었다고 말하는 것으로 보였다. 마치 그녀에 대한 아들의 감정적 애착의 본질을 처음으로 깨닫고 경험하는 것과 같았다. 나 역시 이 말에 깊은 감동을 받았고, 이자관계 자원화 절차가 얼마나 강력할 수 있는지를 다시 생각할 수 있었다.

치료자: 거기에 머물러보세요. < >< > 그리고 그저 알아차려 보세요. 알아차려 보세요. 잘하고 있습니다. 좋아요. 이제는 무엇이 떠오르나요?

내담자: 저는 그저 좋은 부모가 되고 싶은데, 그게 어려워요. 제게는 어렵고, 그 "함께이고 싶다는"게 어렵다는 생각이 들고(앞으로 손을 들어 올리던 이전의 몸짓을 하며) 저를 느껴보려 하지만 그게 불편하고, 아이가 나이 들면서는, 저와 좀 다른 관계를 맺고 싶을 거예요. 그리고, "내가 어떤 식으로 엄마랑 비슷한지 알겠다"고는 생각했지만, 어쩌면, 어쩌면 그와 비슷할 수도 있었는지에 대해서는 별로 생각해보지 않았어요.

치료자: 할아버지 말인가요? (내담자가 끄덕임) 그것을 그저 생각해보세요. < >< > 지금은 무엇이 떠오르나요?

내담자: 그냥, 그 아이가 나로부터 얻은 게 아마 그거겠구나. 그래서 나랑 있고 싶었겠구나. 내가 그와 있을 때 느꼈던 걸 느꼈기 때문에. 그저 편안한 느낌이에요.

치료자: 거기에 머물러보세요. < >< > 이제는 무엇이 떠오르나요?

내담자: 그 아이가 그랬던 걸 생각해요. 아이가 다뤄야 할 자신의 상실 문제가 있겠구나, 하지만…. (말을 멈추며)

치료자: 하지만 그 아이는 당신과 연결되어 있겠군요.

내담자: (끄덕임)

치료자: 그걸 생각해보세요. < >< > 지금은 무엇이 떠오르나요?

내담자: 제가 우리가 함께 부엌 테이블에 있는 걸 떠올려보고 있다는 게 흥미롭네요. 부엌 테이블에 할아버지가 있는 걸 그려볼 때처럼요. 관련해서 뭔가가 있는 것 같아요.

치료자: 되풀이되네요. (내담자가 끄덕임) 그걸 생각해보세요. < >< > 지금은 무엇이 떠오르나요?

내담자: 그가 테이블에 있는 걸 그려봤어요. (눈물)

치료자: 당신과 당신의 아들과 함께인가요?

내담자: (끄덕임)

치료자: 그걸 생각해보세요. < >< >

내담자: 그가 기뻐했을 것 같아요. 그 아이를 사랑해주었을 것 같네요.

치료자: 그걸 생각해보세요. < >< > 지금은 무엇이 떠오르나요?

내담자: 음…, 그가 아이에게 저에 대한 모든 것들을 말해주었을 거예요. 네 엄마가 어렸을 때 어땠는지를요. 제 아이들이 제게 항상 묻는 모든 것들이면서, 제가 항상 "몰라, 기억 안 나. 신경 안 써."라고 말하는 것들이요. 하지만 그는 그런 것들을 좋아했을 거예요.

치료자: 그는 아이들에게 당신이 얼마나 훌륭했는지에 대해서도 말할 것 같군요.

나는 그녀의 생각을 조금 더 확장시키고 싶었지만, 그녀가 받아들일 수 있는 것 이상으로 밀어붙이고 싶지는 않았다. 이런 말이 과하게 여겨지지는 않았다. 그녀의 반응으로 볼 때에도, 나의 이어진 말들이 받아 들일만 하게 여겨진 것 같았다. 그녀를 조금은 밀어붙였을 텐데도 말이다.

내담자: (끄덕임)

치료자: 그걸 생각해보세요. < >< > 지금은 무엇이 떠오르나요?

내담자: 그는 그것도 좋아했을 것 같아요.

치료자: 그걸 생각해보세요. < >< > 지금은 무엇이 떠오르나요?

내담자: 제 남편이 9년 전에 죽었다는 걸 생각하고 있었어요. 그래서, 그가 테이블에 있는 걸 생각하고 있었는데, 언젠가는 그가 다뤄야 할 거예요, 무엇을 상실했는지를요, 하게 되겠죠.

치료자: 그걸 생각해보세요. <><> 지금은 무엇이 떠오르나요?

내담자: 그가 저보다 한참 앞서 있네요. "이건 천국에서 함께 있는 모두의 작고 좋은 테이블이네."하는 생각이 들었어요.

치료자: 당신을 사랑하는 모든 사람들이군요.

내담자: 네, 그러면 그렇게 얘기할 거예요. 모두 여전히 살아 있고, 그저 그가 같은 장소에 있지 않을 뿐이라고요.

치료자: 당신이 할아버지를 데리고 있다는 게 분명하네요.

내담자: (끄덕임)

치료자: 당신 안에 말이에요. 그걸 그저 생각해보세요. <><> 지금은 무엇이 떠오르나요?

내담자: 기억하고, 또 어떤 느낌이었는지를 기억한다는 게 좋네요.

치료자: 거기에 머물러보세요. <><> 지금은 무엇이 떠오르나요?

내담자: 아무것도요.

치료자: 할아버지의 상실을 생각하면, 이전과 같은 느낌이 드나요?

내담자: 그걸 알고는 있지만, 달라진 것 같아요. 뭔가와 연결된 것 같아요. 잘은 모르겠어요. 어쩔 줄을 모르겠네요. 제 생각에 전에는, 상실을 생각하면, 인지적으로만, "맞아, 그건 내 삶에서 있었던 상실이었지"였어요. 진정한 본질을 담지 않은 상태로요.

그녀는 상실에 대한 느낌을 차단시켜 버리던 것으로부터, 그 느낌을 느껴보는 변화가 일어났음을 설명하고 있다. 이는 그녀가 회기에서 도움을 받고자 했던 바로 그 주호소이다.

치료자: 그렇군요.

내담자: 그래서, 지금은, 제가 그를 좀 더 의식적으로 품고 있을 수 있다면 좋겠어요. 그럴 수 있다면 말이에요 – 기억의 특징은 그걸 다시 잊어버리게 되는 거니까요. 원래 그렇듯이요. 제 생각엔 제가 복잡한 느낌을 겪고 있는 것 같아요. 경험할 수 있어서 다행인 것을요.

치료자: 하지만 그걸 계속 갖고 있을 수 있는지는 당신이 알 수 없다는 얘기군요.

내담자: 맞아요.

치료자: 짚어보고 싶은 게 있어요. 방금 당신은 이것과 관련해서 무엇이 진실인지를 설명하는 데 애를 먹고 있었는데, 어떤 자기 – 비난도 보이지 않더군요. 좀 달라 보이네요. 그게 맞나요?

처음부터 명시되지는 않았지만, 이 회기에서 그녀가 도움을 필요로 하는 핵심적인 문제는, 가혹하고 비판적인 내적 판단으로부터 자신을 자유롭게 해 줄 자기–수용이다. 나는 그녀가 할아버지에 대한 상실감을 경험할 수 있도록 하는 것과 더불어, 더 큰 자기–수용을 향한 중요한 변화를 알아차릴 수 있기를 바랐다. 할아버지로부터 받았던 무조건적인 수용의 기억에 다가가는 것이 비판적인 목소리를 잠재우는 데 도움이 되었을 것이다.

내담자: 아마도요.

치료자: 그걸 음미해보세요. < > < > 무엇이 떠오르나요?

내담자: 그건 작업해보아야 할 저의 일부분인 것 같아요. 그래도 제가 긍정적인 것을 잡고 있을 수 있다면, 그게 앞으로 도움이 될 거예요.

치료자: 그럴 것 같네요. 테이프가 다 떨어진 게 아니었으면 좋겠네요. (화면을 확인하고) 아, 좋아요. 이제 테이프를 드릴 거예요. 디스크로 보낼게요. 저는 당신이 그걸 잡고 있을 수 있을 것 같아요. 당신이 했던 말이, "나는 내 아들을 사랑하고, 할아버지로부터 배운 걸 내재화했으며, 내가 그걸 의식적으로 알고 있었든 아니든 간에, 그는 나를 통해서 내 아들을 사랑해주었어요."이기 때문에요.

내담자: (끄덕임)

치료자: 그걸 생각해보세요. ＜＞＜＞ 지금은 무엇이 떠오르나요?

내담자: 그게 맞다는 생각이요.

치료자: 그저 그걸 생각해보세요. ＜＞＜＞

내담자: 맞아요. 저는 그를 생각해요….

이 회기의 마지막 1분가량은 녹음되지 않았다.

5주의 추적 관찰에서, 그녀는 할아버지와 연결되며 경험한 빛은 2~3일 정도만 지속되었다고 보고하였다. 그리고 아들이 바라는 것을 깨달으며 생겨난 아들을 향한 태도의 변화는 그 5주가 넘도록 유지되었다고 한다.

part

03

Dyadic Resourcing
with Morphing

DYADIC RESOURCING

이자관계 자원화에서의 Morphing
(비디오 #6)

전체 프로토콜을 따르는 비교적 단순한 이자관계 자원화 회기

나는 이 회기가 상대적으로 간단하기도 하고, 5장에서 설명한 전체 프로토콜을 거의 쓰여 있는 그대로 따라가기 때문에 이 장에 수록하였다. 이 프로토콜은 효과적인 자원화 회기에 대한 연구를 통해 발전해왔다. 초반에는 성공적인 임상 작업을 모방하는 식으로 진행되었으나, 시간이 지나며 점차 구체화되었으며, 이제는 내가 임상적 판단을 내리기 위한 안내서로 활용하고 있다. 따라서 프로토콜을 충실히 따르는 회기를 수록하는 것이 필요할 것이라 보았다.

밑줄이 있는 문장들은 이 회기가 녹화된 비디오 화면에 나오는 자막이다. (비디오는 www. emdrclinicalvideos.com의 6번에서 볼 수 있다) "＜＞＜＞"라는 기호는 양측성 자극을 뜻하는데, 보통 4번에서 5번 정도의 두드리기(tapping)로 진행하였다.

내담자: 제 목소리를 변조시킬 수도 있을까요? (웃음)

상담자: 누구 마스크 갖고 있는 사람 있나요?

내담자: (수강생) 머리에 가방을 씌워놓는 건 어때요?

상담자: 모자처럼 말이군요. 이름이 어떻게 되나요?

내담자: Larry예요.

상담자: 영화나, 책, TV 같은 것들을 생각하면, 당신이 무엇에 가장 많이 반응하는 것 같나요?

내담자: TV요.

상담자: 그러면 가장 좋아하는 프로그램이 있나요?

내담자: 그럼요.

상담자: 무엇인가요?

내담자: 스타트렉이요. (활짝 웃음)

이자관계 자원화에서는 긍정적 정서가 나타날 때마다 이를 인정하고 지지하는 것이 중요하다. 내담자가 스타트렉에 대해 말하며 웃는 것을 보고, 우리가 좋은 자원을 작업하고 있다는 낙관이 들었다. 나는 즉시 그 좋은 느낌에 대해서 물어보았다.

상담자: 그럼, 당신이 스타트렉을 생각하면서 스타트렉에 대한 좋은 느낌을 떠올릴 때에는, 무엇이 생각나나요?

내담자: 함께 모여서 함께 일하는 거요.

상담자: 그리고 특정한 이미지를 갖고 있는 것 같은데, 맞나요?

내담자: 네.

상담자: 어떤 이미지인가요?

나는 내담자의 눈 움직임을 통해 드러나는 접근 단서를 살피고 있었다.

내담자: 엔터프라이즈 호의 함교 승무원들을 생각하고 있었어요.

상담자: 당신이 그 함교 승무원들을 생각할 때 떠오르는 이미지가 있나요?

이자관계 자원화는 내담자가 관찰자의 역할에 있는 것으로부터 시작한다. 나는 시각적 세부사항들에 대해 물어보면서, 내담자가 그 자원과 동일시 할 수 있는 가능성을 기민하게 가늠해본다. 나는 내담자의 결핍된 느낌에 기반한 부정적 투사가 일어나는 상황은 피하려 한다.

명확한 이미지를 얻기

내담자: 그럼요.

상담자: 그리고 그것에 대한 좋은 느낌이 드나요?

다시, 내담자가 좋은 느낌으로 돌아가 보도록 한다.

내담자: 네.

상담자: 그럼 그 장면을 생각하면, 무엇이 알아차려지나요? 무엇이 눈에 띄나요?

내담자: 함께 효과적으로 일하는 사람들이요.

내담자의 이 반응은 실제로 보고 있는 시각적 이미지를 설명하는 것처럼 보이지 않았다.

상담자: 당신이 보고 있는 것에 대해 말해주겠어요? 만약에 어떤 사진이라면…?

내담자: Picard 함장이 보여요. 의자에 앉아있고, 옆에는 Riker 중령과 Troy 상담관이 있네요.

상담자: Picard 함장이요?

내담자: 네. 넥스트 제너레이션[1]이요, Kirk 함장 때가 아니라요.

상담자: 그래서, 함장이 Kirk가 아니라 Picard군요, 다른 사람도 있나요?

내담자: Riker 중령이요, 뒤에 Leslie, Worf, Geordi도 있고요.

가상의 자원 선택

---

1) 스타트렉 시리즈 중 하나.

나는 매우 어린 시절의 트라우마를 갖고 있는 내담자와의 작업에서는 가상의 인물을 자원으로 사용하는 경향이 있는데, 이것이 내담자들이 자신이 갖고 있는 부정적인 내용을 인물에게 투사하는 것을 보다 쉽게 막아주기 때문이다. 이 내담자가 자원 작업을 하기 어려워할 것 같지는 않았지만, 나는 가상의 인물을 자원으로 활용하는 방법을 시연을 통해 보여주려 했다. 덧붙여, 가상의 인물을 이용해서 성공적으로 진행한 경험이 많기 때문에, 이제는 이를 더 많이 활용할 뿐만 아니라 심리적으로 보다 온전한 내담자와의 작업에서도 이용하는 편이다.

상담자: 좋습니다. 그럼, 이 인물들 중에서 누구와 가장 연결되어 있는 것처럼 느끼나요?

내담자: 저는 Picard 함장을 좋아해요.

상담자: 그럼 당신이 Picard 함장을 떠올리면, 어떤 특징들이 생각나나요?

내담자: 현명하고 사려 깊은 거요. 강하고, 위엄이 있고요.

정서를 추적하던 중, 불빛이 사그라드는 것을 인지함

상담자: 지금, 당신이 그런 세부적인 내용들에 대해 말하면서 웃음이 그쳤다는 걸 알아차렸어요. 하지만 당신이 그를 처음 떠올렸을 때에는 그를 생각하는 것이 즐거웠던 것 같아요, 그렇죠?

이는 흔히 이루어지는 개입이다. 내담자들이 어떤 긍정적인 것에 대해 말하고 있지만 그 말과 일치하는 정서가 나타나지 않는 경우, 그 불일치에 대해 알려줌으로써 내담자가 자신의 말과 정서를 보다 일치시킬 수 있게끔 돕는다. 이 과정에서의 목표는 내담자가 진정한 즐거움의 경험을 해보게끔 하는 것이다. 내담자가 긍정적인 경험이나 느낌을 실제로 경험하지 않는 상태로 이에 대해 이야기하는 것은 의미가 없다. 나는 여기서, 그가 자신의 기분 좋은 느낌으로 다시 돌아가 보게 하였다.

내담자: 그렇죠.

상담자: 그러면 그건 어떤 즐거움인가요?

내담자: 함선에서 일어나는 사랑 이야기가 즐겁게 느껴지는 것 같아요.

상담자: 그 팀에서 말이죠.

내담자: 함교 승무원들이요.

관찰자 역할을 유지하기

자원화 절차의 이 지점에서, 나는 내담자가 자원과 동일시하지 않도록 하는 개입을 반복하는데, 그러지 않으면 내담자가 그 자원이 갖는 특성이 아니라 그 자원이 자원인 자기 자신을 바라보는 관점을 떠올리게 될 수 있기 때문이다. 내담자가 자원 내부의 느낌이나 처리되는 것들을 설명하다 보면, 자기 자신을 그 자원과 혼동하기 시작할 가능성이 있다. 이 사례에서는, 그가 자신의 아버지를 묘사하는 것과 같은 방식으로 Picard 함장의 긍정적인 특징들을 묘사하기 시작한 순간에서부터 혼동이 일어나기 시작했던 것으로 보이는데, 이는 자녀들로부터 매일같이 기쁨을 얻는 애정 어린 남자보다는 책임감 있고 존경받는 남자와 관련된 강렬한 정서를 불러일으켰을 것이다.

상담자: 애정이 있다는 걸 어떻게 알 수 있었나요?

내담자: 그들이 매주 함께 돌아왔거든요.

상담자: 그럼, 그들은 의지할 수 있는 사이군요.

내담자: 네. 그리고 그들은 우주에 박혀있기 때문에, 실제로 다른 곳으로 가버릴 수 없어요.

상담자: 우리는 당신을 기분 좋게 만드는 것들에 대해서 얘기하고 있는데, 그것들이 당신의 기분을 좋게 하는 이유 중 하나는 그들이 바로 거기에 있기 때문이군요. 어디론가 가버릴 수 없으니까요.

내담자: 맞아요.

상담자: 그러면, 자, 당신이 그 팀의 애정을 떠올렸을 때, Picard 함장을 생각

했죠.

내담자: 맞아요.

상담자: 제가 알기로 그 배에 가족들은 없었던 것 같아요.

내담자: 아뇨, 있어요. 이건 넥스트 제너레이션이지, 오리지널 스타트렉이 아니라서요.

상담자: 오, 이번 시리즈에는 가족이 있군요. 그러면 Picard 함장에게, 아이들이 있나요?

내담자: 아뇨, 그는 애들을 좋아하지 않아요.

상담자: 애들을 좋아하지 않는군요! 그러면 당신은 그것에 대해 어떻게 이해하고 있나요?

내담자: 그를 어떤 큰 곰인형처럼 생각해요. 저희 아빠처럼요. 그는 감정을 잘 보이지 않아요. 애들을 불편해할 수도 있을 것 같아요. 그래도 여전히 강인하고 애정 어린 사람이고, 위엄 있고, 옳은 일을 하려고 노력해요.

상담자: 그리고 돌보아주고요.

내담자: 네. 그가 돌보는 방식은 당신이 생각하는 것과는 좀 다를 수 있는데, 그래도…

상담자: 그래도 당신이 그를 떠올릴 때면 그를 돌보아주는 사람으로 생각하는군요. 그게 아까 떠올렸던, 팀에 대한 애정이면서, 그가 상징하는 것이군요.

이 축어록을 읽다보니, 이 부분에서 내가 내담자를 약간 방해한 것처럼 보이기도 했지만, 회기를 녹화한 비디오를 통해 보면 이것이 진행에 협력적인 양상이기도 하였으며, 우리의 작업이 충분히 잘 진행되고 있었다.

내담자: 맞아요.

아이를 추가시키기

이자관계 자원화의 첫 번째 단계인 자원이 되는 성인을 탐색하는 절차를 진행한 후에는, 사랑을 받는 자원으로서의 아이를 탐색하는 두 번째 단계가 이어진다.

상담자: 그렇군요, 좋습니다. 이제는 그가 아버지로서는 어떨 것 같은지에 대해서 상상해보려 합니다. 어떻게 생각하나요?

내담자: 그런 식으로는 생각해본 적이 없는데, 당연히 그는 좋은 아버지일 거예요.

상담자: 그럼, 그에게 아이가 있다고 가정해봅시다. 그리고, 그가 아이와 함께 있는 이미지를 떠올려볼 수 있나요?

내담자: 네.

상담자: 그러면 무엇이 떠오르나요.

내담자: 아주 큰 애정이요.

관찰자 역할을 유지하기

상담자: 그러면 그 이미지는 어떤 것인가요?

내면에서 일어나는 자원 처리의 시각적인 증거들에 대해 얘기해보도록 하는 것은, 내담자가 자신을 그 자원으로부터 분리된 제3자의 위치에 두게끔 하여 투사가 일어나는 것을 방지해주며, 자원 이미지를 보다 선명하게 구성하도록 도와 자원에 대한 느낌을 강화시켜준다.

내담자: 절제된 애정이라고 할 수 있겠네요. 그는 가슴에 많은 애정을 품고 있지만, 통상적인 방식으로는 내보이기 어려운 것 같아요 – 애정이 명백히 드러나지는 않지만, 거기에 자리잡고 있죠.

관찰자 역할을 유지하기. 선명한 이미지를 얻기.

상담자: 만약 제가 그걸 사진으로 보게 된다면 무엇을 볼 수 있게 될까요?

내담자: 젊은이, 소년, 청년을 마주하고 앉아있는 그의 몸을 볼 수 있을 거예요.

나는 대개 4, 5세나 6세 정도의 아이를 통해 작업하는 것을 선호하기 때문에, "청년"이라는 말을 듣게 되자 연령을 확인하기 위해 끼어들었다. 4살 정도가 자전적인 서술 기억이 시작되는 시기에 가깝기 때문에, 이 연령이 이자관계 자원화의 아이로 삼기 좋은 편이다.

상담자: 그러면 그 아이는?

내담자: 12살 정도라고 할 수 있겠네요.

원하는 연령을 선택하기

상담자: 그 아이가 5살이나 6살 정도라고 하면, 그 이미지가 바뀌게 될까요?

내담자: 아뇨, 하지만 좀 더 애정어려보일 것 같네요.

상담자: 더 애정 어리게 되는군요, 그러면 그들은 어떻게 있게 되나요? 그들 사이에 어떤 접촉이 있게 되나요?

신체적 접촉을 추가하여 강화시키기

더불어 보다 어린 나이의 아이일 경우에 성인과 아이 사이의 신체적 접촉이 좀 더 자연스럽게 이루어질 수 있다. 이러한 신체적 접촉은 자원화 과정에서의 좋은 경험을 상당히 강화시켜주는 것으로 보인다.

내담자: 그 어린 아이와 닿아있지는 않더라도, 우리가 앉아있는 것처럼 앉아있을 것 같네요.

상담자: 이야기를 나누고 있나요?

내담자: 네. 그가 관심을 보이는 이미지가 보이네요.

상담자: 오, 관심을 보이면서, 애정 어리게 바라보고 있나요.

내담자: 네.

상담자: 좋습니다. 제가 막대를 갖고 오지 않았다는 걸 지금 알았네요. (일어서서 레이저포인터를 가지고 옴)

BLS를 이용해 강화시키기

상담자: 자, 당신은 그 두 사람의 이미지를 떠올렸고, 애정 어린 이미지였죠. 이 제 그것에 대해 그저 생각해보세요. <><> 그럼 무엇이 떠오르나요?

내담자: 제가 이걸 해보는 게 처음이라, 그저 제가 잘 따라가고 있는지를 확인 해보고 있었어요.

상담자: 오, 처음 해보는 것이었군요. 미안합니다. 저는 당신이 이걸 해봤을 거 라고 생각했어요.

내담자: (BLS의) 공 모양을 보자마자 그 이미지를 놓쳤어요. 거기에 머물러보도 록 할게요.

상담자: 그럼 다시 떠올려볼 수 있겠어요?

내담자: 그럼요.

진행이 약간 중단되었기에, 나는 그가 여전히 이미지와 긍정적 정서에 연결 되어 있는지를 확인하고자 했다.

상담자: 다시, 어떤 세부사항들을 알아차렸나요?

내담자: 그가 아이에게 갖는 관심이요.

상담자: 그걸 어떻게 볼 수 있나요?

내담자: 그의 얼굴에 부드러운 미소가 있거든요.

상담자: 그것을 그저 알아차려 보세요. <><> 그러면 무엇이 떠오르나요?

내담자: 약간의 긴장감이요. 그리고 한 5초 정도 동안 그의 얼굴에 미소가 떠올 라 있는 걸 본 게 좋았어요.

상담자: 당신이 "긴장감"이라고 말한 건, 어떤 의미였나요?

내담자: Picard 함장이 전형적인 방식으로 미소 짓는 다정다감한 사람은 아닌

것 같아서요. 그의 그런 부분들을 볼 수 있는 게 좋아서요. 그와 어울리
지는 않지만, 그러면서도 좋았어요.

상담자: 좋은 느낌이었군요.

내담자: 네.

상담자: 그럼 그게 어떤 느낌인지를 그저 알아차려 보세요. < >< > 지금은
무엇이 떠오르나요?

내담자: 안심이 되네요.

신체적 감각 강조하기

자원이나 긍정적 기억에 관련된 긍정적 정서를 강화시키는 방법 중 하나는,
이와 관련된 현재의 기분 좋은 신체적 감각에 대해 물어보는 것이다.

상담자: 그렇게 말하면서, 그것을 지금 느껴보고 있는데, 그게 당신의 몸 어디
에서 느껴지는지를 알고 있나요?

내담자: 등 근육이 약간 풀리는 게 느껴져요.

상담자: 그렇군요. < >< > 지금은 무엇이 알아차려지나요?

내담자: 제 심박수와 혈압이 낮아지는 게 느껴져요.

나는 이를 긍정적 감각의 경험으로 보았다. 긍정적인 것으로 여기지 않았더
라면, 이를 양측성 자극을 이용해 강화시키지 않았을 것이다.

상담자: 그것을 그저 알아차려 보세요. < >< > 지금은 어떤가요?

내담자: 이 순간을 제 몸으로 좀 더 느끼고 있는 것 같아요. 그리고 그 공에 대
해서도 많이 생각하고 있어요. 제게는 아직도 좀 새롭네요.

상담자: 그런가요? EMDR 경험을 전에 해본 적이 있나요? 양측성, 두드리기 같
은 것들?

내담자: 한 명하고 두드리기만 해봤어요.

상담자: 두드리기를요?

내담자: (미소 지으며) 저 분이 한 번 저를 두드려줬죠. (수강생 중 한 여성을 가리
키며)

상담자: 두드리기가 괜찮았나요?

내담자: 네.

상담자: 그럼, 제가 그걸 해도 괜찮은가요?

내담자: 네.

상담자: 당신의 무릎을 두드려도 괜찮겠어요?

내담자: 네.

불빛을 다시 가져오기

내담자가 긍정적 반응을 일으키는 자원과 관련된 세부사항들을 기억하도록
하는 것이 중요하며, 필요한 경우에는 이를 상기시켜줄 수도 있다.

상담자: 자, Picard 함장과 그가 앉아서 그 애정 어린 표정을 짓고 있는 이미지
를 떠올려보세요.

내담자: 제가 눈을 감아도 괜찮은가요? 다른 사람들의 얼굴을 신경 쓰지 않게요.

상담자: 네.

내담자: 무릎을 두드릴 때 제게 알려주세요.

자원을 강화하기

상담자: 알겠어요. 이제 당신의 양쪽 무릎을 두드려볼 거예요. < > < > 지금은
무엇이 떠오르나요?

내담자: 친밀감이요.

상담자: 좋습니다. 그것을 그저 알아차려 보세요. < > < > 그러면 지금은 어떤
가요?

내담자: 거리감도 느껴져요.

오염의 정도를 확인하기

내담자의 이러한 반응은 자원의 오염을 반영한다. 심리적으로 보다 취약한 내담자들은 자원에 심각한 오염을 동반시키는 경향이 있다. 이들은 자원이 되는 성인이 폭력적으로 변하는 것을 염려할 수도 있다. 또한 이자관계의 아이가 어린 시절의 자신과 관련된 부정적인 특징을 지니고 있다고 말할 수도 있다. 보다 간단하게는 아이를 통해 불안, 수치심 또는 슬픔 등의 부정적 정서를 보고할 수도 있다. 이 내담자의 사례에서는, 오염이 경미한 편이다. 그는 자신의 아버지를 돌보아주기는 하지만 어떤 면에서는 거리감 있는 사람으로 여겼는데, 이제 이 거리감이 자원 이자관계에 투사되고 있었다.

상담자: 그건 좋은 것인가요, 나쁜 것인가요?
내담자: 그건 그냥, 좀 덜 좋은 것 같아요.
상담자: 덜 좋다. 이 거리감이 덜 좋은 것이면, 그와 좀 더 가까워지고 싶은 감각이 있군요.

이는 내가 항상 애용하는 재구성 방법이다. 무언가를 잃어버리거나 상실감을 느끼는 경험이 나타났기에, 나는 이를 "갈망"이라고 이름 붙이고, 내담자가 잃어버렸다고 생각하는 긍정적인 느낌에 연결하려 하였다.

내담자: 그 둘 사이의 틈이 알아차려지네요.
상담자: 틈이라면, 둘 사이에 공간이 있다는 얘기인가요?
내담자: 네, 공간이요, 그런데 신체적인 공간이라기보다는, 좀 더 감정적인 공간이요.

신체적 접촉을 추가하여 강화시키기

나는 늘 자원 이자관계에 신체적 접촉이 수반되게 한다.

상담자: 그러면 만약 이게 너무 동떨어진 얘기가 아니라면, 그가 이제 그 아이를 팔로 감싸고 있는 걸 상상할 수 있나요?

내담자: 그럼요.

상담자: 그건 좋은 이미지인가요?

내담자: (끄덕임) < > < >

상담자: 지금은 무엇이 알아차려지나요?

내담자: 그들이 친밀해지고 있는 것 같아요.

상담자: 좋습니다, 그것을 그저 알아차려 보세요. < > < > 무엇이 떠오르나요?

내담자: 딱 좋아 보이네요.

상담자: 그러면 그건 당신이 보기에 좋은 느낌인가요?

관찰자 역할을 유지하기

다시금, 이와 같은 언급을 통해 지금 나타나고 있는 "좋은 느낌"에 내담자가 연결되게 할 뿐만 아니라, 그가 이자관계의 참여자가 아니라 관찰자임을 상기시켜준다.

내담자: 네.

상담자: 그것을 그저 알아차려 보세요. < > < > 그러면 지금은 무엇이 떠오르나요?

내담자: 서로를 더 편하게 느끼는 것 같아요.

상담자: 그러면 당신이 그걸 어떻게 알 수 있나요? 무엇이 보이나요?

내담자: Picard 함장이 커피 테이블에 다리를 올리고 있고 아이들은 쉬고 있어요. 그리고 Picard 함장은 그의 머리를 아이들에게 기대고 있어요.

상담자: 좋습니다. 그것에 대해 그저 떠올려보세요. < > < > 지금은 무엇이 떠오르나요?

내담자: 여전해요. 그들은 그냥 편안한 상태에요.

첫 번째 morphing 질문 (아이)

나는 자원 이자관계가 내담자의 즐거움과 행복의 원천을 반영하며, 자원과 내담자 사이의 경계가 명확하다고 여겨지면 morphing 절차를 진행한다. 특히, 이자관계의 아이가 내담자 내면의 상처 입은 아이의 어떤 부정적 특징도 갖고 있지 않아야 한다.

상담자: 그럼 그 둘의 이미지를 바라보면, 그 아이가 무엇을 경험하고 있을 거라고 **생각**하나요?

내담자: 안정감이요.

이 말은, 내담자가 자신의 어린 시절에 있었던 안전에 대한 염려를 자원으로서의 아이에게 투사하고 있다는 것을 보여준다. 그리고 자원으로서의 성인인, Picard 함장은 그 아이가 안전하게 느낄 수 있을 만큼 충분히 견고하다는 것도 드러난다.

상담자: 안정감이군요. 그것을 그저 떠올려보세요. < > < > 그러면 무엇이 떠오르나요?

내담자: 아이에게서 이 안정감을 알아차릴 수 있다는 게 좋네요, 그가 마땅히 받을 만한 것을요.

상담자: 그렇군요. 그것을 생각해보세요. < > < > 그러면 지금은 무엇이 떠오르나요?

내담자: 그저 Picard 함장의 많은 애정이 깃들어 있다는 걸 알아차렸어요. Picard는 그 아이에게 그런 안정감을 제공해줄 수 있어요.

상담자: 그것을 떠올려보세요 < > < > 그러면 지금은 무엇이 떠오르나요?

내담자: 특별한 건 없고, 거의 비슷해요, 좋은 이미지라는 게요. 그 둘 사이에 애정이 어려 있고 아이에게는 안전한 감각이 있어요. 그리고 Picard 함

장에게서 나오는 애정 어린 감각이 있고요.

두 번째 morphing 질문 (아이)

상담자: 자, 그럼 그것이 그 아이에게는 어떨 것 같은지를 상상해 보세요.
　　　　< >< > 지금은 무엇이 떠오르나요?

　　　이 질문을 통해, 내담자는 Picard 함장과 아이 사이의 관계에 대해 생각해보
는 것으로부터 이제 그것이 어떤 것인지를 상상해 보게 하는 것으로 넘어가게
된다. 상상해 보도록 하는 절차는 내담자가 그 아이의 경험을 좀 더 실제처럼 느
끼게 해준다.

내담자: 정말 좋네요. 이 아이는 자기가 존재하며 성장할 많은 공간을 갖고 있
　　　　어요.
상담자: 그것에 대해서 생각해보세요. < >< > 지금은 무엇이 떠오르나요?

　　　여기에서는 "생각해보세요."보다는 "상상해 보세요."라고 개입했어야 할 것
이다.

내담자: 그 아이가 지금 갖고 있는 기회들에 대해 생각하고 있었어요.

세 번째 morphing 질문 (아이)

상담자: 그럼 그 아이가 이러한 것들을 경험하는 걸 떠올려보면, 그 아이가 자
　　　　신의 몸에서 무엇을 느낄 것 같나요?
내담자: 편안함이요.
상담자: 그렇군요, 그걸 상상해 보세요. < >< > 그럼 지금은 무엇이 떠오르나요?

내담자: 아이가 편안해하는 걸 보고 있어요. 그리고, 자기 다리도 커피 테이블에 올리고 싶어 하는 것 같네요.

상담자: 그것에 대해 생각해보세요. <><> 그럼 지금은 무엇이 떠오르나요?

내담자: 안전하고 돌봄 받는 느낌이 좀 더 느껴져요.

상담자: 그럼 아이 몸의 어느 부위가 Picard에게 닿아있나요?

내담자: 머리요….

상담자: 그 아이의 어깨는 어떤가요.

내담자: 네, 어깨가 조금, 어깨의 일부랑 허벅지 부분이 좀 닿아있어요.

나는 이러한 질문들을 때로 "속임수"라고 부르는데, 이에 대답하기 위해서는, 내담자가 자신을 그 아이의 자리에 앉혀보게 되기 때문이다. 이어지는 morphing 질문은 이러한 것들이 그 아이에게 어떨 것 같은지를 물어봄으로써, 다섯 번째 질문으로 향하는 길을 닦아줄 뿐만 아니라, "제가 어떻게 알겠어요. 그런 경험을 해본 적이 없는데요."와 같은 반응을 예방해준다.

네 번째 morphing 질문 (아이)

상담자: 그럼 그 접촉이 어떤 느낌인지를 그저 상상해보세요. <><> 그러면 지금은 무엇이 떠오르나요?

내담자: Picard 함장과 이렇게 가까운 게 이상하기도 하네요. 그렇지만 좋았어요!

상담자: 좋았군요. 알겠습니다, 그럼 그것에 대해 생각해 보세요. <><> 그러면 지금은 무엇이 떠오르나요?

내담자: 연결된다는 행복한 느낌이요.

상담자: 그것에 대해 생각해 보세요. <><> 그러면 지금은 어떤가요.

내담자: 매우 사랑받는 느낌이요.

상담자: 훌륭합니다. 그것에 대해 생각해 보세요. <><> 그러면 지금은 무엇이 떠오르나요?

내담자: 아무것도요. 지금은 아주 많은 평화로움이 느껴져요.

상담자: 그렇다면 그건 당신이 그 아이의 경험을 하고 있는 것처럼 들리는데, 그게 맞나요?

내담자: 맞아요.

다섯 번째 및 여섯 번째 morphing 질문의 생략

　내담자는 자원 이자관계에서의 아이가 된다는 게 어떤 것인지에 대한 상상으로 자연스럽게 들어갔다. 따라서 다섯 번째와 여섯 번째 질문을 굳이 물어볼 필요가 없었다. 한편, 초반에 내담자가 이자관계의 아이와 동일시하지 않도록 그렇게 노력해놓고는 이제 와서 이를 독려하는 이유가 무엇인지에 대한 질문을 받기도 했다. 그 이유는, 절차의 초반에서는 이자관계의 아이에 대한 동일시가 일어나면 내담자 내면의 상처 입은 아이가 그 아이에 투사되기 때문이다. 하지만 morphing 절차가 시작할 때 즈음에는, 내담자가 자원 이자관계의 아이를 자기 내면의 상처 입은 아이와 분리해 생각할 수 있게 된다. 이 경험이 이자관계의 아이에게는 어떨 것 같은지를 상상해 보면서, 내담자는 내재화하고 자기 삶 전반에서 끌고 다니던 상처 입은 아이의 응어리와 분리된 채로 행복, 안전, 즐거움의 감각을 경험하게 된다.

상담자: 그럼 그것을 그저 알아차려 보세요. < >< > 그러면 지금은 무엇이 떠오르나요?

내담자: 당신이 제게 그의 허벅지에 닿아보게끔 하면서 그 경험을 해보도록 한 것에 대해 생각하고 있었어요.

　그가 자연스럽게 그들의 허벅지가 닿아있었다는 것을 언급한 것은 흥미로운 지점이다. 나는 이 부분에 어떤 역할도 하지 않았다. 그는 이후에 이 시점이 자기가 Picard 함장이라는 자원에 깊게 연결되었던 때라고 말했다.

전이적 질문

첫 번째 전이적 질문

상담자: 좋습니다, 그럼 당신은 지금 그 사랑받는 느낌에 연결되어 있군요. 여기서 질문을 하나 하겠습니다. "Picard 함장을 생각하면, 그가 당신을 사랑하는 게 그에게 어려운 일일 것 같은가요?"

내담자: 그는 사랑을 하는 걸 어려워할 것 같아요.

상담자: 그렇군요, 그런데 당신을 사랑하는 게 어려울 것 같은가요.

내담자: 그렇지는 않아요. 하지만 그걸 표현하는 게 그에게 어려울 것 같아요.

상담자: 맞아요. 그는 그걸 어려워하죠. 그런데 이 질문은 당신의 사랑스러운 아이에 대한 것이었어요.

내담자: 그건 어렵지 않죠.

그 아이를 사랑하는 게 그 성인에게 어려울 것 같은지를 물어보는 질문은 언제나 "아니요."라는 질문으로 끝맺는다. 하지만, 이 내담자는 질문을 약간 다른 방식으로 받아들였기 때문에 "그건 어렵지 않죠."라고 답하며 마무리 되었다. 이 질문들은 나도 모르게 자연스럽게 건넨 것들인데, 방금 물어본 것과 앞으로 물어볼 것은 두 가지 전이적 질문으로, 사랑받는 아이의 경험에 연결되는 것이 확립된 이후에 건네고 있다. 이 둘은 서로를 보완해주며, 그 성인이 전이된 아이를 사랑하는 게 어려운지에 대해서도 동시에 물어볼 수 있다. 이를 통해 내담자는 다음에 이어질 여섯 번째 morphing 질문의 초점인 '그 성인은 어떤 경험을 할지'에 대해 생각하게 된다.

상담자: 그것에 대해 생각해 보세요. < > < > 그러면 지금은 무엇이 떠오르나요?

내담자: 그 함선 전체가 저를 사랑해준다는 생각을 하고 있었어요, 제가 Picard 함장의 사랑스러운 아이니까요.

상담자: 그것에 대해 생각해 보세요. < > < > (내담자는 명백하게 당황해하며 자신

의 얼굴을 가렸다) 그러면 지금은 무엇이 떠오르나요?

내담자: 아주 긍정적인 느낌이요.

상담자: 좋습니다, 그건, 그렇군요. 그것에 대해 생각해보세요. <><> 그러면 지금은 무엇이 떠오르나요?

내담자: Picard 함장에게 아이가 있어야 했다는 생각을 해요.

두 번째 전이적 질문

상담자: 그럼 여기서 다른 질문을 하나 할게요. "이 모든 사랑을 받을 만한 자격을 갖기 위해 당신은 무엇을 했나요?"

내담자: Picard 함장의 아이가 되어보는 게 저를 약간 특별하게 만들어준다는 생각을 하고 있었어요.

상담자: 그런데, 그의 사랑을 받을 만한 자격을 갖기 위해 무엇을 했나요?

내담자: 아무것도요.

상담자: 그것을 생각해 보세요. <><> 지금은 무엇이 떠오르나요?

내담자: 그건 좀 더 어려운 질문이네요. 그 사랑을 받기 위해 내가 아무것도 하지 않았다는 사실을 받아들이느라 팔다리에 긴장감이 느껴지는 것 같아요. 제 생각엔 제가 그 사랑을 받을 만한 자격이 있어야 한다고 느끼는 것 같아요. 뭔가를 했어야 했어요.

상담자: 하지만 당신은 뭔가를 하지 않았죠.

내담자: 네.

상담자: 그것에 대해 생각해 보세요. <><> 그러면 지금은 무엇이 떠오르나요?

내담자: 사랑받기 위해서 뭔가를 하지 않아도 된다는 걸 알게 되는 게 좋네요.

상담자: 네, 거기에 머물러보세요. <><> 지금은 무엇이 떠오르나요?

내담자: 평화로움과 차분함이요.

성인 morphing 질문

첫 번째 morphing 질문 (성인)

　　성인 morphing 질문은 아이 morphing 질문보다 빠르게 진행되는 경향이 있으며, 이따금 내담자가 나보다 앞서갈 경우에는 몇 단계를 건너뛰기도 한다. 이 질문들은 이자관계 자원 경험에 대한 두 번째 관점을 쌓는다. 내담자는 이를 통해 애정 어린 감각을 느낄 수 있게 될 뿐만 아니라 이를 자기 자신에 대해 품을 수 있게 되며, 이것은 트라우마 처리를 진행할 때 강력한 적응적 성인 관점으로 기능하게 된다.

상담자: 이제 당신이 Picard 함장의 입장에 있어보았으면 해요. 그럼 그가 이 다섯 살 난 아이와 연결되어 있으면서 무엇을 경험할 것 같은가요?

내담자: 감정이 휘몰아치네요. 애정과 고통감, 그리고 그 아이에게 무슨 일이 일어날까봐 걱정하는 마음, 아이에게 무슨 일이 일어난다면 보호하고 책임지겠다는 마음, 그리고 어찌나 그를 돌보려 하는지 거의 놀라울 지경이에요.

상담자: 네. 그것을 그저 알아차려 보세요. < > < > 지금은 무엇이 떠오르나요?

내담자: 그가 그런 사랑을 받아보지 못했다는 게 유감이네요.

내담자 자신의 어린 시절의 투사

상담자: 그가, Picard 함장이, 그런 사랑을 받아보지 못했나요?

두 번째 morphing 질문을 생략 (성인)

내담자: 그랬죠.

현재의 신체적 감각에 주의를 기울이기

상담자: 그러면 그의 몸 어느 부분이 그 아이와 닿아있나요.

내담자: 반대편 허벅지랑, 팔과 뺨이요.

세 번째 morphing 질문 (성인)

상담자: 그것에 대해 생각해 보세요. < > < > 그럼 지금은 무엇이 떠오르나요?

내담자: Picard 함장에게 닿는 데 익숙해지고 있어요.

네 번째 morphing 질문 (성인)

상담자: 좋습니다. 그럼 그게 그에게 어떨 것 같은지를 상상해보세요. < > < > 그러면 지금은 무엇이 떠오르나요?

내담자: 강력한 의무감이요, 다른 이들을 위해 거기에 있으면서 느끼는.

상담자: 그럼 그 아이와의 관계에 대한 그의 느낌은 어떤가요?

내담자: 그건 사라져버렸어요. 아예 없어져버린 건 아니지만, 그의 느낌에 대한 질문을 받으니까, 그의 의무에 대한 생각으로 흘러갔어요.

상담자: 그럼 그 아이와의 접촉이, 어땠을 것 같은지로 다시 돌아가 볼게요. 다시 떠올리면 제게 알려주세요. < > < > 지금은 무엇이 떠오르나요?

성인의 경험에 대한 연결이 확고해짐
내담자가 이미 다섯 번째 morphing 질문을 넘어서고 있음

내담자: 그가 실제로 바라는 만큼 사랑하고 다정하게 잘 대해주지 못한다는 그의 슬픔이요….

상담자: 글쎄요, 그가 어떻게 하든 그 아이는 정말 기분 좋아하고 사랑받는다고 느끼고 있어요.

내담자: 그렇네요.

상담자: 그것에 대해 생각해 보세요. < > < > 무엇이 떠오르나요?

내담자: 그가 그걸 알고 좀 놀랐어요.

상담자: 좋습니다, 그것을 생각해 보세요. < > < > 그러면 지금은 무엇이 떠오르나요?

내담자: 이 아이에게 그렇게나 중요한 존재가 된 게 죄책감이 느껴져요. 그가 이런 것에 익숙하지 않거든요.

상담자: 이건 새롭네요.

내담자: 새로워요.

상담자: 그것을 그저 알아차려 보세요. < > < > 지금은 무엇이 떠오르나요?

내담자: 그가 이기적이고 건방진 사람이 되지 않으려 하는 것 같아요. 그리고

그것과 동시에, "그래, 사랑을 주는 애정 어린 사람이 되는 건 좋은 일이야."라는 걸 받아들이는 느낌도 있어요.

상담자: 그렇군요. 그리고 그건 아이가 아주 좋은 느낌을 갖게 만들어주네요.

내담자: 맞아요.

상담자: 그것에 대해 생각해 보세요. <><> 그러면 지금은 무엇이 떠오르나요?

내담자: 아직 그걸 처리하고 있어요.

상담자: 거기에 머무를게요. <><> 지금은 무엇이 떠오르나요?

내담자: 거북하면서도 기쁜 마음이요. 죄책감이 느껴지지만, 즐겁기도 하고, 그에게는 새로운 경험이에요, 그리고 일어나고 있는 일이고요.

상담자: 그것에 대해 생각해 보세요. <><>

내담자: 그가 뭔가 특별히 할 필요가 없다는 게 놀랍네요.

상담자: 그런 좋은 느낌을 주기 위해서 말인가요?

내담자: 맞아요.

상담자: 그것에 대해 생각해 보세요. <><> 지금은 무엇이 떠오르나요?

내담자: 그게 그가 그 아이를 위해 더 있어 주려는 마음에 힘을 더해주네요.

상담자: 좋습니다, 그것을 생각해 보세요. <><> 지금은 무엇이 떠오르나요?

내담자: 그가 훨씬 더 인간적으로 느껴져요. 그리고 이렇게 애정 어리고 다정한 방식을 마음껏 누려보는 걸 마음에 들어 하네요.

여섯 번째 morphing 질문 (성인)

상담자: 그럼 상상해 본다면, 그의 입장에서는 그게 어떨 것 같나요?

내담자: 으음.

상담자: 그것에 대해 생각해 보세요. <><> 그러면 지금은 무엇이 떠오르나요?

내담자: 이런 사랑과 애정을 줄 수 있어서 정말 다행이라고 느껴요.

상담자: 그걸 그저 알아차려 보세요. <><> 그러면 지금은 무엇이 떠오르나

요?

내담자: 제가 Picard 함장의 입장에서 그 어린 소년에게 애정을 나누어주는 이 미지를 보고 있었어요.

상담자: 그건 좋은…?

내담자: 그럼요.

상담자: 그것을 알아차려 보세요. ＜＞＜＞ 그러면 지금은 무엇이 떠오르나요?

내담자: 뭔가 관련 없는 거요.

상담자: 오, 완전히 관련 없는 거였나 보군요.

성인과 아이 사이를 오가도록 하기

아이가 되어보는 것과 성인이 되어보는 것을 오가보도록 하는 것이 이자관계 자원화 절차에서의 마지막 단계이다. 이는 자원의 두 부분을 내담자가 자기 안에 모두 지니고 있다는 개념을 확고히 해주는 것으로 보이며, 내담자는 흔히 이 단계를 진행하는 동안 이자관계의 두 부분이 하나가 된다고 보고한다.

상담자: 그럼 이제 당신의 주의가, 그 아이가 되어보는 것이 어떤지와 그 양육 자가 되어보는 것이 어떤지의 사이를 오가도록 했으면 합니다. 그렇게 해볼 수 있겠어요?

내담자: 다시 설명해 주세요.

상담자: 그 두 부분에 번갈아 가면서 주의를 기울여보세요. 괜찮은가요?

내담자: 알겠어요.

상담자: ＜＞＜＞ 지금은 무엇이 떠오르나요?

내담자: 호혜성이요. 이 단어를 사랑을 경험하는 것으로서 듣고, 느끼고, 보고 있어요.

상담자: 좋습니다. 거기에 머물러 보세요. ＜＞＜＞ 그러면 지금은 무엇이 떠오 르나요?

내담자: 여전히 많은 온기와 애정을 경험하고 있어요.

상담자: 좋아요. 거기에 머물러 보세요. <><> 그러면 지금은 무엇이 떠오르나요?

내담자: 그 아이가 안전감과 유능감을 느낄 수 있고, 뭔가를 해낼 수 있으면서도 그저 한 아이로 있을 수 있어서 다행이라고 느껴요.

상담자: 거기에 머물러 보세요. <><> 지금은 무엇이 떠오르나요?

내담자: 그 성인이, 그 성인으로서의 제가, 아이로부터의 애정을 가슴으로 받아들이고 다시 되돌려줄 수 있다는 게 멋지다고 생각해요.

상담자: 그 모든 것들을 그저 알아차려 보세요. <><> 지금은 무엇이 떠오르나요?

내담자: 멋진 순환이네요.

상담자: 거기에 그저 머물러 보세요. <><> 지금은 무엇이 떠오르나요?

내담자: 아주 룰루랄라죠. 이건 멋지고, 행복하고, 건강한 가족을 만들어내는 재료 같은 거예요.

상담자: 자, 이쯤에서 정리하면 좋을 것 같군요.

내담자가 한 말들과, 명백한 반응들로 미루어 보건대, 이 회기에서의 결과물은 매우 강력했던 것으로 여겨진다. 그는 비교적 심리적으로 잘 통합되어 있는 사람이었기 때문에, 자원화 작업이 다른 방식으로 진행되었더라도 성공적으로 마무리되었을 것이다. 사실, 그에게 자원화가 필요 없었을 수도 있다. 그럼에도 이 회기는 그에게 매우 유익했다. 심리적으로 건강한 편인 내담자들과의 다양한 이자관계 자원화 회기를 통해, 나는 이 프로토콜이 꼭 필요한 것은 아니나 이로부터 도움을 받을 수 있는 보다 넓은 범위의 내담자들에게 적용할 수 있게 되었다.

DYADIC RESOURCING

까다로운 내담자와의 이자관계 자원화

다음의 회기는 강의에서 진행된 시연으로, 내담자는 자신이 어린 시절 경험했던 학대를 지속적으로 자원 이자관계에 투사하는 문제와 싸우고 있었다. 앞서 상대적으로 순조롭고, 상당한 자원을 지니고 있는 내담자와의 자원화 작업을 설명하였는데, 이 장에서는 주의 깊게 관찰하고 구조화하지 않으면 작업이 성공적으로 진행되지 않는 등 자원화가 매우 어려운 회기의 예시를 다루고 있다. 이 내담자는 자신의 삶에서 있었던 실제 경험을 이용한 자원화를 진행하는 데 어려움을 겪었는데, 상처 입은 감각으로 인해 자원이 오염될 가능성이 있었기 때문이다. 이러한 경우 책이나 영화에서 등장하는 자원 이자관계를 선택하는 것이 더 낫다. 심지어 작업 초반에서부터도, 내담자가 선택한 영화는 그 내용이 어두울 뿐만 아니라 내담자 자신의 명백한 학대 이력을 반영하는 것으로 보였으며, 유용한 자원을 만들어내기 어려운 것이었다. 다만 그녀가 마지막으로 선택한 영화의 경우, 무조건적인 돌봄의 원천이 되기는 어려웠지만, 그녀에게는 효과가 있었고, 깊은 감명을 받았다. 2달의 추적관찰에 따르면, 이 회기에서 개발한 자원은 지속적으로 강력한 효과를 발휘했다.

가상의 자원을 탐색하기

상담자: 그럼 상상해보세요. 우선, 당신은 책, 영화, TV 중 어디에 끌리나요? 어떤 매체를 가장 좋아하나요?

내담자: 말하자면, 영화겠죠.

상담자: 가장 좋아하는 영화가 있나요?

내담자: 가장 좋아하는 영화라. 가장 생각나는 걸 말하자면, 제가 그 영화를 최근에 봐서요. 회색 정원이요.

상담자: 다시 말씀해주시겠어요.

내담자: 회색 정원이요. 그 영화를 아시나요?

상담자: 아뇨. 그것에 대해 얘기해줄 수 있나요?

내담자: 네, 그건 Jacqueline Onassis의 친척인, Bouvier 가족들에 대한 이야기예요. 그들은 아주 별난 사람들인 데다가, 엄청 자아도취적이고, 끔찍하게 통제해대는 엄마를 갖고 있었어요…. 그녀의 아들들은 그녀에게서 벗어날 수 있었지만, 딸은 불행하게도 그녀에게 매여 있었죠. 일종의 그녀의….

상담자: 여기서 잠시 끼어들어야겠군요. 제가 전체적인 줄거리를 듣고자 했던 건 아니었고, 다만 "그 영화의 어떤 인물이 당신의 관심을 끌었는지"를 알고 싶었어요.

"끼어드는 것"은 논란의 여지가 있는 주제이다. 나는 이를 많이 이용하며, 생각하건대 대부분의 치료자들보다 그런 것 같다. 나는 교육을 받는 사람들에게도 이런 끼어듦을 어느 정도 연습해보도록 독려한다. 내담자는 이를 갑작스럽고, 냉정하거나 비판적이라고 느낄 수도 있다. 보통 치료자는 작업 중 때로 끼어들어 말할 수 있다고 내담자에게 미리 알려줌으로써 이러한 상황을 잘 받아들일 수 있도록 한다. 이 내담자와의 작업에서는 시연을 시작하기 전인 강의 중에 이러한 상황에 대해 미리 논의하였기 때문에 내담자가 불편해하지 않았다. 나는 다음과 같은 특정한 상황에서만 내담자의 말에 끼어드는 편이다. 내담자가 지나치게 장황해지면서 주제를 회피하거나 방어하려는 태도를 보일 때, 내담자가 산만해지며, 여러 화제를 배회할 때, 정서가 나타나고 있으면서, 내담자가 이야기를 지속하다가 그 정서에 대한 연결을 놓쳐버리기 전에 내가 이를 양측성 자극으로 처리하고자 할 때, 또는 이 사례에서처럼 내담자가 아마도 불안감을 느꼈기 때문에 부적절하거나 불필요한 세부사항들을 늘어놓기 시작할 때이다. 이러한 경우, 치료자가 예의를 차리며 내담자의 장황한 이야기에 끼어들지 않는다면, 이것이 회기의 대부분을 차지하면서 처리를 위한 시간이 부족해질 것이다.

내담자: 관심이 가지는 않았어요. 그들은 매력적인 사람들이 아니거든요. 하지만 확실히 공감되는 것 하나는 있었어요.
상담자: 오, 공감이라, 연민 같은 건가요?
내담자: 맞아요. 연민이요.

나는 내담자의 말을 그 영화에 나오는 인물이 자기 자신과 같은 종류의 결함을 갖고 있다는 의미로 보았다. 그녀가 "연민"이라 언급한 것은 이 인물이 묘사한 느낌을 내적으로 인식한 것이었다. 나는 내담자에게 이것이 옳은 연상이 아니라는 점을 언급하지 않았다. 그저 다른 것에 대해 물어보기로 했다.

상담자: 그럼 다른 영화를 골라보죠. 나는 당신의 마음이 끌리는 인물을 찾고 있어요.
내담자: 다른 건 제가 최근에 보았던 셔터 아일랜드가 있어요.
상담자: 셔터 아일랜드요?
내담자: 짧게 말하자면, 이건 심리 스릴러물이에요. 한 경찰관으로부터 시작되는 것처럼 보이는데, 1954년에 있었던 일이고요. 그가 한 섬에 있는 치료감호소로 향하는데, 미국에서 가장 폭력적인 범죄자들이 있는 곳이에요. 그리고 그는 거기서 비협조적인 상황들을 겪게 되죠. 하지만 실제로 일어나는 것들은…

내담자가 "~처럼 보이는데"라는 말로 이어나가기 시작했을 때, 나는 그녀가 이야기에 대해 얘기할 것이라는 걸 알 수 있었다. 내담자가 "실제로 일어나는 것들은"이라고 말하자, 이야기의 줄거리를 말하는 목적의 대부분이 재미 위주라는 점이 분명해 보였다. 이는 방어로 인한 것이거나, 다른 많은 내담자들에게서도 분명하게 드러나는 것처럼 대인 관계적 맥락을 충분히 인식하지 못해서 나타나는 모습으로 여겨졌다. 이러한 행동들은 진단적 정보를 제공해준다. 나는 종종 영화 "드라그넷"에 등장하는 Joe Friday라는 인물이 말하던 것처럼, "사실을요, 선생님. 사실을 말해달라고요."와 같은 느낌을 받는다.

상담자: 다시 말하지만, 저는 전체의 줄거리를 듣고자 하는 게 아니에요. 다만 당신이 어떤 인물을 마음에 들어했는지를 알고 싶어요.

내담자: 초반에 나왔던 경찰관이요.

상담자: 그러면 그 경찰관의 어떤 점에 관심이 갔나요?

내담자: 그는 상당한 트라우마를 경험했고, 이곳에서 고문을 당했고, 이런 일들을 받아들이기 위해서 아주 어렵게 고군분투하고 있었거든요.

상담자: 그러면 그 점이 왜 마음에 들었나요?

내담자: 제가 그걸 공감할 수 있어서요.

상담자: 고문당하고, 고군분투하는 것에 말인가요?

내담자: 많은 트라우마를 다뤄야 하는 것과 고군분투하는 것에요.

상담자: 그러면, 그는 당신이 존경하는 인물인가요?

내담자: 전반적으로는, 그래요. 하지만 완전히 그렇지는 않아요.

이전과 마찬가지로, 그녀는 잠재적으로 자원이 될 만한 인물보다는 고통감을 공유하는 인물을 선택했다. 내가 그녀의 마음에 드는 인물을 찾고 있다고 설명할 때, 좋은 느낌의 원천이면서도 돌보아주는 역할을 하는 인물이어야 한다는 점에 대해서는 충분히 설명하지 않았기 때문인 것으로 생각된다.

상담자: 알겠습니다. 그럼 이제 나는 당신이 존경하는 인물을, 그 인물을 생각하면 좋은 느낌을 받는 누군가를 찾아보고 있어요.

내담자: 애매하거나, 양가적이지 않은 인물로요?

상담자: 그렇죠.

내담자: 알겠어요, 전에 사귀었던, 한 애인을 생각하게 되네요. 영화에 나오는 인물은 아니지만요.

이 과정에서, 나는 복잡한 관계를 이용하지 않으려 하고 있었는데, 대개 결과적으로는 자원화 절차를 방해하는 어둡거나 부정적인 측면을 갖고 있기 때문이다.

상담자: 저는 사실 영화 중에서 찾아보려 해요.

내담자: 꼭 영화여야 하는군요. 알겠어요. 좋아요. 그렇게 어렵진 않아요. 알겠어요. 말하자면 미스 리틀 선샤인이 있겠네요.

상담자: 그 영화는 다른 내담자들도 종종 떠올렸던 거예요. 그럼 당신은 어떤 인물에 반응하게 되나요?

내가 실제로 말하지는 않았지만, 사실 내담자가 이를 처음 떠올렸을 때에는 그 영화가 자원의 원천이 될 것 같지는 않을 것처럼 여겨졌다. 하지만, 이 내담자의 경우에는, 작업이 잘 진행되었다.

내담자: 인물이 되게 많은데, 그 중 생각나는 건 할아버지예요.

상담자: 할아버지는 어떤 인물인가요?

자원을 강화시키는 첫 번째 단계는 내담자가 그 자원 인물과 관련짓는 긍정적인 특징을 탐색하는 것이다.

내담자: 다정함이 있고, 너그럽고, 연민 어리고 약간 괴팍한 면도 있었어요.

상담자: 그리고 현실적인 면도 있었죠.

내담자: 현실적인 면도요. 맞아요.

탐색된 자원을 내담자로부터 독립된 상태로 유지하기

　　내담자가 언급하는 영화에 대해 알고 있으면 도움이 된다. 대개 이와 같은 이유로, 국세청은 치료자들이 영화표 비용을 직무상 경비처리 할 수 있도록 허가한다고 들었다.

상담자: 그러면, 그 할아버지를 상상해볼 수 있나요? 좋습니다. 그 할아버지와 함께 시작해볼게요. 제가 당신 몸을 두드려도 괜찮은가요?

내담자: 그럼요.

상담자: 무릎 양쪽으로요?

　　개인 치료실에서는, 보통 내담자와의 신체적 접촉을 피하기 위해 기계를 이용한다. 하지만 강의 내에서 진행할 경우에는 두드리기 쪽이 내게 좀 더 편하게 느껴진다.

내담자: 네.

상담자: 자, 할아버지를 상상해보십시오. 그러면 어떤 이미지가 떠오르나요?

내담자: 제 생각엔 그가 호텔 방에 있는 것 같아요. 호텔 방에 있어요. 그가 어느 시점에 마약을 하고 있었는지나 어린 소녀와 같이 있었는지 같은 것들이 확실히 기억나지 않네요. 기억해보려는 중이에요.

　　이는 중요한 부분이다. 우리는 내담자가 그 영화의 구체적인 내용을 기억해내길 바라는 것이 아니다. 우리가 관심을 기울이는 부분은 그 영화가 내담자에게 어떤 영향을 주었는지이며, 이에 따라 내담자가 그 호텔 방의 할아버지에 대한 기억을 떠올릴 때 무엇을 생각하는지에 대해 알고자 한다. 나는 항상 이를 명료화하기 위해, 내담자에게 "당신이 살펴보도록 하고, 무엇이 보이는지를 제게 말해주세요."라고 말한다. 그 할아버지가 약물을 했던 것 같다고 내담자가 처음으로 언급했을 때, 나는 우리가 다른 영화를 선택해야 할 수 있겠다고 여겼으나, 할아버지라는 인물의 그러한 특성은 지나가는 것으로 보였다.

상담자: 자, 제가 바라는 건 이거예요. 당신이 마음에 떠오르는 이미지를 그저 알아차려보았으면 해요, 그게 영화 내용과 맞든 그렇지 않든 말이에요. 그럼, 당신이 살펴보도록 하고 무엇이 보이는지를 제게 말해주세요.
내담자: 할아버지가 침대 위에 있고 어린 소녀가 그와 함께 있는 게 보여요.
상담자: 그러면 그 소녀는 어디에 있나요?
내담자: 아이는 그와 함께 침대에 앉아있어요.
상담자: 그렇군요, 아이는 그의 오른쪽에 있나요, 아니면 왼쪽에 있나요.

내담자가 묘사하는 것을 실제로 보고 있는지가 확실치 않을 경우에는 그 인물이 무엇을 입고 있는지, 옷의 색깔은 무엇인지, 배경에는 무엇이 있는지, 또는 인물의 자세가 어떠한지 등의 시각적 세부사항들을 추가적으로 물어볼 수 있다.

내담자: 오른쪽이요.
상담자: 그럼 그 이미지를 보면 무엇이 느껴지나요?

긍정적 이미지를 떠올린 이후에는, 내담자에게 그것을 관찰하는 것이 어떻게 느껴지는지를 물어본다. 이러한 질문은 내담자가 긍정적 이미지를 살펴보는 동안 자신이 경험하고 있다는 것을 알지 못하고 있던 긍정적 정서에 다가가도록 돕는다. 이 질문은 내담자가 현재 경험하는 주관적인 내적 경험에 대해 보고하게 하는데, 이 사례의 내담자는 이와 같은 반응 대신 이자관계에 있는 아이의 내적 경험에 대해 보고한다. 이는 일종의 융합을 반영하며, 이 단계에서 지양하고자 하는 것이다. 또한 이 질문은 이자관계에 있는 인물들에 대해 물어보는 것도 아니다. 내담자가 이 이자관계에 대한 생각을 보고하는 경우, 나는 내담자가 자기 자신의 내면에서 일어나는 좋은 경험에 초점을 맞춰보도록 돕는 다른 질문을 건네볼 것이다.

내담자: 할아버지의 위로에 아이가 몹시 안심하는 게 느껴져요. 그리고 그에게 의지할 수 있겠다고 느끼는 것 같아요.

상담자: 그러면 그걸 당신이 바라볼 때 좋게 느껴지나요?

내담자: 보기에 아주 좋네요.

상담자: 그렇군요, 그것을 그저 알아차려 보세요. <><> 그러면 지금은 무엇이 알아차려지나요?

내담자: 아이가 안전과 따뜻함, 편안함을 느낀다는 거요.

아까와 같이, 내담자는 이자관계에 있는 인물의 내적 경험을 보고하고 있는데, 이는 내담자가 머물러보아야 할 관찰자 역할에서 튕겨져 나왔으며, 이자관계의 인물과 융합되고 있음을 나타낸다. 이에 대해, 나는 그녀가 관찰을 유지하게끔 돕는 질문을 건네려 한다.

상담자: 그게 당신에게 무엇을 말해주는 것 같나요?

내담자: 아이의 자세가 편해지는 게 보여요. 그리고 몸 전체가요. 거의 몸 전체에서 그런 것 같아요. 완전히 편해졌어요. 미소를 짓고 있네요.

상담자: 좋습니다. 거기에 그저 머물러보세요. <><> 그러면 지금은 무엇이 알아차려지나요?

내담자: 그 아이는 자신에게 정말 중요했던 일들에 대해 그에게 말할 수 있어요, 실제로 자신을 약하게 느끼게 했던 일들에 대해서요.

이번에도, 관찰자의 위치를 놓쳐버리고 있다. 이에 대해 나는 시각적 관찰에 주의를 기울여보도록 촉구할 것이다.

상담자: 그들이 이야기를 나누고 있나요?

내담자: 맞아요.

상담자: 그것에 대해 생각해보세요. ＜＞＜＞ 그러면 지금은 무엇이 떠오르나요?

내담자: 지금은 고요하고, 그저 둘 사이에 큰 사랑과 돌봄의 모습만 있어요.

이번에도, 관찰자의 위치를 놓치고 있다. 나는 다시금 시각적 관찰에 주의를 기울여보도록 할 것이다.

상담자: 그것이 당신에게 무엇을 말해주나요? 무엇이 보이죠?

내담자: 설명하기가 어렵네요. 아까처럼. 그들의 몸이 얼마나 근접해 있는지와 얼마나 기댈 수 있는지에 대한 것과 좀 더 관련이 있는 것 같아요.

상담자: 그러면 무엇이 보이나요? 근접했다는 게 뭘 말하는 건가요?

내담자: 서로 가깝다는 말이에요. 지금 서로 옆에 있어요.

상담자: 그렇군요, 그들의 팔이 닿아있나요?

내담자: 지금은 아니에요. 그냥 서로를 따뜻하게 안고 있어요.

상담자: 그들이 안고 있나요?

내담자: 네.

상담자: 그것을 그저 알아차려 보세요. ＜＞＜＞ 그러면 지금은 무엇이 떠오르나요?

내담자: 그 아이가 그의 팔 안에 있고, 여전히 서로 따뜻하게 안고 있는데, 아이는 그의 가슴에 팔을 감고 있고 그는 팔을 아이에게 두르고 있어요.

이와 같은 몇 가지의 성공적인 언급을 통해 보면, 지금 그녀는 관찰자 역할을 잘 유지하고 있는 것으로 보인다. 아까와 같이, 나는 그녀가 이자관계를 관찰하는 현재의 기분 좋은 경험을 알아차리도록 돕는 질문을 건네 볼 것이다.

상담자: 그러면 그게 당신이 보기에 좋은가요?

내담자: 매우 멋져요.

상담자: 그것을 그저 알아차려보세요 <><> 지금은 무엇이 떠오르나요?

내담자: 양가적이지 않다는 거요. 그리고 아이가 온전히 사랑받는다고 느끼고 있어요.

상담자: 그것을 그저 알아차려보세요. <><> 지금은 무엇이 떠오르나요?

이 당시에는 아이의 긍정적 정서 경험에 대한 이 정도의 융합은 괜찮아 보였다. 나는 그녀가 나를 자신을 방해하거나 좌절시키는 사람으로 경험하지 않기를 바라기도 했다. 하지만 나중에 보니, 이것이 결과적으로는 그녀가 자신의 고통스러운 경험으로 향하게 하는 다리의 역할을 했다.

내담자: 아이가 아주 편안해하고, 안전하다고 느껴요. 무엇도 그 아이를 건드릴수 없다는 식으로요. (눈물을 글썽임)

고통스러운 정서로 향하는 문이 이미 열렸기 때문에, 이제 내게는 이를 받아들이고 관찰자의 역할을 회복하기 위해 안간힘을 쓰는 것 외에는 선택의 여지가 없었다.

상담자: 그렇군요. 그러면 무엇이 떠오르나요?

내담자: 이건 제 삶에서 거의 겪어보지 못했던 느낌이라는 거요.

상담자: 그걸 갈망하는 느낌이 있나요?

내담자: 맞아요.

상담자: 자, 당신이 알았으면 하는 것은, 어떤 식으로든 그게 어떤 것인지를 당

신이 알고 있다는 거예요.

이는 부정적 정서를 가져다 잃어버린 긍정적 정서에 연결하는 것을 보여주는 예시이다. 일반적으로 내담자들이 상실감을 느끼며 이로 인한 슬픔을 경험하는 경우, 이는 자신이 잃어버렸다고 여기는 긍정적인 무언가를 품고 있는 것이기도 하다. 흔히 이에 대해 언급하는 것이 도움이 된다.

내담자: 맞아요.
상담자: 그것에 대해 생각해보세요. < > < > 그러면 지금은 무엇이 떠오르나요?
내담자: 여러 가지를 생각하고 있었어요. 다른 사람들 몇 명을 생각하고 있었죠. 무엇보다도, 저희 삼촌에 대해 생각하고 있었어요. 아빠의 동생이요.
상담자: 그저 그에 대해 생각해보세요. < > < > 그러면 지금은 무엇이 떠오르나요?
내담자: 그의 삶의 마지막 몇 년 동안이, 비로소 제가 그와 가까워졌던 때였어요. 우리는 같이 앉아서 고양이와 개처럼 싸워댔지만, 마지막에는 항상 많은 애정과 그가 정말로 저를 아껴준다는 느낌이 있었어요.
상담자: 그럼 당신은 몇 살이었나요?
내담자: 글쎄요. 아마 지난 10년 사이에 일어난 일이었을 거예요.

부정적인 정서가 가라앉았음에도, 그녀는 여전히 관찰자의 위치로 돌아가지 못했고, 자신의 삶에 대한 생각에 머무르고 있었다. 내담자들은 처음으로 가상적 양육자를 생각해볼 때면, 흔히 자신의 삶에서 있었던 실제의 양육적 인물을 기억해내곤 한다. 혹여, 그 인물이 복잡하지 않으며 온전히 돌보아주는 인물로 여겨진다면, 나는 자원을 그 사람으로 바꾸려 할 것이다. 다만 이 사례에서는, 어두운 인물 쪽으로 향하는 내담자의 성향과, 이 삼촌을 떠올리는 내담자의 나이가 상대적으로 많은 편인 것과, 명백히 복잡해 보이는 삼촌과의 관계 등을 고려하여, 나는 본래의 이자관계로 돌아가고자 하였다.

상담자: 10년. 그렇군요, 그렇다면 저는 당신이 미스 리틀 선샤인의 할아버지로 다시 돌아가 보았으면 해요, 그녀의 이름이 뭐였는지는 잊어버렸는데, 당신은 그 둘의 이미지를 떠올렸었어요. 그리고 아이가 그에게 팔을 두르고 있었고, 그에게 따뜻하게 안겨 있었죠? 맞나요? 그러면 지금은 어떤 느낌이 드나요??

내담자: 이게 영원히 끝나지 않을 것만 같아요. 아이는 언제나 그와 함께일 거예요.

내담자는 분명한 긍정적 정서를 보였다. 나는 그녀에게 현재의 경험에 주의를 기울여보도록 하며, 그 기분 좋은 느낌에 연결될 수 있기를 바랐다. 그녀가 이자관계에서의 아이 내면의 기분 좋은 느낌에 대해 묘사하는 반응을 보이기는 했으나, 동시에 그 아이와 기분 좋은 느낌을 공유하고 있는 것으로 여겨졌다.

상담자: 그것에 대해 생각해보세요. <><> 그러면 지금은 무엇이 떠오르나요?

내담자: 이건 제가 갖고 싶어 했던 느낌이라는 거요. 최근 들어, 그러니까 제가 하려던 말은, 약간 뿌리를 내린 것 같은 느낌으로 변했다는 거죠.

상담자: 제가 생각했던 것과 정확하게 일치하네요. 당신이 "이게 영원히 끝나지 않을 것만 같다"고 말한다면, 영원히 끝나지 않을 거예요. 이건 당신의 머릿속에 있는 거니까요. 당신이 이미 이걸 거기에 갖고 있는 거죠. 그것에 대해 생각해보세요. <><> 지금은 무엇이 떠오르나요?

내담자: 그런 생각을 하고 있었어요. 이게 내게 오는 데 오래 걸렸구나 하는. 그게 거기에 있다는 걸 알기까지 오래 기다려왔구나. 내가 거기에 의지할 수 있다는 것을요.

상담자: 갈망과 좋은 느낌과 약간의 슬픔도 섞여있군요.

내담자: 네.

상담자: 할아버지에게로 다시 돌아갈 때 당신이 미소를 짓더군요. 그것과 관련
         된 긍정적인 느낌이 있었나요?

    자원화에서 가장 중요한 것은 내담자의 긍정적 정서가 포착될 때를 추적하
며 이에 반응하는 것이다. 나는 하던 말을 중단하고 그녀에게 초점을 맞추기로
했다.

상담자: 그것을 그저 알아차려보세요. <><> 그러면 지금은 무엇이 떠오르
         나요?
내담자: 이 느낌으로 잠들 수도 있을 것 같아요. 그리고 계속 잘 것 같네요.
상담자: 안전하다고 느끼는군요.
내담자: 맞아요.
상담자: 그것을 그저 알아차려보세요. <><> 지금은 무엇이 떠오르나요?
내담자: 아주 편안하다는 게 느껴져요.
상담자: 좋습니다. 그것을 그저 알아차려보세요. <><> 그러면 지금은 무엇
         이 떠오르나요?
내담자: 이걸 하루 종일도 갖고 다닐 수 있겠다는 거요.

morphing 절차를 시작하기

    내담자는 "아주 편안하다는 게 느껴져요.", "이걸 하루 종일도 갖고 다닐 수
있겠다."고 보고했다. "그 아이가 매우 편안해해요."가 아니라, "편안하다."고 말
한다. 이자관계에 있는 아이에게 자신을 투사하기보다는 현재 자신이 경험하는
긍정적 정서에 주의를 기울이고 있다. 이는 우리가 바라던 것이다. 이제
morphing 절차를 시작할 준비가 된 것으로 보이며, 나는 내담자가 아이의 경험
을 오염시키지 않을 만한 방식으로 조금씩 느껴볼 수 있도록 할 것이다. 첫 번째
morphing 질문은 "그 경험이 그 아이에게 어떨 것 같은지 생각해보세요."이다.

이 질문들은 5장에 이미 수록되어 있지만, 이해를 돕고자 아이에 대한 6개의 morphing 질문을 여기에서 다시 살펴볼 것이다.

1. "이것이 그 아이에게는 어떨 것 같다고 **생각**하나요?"
2. "이것이 그 아이에게는 어떨 것 같은지를 **상상**해보세요."
3. "그 아이가 자신의 몸에서 무엇을 느낄 거라고 **생각**하나요?"
4. "그 아이가 자신의 몸에서 무엇을 느낄지에 대해 **상상**해보세요."
5. "당신이 이 아이가 된다면 어떨 것 같다고 **생각**하나요?"
6. "그 아이가 되는 것을 **상상**해보세요."

성인에 대한 morphing 질문은 기본적으로는 동일하며, 아이라는 부분을 성인으로 바꾸어 말하면 된다.

상담자: 그럼 이제 그 이미지로 다시 돌아가 보려 해요, 그리고 그것이 그 어린 소녀에게는 어떨 것 같은지를 생각해보았으면 합니다. 그 이미지에서 아이는 몇 살 인가요?

내담자: 그 이미지에서요? 여섯 살 정도요.

상담자: 여섯 살 정도. 자, 그것이 그 아이에게 어떨 것 같은지를 그저 생각해보세요. < >< > 지금은 무엇이 떠오르나요?

내담자: 아이가 더 이상 두려워하지 않아요. 아이가 더 이상은 침범당하지 않을 거예요. 아이는 어른들이 자신을 보호해주기 위해 주변에 있어줄 거라고 믿을 수 있어요.

이러한 반응을 통해 내담자의 트라우마 경험에 의한 오염이 일어나고 있음을 볼 수 있다. 실제 영화에서 이 어린 소녀가 두려워하거나 침범 당했음을 의미하는 줄거리는 없었기 때문이다. 나는 이를 유념해두었으나, 이에 대해 언급하지는 않기로 하였다.

상담자: 그것에 대해 그저 생각해보세요. <><> 지금은 무엇이 떠오르나요?

내담자: 그것에 그저 머물러있고 싶어요.

상담자: 그럼 거기에 머물러보세요 <><> 지금은 무엇이 떠오르나요?

내담자: 이 장소에서 떠나고 싶지 않아요.

상담자: 이건 아주 기분 좋은 것이군요.

이 시점에서 그녀가 이자관계의 아이와 상당히 융합되어있는 것처럼 보이기는 하나, 나는 그녀가 경험하고 있는 긍정적 정서를 강화하기로 하였다.

내담자: 아주 기분이 좋네요.

상담자: 거기에 머물러보세요. <><> 지금은 무엇이 떠오르나요?

내담자: 저는 일어서서 방을 나가버릴 수 있다는 거요.

상담자: 자, 저는 당신이 그 할아버지와 어린 소녀와 함께 머물러보았으면 합니다.

이는 처리 중에 일어나는 복잡한 상황이다. 그녀가 "저는 일어서서 방을 나가버릴 수 있다는 거요."라고 말했을 때, 나는 그녀가 아이로서의 자신에게 부족했던 자원과, 지금 성인으로서 갖고 있는 긍정적인 힘 사이의 중요한 차이점을 인지하고 있는 것이라 생각했다. 이것은 현재의 경험이 과거의 경험과 유의미하게 다르며, 이를 혼동해서는 안 된다는 것을 인식함으로써 나타나는 어린 시절 트라우마의 치유를 나타내는 것으로 보였다. 나는 여기서 미묘한 균형감을 가늠해보면서, 할아버지와 3인칭을 이용한 "그 어린 소녀/아이" 등의 언급을 이용해 그녀에게 관찰자 역할을 다시 상기시키고, 두 번째 morphing 질문인 "그게 어떨 것 같은지 상상해보세요."로 넘어가기로 하였다.

상담자: 그러면 그게 그 아이에게 어떨 것 같은지를 생각해보면서, 그게 그 아이에게 어떨 것 같은지를 상상해보았으면 합니다. <><> 그렇게 할 수 있나요?

내담자: 아까 말했던 걸 말하게 될 것 같네요. 그 아이가, 네, 아이가 아주 안전하다고 느낀다는 걸요. 정말로 안전하다고요.

상담자: 그것을 그저 상상해보세요. <><> 좋습니다, 지금은 무엇을 알아차렸나요?

내담자: 마찬가지로, 아이가 그저 아주 안전하다고 느껴요.

상담자: 그것을 그저 알아차려보세요. <><> 지금은 무엇이 떠오르나요?

내담자: 그 아이는 더 이상 상처받지 않을 거예요. 그들은 더 이상 그 아이를 다치게 할 수 없어요.

상담자: 그럼 당신이 그 아이의 경험으로 들어가면서, 그 아이가 그렇게 느낀다고 상상해볼 수 있나요?

또다시, 내담자는 자신의 어린 시절 트라우마를 투사하면서 이자관계에 있는 아이의 경험을 상처 입히고 있다. 이에, 나는 내담자가 아이의 경험에 맞추어 들어가 보도록 하였다. 내담자는 계속해서 자신의 트라우마 경험을 그 아이에게 투사하면서, "그 무엇도 그 아이의 잘못이 아니에요." 그리고 "아이가 그들로부터 자유로워졌어요."라고 말하려 한다. 나는 내담자가 그렇게 말할 때 아이의 긍정적인 경험을 강화함으로써 이에 개입하고자 했다. 여기에서, 내담자가 트라우마와 학대로부터 새긴 왜곡된 인지가 이와 같은 성인의 관점을 통해 보면 더 이상 타당하지 않다는 것을 인지하면서 깊은 치유를 경험하고 있을 수 있다는 부분 역시 고려해야 한다.

내담자: 할 수 있어요.

상담자: 그것에 대해 생각해보세요. <><> 그러면 지금은 무엇이 알아차려지나요?

내담자: 그 무엇도 자기 잘못이 아니었다는 걸 그 아이가 알고 있어요. 그 무엇도 그 아이의 잘못이 아니에요.

상담자: 그러면 그 아이는 그저 편안하게 느끼겠군요.

내담자: 맞아요.

상담자: 그것을 그저 알아차려보세요. < >< > 그러면 지금은 무엇이 떠오르나요?

내담자: 아이가 그들로부터 자유로워졌어요.

상담자: 그렇군요, 그럼 당신이 지금 그들을, 그 아이가 그를 껴안고 있는 걸 떠올려보면, 아이가 무엇을 느낄 것 같다고 생각하나요? 그 아이가 그 입장에서 어떤 신체적 감각을 느낄 것 같다고 생각하나요?

이는 세 번째 morphing 질문이다. 이것은 아이의 신체적 감각에 주의를 기울이게 하기 때문에, 내담자가 자기 어린 시절의 트라우마를 투사하는 것을 막아주며, 다시 관찰자 역할에 머무를 수 있도록 돕는다.

내담자: 오, 그러니까, 아이가 따뜻하다고 느껴요.

상담자: 어디에서요?

내담자: 몸의 표면 전체에서요.

상담자: 표면이라는 건 어떤 건가요? 아이가 어디에서 접촉을 느끼고 있나요?

내담자: 가슴에서요. 그리고 든든함과 보호라는 담요에 꽉 둘러싸여져 있어요.

상담자: 그럼, 아이가 그의 팔도 느끼고 있나요?

내담자: 네, 아이에게 그의 팔이 느껴져요. 아이는 그가 숨을 쉬는 걸 느낄 수 있어요.

상담자: 그러면 아이의 가슴의 온기는 어떤가요?

내담자: 아이가 그의 뺨 옆으로 손을 올렸고, 그래서 그의 반백을 느낄 수 있어요.

상담자: 그럼 그 아이가 그런 움직임을 느낄 수 있나요?

내담자: 네.

상담자: 그 모든 것들에 머물러보세요. < >< > 지금은 무엇이 떠오르나요?

내담자: 아이가 거기에 영원히 머무르고 싶어 해요.

상담자: 그것을 그저 알아차려보세요. < >< > 그러면, 지금은 무엇이 떠오르

나요?

내담자: 아이가 거기에 머무르고 싶어 해요.

"반백"이라는 단어에 익숙지 않을 수 있다. 내가 그랬다. 이는 "회색 머리 칼"을 표현하는 옛 표현이다. 이 지점에서, 나는 네 번째와 다섯 번째 morphing 질문을 진행했다.

상담자: 그러면 아이의 가슴에서 느껴지는 따뜻한 감각, 아이를 감싸고 있는 그의 팔의 느낌, 그가 숨 쉬는 느낌, 움직임들이, 그 아이에게는 어떨 것 같은지를 상상해보겠어요?

내담자: 네!

상담자: 좋아요. 그것을 그저 알아차려 보세요. < >< > 지금은 무엇이 떠오르나요?

내담자: 아이는 그에게 달라붙는 게 얼마나 좋은지에 대해 생각하고 있어요. 그리고 다시, 온전히 보호받는 느낌이 드네요.

상담자: 그러면 이 경험이 당신에게는 어떨 것 같은지에 대해 생각해보세요.

내담자: 그렇게 느껴보라는 얘기인 거죠.

상담자: 네, 그 아이의 입장에 있어보세요.

내담자: 그 아이의 입장에 지금요. 오 네, 문제없죠.

상담자: 그것에 대해 생각해보세요. < >< > 그러면 지금은 무엇이 떠오르나요?

내담자: 이건 정말 아주 마음에 들고, 새롭기도 하면서, 영원히 계속될 수도 있을 것 같아요.

상담자: 그 모든 것들을 그저 알아차려 보세요. < >< > 그러면 지금은 무엇이 떠오르나요?

내담자: 나는 상처받지 않는다는 것이요.

상담자: 그럼 그 아이가 되어서 그 입장에 있는 것을 그저 상상해보세요.

이것은 여섯 번째 morphing 질문이다. 내담자가 갖고 있는 능력에 따라, 이 여섯 번째 질문은 때로는 내담자가 이자관계의 아이가 되는 것을 상상해보게 하고, 때로는 그저 그 아이가 어떻게 느낄 것 같은지에 대해 상상해보게 할 수도 있는데, 어떤 내담자들에게는 전자의 경우가 좀 더 어렵게 느껴질 수 있다.

내담자: 알겠어요.

상담자: 이해했나요?

내담자: 이해했어요. <><>

상담자: 지금은 무엇이 떠오르나요?

내담자: 지금은 딱히 아무것도요. 그냥 그걸 보고 있어요. 그저 보고 있어요. 느끼고 있어요.

상담자: 그렇군요. 그것에 그저 머물러보세요. <><> 그러면 지금은 무엇이 떠오르나요?

내담자: 그냥 거기서 잠들고 싶네요.

이자관계 자원화의 이 시점에서, 내면 아이의 긍정적 경험이 내담자에게 형성된 것으로 보인다. 이제 나의 목표는 내면 아이의 경험을 공고화하고, 이것이 그저 돌봄을 받는 한 번의 기분 좋은 경험이 아니라 사랑스러운 아이로서의 보편적 내적 경험이 되게 하는 것이다. 이것은 두 번째 morphing 질문 세트의 기능 중 하나이다.

전이적 질문

상담자: 그럼 이제, 그가 당신을 안고 있는 것을 상상해보세요.

내담자: 그럼 저도 그에게 팔을 두르고 있겠네요.

상담자: 그러면 이렇게 하는 게 그에게 어려울 거라고 생각하나요?

이것은 두 개의 전이적 질문 중 첫 번째의 것으로, 이전에 진행된 첫 번째 morphing 질문 세트에서 얻어진 결과를 강화해주며, 이후에 진행될 성인의 경험과 관련된 morhping 질문 세트에 내담자를 준비시켜준다. 두 번째 전이적 질문은, "이 모든 애정을 받을 만한 자격을 갖추기 위해 당신은 무엇을 했나요?"이다.

내담자: 아뇨, 아니에요.

상담자: 그것에 대해 생각해보세요. <><> 지금은 무엇이 떠오르나요?

내담자: 그가 이걸 통해서 저만큼이나 좋은 기분을 느끼고 있어요.

상담자: 그것에 대해 생각해보세요. <><> 지금은 무엇이 떠오르나요?

내담자: <눈물> 이건 일방통행이 아니에요. 그리고 그가 저만큼이나 이걸 필요로 했다는 거요. 그리고 그가 정말로 저를 사랑한다는 것이요.

상담자: 그것에 대해 생각해보세요. <><> 그러면 지금은 무엇이 떠오르나요?

내담자: 저는 이걸 누릴 자격이 있어요.

상담자: 그것에 대해 생각해보세요. <><> 지금은 무엇이 떠오르나요?

내담자: 저는 이런 걸 가질 수 있어요.

상담자: 이제 제가 조금 어려운 질문을 할 거예요, "이것을 받을 만한 자격을 갖추기 위해 당신은 무엇을 했나요?"

내담자: 저는 그저, 저는 좋은 사람이에요.

상담자: 그것에 대해 그저 생각해보세요. <><> 지금은 무엇이 떠오르나요?

내담자: 어떤 방식으로 저를 생각해본다는 게 어렵네요. 하지만 전 좋은 사람이에요. 그리고 이보다 못한 대접을 받을 일을 한 적이 없어요. 무슨 뜻인지 아시죠?

상담자: 그것에 대해 생각해보세요. <><> 지금은 무엇이 떠오르나요.

내담자: 괜찮아요. 그건 제 잘못이 아니에요. 그리고 전 괜찮아요.

이러한 깨달음은 훌륭한 결과물이다. 이 회기가 개인 상담에서의 작업이었다면, 나는 더 많은 양측성 자극을 이용해 이를 강화하며 심화시켰을 것이다. 다만 이것이 강의 중의 시연이었으며, 나는 사람들이 점심식사를 하러 갈 수 있도록 처리를 계속 진행하고자 하였다. 그리하여 나는 진행을 계속하며 성인 morphing 질문으로 넘어감으로써 빠르게 성공적인 마무리를 맺고자 했다.

성인 morphing 절차

상담자: 이제, 이것이 그에게는 어떨 것 같은지에 대해 생각해보았으면 해요. 당신을 안고 있는 것이요. 그것에 대해 생각해보세요. <><> 지금은 무엇이 떠오르나요?

내담자: 그는 사랑받고 싶어 해요. 그가 편안해지고 싶어 해요. 이걸 제게 해줄 수 있다는 걸 좋아하고 있어요.

상담자: 그 모든 것들에 대해 그저 생각해보세요. <><> 지금은 무엇이 떠오르나요?

내담자: 우리 둘 다 이런 것들을 누릴 만한 자격이 있어요. 우리 둘 다 이걸 필요로 해요.

상담자: 이게 그에게는 어떨 것 같은지를 그저 상상해보세요. <><> 지금은 무엇이 떠오르나요?

내담자: 이건 그가 안전하다고 느끼게 해요.

상담자: 그것에 대해 생각해보세요. <><> 지금은 무엇이 떠오르나요?

내담자: 그가 그걸 더 좋아할 거라고 말하고 싶네요.

상담자: 뭐라고 했죠?

내담자: 그가 그걸 더 좋아할 것 같다고 말하고 싶다고요.

상담자: 좋습니다. 그럼 이제 그것이 그에게 신체적으로는 어떨 것 같은지에 대해 다시 한 번 생각해보세요. 그가 느끼는 접촉에 대해서요.

이는 다소 엉성하게 진행된 세 번째 morphing 질문이었기 때문에, 나는 이를 좀 더 정리하고자 했다.

내담자: < >< > 그는 삶에서 이런 경험을 많이 해보지 못해서, 정말로…

상담자: 그저 그가 당신을 안고 있으면서 느끼는 신체적 경험에 대해 생각해보세요. < >< > 그가 몸의 어디에서 그걸 느끼나요? 어디에서 그 접촉을 느끼나요?

내담자: 그는 가슴에서 그걸 느껴요.

상담자: 그의 가슴에서요.

내담자: 네.

상담자: 그렇군요…. 다른 곳은 없나요?

내담자: 우리가 닿아있는 부위를 말하는 건가요?

상담자: 네.

내담자: 네. 그럼, 오, 맞아요. 그에게 안긴 채로, 그의 얼굴이 제게 기대어있어요. 음.

상담자: 좋습니다. 그 모든 것들에 대해 그저 생각해보세요. < >< > 그러면 지금은 무엇이 떠오르나요?

내담자: 아까처럼, 그가 이걸 정말로 좋아한다는 거요.

상담자: 그럼 이것이 그에게 어떨 것 같은지를 그저 상상해보세요. 그 신체적 접촉이요. < >< > 그러면 지금은 무엇이 떠오르나요?

내담자: 이게 좀 어렵게 느껴지네요.

상담자: 어떤 것이요?

내담자: 그의 느낌과 생각이요. 이것에 대한 그의 생각이요. 그가 이걸 그리워한다는 건 제가 알지만요. 그가 이걸 원한다는 건 알겠어요.

아까와 마찬가지로, 네 번째 morphing 질문을 내가 엉성하게 표현하는 바람에, 그녀가 다음 단계로 넘어가는 데 어려움을 겪고 있었기에, 나는 이를 다시 정리하기로 했다.

상담자: 그러면 그가 당신을 안고 있으면서 느끼는 신체적 접촉에 대해 상상해

볼 수 있나요?

내담자: 네.

상담자: 그저 그것에 대해 생각해보세요. <><> 지금은 무엇이 떠오르나요?

내담자: 그저 그가 평화롭고, 편안하고, 안전하다고 느낀다는 것이요.

상담자: 그게 그에게 어떨 것 같은지에 대해 생각해보세요. <><> 지금은 무엇이 떠오르나요?

내담자: 이게 그에게도 좀 새로울 것 같다는 거요.

상담자: 그걸 그저 알아차려보세요. <><> 그러면 지금은 무엇이 떠오르나요?

내담자: 그가 이걸 즐기고 있는 게 보이네요. 조용하게 이게 마치 금지된 즐거움인 것처럼요.

다섯 번째 morphing 질문을 하는 더 나은 방법은 "그가 그 신체적 접촉을 느끼는 걸 상상해보세요."이다. 이러한 질문은 내담자가 자신이 겪었던 일을 그에게 투사할 가능성을 줄여줄 수 있다. 어쨌거나, 나는 내담자가 그 아이에게 기울이는 긍정적인 양상의 돌봄이 적절한 수준이라고 보았기 때문에, 다섯 번째와 여섯 번째 morphing 질문으로 넘어갔다.

상담자: 그 어린 소녀를 안고 있는 것이 당신에게는 어떨 것 같은지를 생각해보세요. 이해했나요?

내담자: 그럼요.

상담자: 그것에 대해 생각해보세요. <><> 그러면 지금은 무엇이 떠오르나요?

내담자: 그 아이가 아주 상냥하고 애정이 넘친다는 거요. 그리고 저는 그 아이를 보호할 수 있고, 그 아이는 제게 많은 기쁨을 줄 수 있어요.

상담자: 그 모든 것들을 그저 알아차려 보세요. <><> 지금은 무엇이 떠오르나요?

내담자: 힘 있는 느낌이요. 그 아이를 보호하고 있는 것 같고, 이 아이에게 이런

걸 해줄 수 있고, 이걸 잘 해낼 수 있는 입장에 있다는 게 아주 영광스럽게 느껴져요.

상담자: 그럼 아이와 함께 거기에 있는 것을 그저 상상해보세요. < >< > 그러면 지금은 무엇이 떠오르나요?

내담자: 이게 얼마나 소중한지에 대한 느낌이요.

상담자: 그것을 그저 알아차려보세요. < >< > 그러면 지금은 무엇이 떠오르나요?

내담자: 저 자신이 소중했다는 것에 대해 생각하고 있어요.

상담자: 그렇군요. 그것에 대해 그저 생각해보세요. < >< > 그러면 지금은 무엇이 떠오르나요?

내담자: 나는 그걸 받을 만한 자격이 있어요.

상담자: 좋습니다. 그것에 대해 생각해보세요. < >< > 그러면 지금은 무엇이 떠오르나요?

내담자: 저는 그걸 받지 못할 만한 잘못을 하지 않았어요.

morphing 절차에서의 마지막 단계는, 내담자에게 '그 아이가 되어보면 어떨 것 같은지'와 '양육자에게는 그 아이가 어떻게 느껴질 것 같은지'에 번갈아가며 초점을 기울여보도록 하는 것이다. 이것이 내담자에게 어려울 수 있기 때문에, 자신의 속도에 맞춰가며 충분한 시간을 갖고 해보도록 말해주는 것이 중요하다. 대부분의 경우, 이 마지막 단계에서 내담자는 그 성인과 아이가 마치 하나처럼 느껴진다고 보고한다. 이는 내가 몹시 고대하는 결과물인데, 우리는 내담자가 자기 자신을 양육할 수 있는 한 명의 사랑스러운 사람으로 여길 수 있기를 바라기 때문이다.

상담자: 이제 당신이 그 아이가 되면 어떨 것 같은지, 그리고 양육자에게는 그 아이가 어떻게 느껴질 것 같은지에 번갈아가면서 초점을 맞춰보았으면 해요. < >< > 지금은 무엇이 떠오르나요?

내담자: 왔다 갔다 하는 게 어렵네요.

상담자: 그럼 당신에게 편안한 속도로 해보세요. < > < > < > < > 그러면 지
금은 무엇이 떠오르나요?

내담자: 그들이 하나라는 거요.

상담자: 네. 그것을 그저 알아차려 보세요. < > < > 지금은 무엇이 떠오르나요?

내담자: 아주 좋아요.

상담자: 여기까지 합시다. 감사합니다.

내담자: 감사합니다.

이 책에 수록된 모든 회기들 중에서, 나는 이것이 이자관계 자원화의 힘을
가장 분명하게 보여 준다고 믿는다. 이 내담자는 일반적인 자원화 개입을 무력화
시킬 수 가능성이 높은 내담자로, 내적 자원이 갖는 장점을 부인하고 있다. 내담
자의 태도는 회기 초반과 말미에서 두드러진 차이를 보였다. 마무리 부분에서는,
다년간 지속된 내적 압박감으로부터의 깊은 안도감과 같은 즐거움이 있었다. 이
자원이 시간이 지나며 의식에서 점차 흐려질 수는 있으나, 이를 주기적으로 환기
시킬 수 있으며, 이후에 이를 쉽게 상기시켜 생애 초기의 트라우마를 해결하는
데 활용할 수 있다.

Lewis Engel

성공적으로 진행된 이자관계 자원화 회기가 갖는 치유의 깊이는 놀라울 따름이다. 이는
어떤 내담자들에게는 혁신적인 것일 수 있다. 이는 난생 처음으로 진정으로 사랑스럽고
가치 있다는 느낌을 깊게 누려보는 것이다. 더불어, 트라우마 처리를 성공적이면서도 보
다 신속하게 진행할 수 있게 하며, 심각한 공포와 절망의 상태로 들어가는 데 대한 장
벽의 역할을 해줄 수도 있다. 예를 들면, 약혼자와 말다툼을 하고 나면 태아형 자세를
취한 채로 몇 시간을 흐느끼던 내담자의 경우, 이자관계 자원화 회기 이후에 이러한 행
동이 멈췄다고 보고했다.

DYADIC RESOURCING

15
결론

    이 책에서는, 트라우마 처리 맥락에서의 이자관계 자원화를 큰 그림에서 살펴보고, 또 세부적인 내용들 역시 짚어보려 하였다. 나는 사례개념화를 비롯하여, 내담자가 트라우마를 처리할 준비가 되어있는지 혹은 아닌지의 여부를 가리는 지표에 대해 논하였다. 수록된 대부분의 축어록 회기들에서는 비교적 잘 기능하고 있는 내담자들이 등장했는데, 나는 애착의 발달이 빈약한 내담자와의 이자관계 자원화에 대해서도 설명하고자 하였다. 전반적으로 보면, 이 책은 자원형성과 트라우마 처리를 어떻게 통합해야 하는지에 대한 방향을 제시해주며, 보다 광범위한 내담자들에게 적용할 수 있는 효과적인 치료적 방안을 임상가에게 제안해준다.

    트라우마 기반 치료에서 필요한 절차들은 다음과 같다. 개인력 청취, 가용한 내적/외적 자원 평가하기, 특정한 트라우마 사건 처리에서 어떤 자원이 필요하게 될지를 예측하기, 필요할 수 있는 자원의 규모를 평가하기, 필요한 자원들을 개발하기, 트라우마 처리 시작하기, 그리고 자원을 이용하기 위해 필요할 수 있는 인지적 엮음. 마지막 단계는 아직 논의되지 않았지만, 이 장에서 간략히 언급할 것이다.

자원에 필요한 것들을 가늠하기

인지적 엮음이라는 것은, 트라우마에서 기인한 왜곡과 적응적 성인 관점(자원)을 연결하는 방법으로 생각될 수 있다. 대부분의 경우, 인지적 엮음은 간단할 뿐만 아니라 내담자의 왜곡에 대한 거의 즉각적인 영향력을 지닌다. 하지만, 필요한 적응적 성인 관점에 내담자가 쉽게 접근할 수 없는 경우에는 인지적 엮음이 본래 지니고 있는 마법적인 힘을 발휘할 수 없게 된다. 트라우마 처리를 시작하기 이전에 치료자가 해야 할 일의 일부는, 자원이 필요할 때에 그 필요한 자원에 접근할 수 있을 것 같은지를 평가하는 것이다. "나는 사랑스럽지 않아."라는 부정적 인지를 지닌 내담자를 예로 들어보자. 이 타겟이 해결되기 위해서는 내담자가 "나는 사랑스럽지 않아"라는 아이의 관점을, 사랑스럽게 여기는(혹은 그 아이가 사랑스러웠다고 여기는) 성인의 관점에 연결시키는 것이다. 타겟에 대한 처리를 시작하기 전에, 치료자는 내담자가 그 성인 관점에 접근할 준비가 되어있는지를 자문해보아야만 한다.

예를 들어, 내담자가 양육하는 부모로서의 경험을 해본 적이 있다면, "그 일이 당신의 딸에게 일어났다면, 당신은 그 아이가 사랑스럽지 않다고 느낄 것 같나요?"와 같은 표준적인 인지적 엮음이 타겟 기억과 그 연령의 아이를 양육했던 경험으로부터 일어나는 적응적 성인 관점이 연결되도록 도울 것이다. 하지만 내담자가 그런 경험을 해본 적이 없거나, 혹은 아이를 양육하는 성인으로서의 경험이 없다면, 이러한 인지적 엮음은 효과적이지 않을 수 있다. 이와 같은 경우, 치료자는 이자관계를 이용하여 내담자가 건강한 성인이나 부모의 관점에 내적으로 접촉해보도록 하고, 그 관점을 이용해 사랑스러운 아이의 내적 구조에 접촉해보도록 도울 수 있다.

타겟을 고려한 자원화

이와는 다른, 다음과 같은 부정적 인지를 처리하는 데에도 적절한 자원이 필요하다. "나는 가치가 없어," 또는 "난 혼자야," 혹은 "이건 너무해. 내가 어찌할 수가 없어." 각각의 인지적 왜곡을 다루기 위해서는 다양한 특성의 자원이 필요하다. 트라우마 처리를 시작하기 전에, 나는 이에 수반된 인지적 왜곡을 비롯하여 이 트라우마에 연결하기 위해 필요한 자원의 특성이나 성인 관점에 대해 고려해본다. 이에 대해 살펴보면, 인지적 왜곡은 일반적으로 부정적인 인지로 나타난다. 저조한 자기 가치감과 관련된 왜곡이 있는 경우에는 지지적으로 양육하고 수용해주는 성인이라는 건강한 성인 관점이 필요할 것이다. 죄책감이나 부당한 양상의 책임감과 관련된 왜곡이 있는 경우에는, 이를 해결하는 데 그 아이에게 연민을 느낄 수 있고 해당 사건에 대한 책임을 적절하게 평가할 수 있는 건강한 성인 관점이 적용될 것이다. 무력감 및 취약성과 관련된 왜곡이 있는 경우에는, 성인으로서의 자기에 대한 자각과 더불어 트라우마 발생 당시에는 자신이 갖고 있지 않았지만 성인으로서의 자기는 갖고 있는 자원과 선택권에 대한 이해가 필요할 것이다. 대개 내담자가 필요한 자원에 이미 연결되었을 때에는 자원화 절차가 단순하고 간단하게 이루어진다는 점을 유념해야 한다. 보통은 이 책에 기술된 주의 깊고 세심한 절차가 필요하지 않다. 자원형성은 트라우마 해결의 열쇠를 건네줄 수 있는 자신에 대한 긍정적인 감각이 내담자에게 부족할 때에만 정교한 절차가 된다. 내담자가 이미 보호자이고, 좋은 보호자라면, 양육 성인 관점을 탐색하는 과정은, 예컨대, 단순하고 분명한 양상을 보인다. 성인 내담자 자신이 이 역할을 해낼 수 있다.

"합리적인" 왜곡들에 대한 대안을 제시하기

의식적 신념 체계의 일부로서 왜곡을 지니고 있는 내담자들과의 작업은 임상가들에게 특히나 어렵게 다가온다. 성공적인 EMDR은 고통스러운 기억에 심리적으로 접근하는 동안 내담자가 진실이라고 알고 있는 것과 진실이라고 느끼는 것 사이의 조화를 이루게 할 것이다. 그러나, 내담자가 진실이라고 "알고" 있는 것이 왜곡일 경우, EMDR을 성공시키기 위해서는 이 인지적 왜곡을 반드시 먼저 다루어야 한다.

"나는 안전하지 않다"와 같은 왜곡은, 자신이 실제로 안전하지 않았던 이례적인 상황을 경험하였고, 현재의 삶에서 이와 같은 위험한 사건이 실제로 일어날 가능성이 있는 새로운 현실을 맞닥뜨린 내담자에게는 상대적으로 해결하기 까다로울 수 있다. 예를 들어, 번개에 맞은 적이 있고 지금은 다시 번개에 맞게 되는 것을 두려워하는 내담자의 경우 "내 걱정이 바보처럼 보일 만큼 번개에 다시 맞을 가능성이 너무 희박하다는 걸 실제로 알고 있지만, 그게 내 불안을 멈추게 하지는 못해요."와 같이 말할 수 있다. 이 문장은 내담자의 위험에 대한 감각과 자신의 공포가 과도하고 실제보다 과장되어 있다는 내담자의 이성적인 판단 사이의 갈등을 보여준다. 한편, 어떤 내담자들은 "그 일이 한 번 있었고 또 일어날 수도 있다는 걸 알고 있어요. 그리고 저는 제 경험을 믿어요. 당신이 말하는 어떤 것도 저를 설득시킬 수 없을 거예요."라고 말할 수 있다.

후자의 내담자는, 다시 번개에 맞을 수도 있다는 가능성이 있다고 해도, 자신의 공포의 정도가 비합리적임을 수용하기 전까지는 EMDR로부터 도움을 받기 어려울 것이다. 이 내담자에게, "나는 안전하다"는 수용할 수 있는 긍정적인 인지가 되고 있지 않은데, 이것이 사실이 아니라고 느끼고 생각하기 때문이다. 이러한 비합리적인 공포의 또 다른 형태는 "그가 말하길 제가 누구에게라도 얘기를 하면, 저를 죽일 것이라고 했고, 저는 그가 그럴 거라고 정말 믿기 때문에, 그 일에 대해 말할 수 없어요."가 될 수 있다. 특히 가해자가 여전히 내담자와 교류하고 있다면, 내담자는 "저는 그냥 위험했던 게 아니라, 여전히 위험해요. 그가 바로 얼마 전에도 제게 주먹을 쥐어 보였어요."와 같이 말할 수 있다. Shapiro[1]는 내담자들이 자신을 보호하기 위한 방법을 생각해낼 수 있고, 자기 자신이 더 이상 위험하지 않거나, 자신을 돌보기 위한 조치를 취할 수 있으며 효능감을 지니고 있다는 확신을 가질 수 있게 될 때까지 치료자가 내담자들과 문제 해결에 대한 논의를 해보도록 권고한다. 그리하여 내담자가 자신의 공포를 합리적으로 바라보기 시작할 수 있도록 말이다. 만일 그 무서운 경험이 어린 시절에 발생하였으며 내담자가 여전히 자신이 위험하다고 믿고 있다면, 이러한 문제 해결적 접근이 도움이 될 것이다. 내담자가 매우 어렸을 경우라면, 보호해주는 성인으로서의 자신(자원)에 접촉해보도록 하는 것도 상당한 도움이 된다. 이 인물은 "내가 널 지켜줄게. 다시는 네가 그런 상황에 있도록 놔두지 않을 거야."와 같이 말할 수 있다. 무서운 경험이 오랜 시간에 걸쳐 발생한 경우에는, 내담자가 "그래요. 하지만 당신이 주변에 없을 때, 그 일이 다시 발생할 수도 있어요."와 같이 반응할 수도 있다. 이와 같은 상황에서는, 내담자가 자신이 더 이상 어린아이가 아니고, 성인으로서의 자기의 일부이며, 그 성인의 몸을 공유하고 있기 때문에, 성인이 자신을 떠나버릴 수 없다는 것을 상기하도록 도울 수 있다.

Jim Knipe

이전에 저자가 언급했듯이, 이는 때로 정도의 문제가 된다. 캘리포니아에서 지진에 대한 약간의 걱정을 갖고 있는 것은 합리적이지만, 만일 한 사람이 심각한 지진공포를 겪고 있다면, 이것이 이전의 사건과 관련되었을 가능성이 99%는 될 것이다.

내담자가 자신에게 남은 공포심이 비합리적일 수 있다는 가능성을 기꺼이 받아들일 수 있는 지점에 도달해야만 트라우마 처리를 시작할 수 있다. 이러한

. . . .

1) 1995, 2001.

상황에서의 자원화는 왜곡된 신념에 대한 대안도 제공해줄 수 있다. 만일 내담자가 건강한 성인 관점을 찾아낼 수 없다면, 타겟을 어떻게 해결할 수 있을까? 트라우마 기억에 어떤 건강한 성인 관점을 연결할 수 있을까?

내담자가 사고의 결과로 만성적인 고통을 겪고 있는 경우에는, 그 고통이 사고를 지속적으로 상기시켜주기 때문에 자신의 공포를 합리적이라고 여기는 문제가 심화될 수 있다. 어떤 의미에서는, 그 고통스러운 사건은 아직 끝나지 않은 것이다. 일반적으로, 외상 사건으로부터의 후유적 고통은 치료에 상당한 문제를 일으킬 수도 있다.

내재화된 "나쁜 부모"의 목소리

종종, 우리는 애착 장애를 겪는 내담자들을 만나게 되는데, 심지어 성인이 되어서도, 아이로서의 자신을 "나쁘다," 또는 "버릇없다," "혐오스럽다"고 여긴다. 외상적 경험에 대해 언급하지 않고도 예를 들면, 그들에게 다섯 살 난 아이로서의 자신을 상상해보도록 할 수 있는데, 그러면 그들은 "그 애가 맘에 들지 않네요.", "그 애를 생각하고 싶지 않아요.", "그 애를 보고 싶지 않아요."라고 말할 수 있다. 이런 유형의 반응은 내담자가 사실은 성인의 관점에서 아이를 관찰하고 있지 않다는 걸 알려준다. 실제로는 우리가 성인으로 가장한 아이 자아 상태에게 말을 걸고 있는 것이다. 이는 "합리적" 신념이 왜곡되어 있는 내담자와 유사하다. EMDR 치료자로서 우리의 첫 번째 과업은, 진정한 적응적 성인 관점을 탐색하는 것이다. 그것이 항상 쉽지만은 않겠지만 말이다. 내가 만난 수련생들은, 내담자가 아이에게 부정적인 태도를 보이지 않는 적절한 양육 인물을 찾아낼 수 없었기 때문에 양육 받는 아이가 되는 것이 어떤 것인지에 대해 상상해보도록 도울 수도 없었던 사례들에 대해 보고하기도 했다.

내가 이 책을 통해 이런 사례들에 적용해보게끔 권고했던 것은, 내담자에게 양육 받는 아이가 되어보는 상상을 하게 하기보다는, 양육 받는 자신이 아닌 아이를 상상해보게 하는 것이었다. 모든 어린아이가 혐오스럽다고 여기는 내담자가 이론적으로는 존재할 수도 있으나, 내가 아직 만나보지는 못했다. 왜 성인이 아이를 돌보는 데 관심을 가지는지를 이해하지 못하는 사람은 만나보았는데, 그 사람도 종내에는 아이를 사랑하는 것은 고양이를 사랑하는 것과 어느 정도 유사함을 깨달았으며, 고양이들에 대한 사랑은 느낄 수 있는 자원을 지니고 있었다. 그리고 나서야 고양이와 마찬가지로 그 사람의 사랑을 얻기 위해 아무것도 하지 않은, 갓난아이에 대한 무조건적인 사랑의 느낌에 그 사람이 접촉하도록 도울 수 있었다. 또한, 자신이 아닌 아이와 그 아이의 엄마 혹은 할머니 사이에서의 돌봄의 관계를 상상할 수 있는 내담자와 작업한다고 가정한다면, 우리는 "이 경험이 그 아이에게는 어떨 거라고 생각하나요?" "그 경험이 Ellen 숙모와 그 사람의 딸에게는 어떨 거라고 생각하나요?"와 같은 질문을 건네 볼 수 있다.

그리고, morphing 절차를 통해, 내담자가 결국에는 양육 받는 아이로서의 자신을 상상해보고, 또 그 아이를 큰 어려움 없이 기꺼이 양육하는 성인으로서의 자신을 상상해보는 점진적 단계들을 밟아나가게끔 도울 수 있다.

Jim Knipe

어떤 내담자들의 경우, 그 아이에 대한 비판이나 자신에 대한 비합리적인 수치심이 동기를 부여해주는 역할을 하기도 하여, 그러한 수치심이 갖는 의미에 대해 주장하려 할 수 있다. 이런 사례들에서는, 대개, 수치심이 방어의 기능을 하는 것으로 보인다. 좋은 보호자를 가진 나쁜 아이가 되는 것이 나쁜 보호자를 가진 좋은 아이가 되는 것보다 나은 것이다. 달리 말해, 수치심은 두려움과 유기의 압도적인 느낌을 완전히 자각하지 않도록 막아내는 기능을 한다.

내담자가 자원형성으로부터 아무것도 얻지 못했다고 보고할 때

자원화가 진행되는 동안에 내담자가 어떤 긍정적인 것도 얻지 못했다고 보고하는 경우, 이는 보통 그들이 실제로는 정서적 반응에 접촉하지 않았기 때문이며, 혹은 정서적 반응의 강렬함이 지나가버릴 때까지 양측성 자극이 시작되지 않았기 때문이다. 어떤 내담자들은 자원화하는 것이 어려울 수 있다. 이들에게는 매우 주의 깊은 추적이 필요하며, 이를 통해 정서가 일어났을 때 이것이 지나가버리기 전에 양측성 자극을 이용해 강화시킬 수 있어야 한다. 내담자가 정서에 방어적인 경우에는, 긍정적인 정서와 부정적인 정서 모두에 방어적인 태도를 취하게 된다. 따라서 양육이 이루어지는 관계를 떠올려보도록 하는 것이 어느 정도 위협적으로 느껴질 수도 있지만, 고통스러운 기억이나 정서에 주의를 기울여보도록 하는 것보다는 덜 위협적일 것이다.

원칙적으로는, 나는 안정적인 적응적 성인 관점에 아직 연결되지 않았다면 어떤 내담자와의 트라우마 작업도 보류하도록 권유한다.

Jim Knipe

해리의 정도가 심한 내담자와는 이러한 작업이 때로 어려울 수 있는데 체계에서의 어떤 이도 성인이 아닐 경우 그렇다. 그러한 사례에서는, 치료실에서 치료자와 함께 현재의 정향과 안전감을 확고히 하며, 이를 성인-정향적(adult-oriented) 자아 상태를 만드는 데 활용하는 방식으로 작업을 진행할 수 있다.

자원이 충분한 사람의 경우에는 이러한 관점을 얻는 데 시간이 거의 소요되지 않는데, 더 오랜 시간이 걸릴수록 이것을 정말로 필요로 하는 사람일 것이다. 따라서, 이런 시간들은 안정적인 적응적 성인 관점을 탐색하기 위해 필요한 효과적으로 활용되는 임상적 시간이다.

인내의 창2)

이 책에서 논의하고 설명했던 자원화 절차를 통해 접근하는 이자관계 자원

---

2) The Window of Tolerance.

들은, 다른 방법으로는 처리하기 어려울 수 있는 트라우마를 보다 쉽게 처리할 수 있게 돕는다. 이자관계 자원화가 성공적으로 이루어진 이후에는, 심지어 전언어기에 있었던 트라우마 경험도 대개 처리할 수 있게 된다. 경험적으로 보면, 성공적으로 처리되는 데 저항하는 많은 타겟들은 생애 초기에 있었던 외상적 공급 기억을 갖고 있다. 외상적 사건이 더 일찍 발생할수록, 아이는 더욱 취약해지게 되고, 내담자는 이 일을 회상하거나 상상해보는 것에 더욱 저항하게 되는데, 재외상을 원하지 않기 때문이다. 내담자가 그 고통으로부터 살아남기 위해 사건이 일어나던 당시에 해리되어 있었다면, 내담자는 성인이 되어서도 그 고통을 다시 체험하기보다는 해리되어 있으려 할 가능성이 높다.

EMDR 치료에서는 자원을 소개하는 것에 덧붙여, 재외상화되지 않으면서 이러한 사건들을 회상할 수 있도록 내담자를 돕는 방안의 범위를 알려준다. 치료자에 대한 내담자의 연결, 양측성 자극, 보조적 언급,3) 거리를 두게 하는 비유,4) 그리고 내담자가 과거 및 현재에 동시에 접촉하도록 돕는 다른 기법들. 그럼에도, 무력한 채로, 자원도 없이, 해로운 메시지나 신체적 위험에 직면한 아이로서의 경험은 종종 압도적으로 고통스럽고, 추가적인 도움 없이 치료 내에서 내담자가 견디기에는 너무 거대한 것이다. 이자관계 자원화는 까다로운 타겟 처리를 촉진할 수 있는 유일한 자원형성 방법은 아니나, 강력한 결과를 얻을 수 있는 매우 심층적인 자원화 방법이다.

여기 성공적인 처리가 이루어질 수 있도록 하는 인내의 창이 있다. 내담자의 기억이 충분히 활성화되지 않은 상태에서는 실제의 고통감에 접근하지 못하게 되며, 이에 접근할 때까지는 처리가 이루어질 수 없다. 그러나 처리가 이루어질 수 있는 수준을 초과할 만큼 고통감이 심해지면 효과적인 처리가 중단될 수 있다. 따라서, EMDR 임상가는 내담자의 모든 언어적 및 비언어적 신호들을 관찰함으로써 활성화 수준을 추적해야 한다. EMDR 중에 내담자가 감정적으로 넘치기 시작하는 경우, 자신이 안전하지 않다고 느끼며 재외상화될 수 있고, 대개

----

3) cadence comments.

4) distancing metaphors.

처리는 중단될 것이다. 이와 더불어 이후의 회기들에서 더 이상 EMDR 처리에 참여하려 하지 않을 수 있고, 아예 치료를 중단할 수도 있다. 내담자의 감정적 상태에 맞추려하는 것과 더불어, 치료자는 내담자가 지나치게 활성화되는 것을 다음과 같은 방안들을 통해 예방할 수 있어야 한다. 보다 철저한 개인력 청취, 내담자에게 명상, 횡격막 호흡법,5) 또는 점진적 이완 등의 자기−조절 기술을 가르치기, 그리고 내담자가 신속하게 활성화 수준을 낮출 수 있는 방법이 필요할 때 참고할 수 있는 컨테이너 및 안전한 장소 활동을 하기. 내담자의 활성화 수준을 낮추는 또 다른 방법은 아주 주변적인 세부사항들에 대해서만 물어보거나, 상대적으로 지적인 논의에 내담자를 참여시키는 것이다.

이자적 자원의 활용

이자관계 자원은 내담자가 이 자원에서 다루는 적응적 관점에 자발적으로 접근하도록 하기 때문에, 치료자의 적극적인 도움을 필요로 하지 않는다. 그렇지 않은 경우에는, 다양한 인지적 엮음을 이용해 이자관계 자원을 활용할 수 있으며, 예로는 Shapiro가 "가장해보자(Let's pretend)"라고 부른 방법 등이 있다. 트라우마 처리가 진행되는 동안에 이용할 수 있는 인지적 엮음 중, 내가 가장 좋아하는 세 가지 이자관계 자원 사용방법이 있다.

꽤 자주 사용하는 것은 양육 성인 자원의 영혼이 타겟 트라우마를 경험하고 있는 그 아이의 뒤나 어깨 너머에 있는 것을 내담자에게 상상해보도록 하는 것이다. 양육 성인의 영혼이라는 형식으로 진행하는 이유는, 그래야 내담자가 그 성인이 장면 안으로 들어와서 아이를 구해낼 것이라고 기대하지 않기 때문이다. 그 대신에, 이 개입은 적응적 성인 관점을 지닌 관찰자라는 위치를 취하여, 내담자가 그 자원의 눈을 통해 그 장면을 새롭게 볼 수 있게 된다. 나는 이를 통해 성공적인 결과를 보았으며 나의 수련생들도 좋은 성과를 얻었다고 보고하였다.

....

5) diaphragmatic breathing thechniques.

내가 때로 사용하는 두 번째의 활용법은 내가 개발한 것이 아니며, 이것을 어떻게 처음 알게 되었는지는 알지 못한다. 이는 부모였던 가해자들이 좋은 의도를 갖고 있었지만 동시에 압도되고, 미숙하고, 혹은 잘못 알고 있었던 상황에서 유용하다. 이러한 상황에서는, 트라우마 근원으로서의 부모를 포함한 외상적 장면에 자원으로서의 성인이 존재하는 것을 상상해보도록 하고, 그 자원이 부모에게 정보와 기술들을 건네주어 더 나은 부모가 될 수 있게 하며 자신의 아이를 돌보는 데서 즐거움을 얻을 수 있도록 하는 장면을 내담자가 상상해보게 한다. 나는 내가 훈련받던 초반에 내담자가 자신이 "나쁜" 보호자를 가졌다고 생각하며 치료에서 떠나는 것은 좋은 생각이 아니라고 배웠는데, 내담자들이 나쁜 보호자는 나쁜 아이를 만든다고 생각하는 경향이 있기 때문이다. 이 개입은 외상적 특성을 지닌 부모를 상상을 통한 양육적 부모로, 그리고 또 다른 강력한 자원으로 전환함으로써 문제를 해결해낸다.

트라우마는 본질적으로 관계적이다. 이어진 계단에서 우연히 떨어지는 것이, 같은 부상을 누군가에게 떠밀려서 입게 되는 것보다 덜 외상적이다. 나는 가해자가 그렇게 행동하게 된 것에 대해 이해할 수 있도록 돕는 정보를 제공해주는 인지적 엮음이, 가해자에게 악의가 있었던 것은 아니라거나 혹은 그것이 가해자의 유년시절을 재현하는 것이었음을 내담자가 인지하게 해줌으로써, 트라우마의 관계적인 부분이 치유되게끔 한다는 것을 알게 되었다. 때로는 가해자가 오로지 악의를 가진 것만은 아니었음에 대해 내담자가 이해할 수 있도록 돕는 정보를 제공해주는 것이 필요하다. 물론 여기서 치료자가 가해자의 행동을 정당화하는 것처럼 보이지 않도록 주의하는 것이 중요하다.

다른 어떤 개입도 충분해보이지 않을 때 내가 좋은 결과들을 얻을 수 있게 했던 마지막 인지적 엮음은, 내담자가 그 이야기를 성인 자원에게 들려주며 그 사람이 어떻게 반응하는지를 지켜보도록 하는 것이다. 끔찍하게 압도적인 수준의 트라우마 기억이 있을 때, 이 방법을 이용하면 그 기억의 여파를 막아주는 여러 가지의 훌륭한 완충제를 얻을 수 있다. 이는 그 사건 전체를 회상하는 동안 내담자가 자원에 연결되어 있게끔 돕는다. 그리고 내담자가 그 자원 성인의 반응을 관찰하는 동안 나타나는 즉각적이면서도 건강한 피드백을 제공해준다. 마지막으로, 이것은 내담자가 자신을 외상적 기억에 다시 집어넣고 그것에 대해 직접적으로 말해보게 하는 것이 아니라, 그 이야기를 말하는 상상을 해보게 하는 것이다. 이렇게 적정된 양식을 통해 기억을 충분히 처리하고 나면, 내담자가 전체 기억을 처리할 준비가 될 것이다.

비언어성

애착 장애가 있는 대부분의 내담자들은 일반적으로 3세가 되기 이전에 첫 번째 애착 트라우마를 경험하기 때문에 전언어기 기억 처리의 주제가 중요한데, 이 시기는 언어적으로 처리될 수 있는 외현적 기억이 충분히 발달되기 이전이다. 기억은 편도체를 통해 조직되는 암묵적 기억과 해마를 통해 대부분 조직되는 외현적 기억의 두 가지 형태를 갖는다. 암묵적 기억은 그것이 "촉발되었을" 때에만 접근되며 직접적으로 회상되지는 않는다. 이는 언어의 형태를 취하기보다는, 사건과 관련된 자아 감각과 감각적 입력으로 구성되어 있다. 전언어기 기억은 암묵적이다.

이렇듯 말로 표현되지는 않더라도, 이러한 기억들은 지속적으로 촉발되며, 우리는 그 결과로 초래된 이미지, 느낌, 혹은 자아 감각을 통해 이를 경험한다. 처리를 위해서는 이에 접근해보아야 하는데, 촉발 요인 탐색을 통해 진입해볼 수 있다. 이것이 언어로 구성되어 있는 것은 아니지만, 성인이 된 이후에 이에 대해 말로 표현해보게 되면 이 기억이 외현적 기억이라는 형태로 나타날 수 있다. 처리를 진행하기 위해 이 기억을 촉발시키기 위한 좋은 방법은, 내담자와 협력하여 어떤 일이 일어났는지를 추측해보고 이를 통해 얻은 가상의 시나리오를 타겟으로 삼아 치료하는 것이다. 이 때에도, EMDR 3단계에서 다른 트라우마에 대해 사용했던 것과 같은 평가적 질문을 이용한다. 예를 들면, "그럼, 부모님이 옆방에서 다투고 있기 때문에 겁에 질려있는 그 어린 아이를 떠올리면, 그건 당신에게 1점부터 10점까지의 척도 중 얼마 정도로 고통스러운가요?" 등이 있다.

이러한 트라우마를 처리하는 동안, 이자관계 자원은 보다 이후의 기억에 대한 인지적 엮음에서와 같은 방식으로 활용된다. 암묵적 기억들을 촉발시키고, 그 일부로서 존재하리라고 추측되는 감정적 맥락들을 처리함으로써, 기억과 더불어 그 결과로서 초래된 증상 모두를 해결할 수 있다. 이와 관련된 보다 후기의 기억들이 지닌 감정적 충동도 상당 부분이나 전부가 사라지고, 쉽게 처리된다.

내가 이 책을 쓰기 시작한 이유는 "자원화"에 대한 명확한 임상적 정보가 부족해 보였기 때문이다. 게다가 이 용어가 구체적으로 무엇을 의미하는지에 대한 임상가들 사이의 합의 역시 부족하게 느껴졌다. 더불어 관계적 맥락에서의 자원화에 대해서는 임상가들이 소홀히 여겨왔음을 알게 되었다. 이 주제가 갖는 목적은 관계적 맥락에서의 자원화의 필요성을 임상가가 인식하도록 돕는 것과, 이를 하는 데에서의 어려움을 어떻게 작업할 것인지에 대해서 설명하는 것으로까지 점차적으로 변화되어왔다. 나는 이 책이, 어느 정도는 그 목표를 달성했기를 소망한다.

참고

이 책의 많은 장에는 비디오의 축어록이 포함되어 있는데, 장 첫머리에 기재된 숫자로 표시되어 있다. (예를 들면, "비디오 #7") 숫자들은 JFK University에서 만든 웹사이트의 비디오 번호에 해당하며, www.emdrelinicalvideos.com에서 확인할 수 있다. 이 작업의 자매본인, '가까이에서 본 EMDR'은, www.philipmanfield.com과, Amazon, 그리고 다른 대중 서점에서 구매할 수 있다. 그 책에 실린 거의 모든 장에서의 전체 비디오는 웹사이트를 통해 볼 수 있다.

해설을 제공한 임상가 약력

Isabelle Avril Pronovost, M.A.는 임상 성 과학자로, EMDR 지도자이자 EMDRIA 에서 공인한 자문이다. 성적 학대, 성기능 장애, 그리고 부부 치료 분야에서 지난 22년간 퀘벡에 있는 대학의 정신건강 연구소에서 일해 왔다. 개업 치료자이며 퀘벡에 있는 라발 대학 의학부 겸임교수이다.

Lewis Engel, Ph.D.는 샌프란시스코, 캘리포니아에서 개업 치료자로 일하는 임상심리학자이며 EMDRIA 공인 자문이다. 우리의 삶에서 무의식적인 죄책감의 역할을 살펴보는 '심상 범죄[1]'의 저자이며, Philip Manfield가 편집한 EMDR 사례집에 한 장을 기고하였다. 이전에는 론 마운틴 대학 심리학과에서 조교수이자 외부 대학원 프로그램 책임자로 재직하였다.

John Hartung, Ph.D.는 싱가폴의 심신 통합 연구소의 공동 책임자로서 트라우마 개입과 코칭을 가르치고 있다. Rockies 대학의 강사이며, 창조적 리더십 센터의 총괄 코치이다.

Jim Knipe, Ph.D.는 1992년부터 EMDR을 사용해오고 있다. 콜로라도 스프링스의 EMDRIA 공인 강사이자 지역 위원이며, 복잡한 내담자에 대한 EMDR 적용에 특별한 관심을 갖고 있다. EMDR 사례집(P. Manfield, 편집)과 R Shapiro, M Luber, 그리고 C Forgash의 저서에 기고하였다. 더불어, EMDR HAP[2]의 이사회와 연구 및 교육 책임자로 재직하였다.

---

1) Imagery crime.
2) Humanitarian Assistance Programs.

Deborah L. Korn, Psy.D.는 EMDR 진행자, 지도자, 자문, 그리고 국제 강사로서 지난 17년간 일해 왔다. 보스턴 지역에서 개업 치료자로 일하고 있으며 보스턴 법무 자원 연구소의 트라우마 센터 교수로 재직하고 있다. EMDR 치료에 초점을 둔 여러 중요한 논문의 저자 혹은 공동저자이며, 이에는 최근에 출판된, 복합 PTSD에 대한 EMDR 적용의 포괄적인 논평이 포함된다.

Andrew M. Leeds, Ph.D.는 35년의 개업 치료자 경험을 지닌 면허 소지 심리학자이다. 소노마 심리치료 교육 연구소의 교육 책임자이며 미국, 캐나다, 프랑스, 영국, 일본의 13,000명의 임상가를 대상으로 EMDR 훈련을 실시하였다. EMDR과 관련해 많은 발표와 출판을 하였고 두 개의 권위있는 상인, EMDRIA의 창의적 혁신 상과 Ronald A. Martinez, Ph.D. 추모 상을 수상하였다. 더불어 2009년의 저서인, 임상가, 슈퍼바이저, 그리고 자문을 위한 표준 EMDR 프로토콜 안내[3]의 저자이다.

Joan Lovett, MD, FAAP는 캘리포니아의 버클리 소재 행동 소아과 의사이자 EMDRIA 공인 자문이다. 국내외적인 발표와 더불어 여러 권의 책에 기고하였으며, 소소한 경이로움: EMDR을 통한 유년기 트라우마 치유[4]의 저자이다.

David Manfield, Ph.D.는 1991년에 창시자인 Dr. Francine Shapiro로부터 EMDR 교육을 받았다. 십여 년에 걸쳐 전 세계적인 EMDR 훈련을 지도해왔다. EMDR 사례집(P. Manfield, 편집)의 기고자이다. 또한, 국제 EMDR 협회의 창립 멤버이자 웨스턴 오리건의 EMDRIA 지역 위원이다.

Harriet Sage, M.S.는 면허 소지 임상 사회복지사이자 캘리포니아의 버클리 소재 결혼, 가족 분야 개업 치료자이다. EMDR 공인 자문이며 10년 이상 EMDR 집단

----

3) A Guide to the Standard EMDR Protocols for Clinicians, Supervisors, and Consultants.
4) Small Wonders: Healing Childhood Trauma with EMDR.

및 개인을 감독하고 있다. 수많은 EMDR 훈련에서 지도해왔고 미국, 캐나다, 유럽에서 지난 16년간 다른 지도자들을 교육해왔다.

참고문헌

Ahsen, A, Basic Concepts in Eidetic Psychotherapy, Brandon House, Bronx, New York, 1973.

Bandler, R. & J. Grinder [− *Frogs into Princes: Neuro Linguistic Programming*]. Moab, UT: Real People Press. pp. 15, 24, 30, 45, 52., 1979.

Bernstein E. and F. Putnam, "Development, reliability, and validity of a dissociation scale". *J. Nerv. Ment. Dis.* 174 (12): 727−35, 1986.

Black, C., *It's Never Too Late to Have a Happy Childhood*, MAC Publishing, Bainbridge Island, WA, 1989.

Christman, S. D., Garvey, K. J., Propper, R. E. & Phaneuf, K. A., Bilateral eye movements enhance the retrieval of episodic memories. *British Journal of Clinical Psychology*, 40, 257−280, (in press).

Erickson, M. and E. Rossi, Experiencing Hypnosis: Therapeutic Approaches to Altered States, Irvington Publishers, 1981.

Erickson, M. and E. Rossi, "The February Man: Facilitating New Identity in Hypnotherapy" by Erickson and Rossi, The *Collected Papers of Milton H. Erickson on Hypnosis, Volume 4*, Ernest L. Rossi. Ed., Irvington Publishers, 1980.

Hoffman, A. (2004). EMDR in the Treatment of Complex PTSD, EMDR International Association. Montreal, Quebec.

Hoffman, A. (2005). EMDR in der Behandlung psychotraumatischer Belastungssyndrome [EMDR therapy with posttraumatic stress syndromes]. Stuttgart, Germany: Thieme.

Kinowski, K. Best Foot Forward, presented at the 2002 EMDRIA Conference in San Diego.

Kitchur, M. (2000, December) The strategic developmental model for EMDR: A se− quential treatment strategy for diverse populations, facilitative of developmental recapitulation, with implications for neurobiological maturation. The EMDRIA Newsletter, Special Edition, 4−10.

Kitchur, M. (2005). The Strategic Developmental Model. In R. Shapiro (Ed.), EMDR
Solutions: Pathways to Healing (pp. 8–56). New York: W. W. Norton & Co.

Knipe, J. (2009a) Back of the Head Scale (BHS), The Method of Constant
Installation of Present Orientation and Safety (CIPOS), in Luber, M., *EMDR
Scripted Protocols: Special Populations.* New York: Springer.

Knipe, J. (2009b) Shame is my safe place: Adaptive Information Processing methods
of resolving chronic shame–based depression, in Shapiro, R. (Ed.) *EMDR
Solutions, Vol. II,* New York: Norton.

Knipe, J. (2007) Loving Eyes: Procedures to Therapeutically Reverse Dissociative
Processes while Preserving Emotional Safety, in Forgash, C. and Copeley, M.
(Ed.s) *Healing the heart of trauma and dissociation.* Springer: New York.

Knipe, J. (2005) Targeting Positive Affect to Clear the Pain of Unrequited Love,
Codependence, Avoidance and Procrastination, in Shapiro, R. (Ed.) EMDR
Solutions New York: Norton.

Korn, D. L., Weir, J., & Rozelle, D. (2004). Looking beyond the data: *Clinical les–
sons learned from an EMDR treatment outcome study,* Session 321, EMDR
International Association Conference. Montreal, Quebec: Nationwide Recording
Services.

Korn, D. L., & Leeds, A. M. (2002). Preliminary evidence of efficacy for EMDR re–
source development and installation in the stabilization phase of treatment of
complex posttraumatic stress disorder. *Journal of Clinical Psychology*, 58(12),
1465–1487.

Leeds, A, Lifting the Burden of Shame: Using EMDR Resource Installation to
Resolve a Therapeutic Impasse, ed. Manfield. P., Extending EMDR: A Casebook
of Innovative Applications, W. W. Norton, New York, 1998.

Leeds, A. M. (2009). A Guide to the Standard EMDR Protocols for Clinicians,
Supervisors and Consultants. New York: Springer Publishing.

Leeds, A. M., (2004) EMDR Treatment Made Simple, EMDRIA Approved Continuing
Education Workshop. May 22, 2004, Los Angeles.

Leeds, A, Adaptive Information Processing. Attachment Theory and EMDR Case
Conceptualization, Session 33 August 30, 2009 20th EMDRIA Conference Atlanta.

Loftus, E. (1997), Creating False Memories, *Scientific American*, 277 (3), 70–75.

Manfield, P., (1992) *Split Self/ Split Object: Understanding and Treating Borderline, Narcissistic and Schizoid Disorders*, Jason Aronson Inc, New York,

Manfield, P. (1994, March). Personality disorders: Using EMDR with difficult clients. Presentation at the EMDR Network Conference, Sunnyvale, CA.

Manfield, P. (1995, June). Narcissistic disorders: Using EMDR with these difficult clients. Presentation at the EMDR Network Conference Santa Monica, CA.

Manfield, P. (Ed.). (1998) Extending EMDR: A Casebook of Innovative Applications. W. W. Norton, New York,.

Manfield, P. (1999, June). Double–blind alternating tone research. Presentation at the annual meeting of the EMDR International Association, Las Vegas, NV.

Manfield, P., & Snyker, E. (2002, June). Don't go with that!. Presentation at the annual meeting of the EMDR International Association, San Diego, CA.

Manfield, P. (Ed.). (2003) EMDR Casebook. W. W. Norton, New York,.

Manfield, P. & Shapiro F, (2003) Application of Eye Movement Desensitization and Reprocessing (EMDR) to Personality Disorders, Handbook of Personality Disorders: Theory and Practice, J Magnavita (Ed), Wiley, Hoboken, NJ (2003).

Manfield, P., (2005) Effective EMDR targeting with couples. Presentation at the an–nual meeting of the EMDR International Association, Seattle, WA., (2005, September).

Manfield, P., (2006) Effective EMDR targeting with couples. Presentation at the an–nual meeting of the EMDR International Association, Philadelphia, PA., (2006, September).

Manfield, P. (Ed.), Extending EMDR: A Casebook of Innovative Applications, W. W. Norton, New York, 1998.

Manfield, P., (2010) *Dyadic Resourcing: Building a Foundation for Processing Trauma*, Cornucopia Press, Albany, CA.

Manfield, P., (2013) *EMDR Up Close: Subtleties of Trauma Processing*, Cornucopia Press, Albany, CA.

Manfield, P. (2014) EMDR Clinical Video Library, www.emdrclinicalvideos.com, JFK University, Pleasant Hill, CA.

Omaha, J., Psychotherapeutic Interventions for Emotion Regulation, New York: W. W. Norton, 2004.

Parnell, Laurel, A Therapist's Guide to EMDR: Tools and Techniques for Successful Treatment, W. W. Norton, NY, NY, 2006.

Propper, R., Pierce, J.P., Geisler, M. W., Christman, S. D., & Bellorado, N. (2007). Effect of bilateral eye movements on frontal interhemispheric gamma EEG coherence: Implications for EMDR therapy. *Journal of Nervous and Mental Disease*, 195, 785−788.

Schore, A. N. (2003a). *Affect dysregulation & disorders of the self* (1st ed.). New York: W. W. Norton.

Schore, A. N. (2003b). *Affect regulation & the repair of the self* (1st ed.). New York: W. W. Norton.

Shapiro, F. (1989a). Efficacy of the eye movement desensitization procedure in the treatment of traumatic memories. *Journal of Traumatic Stress Studies*, 2, 199−223.

Shapiro, F. (1989b). Eye movement desensitization: A new treatment for post−traumatic stress disorder. *Journal of Behavior Therapy and Experimental Psychiatry*, 20, 211−217.

Shapiro, F. (1991a). Eye movement desensitization and reprocessing procedure: From EMD to EMDR: A new treatment model for anxiety and related traumata. *Behavior Therapist*, 14, 133−135.

Shapiro, F. (1991b). Eye movement desensitization and reprocessing: A cautionary note. *Behavior Therapist*, 14, 188.

Shapiro, F. (1995). *Eye Movement Desensitization and Reprocessing, Basic Principles, Protocols and Procedures*. (1st ed.). New York: The Guilford Press.

Shapiro, F. (2001). *Eye Movement Desensitization and Reprocessing, Basic Principles, Protocols and Procedures*. (2nd ed.). New York: The Guilford Press.

Schmidt, S. J., *The Developmental Needs Meeting Strategy: A model for healing adults with childhood attachment wounds*. San Antonio, TX: DNMS Institute, 2006.

Siegel, D. J. (1999). *The developing mind: Toward a neurobiology of interpersonal experience*. New York: Guilford.

Stickgold, R. (2002). EMDR: A putative neurobiological mechanism of action. *Journal of Clinical Psychology*, 58, 61−75.

Van der Hart, Onno, Ellert Nijenhuis, Kathy Steele, The Haunted Self: Structural Dissociation and the Treatment of Chronic Traumatization, W. W. Norton, N. Y., 2006

Van der Kolk, B.; J. Spinazzola.; M. Blaustein.; J. Hopper.; E. Hopper.; D. Korn.; and W. Simpson et al. (2007), A Randomized Clinical Trial of Eye Movement Desensitization and Reprocessing (EMDR), Fluoxetine, and Pill Placebo in the Treatment of Posttraumatic Stress Disorder: Treatment Effects and Long-Term Maintenance. *Journal of Clinical Psychiatry, 68*(1), 37-46.

Wesselmann, D, *The Whole Parent : How to Become a Terrific Parent Even if You Didn't Have One*, Perseus Publishing, NY, NY, 1991

Wildwind, L., "Treating Chronic Depression," Paper presented at the annual EMDR Conference, Sunnyvale, CA, April, 1992.

John F. Kennedy 대학은 EMDR 트라우마 처리 및 자원화 비디오의 견본을 제공해주는 웹사이트(www.emdrinical videos.com)를 개설했다. 이 사이트에는 현재까지 '가까이에서 본 EMDR'에 실린 축어록 및 이자관계 자원화에 실린 4개의 축어록 등을 포함해 25개 이상의 비디오가 수록되어 있다. 이 비디오 자료실은 면허를 지닌 심리치료자들의 경우 소액의 유지비를 지불하면 3개월간 무제한으로 이용할 수 있으며, www.emdrclinicalvideos.com을 통해 접속 가능하다. 이 책에 실린 각 장의 제목에 붙은 숫자들(예: 비디오 #16)은 John F. Kennedy 대학 온라인 비디오 자료실에 있는 비디오명과 동일하다.

저자에 대하여

　　Philip Manfield 박사는 샌프란시스코 만안 지역에서 40년간 개업하여 일해 온 심리치료자이며, 그 중 지난 20년은 EMDR 지도자이자 진행자, 교육자로서 북미와 남미, 유럽, 아시아, 호주와 중동에서 활동하였다. 더불어 EMDRIA 공인 자문위원이며, EMDRIA 북부 캘리포니아 지역 위원이다. 또한 분열된 자기/분열된 대상[1]의 저자이자 'EMDR 확장시키기: 혁신적 적용에 대한 사례집[2]'과 'EMDR 사례집[3]'의 편집자이다. 최근 저서인 '가까이에서 본 EMDR: 트라우마 처리의 섬세함[4]'은 '돌봄의 관계: 트라우마 처리를 위한 기반 마련하기[5]'의 자매본이다. Johen F. Kennedy 대학은 그의 작업을 녹화한 29개의 임상적 비디오를 웹사이트에 게재하고 있으며(www.emdrclinicalvideos.com), 면허를 소지한 심리치료자 및 인턴이 열람 가능하다.

---

1) Split Self/Split Object (1992, Aronson)
2) Extending EMDR: A Casebook of Innovative Applications (W.W. Norton, 1998)
3) EMDR Casebook (W.W. Norton 2003)
4) EMDR Up Close: Subtleties of Trauma Processing (2013)
5) Dyadic Resourcing: Creating a Foundation for Processing Trauma.

윤서연

자격 · 임상심리전문가
· 정신건강임상심리사 1급

경력 전
- 대구대학교 심리학과 임상심리 전공/석사 졸업
- 대구대학교 학생생활상담센터 인턴
- 계명대학교 동산병원 임상심리실
- 인천동부지원청 wee센터 임상심리사
- 서울동부스마일센터 심리지원팀장
- 의정부스마일센터 부센터장
- 경기도 소방심리지원단 전문상담사
- 의정부지방법원 가사전문상담원
- 의정부지방법원 입양사건 심리검사 전문가

현
- 심리상담센터 소곤소곤 대표
- 경기도 재난심리회복지원센터 전문상담사

이혜림

자격 · 임상심리전문가
· 정신건강임상심리사 1급

경력 전
- 가톨릭대학교 심리학과 임상심리전공/석사 졸업
- 인하대학교병원 정신건강의학과 수련/재활의학과 파견
- 국립재활원 소아재활과 임상심리사
- 중앙아동청소년상담센터 임상심리사
- 의정부스마일센터 심리지원팀장

현
- 심리상담센터 소곤소곤 수석상담사
- 경기도 재난심리회복지원센터 전문상담사
- 경기도 소방심리지원단 전문상담사

Original version ISBN : 9781453738139
Authors : Philip Manfield
Title : Dyadic Resourcing: Creating a Foundation for Processing Trauma
Copyright ⓒ2010
All Rights Reserved
Authorized translation from the English-language edition published by Philip Manfield
This book is Korean-language edition copyright and exclusively distributed with a trust agreement by
PYMATE in Korea
Korean-language edition copyright ⓒ2024 by PYMATE with a trust agreement to use copyrights by
Philip Manfield through the role of intermediary in Between Agency

돌봄의 관계: 트라우마 치유를 위한 기반 마련하기

초판발행	2024년 1월 30일
지은이	Philip Manfield, Ph.D.
옮긴이	윤서연·이혜림
펴낸이	노 현
편 집	전채린
표지디자인	Ben Story
제 작	고철민·조영환
펴낸곳	㈜ 피와이메이트
	서울특별시 금천구 가산디지털2로 53, 210호(가산동, 한라시그마밸리)
	등록 2014. 2. 12. 제2018-000080호
전 화	02)733-6771
f a x	02)736-4818
e-mail	pys@pybook.co.kr
homepage	www.pybook.co.kr
ISBN	979-11-6519-420-8 93180

* 파본은 구입하신 곳에서 교환해 드립니다. 본서의 무단복제행위를 금합니다.

정 가   25,000원

박영스토리는 박영사와 함께하는 브랜드입니다.